REVISTA DE FINANÇAS PÚBLICAS E DIREITO FISCAL

Ano 1 • Número 4 • INVERNO

ARTIGOS
COMENTÁRIOS DE JURISPRUDÊNCIA
RECENSÕES
CRÓNICA DA ACTUALIDADE

ÍNDICE

ARTIGOS

COMENTÁRIOS DE JURISPRUDÊNCIA

RECENSÕES

CRÓNICA DE ACTUALIDADE

EDITORIAL

Eduardo Paz Ferreira

1. É num ambiente de crise e pessimismo económicos, em que apenas a tomada de posse de Barack Obama parece justificar algumas esperanças, que é editado o quarto número da Revista, o número de Inverno. É, pois natural que esta Revista que, desde o início, assumiu o projecto de abordar as grandes questões sociais consagre uma especial atenção à matéria.

Depois de um longo período marcado pela preocupação de redução do sector público e pela glorificação do mercado e da desregulação, as atenções e reivindicações – mesmos as dos mais insuspeitos – viram-se agora para os Estados dos quais se espera a salvação. Setenta e cinco anos após o início da experiência do New Deal e quando este parecia ser apenas uma reminiscência histórica, corroída nas suas bases essenciais e a que apenas um grupo de radicais permanecia afeiçoado, o Mundo vive suspenso do programa de estímulo da economia que o Presidente Barack Obama anunciou.

Entretanto, a própria Administração Bush e diversos outros Governos, numa acção concertada que constitui um dos mais inovadores e positivos aspectos da resposta à crise, lançaram mão de toda uma série de formas de intervenção pública em apoio da economia, privilegiando, pelo menos num primeiro momento, o sector financeiro, mas avançando, de seguida, no domínio da economia real.

A extrema volatilidade dos acontecimentos e a imprevisibilidade de algumas situações não permite fazer um juízo seguro sobre a adequação da intensidade e das modalidades de intervenção para a retoma de uma situação de normalidade nos mercados e estabilidade na economia.

Independentemente dos problemas com que a intervenção do Estado será confrontada, é claro que se vira uma página na história das políticas económicas, mesmo que, enquanto Barack Obama anuncia anos de largos défices nos Estados Unidos, na Europa se procure defender um modelo de estabilidade financeira e disciplina dos auxílios de Estado.

2. A crise económico-financeira é objecto de apreciação, sob diversos prismas, por diferentes autores. Vitor Bento e Luis Máximo dos Santos fazem um enquadramento genérico dos factores determinantes da crise, Ferreira do Amaral escreve sobre a resposta europeia, Teresa Moreira aprecia os efeitos da crise sobre a política de auxílios do Estado e eu próprio recordo a experiência do New Deal e antecipo aquilo que parece vir a ser a futura política económica norte-americana. Ainda relacionado com esta matéria é de dar relevo à análise do Orçamento do Estado Português para 2009 feita por Miguel Leónidas Rocha e Rita Marques.

3. Os Professores Rogério Fernandes Ferreira, Casalta Nabais e Sérgio Vasques, bem como a Conselheira Helena Lopes dão-nos o gosto de iniciar, neste número, a sua colaboração com a Revista. António Martins comenta os activos intangíveis do Sistema de Normalização Contabilística; Brigas Afonso escreve sobre o valor tributável dos direitos aduaneiros e do IVA na importação de bens e, também, Clotilde Palma aprecia IVA e o mecanismo de *reverse charge*. Maria Eduarda Azevedo analisa parcerias público-privadas. Retomamos, do mesmo modo, o artigo de Miguel Bastos sobre as garantias pessoais do Estado.

Na Secção de jurisprudência continua-se a comentar os mais significativos acórdãos dos nossos tribunais superiores em matéria fiscal e financeira e a fornecer uma síntese de diversos outros arestos.

A recensão de livros, como sempre sucede, dá conta de alguns dos livros mais relevantes entretanto publicados e a crónica da actualidade fornece informação diversificada.

4. Esperamos, com mais este número, corresponder às expectativas de todos os nossos leitores e continuar a justificar o seu interesse.

As dificuldades que ficaram assinaladas não são razão para não desejar a todos um Excelente Ano de 2009. No primeiro editorial da Revista, evoquei o slogan do, então ainda incerto candidato Barack Obama, agora que ele foi eleito Presidente dos Estados Unidos compreenderão que termine com a mesma nota de optimismo. *Yes We Can*.

ARTIGOS

João Ferreira do Amaral

Crise e instituições europeias

João Ferreira do Amaral
Professor Catedrático do ISEG

RESUMO

Neste artigo, tendo em atenção o evoluir da presente crise, são criticadas as actuais instituições comunitárias no domínio macroeconómico e é sugerido um conjunto de propostas no sentido de dar uma nova orientação a essas instituições.

Palavras-chave:
Política económica;
Zona euro;
Instituições europeias.

ABSTRACT

In this paper the macroeconomic framework of the economic policy in the European Union and its response to the crisis are criticized and suggestions are made to improve the European institutions.

Keywords:
Economic policy;
Euro area;
European institutions.

À medida que a crise actual se vai desenvolvendo – e embora seja ainda, neste momento, prematuro tentar sequer antever quais serão as suas consequências – uma conclusão parece, apesar de tudo, ser possível de tirar desde já: é que as instituições europeias, a nível macroeconómico, são singularmente incapazes de encontrar uma reposta eficaz e atempada para uma situação de crise.

Esta convicção resulta, em primeiro lugar, de uma consideração a priori, uma vez que, à partida e com o que se conhecia já na altura, as instituições de Maastricht eram defeituosas. Em segundo lugar, resulta da experiência deste primeiro ano e meio de crise, em que se tornou visível que a resposta europeia foi tardia (mais de um ano depois do início da crise) e claramente insuficiente face à dimensão que a crise assumiu.

Será, pois importante tentar identificar as principais deficiências das instituições e tentar visualizar o que poderiam ser instituições mais adequadas a uma gestão macroeconómica eficaz no espaço europeu[1].

1. A Nova Economia Clássica e as instituições de Maastricht

Muito rapidamente, podemos sintetizar as instituições macroeconómicas na zona do euro, que no seu essencial foram estabelecidas no Tratado de Maastricht em 1992 e complementadas posteriormente com o Pacto de Estabilidade e Crescimento, como se referindo a um espaço em que existe uma moeda única, dotado de uma política monetária que tem como objectivo prioritário a estabilidade de preços e com restrições bem definidas ao montante máximo dos défices públicos que cada estado membro pode apresentar. Não existe política orçamental de estabilização a nível europeu, apontando-se para um equilíbrio orçamental tendencial para cada estado membro.

Este desenho das instituições macroeconómicas da zona euro reflecte muito directamente as concepções da política económica decorrentes da chamada Nova Economia Clássica, que se começou a sedimentar desde os anos setenta do século passado com os trabalhos de Lucas, Sargent, Kydland e Prescott.

[1] Embora designe muitas vezes por "Europa" ou "espaço europeu" refiro-me em geral à zona do euro.

Em particular, o trabalho conjunto destes dois últimos (1977) teve uma enorme influência em Maastricht.

Partindo da hipótese de que os agentes económicos formam expectativas racionais, advogam uma política económica de regras fixas, contrariamente à tradição da política de inspiração keynesiana, cuja fundamentação teórica vinha desde Jan Tinbergen nos anos trinta, de políticas discricionárias de fixação dos instrumentos em função dos objectivos pretendidos. Kydland e Precostt e outros trabalhos posteriores deram uma fundamentação teórica às políticas de Maastricht.

As regras fixas de Maastricht acabam por traduzir-se numa política monetária que regula a taxa de juro pelo objectivo fixado de crescimento dos preços e por um equilíbrio orçamental tendencial. Por outro lado, para combater ainda mais a discricionariedade, instituiu-se a completa independência do Banco Central Europeu.

Para uma concepção de inspiração keynesiana, o contexto de Maastricht é, assim, claramente, um contexto desequilibrado na medida em que as instituições de política macroeconómica não assumem nenhum papel relevante no crescimento económico e no combate ao desemprego, podendo pelo contrário reduzir o crescimento e aumentar o desemprego face à prioridade atribuída à inflação e ao equilíbrio orçamental.

De acordo com as concepções próprias da Nova Economia Clássica, os agentes económicos formam expectativas racionais, os mercados ajustam-se instantaneamente e o crescimento económico resulta do funcionamento eficiente dos mercados num contexto de estabilidade de preços e de equilíbrio das contas públicas, pelo que não há lugar a uma política macroeconómica especificamente dirigida ao crescimento económico.

O que pode haver é necessidade de políticas estruturais que melhorem o funcionamento do mercado (Amaral 1996), quando existem distorções à concorrência, não de políticas que giram a procura agregada.

Da mesma forma, o desemprego não deve ser combatido através de instrumentos macroeconómicos, nomeadamente através da expansão da procura agregada, mas sim melhorando o funcionamento do mercado de trabalho, o que, para estas concepções, significa liberalizar os despedimentos, acabar com o salário mínimo e reduzir o poder sindical.

Por outro lado, de acordo com as concepções da Nova Economia Clássica, também não há lugar para a definição de políticas macroeconómicas destinadas a combater crises que eventualmente venham a ocorrer.

De facto, a evolução cíclica da economia segundo a concepção da teoria dos ciclos reais - que faz parte integrante das concepções da Nova Economia Clássica - resulta de uma adaptação racional dos agentes económicos a choques exógenos sobre a economia como, seja por exemplo, uma inovação tecnológica ou outros semelhantes.

Embarcar numa política discricionária anti-crise seria, segunda estas concepções, reduzir a eficiência do sistema económico, na medida em que iria distorcer a resposta racional dos agentes ao choque exógeno.

O nível que abordamos é o macroeconómico. Mas é interessante relevar a influência das ideias da Nova Economia Clássica nas instituições comunitárias, mesmo a nível microeconómico. Por exemplo, a jurisprudência do Tribunal de Justiça segundo Maduro (2006) tem evoluído de tal forma que "Os recentes acórdãos do Tribunal também reflectem uma preocupação com medidas que interditem o acesso ao mercado, mesmo que não sejam discriminatórias, não regulem características das mercadorias e não imponham um duplo encargo."(pag. 208), o que, quanto a nós significa uma influência ideológica nas decisões do Tribunal por parte das concepções da Nova Economia Clássica, advogando a regulação pelo mercado mesmo em domínios tradicionalmente públicos..

As ideias da Nova Economia Clássica entraram claramente em decadência a partir do início deste século e praticamente só na Europa, através do comportamento do Banco Central Europeu e da Comissão Europeia é que elas ainda mantiveram alguma aceitação. O desencadear da actual crise veio tornar muito mais evidentes ainda as suas debilidades e terá possivelmente como consequência o seu apagamento, mesmo ao nível das instituições europeias.

Vamos começar por abordar as debilidades

2. As debilidades das instituições europeias

Em primeiro lugar, a ausência de políticas macroeconómicas incentivadoras do crescimento e do combate ao desemprego.

As concepções teóricas da Nova Economia Clássica dependem crucialmente da existência de processos de ajustamento instantâneo dos mercados, o que, na realidade não se verifica.

Tal significa que uma das hipóteses cruciais da teoria é falsa (tal como é a outra, embora menos importante, que é a das expectativas racionais), pelo que a teoria não tem qualquer fundamento.

A prática tem demonstrado – e a actual crise confirma - que há lugar para políticas macroeconómicas de combate ao desemprego e de impulso ao crescimento.

Essas políticas exigem ser acompanhadas por uma política monetária adequada o que significa que a política monetária deve ter como um das suas finalidades também o crescimento económico e não apenas o combate à inflação.

Mas aquelas políticas exigem também, por vezes, impulsos orçamentais expansionistas, pelo que as política orçamentais dos estados membros devem ter um papel importante no crescimento económico. O mesmo é dizer que o Pacto de Estabilidade e Crescimento na forma em que foi concebido em 1997 e mesmo depois da alteração ocorrida em 2005 contribui para uma debilidade constitucional significativa na política macroeconómica europeia.

Uma segunda debilidade importante nas instituições europeias é a de não considerarem como indicador relevante para a definição da política macroeconómica a taxa de câmbio do euro em relação às outras moedas mundiais.

A grande variação das cotações do euro, nomeadamente em relação ao dólar, afectando, por vezes de forma profunda a competitividade da economia europeia teria exigido que a taxa de câmbio do euro fosse assumida como uma variável importante na definição da política macroeconómica. A ausência desta variável constitui, pois, mais uma debilidade das instituições.

Uma terceira debilidade tem a ver com o facto de ser proibido na zona euro o financiamento monetário dos défices públicos. Se esta disposição é aceitável em situação normal, deveria ser derrogável em situações de crise. Como se torna crescentemente visível na presente crise, os governos estão a assumir responsabilidades e garantias diversas que terão dificuldade em honrar se a situação se agravar.

Finalmente, uma quarta debilidade – e esta de crucial importância – é a inexistência de qualquer mecanismo que permita a um pais, na ausência da política cambial própria, tomar medidas excepcionais para reequilibrar um défice súbito na sua balança de pagamentos.

Desde que deixou de ter aplicação na zona do euro a disposição dos tratados (artigo 120º) que permitiria essa tomada de medidas excepcionais, os países ficaram completamente desprotegidos em relação ao endividamento externo. Este aspecto – a que Portugal é particularmente sensível dado o nosso desequilíbrio externo estrutural, tornou-se muito mais actual quando começaram as dificuldades de financiamento durante a corrente crise.

As debilidades da gestão macroeconómica podem e devem ser corrigidas. E é bem provável que as consequências da crise permitam criar um clima de opinião favorável a essa mesma correcção. Consideramos que essa correcção poderia seguir segundo as seguintes linhas.

3 A correcção das debilidades

a) Em primeiro lugar, é necessário que a política monetária deixe de ser unicamente dirigida à estabilidade de preços e que sejam incluídas em pé de igualdade outras finalidades, nomeadamente o crescimento económico, o emprego e a taxa de câmbio do euro. Claro que, constituindo a política monetária apenas um instrumento de política não pode atingir simultaneamente quatro objectivos. Mas pode e deve seguir uma actuação que aponte para um compromisso entre estas quatro finalidades.

b) Em segundo lugar, o papel das finanças públicas deverá ser objecto de uma profunda mudança. Deverá ser reconhecido o seu contributo para a gestão macroeconómica mesmo, quando necessário, aponte no sentido da expansão da actividade económica e de combate ao desemprego. Fará, sem dúvida, todo o sentido continuar a admitir algumas limitações ao défice para que um país não venha a prejudicar os outros por virtude do seu desregramento orçamental. Mas não faz nenhum sentido apontar para um equilíbrio tendencial das contas públicas, objectivo que não tem nenhum fundamento teórico nem qualquer apoio empírico. Por outro lado, deve ser aceite a possibilidade de financiamento monetário dos défices públicos em situação de crise.

c) Em terceiro lugar, é necessário definir um procedimento que permita a um país com défice estrutural grave na sua balança de pagamentos tomar medidas adequadas para a sua redução. Ou seja, trata-se de encontrar um mecanismo que permita obter os mesmos efeitos de uma desvalorização cambial, que, na ausência de moeda própria, não pode ser aplicada, individualmente, por um estado membro.

Um mecanismo possível poderia ser o seguinte:

Depois de um procedimento em que fosse reconhecido ao país, por parte do Conselho, o estatuto de país em défice externo estrutural excessivo, este seria autorizado a impor uma taxa sobre as importações e a subsidiar as exportações, num montante equivalente ao que seria a desvalorização cambial necessária se o país dispusesse de moeda própria.

Por exemplo se se verificasse que o país tem uma taxa de câmbio sobre-apreciada em 10%, seria autorizado a impor uma taxa de 10% sobre as importações e a subsidiar em 10% os preços das exportações.

Para o estado membro não beneficiar com a situação em termos de receitas orçamentais, transferiria para a União, a título de recurso próprios comunitários, o valor do imposto cobrado sobre as importações, deduzido o montante de subsídio concedido às exportações.

Este sistema teria a vantagem de combinar os benefícios da existência da possibilidade de alteração da taxa de câmbio para equilibrar a balança de pagamentos com a protecção relativamente a processos especulativos contra a moeda do estado em causa, que continuaria a ser o euro.

Seja este ou qualquer outro o processo que venha ser considerado, ele tem que ser instituído. A alternativa será a União ter de enfrentar alguns casos de depressão económica prolongada em estados membros sobre-endividados em relação ao exterior.

A presente crise é, além de tudo o mais, uma experiência que desmente as principais teses da Nova Economia Clássica. É necessário que as instituições europeias da área macroeconómica, cujo desenho foi profundamente influenciado por essas concepções sejam profundamente reformadas tendo em conta as lições da crise.

Referências

Amaral, João Ferreira do (1996); *Política Económica*. Cosmos.

Kydland, Finn E. e Prescott, Edward C. (1977); Rules Rather than Discretion. The Inconsistency of Optimal Plans. *The Journal of Political Economy*, vol 25 n.° 3.

Maduro, Miguel Poiares (2006); *A Constituição Plural*. Principia.

Vítor Bento

Crise económica, ou mais do que isso?

Vítor Bento

Presidente da Sociedade Interbancária de Serviços

RESUMO

A actual crise económica teve origem num processo de "loucura colectiva" que, além dos aspectos típicos de uma bolha financeira, reflecte desequilíbrios acumulados nas esferas económica e social.

O ajustamento terá enormes custos, questionará os paradigmas dominantes e acabará por ter importantes repercussões sócio-políticas e geo-estratégicas.

Palavras-chave:

Crise económica;
Crise de valores;
Efeitos esperados da crise.

ABSTRACT

The current economic crisis had its origin in a process of "collective madness" that, beyond the typical aspects of a financial bubble, reflects unbalances accumulated in the economical and social spheres.

The adjustment will have enormous costs, it will question the dominant paradigms and it will end up having important social-political and geo-strategical repercussions.

Keywords:

Economic crisis;
Values crisis;
Crisis's waited results.

1. Uma crise, várias causas

Estamos perante a maior crise económica de que há suficiente memória viva. Que começou por emergir no sector financeiro, abalando violentamente os seus alicerces, com consequências que não é possível, ainda hoje, conhecer em toda a sua extensão. Sabe-se apenas que são, e serão, muito profundas.

Embora os factores financeiros apareçam como as causas mais comummente apontadas para a origem da crise, várias outras, económicas e sociais, concorreram para o desenlace, mesmo que se lhes atribua um papel apenas coadjuvante.

a) Loucura Colectiva

Nesta crise estão presentes os sinais típicos de uma bolha especulativa, como muitas outras verificadas ao longo da história, descritas e analisadas, nomeadamente, por Charles Kindleberger[1] e por Charles Mackay[2], além de outras mais recentes. Deste ponto de vista, o que esta crise tem de diferente é a enorme expansão do crédito que a alimentou, a dimensão sistémica e o seu impacto sobre a economia global que, só por si, lhe dá um relevo inusitado e a torna praticamente única, fazendo com que a bolha tivesse rebentado com mais estrondo.

A criação de uma tal bolha especulativa é um processo típico de "loucura colectiva[3]", espoletado quando um período de prosperidade funda comportamentos baseados em expectativas adaptativas – o que aconteceu funda a expectativa do que vai acontecer –, acabando por gerar a falsa convicção de que a valorização dos activos (financeiros e reais, como o imobiliário) é imparável. Tal convicção vai atraindo cada vez mais gente, alimentando um *boom* que muitos acreditam ser infindável e que vai gerando uma incomensurável riqueza artificial (i.e. sem sustentação económica), até que... não há mais ninguém para entrar no

[1] Charles Kindleberger (1978), Manias, Panics, and Crashes: A History of Financial Crises, New York: Basic Books.

[2] Charles Mackay (1995), Extraordinary Popular Delusions and The Madness of Crowds, Wordsworth.

[3] Ou "loucura das multidões", como refere o título da obra referida na nota anterior.

jogo e alimentar o *boom*! Quando isso acontece, gera-se o pânico, dando-se origem a um *crash* desordenado.

De quem é a culpa? De muita gente, ainda que com quotas diferentes. Dos reguladores, que não viram a tempo, e por isso não preveniram, as condições que alimentaram a insustentável inflação dos activos; dos bancos centrais, que mantiveram taxas de juro excessivamente baixas por demasiado tempo, favorecendo o enchimento da bolha; de gestores e profissionais pouco escrupulosos, que criaram e venderam gato por lebre, acreditando, ou fazendo os outros acreditar, numa nova alquimia; de teóricos que acreditaram, e levaram outros a acreditar, na infinita capacidade auto-reguladora dos mercados; e dos que descuraram a macroeconomia e a gestão macroeconómica.

E, claro, dos especuladores – apostadores de risco. Só que os especuladores não são apenas aqueles sujeitos, ricos e gananciosos, que a imaginação popular representa como exploradores da ingenuidade e a boa fé dos incautos cidadãos. São também todos aqueles que puseram de lado a prudência e assumiram riscos excessivos para as suas capacidades: endividando-se para além dos limites razoáveis); explorando promessas de ganhos fáceis e rápidos; apostando a segurança do futuro no conforto do presente. Enfim, são muitos de nós. E são, em muitos casos, os próprios governos, que estimularam ou puseram em prática políticas insustentáveis, ou que adoptaram, ou estimularam, muitas das práticas que agora condenam ao sector privado.

b) Causas Económicas

Em termos económicos e como factor típico da alimentação de crises financeiras, certos países, como a China, mantiveram as suas moedas subavaliadas, acumulando com isso vastas reservas cambiais que ajudaram a inundar os mercados de liquidez e a fomentar o enchimento da bolha.

Mas, para além disso e no que constitui um factor muito específico desta crise, um desapercebido movimento deflacionário nas manufacturas – resultante do abaixamento dos custos de produção aportado pela entrada das economias emergentes no mercado global –, ajudou a conter as pressões inflacionárias criadas pelo excesso de liquidez na economia mundial, transferindo-as para os activos, onde acabaram por suscitar insuficiente atenção das autoridades económicas.

Por outro lado, o desprezo a que foram votadas a Macroeconomia e os equilíbrios macroeconómicos – assente na crença de que os constrangimentos da gestão microeconómica dos agentes individuais seriam suficientes para assegurar a auto-regulação do sistema –, permitiu a excessiva acumulação de desequilíbrios, contribuindo para o avolumar da bolha. Esqueceu-se, assim, um princípio fundamental em que assenta aquele ramo da Economia: o resultado global (i.e. macroeconómico) da soma de decisões individuais da mesma natureza (i.e. dos agregados macroeconómicos) é qualitativamente diferente da soma dos seus efeitos microeconómicos[4]. Tivesse um tal princípio sido respeitado e dada a atenção devida aos equilíbrios macroeconómicos e a crise poderia ter sido, senão evitada, pelo menos atenuada[5].

c) *Funcionamento do Sector Financeiro*

Como causas mais directamente associadas ao sector financeiro, embora com raízes mais amplas, podemos notar pelo menos três.

Primeiro, o crescente distanciamento da realidade tangível que acompanhou, e em que assentou, o explosivo crescimento do sistema financeiro. O papel económico fundamental deste sistema é intermediar, entre aforradores e investidores, a utilização da poupança, e distribuir riscos. Para esse fim, o sector cria os chamados activos financeiros, que são direitos de saque sobre a produção futura e que os aforradores aceitam receber em troca da cedência de parte dos seus direitos de saque sobre a produção contemporânea, resultantes estes da sua quota no rendimento distribuído por essa produção (i.e. da sua poupança).

O sucesso deste processo de intermediação – essencial para potenciar a produção futura – depende essencialmente da confiança dos

---

[4] Este princípio, de que acumulações de quantidade transformam a qualidade, será facilmente entendido à luz da dialéctica hegeliana (cf. The Encyclopaedia Logic, Part I of the Encyclopaedia of Philosophical Sciences, Hackett, 1991, §108 e 109). E ajuda a perceber porque é que uma sociedade é mais do que a soma dos indivíduos que a compõem e porque é que as acções de cada um, através das suas externalidades, afectam, não apenas o seu bem individual, mas o bem de todos.

[5] O excesso de consumo improdutivo de recursos e o excessivo saque sobre o futuro, referidos mais adiante, foram também consequências, pesadas, do desprezo pelos equilíbrios macroeconómicos e, como tal, foram factores concorrentes para a crise.

detentores de activos financeiros no valor de troca, por bens e serviços, implícito na promessa de direitos de saque que tais activos representam. Para sustentação dessa confiança é necessário que o stock dos activos mantenha uma razoável relação com o potencial de produção. É claro que esta relação, baseada em expectativas, é variável por natureza e isso traduz-se na volatilidade do preço de mercado dos activos. Mas enquanto essa variabilidade se mantiver entre limites razoáveis – i.e. percebidos como prováveis – a confiança no valor dos activos não será seriamente afectada.

Por conseguinte, para garantir a confiança necessária ao duradouro sucesso da intermediação, é necessário, por um lado, que os utilizadores de fundos lhes assegurem uma aplicação suficientemente reprodutiva, aumentando o potencial de produção futura e, com ele, a capacidade de conversão dos direitos de saque sobre ela existentes. E, por outro, que a criação de activos financeiros se vai mantendo em linha com o crescimento do potencial de produção.

Ora, o que aconteceu ao longo das últimas décadas foi, por um lado, um crescente desvio, para fins não produtivos, dos fundos disponibilizados pelo sector. E, por outro lado, um desmesurado crescimento do stock dos activos financeiros, através de um processo de multiplicação de direitos de saque sem qualquer sustentação na realidade sobre a qual são sacáveis.

Criando – por meio do que se tornou conhecido como "derivados financeiros[6]" – direitos de saque sobre os direitos de saque directamente criados sobre a produção, constituiu-se uma pirâmide invertida[7] de direitos de saque, indirectos e encadeados uns nos outros, tendo por base a mesma realidade sobre a qual, em última instância, todos são sacáveis, e cujo valor é apenas sustentado por um enorme acto de fé. Inflacionou-se, deste modo, a percepção da riqueza, baseando nessa percepção uma cadeia de decisões económicas – consumo e investimento – insustentáveis.

Se se quiser uma imagem mais perceptível, foi como se, sobre uns gramas de açúcar, se tivesse criado um enorme rolo de algodão doce.

---

[6] E que são, basicamente, instrumentos de distribuição de riscos, enquanto que os activos "originais" são basicamente instrumentos de distribuição de poupanças.

[7] A imagem de pirâmide invertida é sugerida por Charles Morris, em The Trillion Dollar Meltdown, Publicaffairs, London, 2008.

A substância – a quantidade de açúcar ingerível – mantém-se inalterada, mas a aparência do produto tornou-se muito mais volumosa. Só na conversão – i.e. na degustação do rolo – é que a decepção se verifica.

Para que se tenha uma ideia dos volumes envolvidos, registe-se que, no início dos anos 1980, a soma de todos os activos financeiros equivalia aproximadamente ao PIB mundial e que, actualmente, corresponde a cerca de 4 vezes aquele valor[8]. E que, por sua vez, o valor nocional de todos os contratos de derivativos financeiros, incipiente há pouco mais de um quarto de século, equivalia, em Junho último, a cerca de 14 vezes o PIB mundial[9].

Ter-se deixado acumular uma tal situação, completamente desproporcionada, constitui, no mínimo, um desafio ao bom senso regulatório, não podendo por isso surpreender que a sua sustentabilidade acabasse por ser questionada de forma tão estrondosa.

Ademais, uma boa parte da pirâmide invertida de activos financeiros, originais e derivados, constituiu-se através de uma encadeada teia de relações cruzadas de direitos de saque de umas instituições sobre as outras, por forma a que a quebra de uma instituição ou de uma classe de activos desta cadeia, facilmente arrasta a queda de toda a teia, dando carácter sistémico a muitos problemas que, por natureza, deveriam ser individuais.

E a teia de derivados acabou por criar um tal nevoeiro na percepção dos riscos subjacentes, iludindo as suas ameaças, que acabou por estimular a sua excessiva assunção, quer em termos de endividamento, quer em termos das aplicações, contribuindo para a maior instabilidade da pirâmide.

Segundo, a arrogância epistemológica de certas correntes, que acreditam poder confinar o estudo da vida social ao terreno positivista e assim se convenceram de que a apreensão da complexidade relacional daquela vida, por sofisticadas fórmulas matemáticas, seria apenas uma questão de capacidade de processamento informático, entretanto resolvida.

Foi fiados nessa arrogante crença que muitas instituições financeiras confiaram a gestão dos seus riscos à última moda de modelos matemáticos, em detrimento do pouco científico, mas razoável, juízo humano, apoiado no bom senso e na dúvida sistemática. Com o resultado que está à vista.

[8] Fundo Monetário Internacional.

[9] Bank of International Settlements.

É, todavia, irónico que esta arrogância provenha do quadrante ideológico liberal, quando foi precisamente a partir deste quadrante que, nos anos 1930, Hayek e von Mises desmontaram uma outra construção, baseada na mesma arrogância, quando economistas socialistas tentaram demonstrar que, através da solução de um conjunto mais ou menos numeroso de equações matemáticas, seria possível conseguir uma afectação dos recursos económicos mais eficiente (ou, pelo menos, "não menos eficiente") do que o mercado[10].

Terceiro, a eficácia do mercado enquanto regulador económico pressupõe, para além do comportamento racional dos seus agentes, a sua atomicidade. É esta atomicidade que assegura a existência de uma diversidade de interesses, objectivos, visões e expectativas, em confronto permanente, para que se produzam equilíbrios razoáveis e não enviesados.

Ora, o modelo de funcionamento económico que, sobretudo no sector financeiro, foi sendo construído ao longo das últimas décadas acabou por assentar em práticas inconsistentes com aquele princípio económico, com consequências tanto mais gravosas, quanto mais globalizado o modelo se tornou. Por um lado, permitiu-se ou fomentou-se uma excessiva concentração das instituições financeiras, contrariando o princípio da atomicidade.

Por outro lado e contrariando o princípio da divergência de elementos em confronto, promoveu-se uma padronização comportamental dos decisores, que, em geral, estudaram nas mesmas escolas, aprenderam a mesma doutrina, utilizam os mesmos modelos de análise e decisão, pensam da mesma maneira, reagem aos mesmos sinais, fazem as mesmas previsões e competem com os mesmos *benchmarks* (construídos com base nos seus resultados). Os movimentos de horda acabam, por esta razão, por se tornar demasiado dominantes, provocando frequentes sobre-reacções do mercado.

d) Crise de Valores

Mas, para além do estrito campo económico-financeiro, não creio que esta crise possa ser totalmente desligada de uma outra crise social

[10] Cf. Friedrich A. Hayek, (1948), Individualism and Economic Order, The University of Chicago Press, 1980. [Esta obra contém os três artigos de Hayek que tratam deste problema, intitulados 'Socialist Calculation' e escritos entre 1935 e 1940].

mais profunda, a crise de valores. Como é sabido, a perda de referências religiosas retirou, sem que tivessem emergido substitutos adequados para o efeito, as âncoras valorativas em que tradicionalmente assentava a moralidade que a sociedade procura estabelecer para a sustentada prossecução do seu bem.

Na ausência de âncoras de profundidade valorativa, a moralidade social foi-se dissipando num relativismo que tem conduzido a uma moralidade de direitos sem obrigações e feito emergir, como valores dominantes, os associados à maximização do bem material individual imediato, dando prevalência ao material sobre o intangível, ao presente sobre o futuro, ao individual sobre o comum. A riqueza material e a sua ostentação tornaram-se nos objectos dominantes do reconhecimento social, orientando os comportamentos na sua direcção.

Independentemente de qualquer outro julgamento que se lhes queira associar, tal quadro de valores é incompatível com a prossecução duradoura do bem comum de uma comunidade e, por conseguinte, mais cedo ou mais tarde, essa inconsistência acabará por levar a rupturas de maior ou menor gravidade. Como é o caso.

Não vou aqui desenvolver todas as implicações dessa inconsistência, mas não queria deixar de assinalar as que me parecem ter dado o seu contributo para a crise com que nos confrontamos.

Descurou-se a prudente visão da vida baseada na durabilidade e na sustentação da existência, incluindo a dos descendentes, em benefício de uma visão baseada na egoística satisfação do bem estar individual imediato e com ela arriscando o bem futuro, incluindo o dos descendentes. E enquanto a primeira visão fomenta comportamentos favoráveis à poupança e à moderação, a segunda fomenta comportamentos favoráveis ao endividamento e ao excesso.

E assim a massificada migração de comportamentos, da primeira para a segunda visões da vida, conduziu, em muitas sociedades ocidentais, à insustentável expansão do consumo, do crédito e do endividamento – das Famílias, das Empresas e dos Estados. Caminho esse facilitado pela incontida imaginação e capacidade de ocultação da realidade aportadas pela engenharia financeira, cuja sofisticação conseguiu criar a ilusão – a que alguns chamaram "novo paradigma da economia" – de que a escassez de recursos deixara de ser uma restrição activa das escolhas económicas.

Como consequência, estabeleceu-se, em muitas sociedades, um modo de vida colectivo, assente num nível de bem-estar superior aos recursos contemporâneos disponíveis e que foi temporariamente sustentado, através da alavancagem financeira[11], pela hipoteca do bem-estar futuro. E foi precisamente o esgotamento dessa capacidade de alavancagem, do presente no futuro, que se desmoronou na crise.

Este saque sobre o futuro, é, em boa parte, uma consequência do desequilíbrio que a evolução demográfica no mundo ocidental, não compensada comportamentalmente, tem imposto ao contrato inter-geracional. De facto e ao não ter em conta aquela evolução, as escolhas das actuais gerações, entre tempo de trabalho e de lazer, entre poupança necessária e poupança realizada, enfim, entre os seus contributos para o consumo e a produção ao longo da vida, tem representado um saque, injusto e insustentável, sobre as gerações futuras[12].

A crise é, por isso e também, um fruto daquela insustentabilidade e, através da redução imposta aos direitos de saque sobre o futuro (i.e. do valor dos activos financeiros), constituídos a seu favor pelas actuais gerações, impõe um forçado reajustamento do contrato inter-geracional, obrigando estas gerações a trabalhar e poupar mais para manterem a expectativa de riqueza futura.

Por outro lado, a nova moralidade também não podia deixar de se reflectir na ética empresarial. Os resultados imediatos, trimestre a trimestre, tornaram-se numa quase obsessão dos gestores, que a esse objectivo transitório, e frequentemente ilusório, tudo sacrificam. Obsessão desencadeada por uma espécie de competição ostentatória, permanentemente estimulada por analistas, *media* e investidores, e reforçada pelos incentivos remuneratórios e sancionatórios que estimulou.

---

[11] Em termos muito simples, "alavancagem" significa a sustentação de uma actividade ou de conjunto de activos com recursos alheios (i.e. com dívida), usando-os como potenciador (i.e. como alavanca) dos insuficientes recursos próprios (i.e. capital).

[12] Segundo um estudo de Laurence Kotlikoff e Willi Leibfritz (An International Comparison of Generational Accounts), as pessoas com cerca de 65 anos actualmente irão receber teoricamente mais do que contribuíram ao longo da vida (50 mil dólares para Portugal, 100 mil para os EUA, 200 mil para a Alemanha, por exemplo), enquanto que quem tem cerca de 20 anos pagará mais do que receberá (85 mil para Portugal, 180 mil para os EUA e mais de 300 mil para a Alemanha) [citado por Raul Galamba, João C. Branco e Heino Fassbender, Conquistar o Futuro da Europa, Principia, 2005, pág. 90].

Não será por acaso, que, para além dos avolumados bónus a premiar o desempenho instantâneo – mas irreversíveis quando o desempenho mediato haja sido sacrificado –, se encurtou a permanência média de um CEO, ao ponto de, num terço das empresas americanas, esta não exceder os três anos.

Esta obsessiva competição, em particular (mas não exclusivamente) no sector financeiro, levou a descurar a sustentabilidade das empresas e a favorecer, cada vez mais ousadamente, comportamentos transgressores dos princípios normalmente associados à prudência, à decência e à confiança.

Assumir riscos desproporcionados, abusar da boa-fé e da confiança de terceiros, disfarçar a verdade com artifícios lustrosos, esconder contabilisticamente os desaires e as tropelias financeiras, enfim, tudo sujeitar ao *bottom-line* das demonstrações financeiras imediatas, passaram a ser práticas demasiado frequentes e generalizadas para poderem continuar a ser vistas apenas como anormalidades das margens de um negócio são. Não será, pois, por acaso que a confiança, em particular no sector financeiro (que dela depende mais do que qualquer outro), tenha sido o activo social mais afectado por esta crise.

Este ponto, em particular, suscita-me duas reflexões. Uma é que, a partir de certo nível, uma das características que mais distingue os gestores, para além da sorte, é a ética. E quando a abundância da primeira favorece duradouramente a falta da segunda, é muito provável que muita gente passe a acreditar, falsamente, que a transgressão se tornou norma e que a (antes) norma se tornou num preceito desactualizado, acabando por incorporar tal crença no seu comportamento regular.

E como, na ausência de reprovação sancionatória, o rebaixamento do padrão ético confere uma vantagem competitiva, não é de surpreender que os comportamentos transgressores melhorem os resultados imediatos, centrifugando no processo competitivo os seguidores de éticas mais exigentes, com as correspondentes consequências no sucesso pessoal dos intervenientes e no ajustamento da "norma social" prevalecente.

A outra é que muita gente entende o objectivo fundamental da gestão capitalista – a maximização do lucro – de uma forma demasiado literal. Quem estudou ou se confrontou com problemas de optimização, sabe muito bem que a maximização de uma função está normalmente sujeita a um conjunto de restrições ao espaço da função e sabe que a compreensão e o respeito dessas restrições constitui o elemento fundamental do processo de optimização.

Ora, a maximização do lucro de uma empresa só é eticamente aceitável quando respeita as restrições éticas e legais a que a empresa está, ou deve estar, sujeita. Violando essas restrições pode obter-se um melhor resultado, mas é um resultado eticamente condenável, porque sacrifica o bem da sociedade. Se a prática for generalizável, conduz directamente a perda de valor social. Mas mesmo que não seja generalizável, distorce as condições concorrenciais e conduz, indirectamente, também à perda de valor social.

A este propósito convém recordar que a frase de Adam Smith "*Não é da benevolência do talhante, do cervejeiro ou do padeiro que esperamos o nosso jantar, mas da sua preocupação pelo seu próprio interesse*"[13] é frequentemente citada para justificar que a maximização do interesse próprio de cada um é o principal fundamento da economia de mercado. E daí muitos retiram a ideia de que o interesse próprio de cada agente deverá ser o valor supremo a prosseguir, irrestritamente, numa economia de mercado, para melhor alcançar os objectivos do modelo económico subjacente.

Esquecem-se porém, ou nunca leram, que foi o mesmo Adam Smith, que foi professor de Ética, quem escreveu que "*O homem sábio e virtuoso está sempre disponível para sacrificar o seu próprio interesse privado ao interesse público da sua ordem ou sociedade*"[14]. E que o que "*leva o generoso em todas as ocasiões, e o mesquinho em muitas, a sacrificar os seus próprios interesses aos interesses maiores de outros ... não é o amor do vizinho, nem o amor da humanidade... É... o amor pelo que é honroso e nobre, pela grandeza, e dignidade, e superioridade dos nossos próprios caracteres*[15]".

Ou seja, o que Adam Smith defendeu é precisamente o que referi acima: que o objectivo económico eticamente aceitável é a maximização do lucro próprio, respeitando os princípios éticos fundamentais. É claro

---

[13] Adam Smith (1776), Wealth of Nations, Oxford World's Classics, Oxford University Press, 1998, Book I, Chapter II, pág. 22 [tradução do autor].

[14] Adam Smith (1854), The Theory of Moral Sentiments, Prometheus Books (New York), 2000, Part VI, Section II, Chapter III, pág. 346 [tradução do autor].

[15] Ibidem, Part III, Chap III, pág. 193/194.

que, dito assim, de forma genérica, toda a gente tenderá a concordar. Onde as diferenças ressaltam é quando começarmos a discutir os tais princípios éticos fundamentais, porque aí se trata de aceitar uma hierarquia de valores e, nesse caso, ou há âncoras valorativas com generalizada aceitação – como pressupunha Adam Smith –, ou caímos no relativismo e cada um valoriza o que quiser, acabando por ser o valor material e imediato, o único que todos reconhecem.

Ou seja, a base do problema regressa sempre à necessidade de uma moralidade social assente em âncoras valorativas com largo acolhimento. Pelo que, para superar este problema, a sociedade terá que vencer o desafio de consensualizar uma tábua de valores e de estabelecer os mecanismos, incentivadores e sancionatórios, necessários à sua generalizada aplicação.

2. Efeitos esperados

A resolução da presente crise implica, antes do mais, o esvaziamento da bolha financeira. O que, por sua vez, a destruição da riqueza artificialmente criada, mas que, tendo sido percebida como real, fundamentou um padrão de consumo e de investimento. Padrão esse que agora terá que ser também ajustado para níveis assentes em valores de riqueza e rendimento sustentáveis. Um tal ajustamento não pode, pois, deixar de arrastar consigo uma retracção temporária da actividade económica, do rendimento e do emprego, pondo em marcha uma inevitável recessão – já iniciada – e cuja profundidade e duração ainda não consegue ser prevista com suficiente segurança.

Deixado apenas à espontaneidade do mercado, o ajustamento processar-se-á de uma forma violenta e desordenada, envolvendo enormes (e desnecessários) custos sociais, pois que um tal processo, dispondo de um intrínseco potencial de auto-alimentação através das expectativas entrará facilmente numa espiral contraccionista, indo muito para além do necessário[16].

[16] Se se quiser uma imagem, fácil de entender, será como quando, acontecendo um acidente num qualquer recinto lotado, se desencadeia a sua desordenada evacuação, a qual acaba por provocar mais vítimas do que o acidente propriamente dito.

É precisamente para suster, e reverter, essa espiral de sobre-ajustamento, procurando tornar o processo o mais ordenado possível, que as autoridades económicas dos vários países, bem como as instâncias supra-nacionais, se têm vindo a empenhar denodadamente, embora ainda não seja possível prever o seu grau de sucesso. Compensar a natural queda da procura privada – seja aumentando os gastos públicos, seja criando incentivos ao aumento da despesa privada – por forma a atenuar o efeito recessivo do ajustamento é, pois, uma das tarefas prioritárias dos governos nestas circunstâncias.

Um dos problemas do processo de ajustamento financeiro, sobretudo com a inusitada dimensão do que está em curso, é que, para eliminar a riqueza artificial, muita riqueza real irá ser também destruída pelo caminho, uma vez que, na prática, não é possível separar uma da outra, e, por outro lado, um tal processo acarreta um importante, e injusto, efeito redistributivo.

De facto, durante o processo de criação da pirâmide de riqueza artificial, muitos dos novos entrantes usaram as suas poupanças para adquirir activos sobrevalorizados. Os vendedores desses activos, por sua vez, realizaram uma mais valia – sem sustentação real, mas imediatamente percebível e usável como rendimento – de que puderam desfrutar como entenderam (i.e. uma parte da poupança dos primeiros foi transformada em rendimento dos segundos).

Mas só quando o *crash* provoca a substancial desvalorização dos activos na sua posse é que os primeiros se apercebem da riqueza (real) que perderam ao adquirir os activos sobrevalorizados. E só nesse momento – quando a perda é interiorizada na consciência do perdedor – é que a redistribuição conclui os seus efeitos, e só então o excesso (por não ter sustentação real) de despesa realizada pelo ganhador vai ser "compensado" – com todas as consequências económicas desse desfasamento temporal – pela retracção da despesa do perdedor.

Semelhante processo redistributivo ocorre, agora entre credores e devedores, quando os segundos – que entretanto gastaram, como se fora rendimento seu, os créditos obtidos dos primeiros – se revelam incapazes de pagar as suas dívidas. Nesse momento, os credores descobrem que o crédito que concederam, e agora não conseguem recuperar, foi afinal uma transferência da sua riqueza para os seus devedores. Também só nesse momento os efeitos da redistribuição se concluem.

A resolução da presente crise implica, portanto, a eliminação dos excessos financeiros acumulados – nos activos e nas dívidas –, processo que se tornou comum designar por "desalavancagem". E este reajustamento pode ocorrer por uma de três vias, não mutuamente exclusivas: i) inadimplemento dos activos financeiros, normalmente por insolvência dos seus responsáveis; ii) redução do seu valor transaccional, através da sua desvalorização pelo mercado; e iii) inflação, que, aumentando o valor nominal dos bens e serviços sacáveis, reduz o poder de saque dos activos sobre a economia.

As duas primeiras vias estão actualmente em curso e a terceira poderá vir a revelar-se necessária subsequentemente. É que, durante o processo em curso, os Estados têm procurado substituir a alavancagem do sector privado pela sua própria alavancagem, e os bancos centrais têm criado liquidez monetária desenfreadamente para compensarem parte do necessário encolhimento dos balanços do sector financeiro, deixando inchar os seus próprios balanços. Ambos procuram, por esse meio, amortecer o impacto económico do processo de desalavancagem atrás referido.

Mas, porque as duas primeiras vias supra-referidas poderão não ser suficientes para resolver o problema sem demasiados estragos económicos e sociais (sobretudo quando parte do problema é passado para os braços dos Estados), e/ou porque o subsequente processo de desalavancagem do sector público poderá acabar por não poder ser feito de outra forma menos penosa, uma inflação generalizada poderá vir a ser via subsequentemente necessária para completar o processo de eliminação dos excessos financeiros acumulados[17].

De qualquer das formas, uma coisa parece certa: o ajustamento vai ter enormes custos económicos e sociais, podendo estes concentrar-se num único ano ou estender-se por um período de vários anos. Além disso e muito provavelmente, toda esta crise irá ter importantes repercussões sócio-políticas e, até, geo-estratégicas.

[17] A União Europeia, ao ter fixado no Tratado a proibição de financiamento monetário do sector público e a imposição de um objectivo anti-inflacionário rigoroso ao BCE, poderá ter tornado essa via impossível de concretizar no seu espaço económico, com todas as consequências daí advenientes.

Primeiro, é natural que as ideias colectivistas e os seus defensores encontrem terreno favorável à sua progressão e procurem aumentar a presença estatal na economia, coarctando o espaço da iniciativa e da propriedade privadas. O principal obstáculo com que se defrontarão será a inconsistência de um tal objectivo com a manutenção do actual modelo social, sobretudo na versão europeia. Este modelo, que já hoje é insustentável, mais rapidamente revelará a sua insustentabilidade se não dispuser do potencial de criação de riqueza – e consequente geração de impostos – que só o mercado proporciona.

De facto e apesar da crise actualmente vivida, e de muitas outras por que tem passado ao longo da sua existência, foi o modelo económico assente no mercado que, apesar de tudo, proporcionou, como nenhum outro, um considerável aumento da riqueza mundial e do bem-estar da Humanidade, apesar de confrontado com um crescimento populacional que, só num século, foi maior do que em toda a história anterior da vida humana.

Por isso é muito provável que, para além da retórica e de um ou outro avanço mais simbólico do que substancial, no final se volte à actual divisão de tarefas, com o mercado a ter o encargo de produzir mais riqueza, para que o Estado possa continuar a consumir dela uma parcela crescente

Segundo, é muito provável que venha a ser reivindicada uma revisão dos termos do contrato social, por forma a reduzir as desigualdades distributivas, que conseguiam ser aceitáveis enquanto o modelo satisfazia as suas próprias promessas de eficiência e de crescimento generalizado. Mas que poderão deixar de o ser com as consequências desta crise, que muitos vêem, não sem razão, ser devida aos incentivos distributivos postos em prática. No entanto, é preciso evitar que desta eventual revisão decorra um sério embotamento da produtividade indispensável ao contínuo progresso económico.

Terceiro, não será surpreendente que se exacerbem as contradições das escolhas esquizofrénicas que todos fazemos, ora enquanto agentes económicos (sobretudo como consumidores), ora como cidadãos, despertando conflitualidades entre a democracia e o mercado que poderão conduzir à procura de novos equilíbrios institucionais.

Quarto, ao nível geo-estratégico, haverá, quase certamente, uma redistribuição de poder mundial, que no fundo mais não será do que o reconhecimento de um novo equilíbrio das "placas tectónicas" da economia mundial, cujo movimento das últimas décadas é, de certo modo, uma outra explicação para esta crise.

A China, por exemplo, se souber jogar a oportunidade que tem de se constituir num importante motor da retoma mundial, revalorizando a sua moeda e utilizando as vastas reservas acumuladas para dinamizar a procura – doméstica e mundial –, poderá obter como contrapartida uma importante posição nas instâncias, formais e informais, da governação mundial. E os países das outras grandes economias emergentes também não deixarão de aproveitar a oportunidade para reivindicar uma maior quota de participação nessas instâncias de governação, como se viu já com a recente Cimeira do G-20. E como alguém terá que ceder poder, o candidato mais natural será a União Europeia.

De qualquer forma, a redistribuição de poder efectivo já está a ocorrer, quando o capital acumulado por vários países com economias chamadas emergentes é chamado a preencher, na propriedade das empresas ocidentais, o vazio criado pela destruição da riqueza artificialmente aí criada.

Quinto, a crise deverá funcionar como catalizador para uma reforma do sistema de regulação económica internacional, que muitos já vinham reclamando, desde há algum tempo, visando ajustá-lo à dimensão da nova globalização.

Uma reforma do sistema de supervisão e coordenação mundial saído de Bretton Woods, e que não acompanhou a expansão e a mudança de natureza da globalização, deverá ser o resultado desse processo. Os chamados off-shores – cuja existência sempre considerei um incompreensível contra-senso[18] – e os movimentos de capitais de grande volatilidade – preocupação que, recorde-se, esteve sempre no centro da organização monetária emergente de Bretton Woods – serão testes importantes a qualquer revisão desse sistema.

Por fim, a crise deverá revelar-se também uma oportunidade para reflectir sobre a teoria económica, não devendo surpreender que alguns paradigmas dominantes venham a ser reconsiderados.

[18] Tal como continuo sem compreender, num outro plano e num mundo electronizado onde é facílimo movimentar dinheiro escritural, a emissão de notas de elevada denominação por parte dos bancos centrais. Apesar de parecerem diferentes, as duas coisas estão mais ligadas do que pode parecer.

Teresa Moreira

Crise e Política de Concorrência – alguns comentários

Teresa Moreira
Mestre em Direito Comunitário

RESUMO

Neste texto, analisa-se a resposta da política de concorrência comunitária, em especial do artigo 81.º do Tratado CE e do regime dos auxílios do Estado, às medidas adoptadas pelos Governos europeus no contexto da crise financeira, concluindo-se que só em sede de auxílios de Estado estas medidas podem ser enquadradas sem sacrificar o teor desta política, podendo ainda a reacção da Comissão Europeia nesta matéria ter fomentado maior coordenação das políticas económicas nacionais de futuro.

Palavras-chave:

Política de concorrência;
Artigo 81.º do Tratado CE;
Auxílios de Estado.

ABSTRACT

This text refers to the reaction of the EC competition policy, namely of article 81 EC and of the State aid regime, to the recent measures of EU Member States under the financial crisis, concluding that only the State aid regime can accommodate them without undermining competition policy goals, and that the Commission's response in this area may have contributed for increased coordination of national economic policies in the future.

Keywords:

Competition policy;
Article 81. º of the EC Treaty;
Aids of State.

A crise financeira que se vive, de forma mais aguda, desde o Verão de 2008, desencadeou reacções sucessivas por parte de muitos Governos, designadamente de Estados-Membros da União Europeia, os quais anunciaram a adopção de "pacotes" de medidas públicas com vista a auxílios de emergência de empresas em dificuldades e à recuperação da situação económica em geral, suscitando algumas interrogações sobre o papel da política de concorrência neste contexto.

No âmbito da União Europeia, a política de concorrência assume um lugar de destaque na realização e na dinamização do Mercado Interno desde o início do processo de integração europeia, traduzindo-se em duas vertentes distintas: por um lado, tem por objecto práticas, condutas e operações levadas a cabo por operadores económicos ou empresas, matéria tratada pelas regras "antitrust"[1] e ainda pelo regime das concentrações de empresas[2]; por outro, prevê o controlo da intervenção dos Estados na actividade económica, consubstanciado nas regras sobre os auxílios do Estado[3] e a liberalização[4], estando direccionada neste caso para medidas públicas susceptíveis de restringirem a concorrência dentro do Mercado Interno.

É sabido que a aplicação das regras de concorrência comunitárias, cometida de início à Comissão Europeia em primeira linha, sem prejuízo do controlo judicial exercido pelo Tribunal de Justiça, e do efeito directo da maior parte destes dispositivos do Tratado CE, nunca foi essencialmente repressiva: se sempre manifestou grande firmeza face aos comportamentos anti-concorrenciais mais graves, às concentrações de empresas muito restritivas, às medidas públicas mais excessivas, também se caracterizou pela autorização de muitas operações de concentração, pela isenção de práticas susceptíveis de merecerem um balanço económico

[1] Nos artigos 81.º e 82.º do Tratado que institui a Comunidade Europeia (adiante Tratado CE), dirigidos a comportamentos de empresas restritivos da concorrência – acordos, decisões de associações de empresas, práticas concertadas e à exploração abusiva do poder de mercado.

[2] Não consagrado formalmente no Tratado CE, este regime está consubstanciado no Regulamento (CE) N.º 139/2004 do Conselho, de 20 de Janeiro de 2004 (publicado no Jornal Oficial da União Europeia, n.º L 24, de 29.01.2004), que tem como base os artigos 83.º e 308.º do Tratado CE.

[3] Artigos 87.º a 89.º do Tratado CE.

[4] Artigo 86.º do Tratado CE, no essencial.

positivo, e pela aprovação de muitas medidas nacionais cujos fins fossem considerados pertinentes.

Com efeito, é de sublinhar que à proibição de práticas restritivas da concorrência contida no n.º 1 do artigo 81.º se segue a excepção contemplada no n.º 3 dessa norma[5], que define as quatro condições de verificação cumulativa cujo cumprimento possibilita a isenção de um acordo ou prática restritivos daquela proibição: foi ao abrigo dessa norma excepcional que a Comissão Europeia autorizou centenas de casos desde os anos 60 e emitiu diversos regulamentos de isenção de categorias de acordos depois de estabilizada a sua posição perante os acordos verticais, os acordos horizontais, os acordos de transferência de tecnologia, a distribuição automóvel, as práticas do sector dos seguros, para além da área dos transportes aéreos e marítimos.

No domínio do controlo das concentrações de empresas, o regime comunitário prevê expressamente a possibilidade de a Comissão Europeia autorizar a realização de operações mediante a imposição de condições e/ou de obrigações que correspondem a compromissos assumidos pelas empresas envolvidas, que mitigam as preocupações concorrenciais da Comissão, dando origem à introdução de alterações no projecto notificado[6].

Finalmente, em matéria de Auxílios de Estado, também o próprio Tratado prevê a autorização de medidas públicas susceptíveis de constituírem auxílios de Estado nesta acepção, estabelecendo três situações de compatibilidade formal[7] com o Mercado Comum, na terminologia utilizada pelo Tratado, elencando cinco objectivos que justificam a autorização de medidas públicas assim qualificadas[8] e, por último, consagrando

[5] Artigo 81.º, n.º 3: "... que contribuam para melhorar a produção ou a distribuição dos produtos ou para promover o progresso técnico ou económico, contanto que aos utilizadores se reserve uma parte equitativa do lucro daí resultante, e que: a) Não imponham às empresas em causa quaisquer restrições que não sejam indispensáveis à consecução desses objectivos; b) Nem dêem a essas empresas a possibilidade de eliminar a concorrência relativamente a uma parte substancial dos produtos em causa.".

[6] Artigo 8.º, n.º 2 do Regulamento (CE) N.º 139/2004 do Conselho.

[7] Artigo 87.º, n.º 2 do Tratado CE.

[8] Artigo 87.º: "3. Podem ser considerados compatíveis com o mercado comum: a) Os auxílios destinados a promover o desenvolvimento económico de regiões em que o nível de vida seja anormalmente baixo ou em que exista grave situação de subemprego;

a possibilidade de o Conselho, decidindo por maioria qualificada, sob proposta da Comissão, indicar outros objectivos[9], para além da cláusula geral do artigo 89.º, que confere competência regulamentar ao Conselho nesta sede, incluindo a exclusão de categorias de auxílios do procedimento obrigatório de notificação prévia à Comissão (artigo 88.º).

Tendo presente a instabilidade dos mercados financeiros, a insuficiência dos mecanismos de controlo e de supervisão e o papel inesperado assumido por tantos Governos nos últimos meses de 2008, compreende-se, pois, que as intervenções públicas com vista a corrigir as falhas graves de mercado que colocaram muitas empresas e empregos em risco, e a relançar a actividade económica nos mercados nacionais, incentivando a confiança dos cidadãos e dos operadores económicos, conduzam, inevitavelmente, à questão de saber se, neste contexto, a política de concorrência pode continuar a exercer o papel que lhe foi confiado no seio do Mercado Interno, ou se, por força da situação económica excepcionalmente grave que se vive actualmente, esta política está, de alguma forma, comprometida.

Tentando contribuir para responder a essa questão, falaremos do artigo 81.º do Tratado CE, relativo às práticas restritivas da concorrência entre empresas, e do regime dos Auxílios de Estado, que nos parecem ser as normas mais representativas nesta perspectiva.

Recorde-se, antes de mais, que a livre concorrência ou melhor dizendo "a concorrência não falseada", tal como outras acções cometidas pelo Tratado CE à Comunidade Europeia, foi delineada como um meio ao serviço da prossecução da integração europeia e não como um fim em si mesma, devendo, aliás, interagir com outras matérias e outras políticas na realização dos objectivos últimos fixados pelo Tratado.

b) Os auxílios destinados a fomentar a realização de um projecto importante de interesse europeu comum, ou a sanar uma perturbação grave da economia de um Estado-Membro; c) Os auxílios destinados a facilitar o desenvolvimento de certas actividades ou regiões económicas, quando não alterem as condições das trocas comerciais de maneira que contrariem o interesse comum; d) Os auxílios destinados a promover a cultura e a conservação do património, quando não alterem as condições das trocas comerciais e da concorrência na Comunidade num sentido contrário ao interesse comum;".

[9] Artigo 89.º, n.º 3, alínea e).

A estreita ligação com as liberdades de circulação e a realização plena do Mercado Interno influenciaram muito o desenvolvimento da política de concorrência comunitária mas objectivos de diferente natureza da Comunidade Europeia – a coesão económica e social, a protecção ambiental, o desenvolvimento sustentável[10] – e a necessidade de consideração de alguns destes valores de carácter transversal, quase constitucionais, nas políticas europeias[11] também foram ponderados na apreciação de algumas práticas restritivas.

Tal como a doutrina o tem apontado[12], objectivos relativos ao emprego, à política industrial, à protecção do ambiente, à política regional, à cultura, à protecção da saúde pública e à política do consumidor foram, no passado, pontualmente invocados para fundamentar o cumpri-

---

[10] Veja-se o artigo 2.º do Tratado CE e o artigo 3.º relativo aos instrumentos de realização daquelas finalidades, o qual identifica na sua alínea g) "Um regime que garanta que a concorrência não seja falseada no mercado interno;" mas inclui igualmente o reforço da coesão económica e social (alínea k), " uma política no domínio do ambiente" (alínea l), o "reforço da capacidade concorrencial da indústria da Comunidade" (alínea m).

[11] Veja-se o artigo 127.º, n.º 2 do Tratado CE, que estabelece que o objectivo de um alto nível de emprego deverá ser tido em consideração na formulação e aplicação das políticas e iniciativas Comunitárias Tal como a livre concorrência constitui uma preocupação horizontal tida em conta na actividade legislativa e regulamentar da União Europeia em termos abrangentes: vejam-se os estudos de impacto indispensáveis para a justificação de novas medidas.

[12] Veja-se, entre outros, Giorgio Monti – "Article 81 EC and Public Policy", *in Common Market Law Review, volume* 39, 2002, págs. 1057-1099, que cita os acórdãos do Tribunal de Primeira Instância de 11 de Julho de 1996, *Métropole télévision SA e Reti Televisive Italiane SpA e Gestevisión Telecinco SA e Antena 3 de Televisión c. Comissão* (proc. apensos T-528/93, T-542/93, T-543/93 e T-546/93), publicado na Colectânea de Jurisprudência do Tribunal de Justiça (adiante Colect.), 1996, página II-00649 e o acórdão de 15 de Julho de 1994, *Matra Hachette c. Comissão* (proc. T-17/93), publicado na Colect. 1994, página II-00595. Veja-se também Heike Schweitzer – "Competition Law and Public Policy: Reconsidering an Uneasy Relationship. The Example of article 81", *EUI Working Papers LAW 2007/30, European University Institute, Department of Law*, citando o acórdão deo Tribunal de Justiça de 21 de Setembro de 1999 – *Albany International* e *Stichting Bedrijfspensioenfonds Textielindustrie,* (proc. n.º C-67/99) publicado na Colect., 1999, página I-5751; e ainda Arthur Dyevre – "La prise en considération de critéres "extraconcurrentiels" dans le Droit Communautaire de la Concurrence" *in Révue Internationale de Droit Économique*, 2007, págs. 415-440.

mento das condições estabelecidas pelo n.º 3 do artigo 81.º[13], apoiando o Tribunal de Justiça o poder discricionário da Comissão nesta matéria, bem como, em alguns casos, a combinação da concorrência com outros objectivos de interesse público comunitário.[14]

Por seu turno, a isenção de categorias de acordos horizontais, prevista desde 1971, designadamente dos acordos de especialização[15], frequentes em situações de declínio industrial, demonstra bem que, desde que as empresas envolvidas não detenham poder de mercado[16], eliminadas as cláusulas mais anti-concorrenciais, existe há muito na União Europeia um quadro jurídico favorável a determinadas formas de cooperação entre empresas[17], sem sacrificar os princípios básicos da política de concorrência.

Daí que nunca tenha sido posta em causa a primazia da concorrência não falseada perante outros objectivos públicos, sempre de carácter excepcional e apenas complementares à apreciação jus-concorrencial, ao longo dos quase 50 anos de aplicação desta norma pela Comissão Europeia.

Na segunda metade dos anos 90, a conclusão do Mercado Interno, por um lado, e, por outro, a crescente globalização económica e a consequente maior proximidade a parceiros privilegiados, como os Esta-

---

[13] E até reconhecidos em Linhas de Orientação da Comissão Europeia: veja-se a Comunicação da Comissão – Orientações sobre a aplicação do artigo 81.º do Tratado CE aos acordos de cooperação horizontal (2001/C 3/02), publicada no Jornal Oficial n.ºC 003 de 06.01.2001, pág. 0002-0030. Veja-se o ponto 7, relativos aos acordos em matéria de ambiente.

[14] Veja-se o acórdão *Métropole*, citado, no sumário: "2. segundo parágrafo -Com efeito, embora a Comissão possa basear-se, no âmbito de uma apreciação global, em considerações ligadas à prossecução do interesse público para conceder uma isenção ao abrigo do artigo 85.º, n.º 3, do Tratado, ela deve contudo demonstrar que essas considerações exigem a existência indispensável das restrições da concorrência que as regras da associação implicam".

[15] Regulamento (CE) n.º 2658/2000 da Comissão, de 29 de Novembro de 2000, publicado no Jornal Oficial n.º L 304, de 05.12.2000, pág. 0003- 0006.

[16] O limiar máximo da quota de mercado não pode exceder 20% do mercado relevante (artigo 4.º).

[17] Tal é também o caso dos acordos horizontais de investigação e desenvolvimento, regidos pelo Regulamento (CE) n.º 2659/2000 da Comissão, de 29 de Novembro de 2000, publicado no Jornal Oficial nº L 304, de 05.12.2000, pág. 0007- 0012.

dos Unidos da América, acentuariam a tendência liberalizante da União Europeia e levariam a que a Comissão passasse a interpretar e a aplicar as regras de concorrência do Tratado CE à luz do critério da eficiência económica e do objectivo do bem-estar do consumidor ("consumer welfare"), imprimindo um cunho diferente a esta política, agora mais baseada na análise económica.

No tocante ao artigo 81.º do Tratado CE, esta viragem confirmou-se com a adopção do Regulamento (CE) N.º 1/2003 do Conselho, relativo à execução das regras de concorrência estabelecidas nos artigos 81.º e 82.º do Tratado[18], na realidade um regulamento de carácter processual que veio por em prática a aplicação descentralizada deste dispositivo, em especial do seu n.º 3, agora dotado de efeito directo e assim susceptível de ser aplicado pelas autoridades de concorrência dos Estados-Membros e pelos tribunais nacionais, a par da Comissão Europeia, anteriormente detentora deste exclusivo.

Este regulamento foi acompanhado de um conjunto de linhas de orientação adoptadas pela Comissão Europeia, designadamente sobre a interpretação do n.º 3 do artigo 81.º[19].

E é justamente a propósito do n.º 3 do artigo 81.º do Tratado CE que a comunicação da Comissão Europeia veio clarificar a nova abordagem, assente na eficiência económica, agora o crivo subjacente à autorização excepcional de práticas restritivas da concorrência subsumíveis no n.º 1 daquela disposição, aproveitando esta reforma processual para rever a interpretação da disposição mais interessante das regras "antitrust" pelo potencial de política pública que propiciava.

Curiosamente, a eliminação do monopólio da aplicação do artigo 81.º, n.º 3 pela Comissão e da obrigação de notificação prévia das práticas candidatas àquela isenção com ela relacionada, permitindo o acesso das autoridades nacionais de concorrência e dos tribunais nacionais àquela norma, ademais acompanhada do incentivo à auto-avaliação da

---

[18] de 16 de Dezembro de 2002, publicado no Jornal Oficial das Comunidades Europeias, n.º L 1, de 4.01.2003.

[19] Comunicações da Comissão – Orientações relativas à aplicação do n.º 3 do artigo 81.º do Tratado (2004/C 101/08), de 27 de Abril de 2004.

conformidade das práticas pelas empresas e pelas associações de empresas, veio colocar duas novas questões[20].

Ficou, desde 1 de Maio de 2004, a Comissão impedida de prosseguir opções de política pública por força deste novo regime processual, baseado na descentralização no Mercado Interno e na responsabilização dos operadores económicos?

O artigo 2.º do Regulamento (CE) N.º 1/2003 tornou as decisões de isenção individual anteriormente adoptadas ao abrigo do n.º 3 do artigo 81.º inúteis, assim frustrando o exercício da anterior função desta norma. Apesar disso, o mesmo regulamento prevê, no seu artigo 10.º, declarações de não inaplicabilidade da Comissão, por iniciativa própria, em caso de "interesse público comunitário", suscitado tanto no quadro do artigo 81.º como no do artigo 82.º, e susceptíveis quando o n.º 3 do artigo 81.º foi preenchido.

Este dispositivo constitui, assim, a única base legal para o exercício de política pública, sendo, contudo, muito pouco provável que, depois de enveredar pelo caminho da eficiência económica e do "consumer welfare", que muito têm influenciado as políticas de concorrência dos próprios Estados-Membros, a Comissão arrepie caminho para valorizar, nesta sede, outros objectivos do Tratado. Permanece esta possibilidade de a Comissão definir novas orientações, até relativas à relação dos artigos 81.º e 82.º com outras normas do Tratado CE, sem que haja qualquer sinal de que tal implicará a subalternização da concorrência.

A segunda questão respeita à aplicação do n.º 3 do artigo 81.º pelas autoridades nacionais de concorrência e pelos tribunais nacionais[21]: podem estas entidades, por sua vez, prosseguir finalidades cometidas pelo Tratado CE, efectuando um juízo sobre a conjugação e a compatibilidade da política de concorrência e de outros valores e políticas comunitários neste quadro? Ou estão estas entidades, inseridas num sistema de competências paralelas, limitadas à ponderação da eficiência económica, tal como recomenda a Comissão nas suas linhas de orientação de 2004?

O risco de uma incoerente aplicação das regras comunitárias da concorrência numa União Europeia alargada a 27 jurisdições nacionais,

---

[20] Veja-se Giorgio Monti, obra citada, e Heike Schweitzer, obra citada, em sentido diferente.

[21] Veja-se Heike Schweitzer, obra citada.

e a segurança jurídica indispensável à auto-avaliação da conformidade das práticas com o artigo 81.º, resultante do novo regime de excepção directamente aplicável, terão obrigado a uma interpretação do n.º 3 do artigo 81.º mais objectiva, sem margem para considerações de política[22], de forma a estabelecer uma orientação pragmática e exequível.

É importante, assim, manter este rumo, ainda recente (desde 2004), sendo que quaisquer alterações ou precisões que venham a ser introduzidas no Regulamento (CE) N.º 1/2003 não podem nem devem afectar o papel nuclear conferido à matéria da concorrência no sistema económico da União Europeia, sublinhado e reiterado pela jurisprudência europeia desde o final dos anos 50.

Em suma, ainda que o artigo 81.º do Tratado permita a realização de um balanço económico dos aspectos pró-concorrenciais de uma determinada pratica e dos seus efeitos restritivos, a clara opção assumida pela Comissão Europeia no sentido da eficiência económica no seio da política de concorrência não deixa margem actualmente para a ponderação de outros objectivos de interesse público, sobretudo se apenas ditados pela crise financeira referida, a não ser no quadro delimitado pelo n.º 3 do artigo 81.º.

O regime dos Auxílios de Estado obedece, todavia, a uma lógica diferente, na medida em que corresponde ao controlo da intervenção dos Estados na actividade económica, traduzida em medidas vantajosas, unilaterais e selectivas, susceptíveis de afectar o comércio entre o Estados-Membros e de restringirem a concorrência no Mercado Interno. Apesar do amplo poder de apreciação concedido, em termos exclusivos, à Comissão Europeia nesta sede (artigo 88.º), estas regras abrangem expressamente um conjunto de objectivos de carácter não económico susceptíveis de justificarem a autorização daquelas medidas[23], aos quais

---

[22] Aliás, incompreensíveis perante o desaparecimento deste poder discricionário da própria Comissão, que decorreu do novo sistema, ditado por razões de eficácia, de simplificação e de celeridade na aplicação das regras comunitárias da concorrência, em obediência ao princípio da subsidiariedade. Acresce que dificilmente se aceitaria que fossem os tribunais nacionais a definir objectivos de política pública, à luz da repartição de poderes dos sistemas políticos dos Estados-Membros.

[23] Permitindo ainda o artigo 89.º, n.º 3, alínea e) a definição de outros objectivos justificativos.

acrescem normas específicas de carácter sectorial, relativas à agricultura e aos transportes[24].

Ao contrário da protecção do bem-estar dos consumidores que constitui, de forma assumida, o objectivo último da intervenção da Comissão Europeia em sede de regras "antitrust" e do controlo das concentrações de empresas, nas palavras do Director-Geral de Concorrência da Comissão Europeia, Philip Lowe, o objectivo subjacente ao regime dos auxílios de Estado é o do bem-estar social da União Europeia ("social welfare of the European Union"), designado como o "interesse comum" no artigo 89.º, n.º 3 do Tratado CE[25].

Recorde-se ainda que outras normas do Tratado CE assumem relevância relativamente à intervenção pública na economia, designadamente o artigo 16.º, relativo aos serviços de interesse económico geral, que sublinha o seu papel na "promoção da coesão social e territorial" e o artigo 86.º, inserido no capítulo das regras de concorrência, o qual estabelece a sujeição das empresas públicas, empresas encarregadas da gestão de serviços de interesse económico geral ou monopólios fiscais às regras de concorrência, mas admite a dispensa excepcional desta obrigação caso tal obstaculize o cumprimento da missão que lhes foi confiada (n.º 2).

Nesta matéria, portanto, mantendo os Estados-Membros a titularidade e a autonomia da política económica, não obstante as obrigações que decorrem do processo de coordenação e de supervisão multilateral

---

[24] Respectivamente os artigos 36.º (agricultura) e 73.º (transportes), nos termos seguintes: artigo 36.º, segundo parágrafo – "O Conselho pode, nomeadamente, autorizar a concessão de auxílios: a) Para a protecção de explorações em situação desfavorável devido a condições estruturais ou naturais; b) No âmbito de programas de desenvolvimento económico." Artigo 73.º – "São compatíveis com o presente Tratado os auxílios que vão ao encontro das necessidades de coordenação dos transportes ou correspondam ao reembolso de certas prestações inerentes à noção de serviço público."

[25] Philip Lowe – "The design of competition policy institutions for the 21st century" *in Competition Policy Newsletter, 2008, number* 3, págs. 1-11: "Whether the rationale for State aid is efficiency or equity, the correct welfare standard for State aid policy – expressed in economic terms – would seem to be the social welfare of the European Union, which is equivalent to the notion of common interest found in Article 87(3) of the Treaty". (fonte: *website* da DG COMP – http://ec.europa.eu/competition/publications/cpn/).

destas políticas pela Comissão e pelo ECOFIN e as condicionantes inerentes à participação na zona EURO, outras preocupações relacionadas com o emprego, com o ambiente, com a política regional e a coesão económica, social e territorial, e com determinados sectores da actividade económica são forçosamente combinadas com considerações de eficiência económica, muito vezes prevalecendo a equidade.

Também a matéria dos auxílios de Estado sofreu uma actualização nos últimos anos, ditada, antes de mais, pela importância que lhes foi reservada pela Estratégia de Lisboa, lançada em Março de 2000, como o referencial das reformas económicas e sociais da União Europeia necessárias à concretização de uma economia baseada no conhecimento e na criação do espaço económico mais competitivo até 2010. Neste âmbito, a preocupação centrou-se na redução do montante global de auxílios, melhor direccionados para objectivos horizontais ("less aid, better targeted aid") identificados como prioritários, tais como a investigação e o desenvolvimento, a inovação, o emprego, o ambiente, sendo este tema actualizado pela Estratégia de Lisboa Renovada de 2005.

E a actual Comissária Europeia responsável pela concorrência, Nellie Kroes, dedicou especial empenho à modernização e sistematização deste regime no seu mandato (desde 2005), apostando num quadro regulamentar mais abrangente, mais pormenorizado, mais eficaz e mais transparente do ponto de vista processual, defendendo, também aqui, uma análise económica mais fina, dentro do equilíbrio necessário entre a correcção de falhas de mercado e a coesão.

É neste contexto que as intervenções dos Governos dos Estados-Membros desde Setembro de 2008 foram e têm vindo a ser apreciadas pela Comissão, merecendo ser, todavia, salientado que muitas das medidas públicas referidas não são verdadeiramente questionáveis neste domínio. Com efeito, muitas das medidas de política geral, aplicáveis a categorias de destinatários ou de contribuições públicas, não constituem, em princípio, auxílios do Estado, pelo seu carácter geral e abstracto e a ausência de discriminação, assim como a regra "de minimis" exclui, à partida, medidas que não ultrapassem um determinado nível de intensidade de auxílio[26].

---

[26] Regulamento (CE) n.º 1998/2006 da Comissão, de 15 de Dezembro de 2006, relativo à aplicação dos artigos 87.o e 88.o do Tratado aos auxílios *de minimis*, publicado

Para dar resposta a estas solicitações, a Comissão investiu em procedimentos mais céleres, no âmbito de novas linhas de orientação especificamente dirigidas aos principais problemas sistémicos verificados no sector financeiro[27], ao abrigo de regras horizontais pré-existentes e particularmente adequadas a esta situação[28]mas também recorrendo a um dispositivo do Tratado CE que permite a autorização de medidas públicas destinadas a "...sanar uma perturbação grave da economia de um Estado-Membro"(artigo 87.º, n.º 3, alínea b, *in fine)*.

E a mais recente comunicação adoptada sobre o Enquadramento temporário dos auxílios de Estado de apoio ao acesso ao financiamento na actual crise económica e financeira[29] vem sublinhar a postura adoptada desde Setembro de 2008 pela Comissão, disponível para autorizar medidas públicas de auxílio temporário (até Dezembro de 2010), a título excepcional e sujeitas a uma monitorização apertada, especialmente se destinadas a PME e ao investimento sustentável (ambiente).

Esta abertura da Comissão Europeia à recente intervenção dos Governos europeus na economia inscreve-se no quadro do Plano de Recuperação Económica Europeia lançado no final de Novembro de 2008[30], que visou desencadear o enquadramento e promover a coordenação pela União Europeia das medidas nacionais adoptadas no contexto da crise financeira, abarcando justamente o regime dos auxílios de Estado como um instrumento dessa visão, numa tentativa de afirmar a UE como um espaço económico único no plano internacional.

---

no Jornal Oficial n.º L 379, de 28.12.2006, *pág. 0005-0010*: subsídios até €200,000, não constituem auxílios do Estado na acepção do Tratado.

[27] Comunicação da Comissão — Aplicação das regras relativas aos auxílios estatais às medidas adoptadas em relação às instituições financeiras no contexto da actual crise financeira global (2008/C 270/02), publicada no Jornal Oficial nº C 270 de 25.10.2008, pág. 0008-0014.

[28] Veja-se, a título de exemplo, a Comunicação da Comissão – Orientações comunitárias relativas aos auxílios estatais de emergência e à reestruturação a empresas em dificuldade (2004/C 244/02), publicada no Jornal Oficial n.º 244, de 01.10.2004, pág. 0002-0017, e as Orientações comunitárias relativas aos auxílios estatais e capital de risco a pequenas e médias empresas (2006/C 194/02), publicadas no Jornal Oficial n.º C 194, de 18.08.2006, pág. 0002-0021.

[29] De 17 de Dezembro de 2008, disponível na *website* da DG COMP, já indicada.

[30] Comunicação da Comissão ao Conselho Europeu – COM (2008) 800/02.

É cedo, assim, fazer se fazer o balanço das repercussões da crise financeira internacional, sobretudo das reacções públicas que ela provocou nesta vertente da política de concorrência comunitária. Mas a resposta da Comissão Europeia em matéria de auxílios de Estado, enquadrada no Plano de Recuperação Económica Europeia, terá talvez contribuído para incentivar uma verdadeira coordenação das políticas económicas nacionais, ainda que limitada a um contexto de crise, que há muito faz falta à União Económica e Monetária desde a sua criação.

Outras referências

François Hervouet – "La derive de l'Union Européenne : de l'objectif de l'Union entre les Peuples à celui de la Concurrence » *in Révue du Marché Commun et de l'Union Européenne, n.º 514, janvier* 2008, págs. 9-13 ;

Abel Mateus – "The current Financial Crisis and State Aid" (apresentação em "powerpoint") na Conferência no *Jevons Institute for Competition Law and Economics, University College London, 9 December* 2008

Teresa Moreira – "Algumas considerações sobre o Regulamento (CE) N.º 1/2003, do Conselho, de 16.12.2002 – A descentralização da aplicação das regras de concorrência comunitárias", Separata de "Estudos Jurídicos e Económicos em homenagem ao Prof. Doutor António de Sousa Franco", 2006, Coimbra Editora, Coimbra;

Alan Riley – « The EU Reform Treat and the Competition Protocol: undermining EC Competition Law » *in European Competition Law Review, 2007, issue 12, Sweet & Maxwell*, págs. 703-707;

John Vickers – "The Financial Crisis and Competition Policy: Some Economics" *in GCP-The Online Magazine for Global Competition Policy, December* 2008 e Conferência no *Jevons Institute for Competition Law and Economics, University College London, 9 December* 2008;

Andreas Weitbrecht – "From Freiburg to Chicago and Beyond – the first 50 years of European Competition Law" *in European Competition Law Review, 2008, issue 2, Sweet & Maxwell*, págs. 81-88.

Luís Máximo dos Santos

Que crise é esta?

Luís Máximo dos Santos

Mestre em Direito pela FDUL
Consultor da Banco de Portugal
Vogal do Conselho Superior da Magistratura,
Eleito pela AR

RESUMO

O presente artigo analisa a crise global em curso, começando por sustentar que a mesma era perfeitamente previsível. Detém-se, depois, nas múltiplas facetas de que a crise se reveste, considerando, em especial, as dimensões financeira, económica, da gestão empresarial e do sistema político.

Palavras-chave:
Crise global
Crise financeira
Crise económica
Crise da gestão empresarial
Crise da política

ABSTRACT

This article analyzes the global crisis in course, supporting that it was perfectly predicable. Further on, analyses the multiple sides of the crisis, considering, in special, the financial, economical, management and political system dimensions.

Keywords:
Global crisis;
Financial crisis;
Economic crisis;
Management crisis;
Political crisis.

I. Uma crise imprevisível?

Desde que em Agosto de 2007 se deram os primeiros sinais de que algo de muito grave se poderia estar a passar no sistema financeiro à escala internacional, a palavra crise foi progressivamente ocupando espaço e continua no centro das nossas preocupações colectivas. Mas mais do que isso, o cortejo de acontecimentos a que fomos assistindo desde então – alguns sem precedentes no passado recente – fez com que tomássemos pesada consciência da sua gravidade e, talvez ainda pior, da alta probabilidade da sua longa duração. De facto, em sociedades que não estão preparadas para a dor, e muito menos para a dor duradoura, esse é talvez o aspecto mais marcante. Sendo certo que, no entanto, no que toca a nós, portugueses, esse sentimento já dura há muito. Com efeito, é possível dizer hoje, sem receio de errar, que a primeira década do século XXI em Portugal foi marcada pela realidade e pelo imaginário da crise e tantos anos sucessivos fizeram instalar um surdo mas profundo estado de desesperança.

Começou por se dizer que esta crise era a maior da última década, para algum tempo depois se sustentar que era a maior dos últimos 30 anos. Rapidamente se passou a dizer que era a maior desde o fim da II Guerra Mundial, para ser hoje generalizadamente aceite que é a maior desde a crise de 1929, havendo até quem afirme que a supera. Nos mais diversos planos, os factos não parecem confirmar, por ora, esta última posição, mas também é verdade que os dados existentes não permitem excluir totalmente um substancial agravamento da situação económica global.

Face à dimensão da crise, convém evitar as armadilhas daqueles que querem fingir que nada contribuíram para ela. Para isso, como nas grandes tragédias, o mais cómodo é atribui-la a factores incontroláveis, quem sabe se à divina providência, e enfatizar o seu (pseudo) carácter imprevisível. Desse modo se constrói o cenário ideal para dissimular responsabilidades, evitar a substituição de protagonistas que todos os grandes processos de mudança requerem, na esperança de que assim, passada a tempestade, tudo fique essencialmente na mesma.

Para que a racionalidade se imponha no debate sobre a crise que estamos a viver, importa desmontar a conveniente mentira do seu suposto carácter imprevisível. Claro que ninguém previu o exacto momento em que a crise se iria manifestar e revelar em toda a sua dimensão. Ninguém previu que o mercado interbancário de crédito deixasse de funcionar de forma tão súbita e prolongada, atingindo desse modo o cerne do sistema financeiro, como praticamente ninguém previu o percurso que a crise tem seguido. Simplesmente, partir daí para afirmar que esta crise era imprevisível só por manifesta distracção, desconhecimento ou intenção de escamotear a realidade.

Bem pelo contrário, pode dizer-se que larga parte do que temos vindo a assistir corresponde a uma verdadeira crónica de uma crise (há muito) anunciada. Ignoraram-se os indícios, ignoraram-se os alertas, ignoraram-se os conhecimentos acumulados por diversas ciências. Sem dúvida que as dinâmicas sociais e os comportamentos de massa favorecem estes estados de alienação colectiva. Os profetas da desgraça nunca são bem aceites. Mas da parte de quem tem responsabilidades ao mais alto nível no plano político e económico e que, por isso mesmo, tem a obrigação de ver um pouco mais longe em nome do interesse público e do bem comum, não houve a diligência e a atenção necessárias. Isto, quando não se preferiu deliberadamente uma estratégia de dissimulação e ocultação. Como diz o provérbio, o maior cego é aquele que não quer ver…

E não é preciso sequer invocar o agora muito lembrado (mas inicialmente algo desconsiderado) artigo de Nouriel Roubini "The Rising Risk of a Systemic Financial Meltdown: The Twelve Steps to Financial Disaster"[1], publicado em 5 Fevereiro de 2008. Podemos recuar muito, mas muito mais no tempo. Com efeito, não é verdade que as "bolhas" especulativas do mercado imobiliário e do mercado do crédito estavam já bem identificadas, aos mais diversos níveis, inclusive por organizações internacionais? E não é verdade também que os processos de construção e rebentamento das bolhas especulativas foram há muito analisados por autores como John Kenneth Galbraith e Charles Kindelberger, entre muitos outros, designadamente quanto aos seus perniciosos efeitos no plano económico e social? E não é verdade, ainda, que, bem recentemente, em 2000-2001, tínhamos tido a experiência do rebentamento da "bolha tecnológica"? Como dizer, então, que esta crise era imprevisível?

[1] Cf. http://www.rgemonitor.com/blog/roubini/242290.

Por outro lado, a crítica ao modelo económico e financeiro dominante, em particular quanto aos seus riscos e falta de sustentabilidade, também há muito que tem vindo a ser feita por académicos das mais diversas proveniências, por algumas organizações internacionais e até por investidores financeiros como Georges Soros[2] ou mesmo, em menor medida, Warren Buffet.

Dir-se-ia até que todas essas obras dariam seguramente para encher as estantes de várias bibliotecas. E não nos referimos à crítica proveniente de sectores situados nos habituais extremos do espectro político, aos críticos radicais da globalização, ao pensamento proveniente, por exemplo, da corrente "alter-mundialista", nem tão pouco aos abertos defensores de uma lógica proteccionista. Não. Estamos a falar da crítica feita por autores *main stream*, vários deles laureados com prémios Nobel, feita por académicos dos Estados Unidos, Reino Unido, França e outros países ocidentais.

Pode dizer-se, com honestidade intelectual, que esta crise era imprevisível, depois, por exemplo, das obras de Joseph Stiglitz "Globalização – A grande desilusão" e "Os Loucos Anos 90 – A Década Mais Próspera do Mundo", respectivamente de 2002 e 2003? Ou depois de Paul Krugman ter escrito "The Return of Depression Economics", publicado ainda em 1999?

No mundo francófono, podemos citar os trabalhos de Henri Bourguinat, Jean-Paul Fitoussi e Jacques Sapir[3], entre muitos outros. Já em 1995, por exemplo, escrevia Henri Bourguinat[4]: "En défenitive, l'atitude à adopter vis-à-vis de la finance virtuelle et des produits dérivés, ne saurait être en forme de tout ou rien. On ne devrait, de façon realiste, ni prétendre interdire – ou, ce qui revient au même soumettre à une regalmentation *a priori* trop tatillonne – ces activités de marché ni davantage les considérer de façon un peu angélique et seuelmente prendre acte de leur

---

[2] Cf., por exemplo, George Soros, *A Crise do Capitalismo Global – A Sociedade Aberta Ameaçada*, Temas e Debates, Lisboa, 1999.

[3] Cf., por exemplo, Jacques Sapir, *Les économistes contre la démocratie – Pouvoir, mondialisation et démocratie*, Éditions Albin Michel, Paris, 2002. Este autor tem também procurado novos caminhos para a ciência económica, designadamente em *Que Economia para o Século XXI?*, Instituto Piaget, Lisboa, 2005, obra onde o autor advoga a necessidade de um forte reforço da regulação económica.

[4] Cf. Henri Bourguinat, *La Tyranie des Marchés – Essai sur l'Économie Virtuelle*, Economica, Paris, 1995, p. 39.

développement proliférant et anarchique". Além disso, já então Henri Bourguinat advogava que era urgente "um regresso à economia real"[5]. Alguém lhe prestou atenção?

E a esta lista, sem quaisquer pretensões de exaustão, podemos acrescentar nomes como Richard Sennett, com a sua obra de referência "A Corrosão do Carácter – As Consequências Pessoais do Trabalho no Novo Capitalismo" (1998) e Edward Luttwak com o seu "Turbocapitalismo – Vencedores e Vencidos na Economia Global" (1998).

Para já não falar de trabalhos que chamavam a atenção para o crescimento, um pouco por todo lado, das desigualdades sociais[6], que faziam apelos para uma economia centrada, em novos moldes, na defesa do pleno emprego[7], que punham em evidência certas zonas de conflito entre o económico e o social[8]. E tantos, tantos outros.

A crise que estamos em viver não é, pois, definitivamente, uma crise inesperada ou imprevisível, bem pelo contrário. Faltou sim quem no plano da reflexão política virada para a acção, designadamente ao nível dos responsáveis pelo poder político, quisesse prestar atenção aos sinais que se acumulavam de forma evidente. Nesse sentido, como veremos mais adiante, esta é também uma *crise da política.*

II. Uma crise de múltiplas facetas

Um das características desta crise é de se desdobrar em múltiplas facetas. Iniciada no sistema financeiro, a crise, como era de esperar,

---

[5] Cf. *idem*, pp. 154 e segs..

[6] Cf., por exemplo, Godfrey Hodgson, *De l'Inégalité en Amérique – La Vague Conservatrice de Reagan à Bush*, Gallimard, Paris, 2008 (o original em inglês é de 2004). Neste contexto, embora tratando-se de um trabalho desigual e que deve merecer algumas reservas em certos aspectos, cf. também Hans-Peter Martin e Harald Schumann, *A Armadilha da Globalização – O Assalto à Democracia e ao Bem-Estar Social*, Terramar, Lisboa, 1998.

[7] Cf. *Pour un Nouveau Plein Emploi – Appel des Économistes pour sortir de la Pensée Unique*, Syros, Paris, 1997.

[8] Cf., por exemplo, Philippe Engelhard, *O Homem Mundial – Poderão as Sociedades Humanas Sobreviver?*, Instituto Piaget, Lisboa, 1996; Grupo de Lisboa, *Limites à Competição*, Publicações Europa-América, 2.ª ed., Lisboa, 1994; OCDE, *Réconcilier l' Economique et le Social – L' Économie Pluriel*, OCDE, Paris, 1996.

passou para a economia, fazendo aumentar rapidamente o desemprego. Até aqui, nada de novo. Todas as demais crises financeiras tiveram consequências, maiores ou menores, no plano do crescimento económico. A novidade reside na dimensão que esta crise assumiu e, sobretudo, pelo menos do nosso ponto de vista, no carácter sistémico das suas causas, bem ancoradas no coração do funcionamento do sistema económico, o que a diferencia das cíclicas recessões que são inerentes ao funcionamento do sistema de economia de mercado.

Por outro lado, esta crise apresentou aspectos que não se julgavam possíveis na época em que vivemos. Com efeito, se a ocorrência de uma crise energética não pode surpreender ninguém, já o facto de em pleno século XXI se falar de uma crise alimentar e dos "motins da fome", como sucedeu em meados do ano que passou, sobressaltou as consciências e alarmou os responsáveis políticos. No ano de 2008, assistimos, na verdade, a oscilações que desafiam qualquer racionalidade económica no funcionamento dos mercados, designadamente nos mercados de matérias-primas e no mercado do petróleo.

Importa também salientar que por detrás da declarada crise financeira e económica, estão graves problemas verificados ao nível da gestão empresarial. E que, a coroar tudo isto, está um sistema político que deixou florescer todos os problemas de forma cúmplice ou, pelo menos, negligente.

Muitas vozes, de diversificadas proveniências, têm escrito que esta crise pode mesmo ser qualificada como uma "crise de civilização". Frei Bento Domingues, por exemplo, escrevia há dias: "Se a crise financeira e económica de consequências globais não for aproveitada para questionar e alterar a orientação absurda da nossa civilização, se não fizer surgir um novo olhar sobre o mundo e o ser humano, se não levar a um novo caminho, só resta continuar de alienação em alienação, na rota da autodestruição"[9].

Talvez seja esperar demais, talvez esta seja mesmo uma visão demasiado pessimista. É verdade que é difícil não ver nas causas desta crise aspectos que resultam da tão recorrentemente invocada "crise de valores". Que em determinadas áreas salta à vista o atropelamento de

---

[9] Cf. Frei Bento Domingues, "Baptismo de Jesus: emancipação de um novo caminho", *in Público*, edição de 11 de Janeiro de 2009, p. 38.

elementares regras éticas, que a pedagogia do bom exemplo deu lugar à emulação do comportamento de sucesso, independentemente do modo por que foi alcançado, que o interesse na perenidade das instituições e a defesa do interesse comum dos que nelas colaboram deu lugar a lógicas de pura promoção individual, que o interesse público está, em larga medida, capturado e refém de interesse privados, tudo isso é, um pouco por toda a parte, o essencial do *l'air du temps*. Por diversas vezes tem-se chegado mesmo a um decadente ponto em que se atribui a sentimentos de inveja elementares preocupações de justiça, coesão e legitimação sociais, designadamente quando se denunciam as escandalosas e injustificadas remunerações de gestores. O próprio Presidente da República, aliás, fez essa denúncia, em oportuna e corajosa mensagem pública. Tem-se alimentado uma cultura em que a preocupação com a prossecução de objectivos de justiça – afinal um dos fins da existência do Estado – é frequentemente considerada bizarria, deslocada no tempo, como foi patente em determinadas discussões no quadro do sistema fiscal, por exemplo, a propósito do regime de tributação das mais-valias realizadas na bolsa de valores. Hoje a prossecução da justiça tornou-se um objectivo de que o Estado facilmente se descarta, seja em nome da eficácia, da competitividade ou do mais que vier ao caso.

Mas mesmo reconhecendo a verdade de tudo isto, é duvidoso se esta muito partilhada sensação de crise de valores corresponde a uma genuína "crise de civilização" ou se, afinal, não corresponde apenas a algo que, no fundo, é comum a todos os tempos e a todas as eras, no quadro dos respectivos circunstancialismos. É tentador vermos nas nossas dificuldades uma crise de civilização, mas, por exemplo, na China, os progressos económicos dos últimos 30 anos são compreensivelmente vistos como uma bênção, apesar de baseados em regras que, no Ocidente, por vezes identificamos como reveladoras da dita crise de valores. Há todavia um aspecto que faz a diferença em relação ao passado e que, nessa medida, justifica a invocação do epíteto de "crise de civilização": trata-se da circunstância de nesta fase histórica se colocar, com uma acuidade com que nunca antes se colocou, o problema da preservação do meio ambiente e dos recursos naturais do planeta, de modo a que consigamos conciliar padrões de qualidade de vida aceitáveis com a *sustentabilidade global*.

A expressão "crise global" aparece assim legitimada num duplo sentido: por um lado, a crise é global precisamente porque resulta de problemas que se revelam e se situam ao nível de aspectos *centrais* do funcionamento do sistema económico e social, não estando, pois, circunscrita a um sector ou área, nisso se diferenciando, por exemplo, das clássicas crises cíclicas que caracterizam a economia de mercado; por outro lado, é uma crise global porque, em resultado do próprio processo da globalização, se estende por todo planeta, não se tendo verificado aquilo que a dado momento se admitiu, ou seja, que as economias emergentes, em especial os BRIC (Brasil, Rússia, Índia e China), conseguissem assegurar taxas de crescimento que permitissem à economia mundial manter ou abrandar apenas ligeiramente o seu crescimento.

II.1. Uma crise financeira

Foi pelo sistema financeiro que a crise se iniciou em Agosto de 2007. Nas últimas décadas, a instabilidade financeira (por vezes designada como o "lado negro" da globalização financeira[10]), traduzida em recorrentes crises, tem sido uma realidade, apesar do muito maior conhecimento que existe hoje dos mercados e dos seus mecanismos.

Como poucas outras crises, a crise em curso atingiu o centro do sistema financeiro global e, em particular, aspectos nucleares da sua evolução recente, a saber, o processo de titularização e a consequente avaliação e distribuição do risco[11]. O agudizar da crise no Outono de 2008 obrigou mesmo à nacionalização de instituições em diversos países[12].

---

[10] Cf. Frederic S. MISHKIN, "Financial stability and globalization: getting it right", *in* Santiago Fernández de Lis e Fernando Restoy (ed.), *Central banks in the 21st century - An international conference sponsered by the Banco de España,* Banco de España, Madrid, 2006, ...pp. 219 e segs..

[11] Nesse sentido, Marco ONADO, "Lessons form the credit crunch", *The Financial Regulator*, Vol. 12, n.º 3, Dezembro 2007, p. 30.

[12] Em Portugal, foi nacionalizado o Banco Português de Negócios, S.A., pela Lei n.º 62-A/2008, de 11 de Novembro, a qual contém, em anexo (!), a lei-quadro das nacionalizações, diploma que dá cumprimento ao disposto no artigo 83.º da Constituição da República, nos termos do qual se estatui que "a lei determina os meios e as formas de intervenção e de apropriação pública dos meios de produção, bem como os correspondentes critérios de indemnização". Note-se, no entanto, que esta nacionalização teve em comum com as verificadas noutros países da Europa apenas o ser motivada pelo propó-

A paisagem bancária está assim a ficar profundamente alterada e não é ainda seguro onde este processo nos irá conduzir.

Quanto à pergunta sobre o que é que falhou neste domínio, a resposta é simples: tudo! E não é demagogia nem simplismo. Falhou, talvez em primeiro lugar, a gestão do risco feita pelas próprias instituições financeiras e desse modo, portanto, falhou clamorosamente a gestão sã e prudente que deveriam praticar no seu próprio interesse mas também por imposição do regulador. As incomensuráveis remunerações auferidas pelos seus gestores, longe de constituírem – como seria suposto – uma forma de premiar o mérito e garantir a qualidade da gestão, foram, afinal, em resultado de mecanismos perversos, um factor que contribuiu para a tomada de riscos cada vez maiores, conduzindo assim ao desastre conhecido, mas sem que os seus responsáveis acabassem por ser responsabilizados.

Falharam as empresas de *rating*, de um modo que já entrou para o anedotário da crise. Falharam, evidentemente, os auditores. E, claro está, falharam as autoridades de regulação e supervisão, qualquer que seja o sector considerado[13].

Na era da liberalização e da globalização financeira uma regulação bancária eficaz constitui uma necessidade indispensável. Todavia, e um tanto paradoxalmente, as próprias características do actual sistema financeiro mundial têm vindo a colocar diversos e cada vez mais difíceis obstáculos à consecução desse objectivo.

De facto, como assinala Ethan B. Kapstein[14]:

---

sito de garantir as poupanças dos depositantes, já que a sua génese é totalmente distinta. Com efeito, as dificuldades de liquidez que se vieram a verificar no BNP não resultaram de problemas associados à crise financeira internacional mas antes de problemas graves ao nível da sua gestão, incluindo, alegadamente, factos de natureza criminal. No entanto, a crise acabou por contribuir para a nacionalização ao dificultar o aparecimento de soluções para que a instituição, fora do quadro da nacionalização, continuasse a operar.

[13] Com o habitual humor britânico presente no título, veja-se, Simon Morris, "The Failed Supervisory Authority", *in The Financial Regulator*, Vol. 13, n.º 1, Junho 2008.

[14] Ethan B. Kapstein, *Architects of stability? International cooperation among financial supervisors*, BIS Working Papers n.º 199, Bank for International Settlements, Basileia, 2006, p. 14.

> "The emergence of banks with over $1 trillion in assets and a large share of national deposits, coupled with an increasingly opaque market securities, could be creating a new environment with the capacity to overwhelm the clubby approach to financial regulation that has been built in Basel and elsewhere. The problem is simply that the collapse of a trillion dollar institution, with myriad tentacles of complex financial engagements reaching deeply into firms, markets, and households, will be larger than any central bank can handle, and its negative effects on market and households will inevitably lead to the policization of the bailout."

A presente crise contribuiu também para pôr em questão um dos maiores mitos modernos: a transparência. Por tudo e por nada se invoca a transparência, sem dúvida um valor que deve ser prosseguido. Nunca como agora foram tantas as leis e os regulamentos a proclamar a transparência e a fazer dela um objectivo. E paradoxalmente chegamos à conclusão que – talvez mais do que alguma vez sucedeu – o sistema financeiro é profundamente opaco aos mais diversos níveis. A presente crise permitiu evidenciar que muitos conselhos de administração das instituições e as suas estruturas técnicas tomavam decisões de que ignoravam as consequências, em resultado da máquina de incontrolável complexidade em que se tornou o sistema financeiro por força da inovação financeira – que sem dúvida também tem aspectos positivos – mas cujo excesso levou a uma total opacidade, com os dramáticos efeitos que são conhecidos.

A isso acresce que, infelizmente, não foi por serem extremamente complexos que os modelos de risco se mostraram fiáveis. A combinação da complexidade dos produtos financeiros (*swaps*, produtos derivados, produtos estruturados, etc.) aliada ao descontrolo da titularização levou a uma opacidade no coração do sistema financeiro que desmentiu todas as piedosas intenções em favor da transparência. Como se isto não bastasse, há ainda que acrescentar a banalização da utilização das sociedades *offshore*, para os mais diversos fins, nem sempre confessáveis.

Claro que a regulação e a supervisão bancárias podiam e deviam ter feito mais e melhor. Um pouco por todo o lado, acomodaram-se na convicção da benignidade do sistema e na confiança acrítica depositada nos respectivos agentes. A própria desvalorização de tudo quanto é público e do respectivo estatuto não ajudou. Num editorial da revista *The Financial*

Regulator[15] pode ler-se: "(...) given the increasing complexity of international finance and securitisation it will focus on recruiting higher quality personnel rather than "box tickers". (...) one senior banker suggested to *The Financial Regulator* that faced with such innovations as CDOs, derivatives and swaps, many of the FSA's existing staff «don't know what questions to ask and wouldn't anyway understand the answers they were given»".

Mesmo descontando algum exagero típico do sarcasmo britânico, a verdade é que esta afirmação merece reflexão. Está em causa, afinal, um dos países mais experimentados e desenvolvidos em matéria de supervisão bancária: o Reino Unido. Hoje é fácil pôr as entidades reguladoras no banco dos réus. Mas o poder político, nos diversos países, também não soube avaliar em tempo oportuno a necessidade de as reforçar.

Devemos indagarmo-nos se o problema que temos em mãos não vai bastante além de uma questão de "falha de supervisão". De facto, quando a supervisão falha de modo generalizado, como foi o caso, é porque a verdadeira questão pode, afinal, ser outra, mais complexa. Isto é, não será que nos devemos interrogar se, em vez de uma mera "crise da regulação", como é agora muito popular e cómodo dizer, não estaremos antes perante uma situação – bem mais difícil – em que as próprias características do actual sistema financeiro mundial comprometem a possibilidade de uma regulação viável e eficaz?

Por outras palavras, não será que, afinal, no contexto existente, não corremos o risco de estar a pedir demais à supervisão, uma vez que uma regulação mais eficaz pressuporia modificações nalguns dos pressupostos em que assenta o próprio sistema financeiro mundial? Mais do que nos centrarmos nos problemas da regulação (*vg.* modelo institucional, técnicas de supervisão, etc.) talvez fosse desejável reavaliar também alguns dos fundamentos da globalização financeira, pois boa parte dos problemas actuais poderá residir aí, não havendo regulação miraculosa que os possa resolver.

Com efeito, como refere Ethan B. Kapstein, "if consolidation makes banks «too big to fail», securitization may make them «too hard» to monitor adequately"[16].

---

[15] Cf. *The Financial Regulator*, Vol. 13, n.º 1, Junho 2008, p. 1.

[16] Cf. Ethan K. Kapstein, ob. cit., p. 12.

Esse caminho de reavaliação e mudança, porém, só pode ser desbravado pelo lado da política, que na hora da recente aflição funcionou como a verdadeira "última instância" do sistema financeiro. Já se tem dito que um dos efeitos desta crise foi o de propiciar um "regresso da política". Cremos que é uma afirmação bem verdadeira e que também neste domínio tem aqui uma das suas demonstrações.

II.2. Uma crise económica

Inicialmente financeira, inevitavelmente a crise tornou-se económica. Nem poderia ser de outro modo. A rarefacção do crédito e o substancial aumento do seu custo, num quadro em que as empresas já se encontravam altamente endividadas e descapitalizadas por força das perdas verificadas nas bolsas de valores, obrigou à travagem abrupta do investimento. Um pouco por todo o lado, em diferentes ritmos, diminuem as exportações, cai o consumo e aumenta o desemprego. As principais economias entraram em recessão Teme-se mesmo o pior dos cenários – aquele que talvez mais evoque o fantasma de 1929: o surgimento da deflação. Como já vimos atrás, as economias emergentes foram também atingidas, incluindo a da China.

Está fora dos propósitos deste artigo entrar na caracterização da crise económica em curso. Queremos apenas chamar a atenção para alguns aspectos, por vezes menos salientados.

Uma das características do nosso tempo é, sem dúvida, a do recurso ao crédito. Podemos mesmo dizer que vivemos numa *sociedade do crédito*. Daí, de resto, a preeminência do sector financeiro, muitas vezes a sobrepor-se ao próprio poder político democrático: na sociedade do crédito, o poder é de quem o concede. Esta generalizada e salvadora intervenção do Estado a que a crise acabou por dar origem, inverteu de algum modo esta situação: o poder do sector enfraqueceu e, em contrapartida, o poder do Estado aumentou significativamente.

A sociedade do crédito implica uma sociedade da dívida. A edição de 3 de Novembro de 2008 da *Time* chamava a atenção para o facto de a economia americana estar mergulhada num "mar de dívida". Em vários países relevantes na economia mundial, a começar pelos EUA, somando a dívida dos principais agentes económicos, ou seja, as empresas, as famílias e o Estado atingimos valores superiores a 200% do respectivo PIB!

No entanto, apesar deste massivo recurso ao crédito, que necessariamente tem efeitos expansionistas sobre a actividade económica, a verdade é que, mesmo nos períodos de crescimento, o consumo privado tem, em geral, crescido a ritmos moderados e, sobretudo, o crescimento económico não tem repetido os números, por exemplo, dos "trinta gloriosos", ou seja, dos anos que vão de 1945 a 1975. Ou seja, as economias ocidentais, mesmo com a tremenda alavanca do crédito, têm respondido de forma muito insuficiente, o que denota a dificuldade do sistema económico criar riqueza, pelo menos ao ritmo a que já o fez no passado.

O recurso ao crédito, algum dele directamente orientado para o puro consumo, parece assim ter surgido como uma forma que o sistema encontrou para satisfazer as necessidades fundamentais da população, designadamente a aquisição de habitação, mas também necessidades de consumo corrente, dessa forma se promovendo o bem-estar geral das populações. Aparentemente, todos tinham a ganhar e daí a forma extremamente agressiva como o sistema bancário se comportou na promoção desse crédito, alimentando todo o processo.

A concessão de crédito é, sem dúvida, um instrumento fundamental para alcançar o crescimento e o desenvolvimento económico. Os mercados financeiros são essenciais para o progresso das sociedades. Mas, como todas as coisas boas, precisam de ser usadas com moderação. Este imoderado recurso ao crédito, em que a "alavancagem" se estendeu do sistema financeiro a muitas empresas da economia real, criou uma situação de ilusória prosperidade, que com a actual crise ficou abruptamente posta em causa em resultado da escassez de crédito.

I.3. Uma crise da gestão empresarial

Uma das vertentes menos focadas da actual crise é a que diz respeito à gestão empresarial. No sector financeiro, por exemplo, não foi só a regulação e supervisão que falhou, como às vezes se quer fazer crer. A gestão das instituições do sector financeiro – pelo menos de muitas delas – falhou rotundamente, pois, como é óbvio, os gestores das instituições são os primeiros interessados em que as coisas corram bem. A gestão das empresas falhou na sua missão essencial: preservar os interesses da instituição e os dos seus clientes, em especial os depositantes. E isso aconteceu por ter falhado num aspecto crucial do seu trabalho: a adequada avaliação do risco, em ordem a alcançar uma gestão sã e prudente.

Mas fora do sector financeiro também são notórios problemas. Um dos mais visíveis verifica-se ao nível da indústria automóvel nos EUA. A crise em que o sector se encontra é também fruto da incapacidade da respectiva gestão, que não soube adaptar os seus produtos às necessidades da procura, em particular num contexto de aumento do preço do petróleo.

A gestão empresarial, reproduzindo um comportamento que atravessa toda a sociedade, tem sido excessivamente centrada numa perspectiva de curto prazo, ditada, em muitos casos, pelos imperativos dos relatórios trimestrais, isto pelo menos nas empresas de maior dimensão.

A defesa da perenidade da empresa, da sua existência a médio e longo prazo, tem sido subalternizada em favor de estratégias viradas para o êxito imediato. Com frequência, assiste-se à definição irrealista de objectivos individuais, que assim são percepcionados pelos trabalhadores não como um estímulo ao melhor desempenho mas antes como uma ameaça, tornando-se, consequentemente, um factor perturbador do seu rendimento e da paz social nas empresas. Adoptaram-se políticas salariais caracterizadas por fortíssimas desigualdades, em que, por vezes, os salários mais elevados, em vez de, como se impunha, remunerarem o mérito, surgem como formas de conseguir dependências, assegurar cumplicidades, eliminar o espírito crítico, sem o qual nenhuma organização sobrevive a médio e longo prazo. Mas já não é só o afrouxamento do cumprimento de regras éticas fundamentais, a ignorância da responsabilidade social das empresas. São as próprias leis e o direito em geral que tendem a ser vistos apenas como um empecilho que importa contornar, sempre que isso se revelar conveniente para a realização de um momentâneo negócio.

Claro que nem todos se regem por esta cartilha, felizmente. Mas são comportamentos que estão mais disseminados do que seria desejável, prejudicando com isso a sociedade e a própria economia, como a presente crise bem permitiu evidenciar.

II.3. Uma crise da política

A crise dos sistemas políticos contemporâneos tem sido posta em relevo a partir da consideração de diversos critérios e prismas, que se torna impossível considerar aqui, nem sequer como tópicos.

Relativamente aos EUA, Fareed Zakaria considera que o seu principal factor de enfraquecimento reside no sistema político: "*as it enters the twenty-first century, the United States is not fundamentally a week economy or a decadent society. But it has developed a highly disfunctional politics. What was an antiquated and overly rigid political system to begin with (now about 225 years old) has been captured by money, special interests, a sensationalist media, and ideological attack groups. The result is ceaseless, virulent debate about trivia – political as theater – and very little substance, compromise, or action. A can-do country is now saddled with a do-nothing political process, designed for partisan battle rather than problem solving*"[17].

Este diagnóstico é válido, está bem de ver, para muitos outros países, em especial do Ocidente. No sistema político, como na própria sociedade, há muitas crises sobrepostas: há uma crise de representação, há falta de independência dos agentes políticos face a poderes exteriores, há um enfraquecimento da dedicação genuína à prossecução do bem comum e do interesse público, há até, para empregar uma linguagem própria da Igreja, uma crise de vocações.

Mas talvez mais grave ainda seja a circunstância de ser no domínio da política que se revela, em todo o seu esplendor, a tendência, a que já atrás aludimos, para o predomínio de perspectivas de curto prazo, aspecto que contribui para prejuízos de toda a ordem na vida colectiva.

Parece claro que a globalização criou um quadro de situações que reclama um enquadramento mais forte à escala internacional. Ou mesmo até, no caso da Europa, à escala da União Europeia. Já em 1997, a propósito do papel da União Europeia na Organização Mundial do Comércio

---

[17] Cf. Fareed Zakaria, "The Future of American Power – How America Can Survive the Rise of the Rest", *in Foreign Affairs*, Maio / Junho 2008, p. 41.

(OMC) tínhamos escrito[18]: "Só com uma gestão cooperativa da globalização se poderá repartir mais equilibradamente os seus ganhos. (...) a Comunidade Europeia não pode ter uma postura meramente reactiva. Tem que agir influenciando as decisões e não apenas assimilando os seus resultados. Para isso tem de adoptar uma postura esclarecida, eficaz e coerente. Ao contrário do que algumas vozes têm vindo a defender, a integração europeia é mais necessária do que nunca. Sobretudo porque só através dela poderemos aspirar à participação na tal gestão cooperativa da globalização, meio indispensável para que os choques sejam absorvidos e os ganhos equilibradamente repartidos. É sobretudo esse contributo que justifica as renúncias que são inerentes ao processo de integração europeia. Se a União Europeia falhar nesse objectivo, falhará na sua missão fundamental e então tudo ficará provavelmente em causa. Oxalá a sabedoria dos homens nos poupe a essa experiência."

Estas palavras forma escritas a pensar na Europa mas, como é evidente, estamos perante um problema que transcende, em muito, as suas possibilidades. E, por outro lado, deve sublinhar-se que as mutações dos últimos 25 anos foram muito profundas e invulgarmente rápidas, o que dificultou, genuinamente, a adaptação dos sistemas políticos às novas realidades. Não nos devemos, por isso, espantar pelo facto de não se ter descoberto a fórmula para conseguir um efectivo enquadramento regulador do processo de globalização, pois a tarefa é muito difícil e de êxito duvidoso. Mas temos de ter consciência de que, na ausência desse enquadramento forte, vão emergir com toda a força os perigos decorrentes de uma situação em que a economia mundial está cada vez mais entrelaçada mas os poderes políticos permanecem basicamente separados.

Poder-se-á sustentar que este problema pura e simplesmente não tem solução, pelo que se impõe reajustar o modelo de globalização a essa realidade incontornável. Não partilhamos essa visão, embora a achemos respeitável.

Cremos sim que a alteração necessária só surgirá se a preocupação com o futuro for genuinamente incorporada na vontade dos agentes políticos mundiais e, dessa forma, nas decisões políticas centrais, ultra-

[18] Cf. Luís Máximo dos Santos, "A participação da Comunidade Europeia na Organização Mundial do Comércio", *in Em Torno da Revisão do Tratado da União Europeia*, Almedina, Coimbra, 1997, p. 178.

passando a perspectiva limitada do curto prazo, a que fizemos referência *supra*.

Há aliás bons precedentes. No final da II Guerra Mundial essa visão esteve presente. Os construtores da ordem do pós guerra souberam olhar para o futuro. Por isso foram capazes de pôr de pé instituições que, com maior ou menor êxito, chegaram aos nossos dias (ONU, FMI, Banco Mundial) e, para as quais, verdadeiramente não há alternativa. O interesse nacional americano foi então desenhado de modo compatível com os interesses dos outros países, como foi patente no Plano Marshall, para o qual até à União Soviética foi convidada. A Alemanha e o Japão, vencidos como nunca antes qualquer outra grande potência tinha sido, acabariam por beneficiar desse enquadramento, protagonizando milagres económicos que lhes permitiram recuperar o seu lugar na esfera internacional. O que bem demonstra a sabedoria das regras criadas.

Infelizmente, no final da Guerra Fria, que oferecia uma oportunidade comparável, nada de equivalente aconteceu. Não houve uma reforma das instituições internacionais, podendo mesmo dizer-se que, desse ponto de vista, a década de 90, que poderia ter sido tão promissora, foi um total fracasso. Pior ainda, contribuiu-se para abalar os alicerces do Direito Internacional, conquista ocidental que tanto trabalho deu a edificar. Por acção ou por omissão, enfraqueceram-se as instituições internacionais, sem que nada de alternativo se construísse. Não houve, desta vez, uma visão de futuro. Prevaleceu a óptica do ganho imediato, pelo que a normal consequência foi a tendência para a anarquia se instalar na esfera da mundial, tanto ao nível económico como político.

O que se devia ter começado a fazer em 1990, só poderá ser feito agora em condições muito mais difíceis, tendo em conta o actual quadro estratégico e o cenário de crises múltiplas com que estamos confrontados.

Tendo em conta que vale mais tarde do que nunca, resta esperar que essa visão de futuro possa agora iluminar os grandes decisores políticos mundiais, em cuja primeira linha está necessariamente Barack Obama, de modo a que o nosso futuro nos possa parecer mais risonho do que actualmente.

Eduardo Paz Ferreira

O Inverno do Nosso Descontentamento

Eduardo Paz Ferreira

Professor Catedrático da FDUL
Presidente do IDEFF
Vice-Presidente do Instituto Europeu da FDUL

RESUMO

No artigo discutem-se alguns dos motivos da actual crise financeira, bem como as respostas até agora ensaiadas, com especial relevo para o programa de estímulo da economia americana, visto como um New New Deal, defendendo a necessidade de construção de um paradigma económico-social diferente.

Palavras-chave:

Crise financeira;
Crise económica;
New deal;
Programa de estimulo da economia americana.

ABSTRACT

In this article some of the reasons of the current financial crisis are reviewed, as well as the answers so far essayed, with special emphasis on the stimulation program of the American economy, analysed as a New New Deal, defending the necessity of construction of a different economic-social paradigm.

Keywords:

Financial Crisis;
Economic crisis;
New deal;
Obama's economic stimulus package.

1. Uma crise anunciada

Os dias frios que praticamente se seguiram ao começo oficial do Inverno, a par com a recordação das pessoas que nada ou quase nada podem fazer para se proteger, trouxe seguramente à memória de muitos o belo livro de John Steinbeck, *O Inverno do Nosso Descontentamento*, escrito com o pano de fundo da grande depressão dos anos trinta do século passado. É certo que a crise com que somos agora confrontados não atingiu – e parece razoável admitir que não atingirá – as proporções daquela mas, nem por isso, deixa de pesar sobre o quotidiano e as expectativas de todos nós.

A crise, que se foi desenvolvendo ao longo de 2008 e tomou foros de dramatismo em Setembro, sentiu-se, em primeiro lugar, nos mercados financeiros, o que veio confirmar muitos receios que se vinham manifestando quanto à solidez e equilíbrio dos mesmos. Paradoxalmente não se pode dizer que se trate de uma crise não anunciada, uma vez que muitas foram as vozes – com relevo para a de Paul Krugman, particularmente no seu *The Economics of Depression* – a prevenir quanto ao caminho que vinha sendo trilhado. A emergência de toda uma série de escândalos financeiros e a revelação do papel extremamente nocivo de alguns gestores de grandes empresas também não parecem ter sido compreendidas na totalidade.

Um ponto particularmente relevante é aquele para que Georges Soros chama a atenção no último número da *New York Review of Books*: " o aspecto mais saliente da actual crise financeira é que ela não foi provocada por qualquer choque externo, como a subida de preços do petróleo pela OPEP ou a falência de uma instituição em concreto. A crise for gerada pelo nosso sistema financeiro, ele próprio. Este facto – que o problema estava inerente ao sistema – contradiz as teorias prevalecentes que sustentam que os mercados tendem para o equilíbrio e que os desvios ao equilíbrio apenas ocorrem de forma acidental ou por causa de razões externas, a que os mercados têm dificuldade em ajustar-se. A severidade e amplitude da crise fornece provas convincente de que a teoria dominante está fundamentalmente errada e com o tratamento dado à regulação que lhe é inerente. Compreender o que aconteceu e o que é possível fazer para evitar no futuro uma crise tão catastrófica vai requerer um novo pensamento sobre como funcionam os mercados".

Por oposição àquilo que se passou em 1929, a crise financeira foi objecto de uma resposta rápida por parte das instâncias políticas norte-americanas que, depois de décadas caracterizadas pelo combate à intervenção e à regulação pública, não hesitaram em voltar-se para respostas intervencionistas. A sinceridade de George Bush: sou liberal até ao momento em que me dizem que o meu país vai entrar em recessão, fica como a melhor demonstração da solidez das teorias dos mercados eficientes, mais posições de fé do que factos, como assinala George Cooper (*The Origin of Financial Crisis, Central Banks, Credit Bubbles and the Efficient Market Fallacy*, Arriman House, 2008).

Certo é que a reconversão dos liberais ao intervencionismo estatal, mesmo que temporária, permitiu alguma aparente estabilização nos mercados financeiros que, depois de uma queda abrupta, têm apresentado ligeiras recuperações. A estabilização foi, no entanto, o resultado da injecção maciça de capitais públicos, desviados de outras aplicações, levantando uma onda de protestos quanto àquilo que aparece como um tratamento diferenciado entre financeiros e trabalhadores, ou como uma forma de eliminar o risco moral, característico da actividade bancária.

A atenção dada à defesa da estabilidade e da sobrevivência do sistema financeiro é compreensível, dado que o seu bom funcionamento é necessário para o investimento e um regular funcionamento da economia. Os estudos de história económica vieram demonstrar a importância que teve no *take off* do desenvolvimento económico a existência de sistemas financeiros eficientes e capazes de apoiarem o processo de transformação económico, da mesma forma que as correntes neo-schumpeterianas da economia do desenvolvimento continuam a considerar o financeiro, a par com o empresário, como motor fundamental do crescimento.

Não existem, pois, razões para questionar a figura do financeiro ou a sua necessidade. Há-as – isso sim – para acentuar a necessidade de idoneidade moral e de estabelecimento de mecanismos de controlo, tanto mais quanto à responsabilidade perante os seus clientes se junta a especial responsabilidade social de estarem em muitos casos a beneficiar de dinheiro dos contribuintes. Uma verificação especialmente rigorosa da utilização das ajudas públicas para o apoio à actividade económica, através da concessão de crédito, é especialmente necessária. Não deixa de aparecer, algumas vezes, como paradoxal a forma como algumas intervenções estaduais têm sido caracterizadas por uma extrema contenção dos agentes públicos, como que envergonhados de se imiscuírem numa área de que a teoria económica dominante e a prática os tinham desviado.

E, todavia, já em 1906, Rui Ulrich escrevia: "o comércio de bolsa é um comércio de natureza muito especial: não interessa somente aqueles que o praticam mas a toda a sociedade dum país. É na bolsa que se valorizam os títulos de dívida pública, as operações da bolsa podem pois agravar gravemente o crédito do Estado e justo é que este empregue todos os seus esforços para o manter alto e inviolável. O mesmo sucede com o crédito das sociedades anónimas na cotação das suas acções e obrigações e com o dos particulares na negociação das suas letras e cheques. Tão íntima ligação existe entre o movimento das bolsas e o comércio geral dum país que mal se compreenderia que a sua direcção fosse completamente abandonada à iniciativa particular".

Os últimos tempos têm, em qualquer caso, sido marcados por uma intervenção de diversos Estados no mercado, com aplicações de montantes relevantes em instituições financeiras, conduzindo à questão de saber se essas intervenções em que é gasto o dinheiro dos contribuintes é legitima ou se se limita a favorecer os interesses das entidades financeiras. As justificações avançadas em sua defesa parecem-me pertinentes e razoáveis. O agravamento da crise financeira teria seguramente um preço mais elevado. Ainda está, de resto, por saber se, se as autoridades monetárias norte-americanas não tivessem deixado falir a *Lheman Brothers*, a história não poderia ter sido diferente.

O passado não é para esquecer em dois planos: há que responsabilizar e há que criar quadros que não permitam a repetição, evitando ao mesmo tempo formas de regulação tão pesadas e burocráticas que conduzam – também elas – a maus resultados. Importa, entretanto, assegurar que as instituições financeiras resgatadas do risco não voltem a velhas práticas de aplicação em produtos de alto risco e que se preocupem menos com o crédito imobiliário e mais com o crédito às empresas. O anúncio feito pelo Secretário Paulson, em vésperas de saída, de que provavelmente seria necessária mais ajuda pública para comprar "activos tóxicos" constitui um natural motivo de preocupação. Não deixará de ser incompreensível para a generalidade dos cidadãos-contribuintes que o Estado continue a dispensar maior apoio ao mercado financeiro do que aos problemas da economia real.

2. E a economia real?

A forma como a crise rapidamente alastrou à economia real veio, aliás, pôr em evidência que, em paralelo com os problemas de um mercado financeiro desregulado, outras e mais profundas questões se colocam em torno do modelo económico dominante nas últimas décadas.

A desigualdade social e económica aumentou de forma radical – talvez não antes conhecida – assente numa política económica de contenção salarial e de passiva aceitação de condições de vida extremamente penosas para uma faixa significativa da população, concentrando o rendimento numa faixa de população que, em larga medida, o desvia do consumo, ou opta por consumos de bens de luxo, quase sempre importados.

É certo que à obscena ostentação de riqueza a que se tem assistido, designadamente em Portugal, juntou-se a afirmação de um paradigma consumista em que as pessoas se dispõem a tudo para terem o seu momento de celebridade e riqueza por mais efémero que se venha a revelar. O consumo induzido por essa via assentou, todavia, em parte muito significativa no sobre-endividamento das famílias e no recurso descontrolado aos cartões de crédito, concedidos (ou impostos) com total irresponsabilidade pelas instituições bancárias.

Naturalmente que não existem possibilidades de manter a procura aos níveis que se têm registado numa situação de crise e de aumento de desemprego e que o mais que tímido – e ainda assim tão criticado – Estado Social Português não contém em si os meios para manter níveis de consumo que possam constituir um factor relevante para a saída da crise.

O modelo de distribuição de riqueza a nível interno esteve longe de ser o mais satisfatório, mas o mesmo sucedeu a nível internacional. Apenas uma pequeníssima fracção da enorme riqueza dos últimos anos foi canalizada para os países menos desenvolvidos. A canalização destes recursos teria correspondido a um objectivo de justiça mas, ao mesmo tempo, teria permitido um aumento do consumo global que bem útil seria para estimular a economia mundial.

Assim não aconteceu. A globalização, que faz com que os povos de todo o Mundo possam sofrer os resultados de decisões que lhe são completamente estranhas, não teve uma consequência que o desenvolvimento económico passasse a ser encarado como um bem público global, ou que as instituições de Bretton Woods dispusessem de meios e vontade para corrigir as assimetrias na distribuição do rendimento a nível mundial.

Um aspecto especialmente significativo da actual tentativa de resposta é o que resulta de se ter tornado absolutamente claro que a resposta não é puramente interna, mas antes deve levar em consideração a situação de mercados globalizados. A cimeira do G-20 trouxe a particularidade de as novas economias emergentes terem ganho peso suficiente para serem chamadas a participar de forma decisiva na busca de soluções para a crise, esboçando um quadro de decisão bem diferente do de Bretton Woods.

O longo comunicado da reunião está, todavia, longe de ser clarificador e corresponde, no essencial, a um adiamento: um acordo sobre a necessidade de promover reformas. Uma coisa parece, porém, emergir como certa: mesmo os maiores responsáveis pela crise parecem dispostos a contribuir para a resolução dos problemas. O FMI, instituição cuja utilidade parecia ter desaparecido, tenta ganhar um novo fôlego, em consonância, aliás, com as aspirações e ambições de Strauss-Khan. Esperemos, ao menos, que a instituição esteja disposta como o esteve Alan Greenspan a revelar-se totalmente surpreendida e a fazer um *mea culpa*, nesse caso não perante o senado norte-americano, mas perante todos os cidadãos do nosso planeta. O internacionalismo, mesmo, na sua versão financeira, tem dessas consequências.

O modelo económico-social dominante foi, também, em larga medida resultado de uma ampla produção científica e de um ambiente universitário quase monolítico, o que levou a que Medeiros Ferreira, colocasse no seu blogue (*Bicho Carpinteiro*,14 de Janeiro de 2009) a premente questão de saber se ainda se ensina o mesmo nas universidades sobre economia, finanças e gestão do que antes da crise?

3. A New New Deal

Instalada a recessão na generalidade das economias, chegou o tempo em que a resposta se não pode cingir ao sector financeiro, ou sequer contemplá-lo especialmente, uma vez resolvidas as questões mais complexas.

Os Estados têm vindo, crescentemente, a ser confrontados com a necessidade de apoio à economia real. As fábricas americanas de automóveis são um claro exemplo de uma realidade também bem conhecida entre nós. A grande dificuldade reside, obviamente, na delimitação das áreas que devem ser apoiadas. O aparecimento dos reis da pornografia, Larry Flint e Joe Francis, a solicitarem apoio ao congresso norte-americano – "é muito mau para a saúde do país. Os americanos podem ficar sem carros mas não sem sexo" - aparece como exemplar das dificuldades que se podem colocar e como a mais exuberante exibição da necessidade de definição de critérios claros, objectivos e aceitáveis e compreensíveis pela comunidade para a ajuda pública.

Ficou já assinalada a importância da resposta concertada a nível internacional que não teve, ainda, uma expressão tão significativa como era de desejar, mas o que mais impressiona é a divergência entre a reacção norte-americana – muito mais decidida – e a europeia – tímida e atrasada após um primeiro momento de apatia da Comissão, que só Gordon Brown e Sarkozy conseguiram inverter.

Todos os olhos se viram, pois, para os Estados Unidos. A esperança criada por Barack Obama faz até esquecer que foi aí que a crise se iniciou, passando a ser encarado apenas como o país de onde virão as soluções. De resto, ainda antes de empossado, o novo Presidente divulgou o seu plano de estímulo para a economia americana (disponível em www.change.gov.com), confirmando o paralelo, tantas vezes assinalado pela imprensa norte-americana, com o Presidente Roosevelt e o seu *New Deal*, que marcaria o ideário da esquerda americana e europeia de modo duradouro. Veja-se, por exemplo, nos Estados Unidos, o recente livro de Paul Krugman – *The Conscience of a Liberal* ou, na Europa, o programa Labours New Deal lançado por Tony Blair em 1997. Tudo isto sem esquecer as tentativas da esquerda trabalhista de promover " *a New Deal for Europe*".

Em termos gerais, poder-se-á dizer que o *New Deal* consubstanciou um conjunto de medidas legislativas e programas económicos, visando o combate activo a uma situação de depressão económica, marcada pela quebra da confiança nos mecanismos de mercado para darem respostas eficientes a estas situações. Em bom rigor, poder-se-á falar de dois *New Deal*: um primeiro iniciado em 1933, e virado para a resolução de problemas imediatos e um segundo, que arranca em 1936, e tenta criar bases duradouras para políticas estruturais.

Aquilo que fez a originalidade do *New Deal* foi, justamente, a vastidão das iniciativas que abrangeu para cumprir um objectivo geral de combate ao desemprego, recuperação económica e reforma social. No seu desenvolvimento são criadas múltiplas agências e programas e adoptadas medidas legislativas de grande vulto, tais como a fixação do salário mínimo, do horário de trabalho máximo ou da garantia das pensões.

Os Estados Unidos, largamente criados e cimentados na afirmação das liberdades económicas, designadamente de iniciativa empresarial e circulação, entendidas como forma de preservar a autonomia individual face aos grandes poderes, aceitaram pôr um interregno nessa ordem liberal como forma de combater a grande depressão. Daqui resultou uma situação em que os empresários deixam de ser os únicos actores na cena económica, onde entraram, também, o Estado e os trabalhadores.

Se nos anos trinta do século passado, os Estados Unidos foram capazes de formular políticas audaciosas e eficazes no combate à crise, no quadro de uma democracia política, a resposta europeia foi tímida e, nalguns casos, passou por criminosas experiências ditatoriais. Num ambiente em que felizmente não se vislumbram ameaças totalitárias, espera-se, de novo, que às hesitações europeias e à prevalência dada ao Pacto de Estabilidade, se contraponha um projecto com uma ambição bem maior. Barack Obama, herdeiro de um enorme desequilíbrio orçamental criado pela Administração Bush, com a sua aventura iraquiana e a política fiscal de favorecimento das grandes fortunas, não hesitou em anunciar que o país iria viver com défice durante anos.

O longo processo de transição presidencial não permite, ainda, ter uma percepção total de como ficará o plano de estímulo da economia americana depois da passagem pelo Congresso, mas sabem-se já quais as linhas de força que vêm na sequência das promessas de campanha eleitoral.

À semelhança do New Deal, o Plano de Estímulo apresenta-se como um conjunto de medidas em vários sectores, dirigidas todas elas à recuperação económica e envolvendo acções de natureza muito diversa, em que se privilegia a criação de empregos, o alívio financeiro das famílias em dificuldade e, particularmente, dos donos de casas hipotecadas, a par com o combate à crise financeira.

O paralelo com o New Deal não pode, no entanto, ser levado longe de mais, como seria de esperar dados os setenta e cinco anos entretanto ocorridos e que leva ao ênfase correctamente dado à inovação tecnológica e aos problemas da energia e do aquecimento global, aspectos que se colocavam em termos muito diferentes na década de trinta do século passado e que representam um dos pontos mais interessantes do programa e de maior alteração ao que vinha sendo a prática norte-americana.

Entre as acções previstas neste domínio destacam-se a criação de um Advanced Manufactoring System, a duplicação dos fundos disponíveis para a Manufactoring Extension Partnership, o investimento de cento e oitenta biliões de dólares na criação ou reforço de novas fontes de energia, o estabelecimento de programas de formação para energias "limpas", estimando-se nos cinco milhões a criação de empregos "verdes", ao longo de dez anos.

Mais próximas do New Deal são as acções previstas no domínio das obras públicas e da reconstrução das infra-estruturas públicas, tarefa que vinha sendo insistentemente reclamada a nível estadual, onde se tinham já desenvolvido algumas acções. Ainda nesta área, assistir-se-á à criação de um Banco de Reinvestimento em Infra-estruturas nacionais, criado com fundos públicos, mas dotado de independência de gestão.

Um conjunto significativo de incentivos fiscais de curta duração às empresas em relação com a criação ou manutenção de postos de trabalho e a criação de parcerias com a indústria automóvel para criar carros energeticamente eficientes aparecem como aspectos especialmente significativos para o aumento dos postos de trabalho.

A via fiscal será, por outro lado, utilizada para aumentar o rendimento disponível das famílias, cortando a carga fiscal, medida que será acompanhada de um reforço da protecção no desemprego e do apoio ao pagamento da energia no Inverno.

Os apoios à iniciativa privada são acompanhados de um conjunto de medidas no sentido do reforço do poder dos sindicatos e consumidores, tornando clara a preocupação de construir uma base social de apoio muito alargada, integrando diferentes correntes do pensamento económico e forças políticas opostas, em consonância com as inspirações de base de Obama.

Naturalmente que o programa não gerará unanimidade e foi já objecto de críticas, particularmente provenientes da esquerda, como é o caso de Paul Krugman (*New York Times*, 9 de Janeiro), que considera que se deveria prever um montante global de despesa mais elevado e favorecer mais claramente o investimento público em relação aos incentivos fiscais ("it falls well short of what's needed").

Trata-se, em qualquer caso, do programa mais ambicioso formulado para a presente crise e que merece, como tal, a maior atenção. Esperemos que, desta vez, a sua influência na Europa, que tão facilmente seguiu as políticas Bush, seja igualmente importante.

O sucesso de qualquer projecto deste tipo passa, no entanto, em larga medida pelo entusiasmo que seja capaz de gerar, tal como sucedeu com Roosevelt. Não será, demais recordar, no ano em que se celebram os 75 anos do início do New Deal, que foi a candidatura Barack Obama a tentar retomar o sonho americano, apelando à acção colectiva e ao empenho cívico. Ao seu lado não vão estar fisicamente os que estiveram com Roosevelt e que estão já mortos, mas muitos dos que acompanharam John Kennedy – Edward Kennedy, Caroline Kennedy, Ted Sorensen, o mítico autor dos seus discursos – sentiram, de novo, o entusiasmo que os dois grandes presidentes levantaram.

O ponto mais delicado é seguramente o de não serem expectáveis resultados concretos e palpáveis no curto prazo. Resolver a crise e resolvê-la duradouramente implica um trabalho de paciência, mas esse trabalho é fundamental. Com a inteligência e equilíbrio que o caracteriza, Robert Reich (Robert Reich's blog's) comentava, a propósito da sua neta nascida no final de 2008, "The point is, it's the Ellas of the world we're fighting for. This Mini-Depression is causing a lot of pain, to be sure, but it will be over in a year or three. Yet what kind of economy will we have on the other side? Will we have a more just society?" para concluir: "Which brings me to the end of the year. I wish you not just a happy and prosperous new year. On that score, 2009 may be something of a bummer. I wish you and your kids and grandkids, and Ella, something more – a decent, generous, and humane future". Que assim seja!

Miguel Leónidas Rocha
Rita Marques

Lei do Orçamento do Estado para 2009

Miguel Leónidas Rocha

Divisão de Consultoria Fiscal da Deloitte

Rita Marques

Divisão de Consultoria Fiscal da Deloitte

RESUMO

No presente documento são analisadas as principais medidas fiscais incluídas na Lei do Orçamento do Estado para 2009.

Para além de uma análise crítica a essas medidas, analisa-se ainda, numa perspectiva fiscal, um conjunto de situações que deveriam ter sido contempladas naquela Lei, de forma a atenuar o impacto, nas empresas e nas famílias, da actual conjuntura económico-financeira adversa.

Palavras-chave:

Orçamento do Estado 2009;
FIIAH;
Reorganização empresarial;
Imóveis;
IRC.

ABSTRACT

In this paper, the authors undertake an analysis of the main tax measures foreseen in the State Budget for 2009.

Besides a critical analysis of those measures, they also analyze from a tax perspective a number of situations that should have been included in that State Budget, in order to mitigate the current economic and financial crisis.

Keywords:

State Budget for 2009;
Real estate;
Corporate income tax;
Restructure.

A Lei do Orçamento do Estado para 2009 foi preparada num contexto económico adverso, marcado pela crise que actualmente se vive nos mercados financeiros internacionais, a par da crise no mercado imobiliário, bem como pela instabilidade nos preços dos combustíveis e pela registada subida das taxas de juros, o que veio trazer especiais dificuldades tanto ao nível das empresas como das próprias famílias.

Deste modo, as medidas introduzidas pela Lei do Orçamento do Estado para 2009 são um reflexo daquela conjuntura económica, revestindo um carácter anti-cíclico ao pretender atenuar os seus efeitos através da criação de mecanismos de apoio e coesão social e de incentivo à competitividade da economia.

Ainda no sentido da competitividade da economia, prevêem-se um conjunto de medidas tendentes à simplificação da relação entre a Administração Tributária e os contribuintes.

Analisaremos de seguida em mais detalhe as medidas que entendemos mais relevantes, tecendo ainda alguns comentários sobre algumas situações que ficaram omissas e que teriam constituído, essas sim, verdadeiras medidas anti-cíclicas com impacto favorável significativo na dinamização da economia nacional.

Medidas anti-cíclicas

O aumento das taxas de juros que se verificou nos últimos anos gerou dificuldades nas famílias que haviam contraído empréstimos bancários destinados à aquisição das suas habitações, que se confrontaram com prestações mensais cada vez mais elevadas, tendo muitas delas deixado de conseguir satisfazer o respectivo pagamento.

Em consequência, as instituições financeiras começaram a registar elevadas taxas de incumprimento dos créditos que haviam concedido, tendo vindo a adquirir imóveis provenientes de execução de hipotecas ou de dações em cumprimento dos créditos em mora.

Assim, instalada a crise financeira, a falta de confiança do mercado para novos investimentos, aliada ao rigor reforçado das instituições financeiras na concessão de crédito às famílias e às empresas, originou uma quebra acentuada do mercado imobiliário.

Urgia, pois, implementar medidas que permitissem atenuar a crise actualmente instalada, através de medidas de apoio às famílias e às empresas, e mesmo do sistema financeiro, de modo a repor a confiança na concessão do crédito bancário como elemento impulsionador da economia.

Mais-valias – reinvestimento na alienação de habitação própria e permanente

A crise no mercado imobiliário que se faz sentir, com excesso de oferta de imóveis em determinados segmentos, provocou um aumento do período de tempo médio de venda dos imóveis.

Tal situação, do ponto de vista fiscal, causa constrangimentos no que respeita à alienação de imóveis para a habitação, quando se pretende reinvestir na aquisição de outro imóvel destinado ao mesmo fim. De facto, para que não exista tributação da mais-valia resultante daquela alienação, será necessário que o respectivo valor de alienação seja reinvestido num determinado período de tempo.

Considerando que o prazo de reinvestimento actualmente previsto na lei poderá não ser suficiente, dadas as actuais dificuldades na venda de imóveis, o Orçamento vem introduzir uma medida no sentido do alargamento do prazo de reinvestimento do valor de realização resultante da alienação onerosa de imóveis destinados à habitação própria e permanente. Assim:

- Quando a compra da nova habitação é anterior à venda, o prazo passa de 12 para 24 meses;
- Quando a compra da nova habitação é posterior à venda, o prazo passa de 24 para 36 meses.

Esta medida destina-se, assim, a dar resposta à situação de quase estagnação de alguns segmentos do mercado imobiliário, possibilitando a aplicação do regime de exclusão de tributação em virtude do reinvestimento com uma maior dilação no prazo para venda da habitação anterior.

Fundos e Sociedade de Investimento Imobiliário para Arrendamento Habitacional

Ainda na perspectiva de apoio às famílias, é criado de um novo tipo de veículos de investimento imobiliário (fundos de investimento imobiliário para arrendamento habitacional e sociedades de investimento imobiliário para arrendamento habitacional – FIIAH e SIIAH) que beneficiará, conjuntamente com os respectivos investidores e alienantes de imóveis a favor dessas entidades, de um regime fiscal favorável em sede de impostos sobre o rendimento e sobre o património. Esse regime visa, acima de tudo, facilitar o acesso à habitação e colmatar actuais situações de dificuldade de pagamento de créditos à habitação pelas famílias, permitindo que as mesmas possam continuar a usufruir do seu imóvel de residência familiar.

De ora em diante referir-nos-emos aos FIIAH, sendo que desde já se esclarece que o regime será também aplicável, com as devidas adaptações, às SIIAH.

O regime em análise será aplicável a FIIAH constituídos durante os cinco anos subsequentes à entrada em vigor o Orçamento do Estado para 2009 (1 de Janeiro de 2009), sendo que o mesmo vigorará até 31 de Dezembro de 2020.

O valor do activo total de cada FIIAH deve atingir o valor mínimo de € 10.000.000. Tratam-se de fundos fechados que poderão ser de subscrição pública ou particular. No caso de subscrição pública, o fundo deve ter, pelo menos, 100 participantes, cuja participação individual não pode exceder 20% do valor do respectivo activo total

O activo destes fundos deve ser constituído, pelo menos, em 75% por imóveis, situados em Portugal, destinados ao arrendamento para habitação permanente. Note-se que a restrição à localização dos imóveis em território português é directamente violadora dos princípios da União Europeia da liberdade de estabelecimento e da livre circulação de capitais.

Assim, no âmbito deste regime, as famílias, detentoras de créditos à habitação, que estejam na iminência de incumprir as respectivas prestações, poderão proceder à alienação do imóvel a um FIIAH.

Nos termos do regime em apreço, os mutuários dos contratos de crédito à habitação que procedam à alienação do imóvel a um FIIAH podem celebrar com a entidade gestora do fundo um contrato de arrendamento sobre o mesmo imóvel. Esse contrato constitui o arrendatário num direito de opção de compra do imóvel ao fundo, susceptível de ser exercido até 31 de Dezembro de 2020.

Antes dessa alienação, a entidade gestora do fundo deverá entregar ao alienante um documento escrito onde conste informação sobre os elementos essenciais do negócio, como sejam, o preço da transacção, o valor da renda, as respectivas condições de actualização, os critérios de fixação do preço e os termos gerais do exercício de opção de compra.

O valor de alienação do imóvel ao FIIAH será acordado entre o proprietário do imóvel e a sociedade gestora do FIIAH, não podendo, no entanto, ser superior àquele que resultar de uma avaliação efectuada por dois peritos avaliadores independentes. Desta forma, aquela regulamentação não limita o valor de alienação ao valor da dívida perante o banco que havia concedido o financiamento para aquisição do imóvel. Porém, poderão ocorrer situações problemáticas em que o valor em dívida seja superior ao que resultar da mencionada avaliação, e que não ficam resolvidas pelo normativo em análise.

No tocante ao valor da renda a cobrar pelo FIIAH no âmbito do contrato de arrendamento a celebrar com o anterior proprietário do imóvel, o mesmo será acordado entre as partes, sendo actualizado pelos coeficientes de actualização das rendas publicados anualmente.

O exercício do direito de opção de compra por parte do arrendatário será efectuado pelo valor actualizado da anterior alienação ao FIIAH. Aquele direito pode ser exercido a qualquer momento, mediante comunicação à sociedade gestora do FIIAH com a antecedência mínima de 90 dias. Caso o direito de opção venha a ser exercido nos dois anos subsequentes à alienação do imóvel, o valor desse exercício será acrescido dos encargos suportados pelo FIIAH com a avaliação, transmissão e registo do imóvel.

O direito de opção apenas é transmissível por morte do arrendatário, e cessa se este incumprir a obrigação de pagamento da renda por um período superior a três meses.

O regime tributário proposto é bastante vantajoso, traduzindo-se no seguinte:

- Isenção de IRC aplicável aos rendimentos de qualquer natureza obtidos por FIIAH constituídos entre 1 de Janeiro de 2009 e 31 de Dezembro de 2013;
- Isenção de IRS e IRC aplicável aos rendimentos respeitantes às unidades de participação, excluindo o saldo positivo entre as mais-valias e as menos-valias resultantes da alienação das unidades de participação;

- Isenção de IRS aplicável às mais-valias resultantes da transmissão de imóveis destinados à habitação própria a favor dos fundos, que ocorra por força da conversão do direito de propriedade desses imóveis num direito ao arrendamento;
- Dedução à colecta, nos termos e com os limites previstos no Código do IRS, das importâncias suportadas pelos arrendatários dos FIIAH em resultado da conversão de um direito de propriedade de um imóvel num direito de arrendamento;
- Isenção de IMI aplicável aos prédios urbanos destinados ao arrendamento para habitação permanente que integrem o património dos fundos;
- Isenção de IMT aplicável às aquisições pelos fundos e à posterior aquisição pelos arrendatários mediante o exercício da opção de compra;
- Isenção de Imposto do Selo aplicável a todos os actos praticados, desde que conexos com a transmissão dos prédios urbanos destinados a habitação permanente que ocorra por força da conversão do direito de propriedade desses imóveis num direito ao arrendamento sobre os mesmos, bem como com o exercício da opção de compra;
- Isenção das taxas de supervisão aplicáveis às entidades gestoras do FIIAH no que respeita exclusivamente à gestão de fundos dessa natureza.

Caso os requisitos para aplicação deste regime deixem de se verificar, será aplicável o regime geral dos fundos de investimento.

A Lei do Orçamento do Estado para 2009 determina que o direito de opção de compra é susceptível de ser exercido até 31 de Dezembro de 2020, suscitando-se a dúvida sobre quais as implicações do não exercício desse direito relativamente à vigência do contrato de arrendamento celebrado com o FIIAH. Neste âmbito, a Portaria n° 1553-A/2008, de 31 de Dezembro, que vem regulamentar o regime dos FIIAH, vem prever que o não exercício do direito de opção de compra poder-se-á verificar no termo do prazo do contrato de arrendamento ou na data de uma eventual cessação antecipada do contrato. Pela conjugação dos dois normativos somos levados a concluir que os contratos de arrendamento a celebrar com os FIIAH cessarão com o não exercício do direito de opção de compra, pelo que esses contratos terão como prazo máximo a data de 31 de Dezembro de 2020, no termo do qual caducarão, com as consequências que se apresentam de seguida.

Caso o arrendatário não exerça o direito de opção de compra, o mesmo terá direito a receber a diferença entre o valor da alienação futura do imóvel a terceiros e o valor actualizado da aquisição desse imóvel pelo FIIAH. Com esta previsão pretende-se que o anterior proprietário do imóvel venha a receber o valor de mercado do imóvel, cuja alienação se tornou definitiva pelo não exercício do direito de opção de compra. Esse valor será devido ao arrendatário no momento em que o imóvel seja alienado a terceiro ou, em caso de dificuldade ou impossibilidade de alienação do imóvel por causa não imputável à sociedade gestora do FIIAH, no prazo máximo de dois anos após a cessação do contrato de arrendamento. Nesta situação, e para efeitos de determinação do valor a pagar ao arrendatário uma vez que não se verificou a alienação, o imóvel será valorizado de acordo com a média simples do valor atribuído por dois peritos avaliadores. Caso a dificuldade ou impossibilidade de alienação ocorra por motivos imputáveis à sociedade gestora do FIIAH, poderemos interpretar *a contrario* que o referido valor deverá ser pago ao arrendatário no momento em que se verificar tal dificuldade ou impossibilidade, não sendo assim necessário o decurso do referido período de dois anos.

Encontra-se ainda previsto que, àquele valor a receber pelo arrendatário serão deduzidas as importâncias relativas aos custos de colocação do imóvel no mercado em condições normais de utilização e as eventuais rendas vencidas e não pagas.

Caso a intenção do não exercício do direito de opção de compra seja manifestada no âmbito da cessação antecipada do contrato de arrendamento, será ainda deduzido ao mencionado valor a que o arrendatário tem direito o montante correspondente às rendas respeitantes ao período que decorrer entre a data da cessação antecipada e a data da alienação do imóvel a terceiro, tendo como limite as rendas que seriam devidas até ao termo do contrato de arrendamento que houvesse sido estipulado.

Por outro lado, o regime dos FIIAH contém algumas medidas que visam evitar a sua utilização abusiva numa perspectiva fiscal.

Desde logo, desincentiva-se a intervenção de entidades residentes em território com regime fiscal privilegiado (vulgo "paraísos fiscais"), estabelecendo-se que as isenções previstas no regime não lhes serão aplicáveis.

Determina-se ainda que as mais-valias resultantes da transmissões dos imóveis ao fundo passam a ser tributadas nos casos em que o transmitente:

- cesse o contrato de arrendamento com o fundo; ou
- não exerça o direito de opção de compra do imóvel até 31 de Dezembro de 2020.

Estas condições de tributação da mais-valia parecem claras quanto ao seu fundamento, pretendendo evitar que alguém venda um imóvel ao fundo, realizando uma mais-valia não tributável, e posteriormente ceda a sua posição de arrendatário a um terceiro, que ficará a habitar o imóvel, e que eventualmente até poderá negociar com o fundo a aquisição desse imóvel. Com efeito, apesar de não assistir ao terceiro o direito de opção de compra, não vislumbramos que a lei impeça aquela aquisição, por acordo entre o mesmo e o fundo.

Colocamos algumas reticências sobre se o regime em análise atingirá o seu almejado alcance prático. De facto, embora seja um regime positivo na perspectiva das famílias, interrogamo-nos se estas, que não conseguem actualmente fazer face à prestação creditícia, vão poder comportar as rendas a cobrar pelos fundos. Mais, se estas famílias não têm recursos para o pagamento da sua habitação, tê-los-ão daqui a onze anos para poder exercer o direito de opção de compra, em que o crédito que vierem a obter terá de ser necessariamente por um prazo mais curto e, consequentemente, com prestações de valor mais elevado? Do ponto de vista dos fundos, em caso de incumprimento no pagamento das rendas, estarão sujeitos aos processos morosos das acções de despejo. Ao nível dos próprios investidores, o regime pode não se revelar particularmente interessante, uma vez que os fundos poderão integrar imóveis cujos arrendatários terão certamente um elevado risco de incumprimento que nem a fiscalidade atractiva permitirá desconsiderar.

Contudo, o regime dos FIIAH apresenta vantagens evidentes para as instituições de crédito que haviam financiado a aquisição dos imóveis que passam a integrar aqueles fundos, caso venham a subscrever unidades de participação dos mesmos. Com efeito, enquanto os créditos estão no activo daquelas instituições, os juros recebidos encontram-se sujeitos a tributação em IRC nos termos gerais. Por sua vez, caso os créditos se tornem vencidos, aquelas instituições terão de constituir provisões, as quais, pelo facto de respeitarem a créditos cobertos por hipoteca sobre os respectivos imóveis, não poderão ser fiscalmente aceites. Assim, se em alternativa o devedor pagar a dívida à instituição de crédito com o produto da venda do imóvel ao FIIAH e a instituição de crédito subscrever unidades de participação do fundo, a referida instituição deixará de apresentar o crédito vencido no seu balanço, com a consequente reposição das provisões constituídas, e os rendimentos provenientes das unidades de participação que subscreva no fundo não serão sujeitos a qualquer tributação. Acresce que, uma vez que o próprio FIIAH não sofre tributação sobre as rendas que aufere daqueles imóveis, o valor do rendimento distribuível associado às respectivas unidades de participação será superior ao rendimento anteriormente adveniente do crédito concedido.

Gostaríamos de deixar ainda uma nota sobre uma norma que terá como objectivo facilitar a constituição dos FIIAH, e auxiliar no alcance do limite mínimo de activo necessário para esse efeito, e que diz respeito à possibilidade de, até 31 de Dezembro de 2009, as sociedades gestoras realizarem transacções entre fundos de investimento imobiliário sob sua gestão com a finalidade de integrar na carteira dos FIIAH imóveis destinados à habitação permanente.

Correcções ao valor de transmissão de direitos reais sobre imóveis (medida omissa)

O pretendido objectivo de incentivar o mercado imobiliário e de, ao mesmo tempo, libertar as instituições de crédito do património imobiliário adquirido em recuperação de créditos tem enfrentado um entrave de natureza fiscal que, em nosso entender, porque se não justifica, urge remover.

Trata-se da questão da correcção ao valor de transmissão de direitos reais sobre imóveis, prevista pelo artigo 58º-A do Código do IRC. Estabelece esta norma que, se o valor de alienação for inferior ao valor patrimonial tributário definitivo do imóvel, deverá relevar para efeitos fiscais este último valor. Com esta regra pretende combater-se as simulações de preços nos contratos de compra e venda de imóveis, garantindo-se que, no apuramento do resultado fiscal, seja considerado como limite mínimo o valor patrimonial tributário definitivo do imóvel, que tendencialmente, com as novas regras de avaliação dos imóveis, tem vindo a aproximar-se do respectivo valor de mercado.

Ora, conforme já atrás se referiu, as instituições de crédito possuem actualmente um número elevado de imóveis em carteira em resultado de incumprimento de financiamentos concedidos, e pretendem a sua rápida alienação, uma vez que não estão vocacionadas para a gestão de imóveis, e essa tarefa representa uma carga administrativa elevada e com custos acrescidos.

Assim, a preocupação das instituições é a de recuperação dos créditos em mora e a rápida alienação dos imóveis recebidos em virtude dessa recuperação, pelo que, em regra, ao definir o valor de alienação desses imóveis atende-se principalmente ao valor do crédito recuperado, e os imóveis acabam por ser alienados por um valor inferior ao valor patrimonial tributário definitivo.

Deste modo, as alienações de imóveis por parte das instituições de crédito que haviam sido por estas adquiridos em resultado da recuperação de créditos em mora, seja por execução de hipotecas, seja por actos de dação em pagamento, deveriam ter sido excluídas da mencionada regra do artigo 58º-A, uma vez que, por um lado, a instituição de crédito não está praticar qualquer simulação de preço e, por outro lado, esta tributação adicional, de um rendimento que a instituição de crédito não teve, será certamente reflectido no valor de venda do imóvel, dificultando injustificadamente a sua alienação.

Taxas de IRC

Ainda no âmbito das medidas anti-cíclicas, e no que respeita às medidas de apoio à actividade das empresas, saliente-se, desde logo, a criação de um regime de taxas progressivas de IRC em função da matéria colectável apurada pelos sujeitos passivos. Neste contexto, estipula-se que o quantitativo da matéria colectável, quando superior a € 12.500, é dividido em duas partes:

i) Uma, que tem por limite o referido valor de € 12.500, à qual se aplica a taxa de 12,5%;
ii) Outra, igual ao excedente, a que se aplica a taxa de 25%.

Note-se que, ao contrário do que foi publicitado, esta medida não é aplicável apenas às pequenas e médias empresas, mas sim à generalidade das empresas, uma vez que se trata de uma alteração ao próprio regime da taxa do IRC. Na prática, a criação de um escalão com uma taxa mais reduzida significa uma poupança fiscal máxima para as empresas de € 1.562,50.

Contudo, para evitar a aplicação abusiva do mencionado regime, existem excepções à sua aplicação, que de seguida se descrevem, sujeitando-se a totalidade da matéria colectável à taxa de 25%:

- Se, em consequência de operação de cisão ou outra operação de reorganização ou reestruturação empresarial, concretizada a partir de 1 de Janeiro de 2009, uma ou mais sociedades envolvidas venham a apurar matéria colectável de IRC inferior a € 12.500; ou
- Se o capital de uma entidade for realizado, no todo ou em parte, através da transmissão de elementos patrimoniais, incluindo activos incorpóreos afectos ao exercício de uma actividade empresarial ou profissional, por uma pessoa singular, e a actividade exercida por aquela seja substancialmente idêntica à que era exercida a título individual.

Apesar de meritória, esta medida fica, contudo, aquém das expectativas, tendo em conta o seu objectivo de incentivo à actividade das empresas e ao consequente desenvolvimento económico.

Na verdade, apesar de ser aplicável à generalidade das empresas, apenas aproveitam desta nova regra aquelas que apresentam matéria colectável, e que por isso pagam efectivamente IRC. Todas as outras empresas que apresentam prejuízos fiscais (do exercício ou reportáveis), o que por si só poderá ser indiciador de uma situação económica difícil, não tiram qualquer benefício desta medida.

A referida medida deveria, em nosso entender, ter sido complementada com uma proposta de supressão do regime dos pagamentos especiais por conta. Com efeito, este tipo de pagamentos tem de ser efectuado, em regra, por aquelas empresas que não apresentam matéria colectável, em virtude da existência de prejuízos fiscais. Os pagamentos apenas poderão ser recuperados em caso de existência de matéria colectável suficiente até ao quarto exercício seguinte ao do respectivo pagamento, ou mediante reembolso em condições muito restritivas. Pelo que, para aquelas empresas que não conseguem inverter a sua situação de prejuízo fiscal, o pagamento especial por conta tem a verdadeira natureza de uma colecta mínima, que pode variar entre € 1.250 e € 70.000.

Neste contexto, a eliminação desta colecta mínima representaria a supressão de um encargo relevante para essas empresas, e poderia auxiliar na sua recuperação económica.

Regime fiscal contratual aplicável aos investimentos em Portugal – autorização legislativa

Como medida de dinamização à actividade económica em Portugal e de combate à crise, é de saudar a introdução de uma autorização legislativa para que o Governo proceda à alteração do regime dos benefícios fiscais ao investimento de natureza contratual, no sentido de alargar o respectivo prazo de vigência até 31 de Dezembro de 2020 (de acordo com a norma em vigor, o prazo terminará em 31 de Dezembro de 2010), incrementar os montantes mínimos de aplicações relevantes para a elegibilidade dos projectos e estabelecer um conjunto de critérios e condições para efeitos de concessão dos benefícios fiscais em causa.

No âmbito desta autorização legislativa está ainda previsto o acolhimento das novas disposições comunitárias em matérias de auxílios de Estado.

Bastante relevante consideramos ser ainda a previsão, no âmbito da autorização em apreço, da revisão e integração de um regime de incentivo à investigação e desenvolvimento.

Reorganizações empresariais (medida omissa)

Atendendo ao actual contexto económico, e às dificuldades que muitas empresas estão a enfrentar, a Lei do Orçamento do Estado para 2009 ficou aquém das expectativas no que respeita a medidas incentivadoras para a reorganização empresarial.

Na verdade, tem-se assistido nos últimos meses a uma actuação muito rápida dos Estados na intervenção da economia, nomeadamente ao nível das instituições financeiras e, por contraste, existe um conjunto de entraves a que as empresas se reorganizem rapidamente e se tornem competitivas, o que é crucial na actual conjuntura.

Queremos referir-nos expressamente ao regime estabelecido no artigo 60º do EBF, respeitante à reorganização de empresas em resultado de actos de concentração ou de acordos de cooperação. Este regime veio substituir o anteriormente previsto no Decreto-Lei 404-90, de 21 de Dezembro.

Ora, o regime do Decreto-Lei 404/90 era claro e de simples aplicação, permitindo às empresas realizar os actos de reorganização em tempo útil. Por oposição, o regime do mencionado artigo 60º é demasiado complexo, requerendo a intervenção de demasiadas entidades[1], em que os prazos nunca são cumpridos, o que inviabiliza, na maioria dos casos, a realização da operação de reestruturação, que se requer célere.

Para além do processo de autorizações que, só por si, praticamente inviabiliza a aplicação do regime, acresce ainda a dificuldade prática na obtenção do reembolso dos impostos, emolumentos e outros encargos legais em que as empresas incorreram caso tenham realizado a operação de reestruturação antes da obtenção do despacho favorável do Ministro das Finanças. Com efeito, aquele pedido de reembolso apenas poderá ser solicitado no prazo de um ano a contar da data de apresentação a registo do acto de reestruturação. Ora, perante a complexidade e morosidade deste regime, será difícil obter o referido despacho favorável antes de terminar o referido prazo de um ano, inviabilizando aquele reembolso. A inércia do Estado acaba por beneficiar o próprio Estado!

Por último, são excluídos do âmbito dos benefícios fiscais previstos no artigo 60º do EBF os imóveis destinados à habitação. Tal exclusão é contraditória com a actual conjuntura, em que muitas famílias não conseguem cumprir os seus compromissos perante as instituições de crédito e estas recebem mensalmente inúmeros imóveis destinados à habitação em virtude de negociação de créditos vencidos ou de execução de hipotecas. Trata-se de uma exclusão difícil de compreender e severamente penalizadora para as instituições de crédito que se pretendam reorganizar.

Perante o exposto, impunha-se uma revisão do regime *supra* referido, cuja oportunidade se perdeu.

---

[1] Ministro das Finanças, Direcção-Geral dos Impostos, Ministro da tutela, Autoridade da Concorrência e Direcção-Geral dos Registos e do Notariado

Dedutibilidade das menos-valias na alienação de partes de capital (medida omissa)

A crise do mercado financeiro internacional e as dificuldades económicas que as empresas estão a atravessar têm-se reflectido directamente no mercado de capitais, através de uma queda acentuada na cotação dos títulos nele transaccionados. Consequentemente, os investidores têm registado elevadas perdas nas transacções de títulos efectuadas.

Acontece que as regras fiscais actualmente em vigor contribuem profundamente para o agravamento deste cenário adverso, uma vez que não é permitida a dedutibilidade fiscal plena das perdas realizadas com a alienação de partes de capital.

Efectivamente, de acordo com o disposto no n.° 3 do artigo 42.° do Código do IRC, a diferença negativa entre as mais-valias e as menos-valias realizadas com a transmissão onerosa de partes de capital apenas será fiscalmente aceite como custo em metade do seu valor. Ora, não se compreende esta restrição fiscal à dedutibilidade das perdas, quando os ganhos são tributados, como regime regra[2], na sua totalidade.

E no actual contexto de crise, ainda menos sentido fará tal regra fiscal, uma vez que, ao onerar fiscalmente as perdas económicas efectivamente sofridas pelas empresas, se está a dificultar ainda mais as suas possibilidades de recuperação económica.

A lei fiscal, nos números 5 e 7 do artigo 23° do Código do IRC, contempla ainda medidas anti-abuso limitadoras da dedutibilidade fiscal das menos-valias fiscal no caso de transacções de partes de capital entre entidades relacionadas, ou com entidades com domicílio em territórios sujeitos a um regime fiscal privilegiado.

Tais medidas anti-abuso consubstanciam-se em presunções inilidíveis, não permitindo ao contribuinte demonstrar que as transacções se realizaram em condições normais de mercado.

Aliás, no que respeita a transacções entre partes relacionadas, as mesmas têm de ser obrigatoriamente justificadas na documentação de

[2] Recorde-se que o regime do reinvestimento dos valores de realização permite a tributação do saldo positivo entre as mais-valias e as menos-valias em apenas metade do seu valor, mas impõe aquele reinvestimento e, no caso das partes de capital, estabelece vários requisitos adicionais para que o regime seja aplicável.

preços de transferência, e nos casos em que se conclua que a regra da transacção em condições normais de mercado não foi cumprida, deverá o contribuinte fazer os necessários ajustamentos ao resultado da operação para efeitos fiscais.

Desta forma, no cenário corrente, serão injustificáveis tais regras anti-abuso que contribuem para a distorção do mercado, pelo que deveriam ter sido introduzidas alterações legislativas de modo a estabelecer que, nos casos em que o contribuinte provasse que a transacção ocorreu em condições normais de mercado, a respectiva perda fosse aceite fiscalmente.

Medidas de simplificação na relação entre a Administração Tributária e os contribuintes

Cumpre ainda dar ênfase a duas medidas respeitantes à relação dos contribuintes com os serviços da Administração Tributária. A primeira respeita à possibilidade de serem solicitadas, com carácter de urgência, respostas a pedidos de informação vinculativa. A segunda diz respeito à introdução de um procedimento simplificado de erros materiais ou manifestos da Administração Tributária.

Pedido de informação vinculativa

O procedimento relativo ao pedido de informação vinculativa sofre grandes alterações, as quais se revelam bastante positivas.

Desde logo, é prevista a possibilidade de ser solicitada informação vinculativa com carácter de urgência, a qual deve ser prestada no prazo de 60 dias, desde que o pedido seja acompanhado de uma proposta de enquadramento tributário e os actos ou factos cujo enquadramento jurídico-tributário se pretende sejam prévios ao pedido.

No prazo máximo de 15 dias, a Administração Tributária notificará obrigatoriamente o contribuinte do reconhecimento ou não da urgência e, caso seja aceite, do valor da taxa devida, a ser paga no prazo máximo de cinco dias. Um aspecto importante a realçar é o de que, no caso das informações vinculativas com carácter de urgência, a proposta de enquadramento jurídico-tributário se considera tacitamente sancionada se o pedido não for respondido no prazo de 60 dias.

Estamos expectantes quanto à aplicabilidade prática que estas novas medidas possam vir a ter, uma vez que é da inteira discricionariedade da Administração Tributária o reconhecimento do carácter de urgência do pedido, ou da existência de especial complexidade técnica que impossibilite a prestação da informação naquele prazo reduzido.

Quanto às informações vinculativas que não são solicitadas com carácter de urgência, foram previstas determinadas regras que, na sua grande maioria, são novas ou, pelo menos, esclarecedoras do anterior regime e que, genericamente, nos parecem capazes de dinamizar e dar outra importância a este instituto.

Procedimento de correcção de erros da Administração Tributária

É ainda de saudar a introdução do regime do procedimento de correcção de erros da Administração Tributária, o qual visa a reparação, por meios simplificados, de erros materiais ou manifestos da Administração Tributária ocorridos na concretização do procedimento tributário ou na tramitação do processo de execução fiscal.

Esclarece-se que se consideram erros materiais ou manifestos os que resultarem do funcionamento anómalo dos sistemas informáticos da Administração Tributária, bem como as situações inequívocas de erros de cálculo, de escrita, de inexactidão ou de lapso.

O procedimento é caracterizado pela dispensa de formalidades essenciais e simplicidade de termos. O prazo máximo de decisão do pedido é de 15 dias.

Conclusão

A Lei do Orçamento do Estado para 2009 foi elaborada num período em que a actual crise financeira e económica mundial ainda não tinha demonstrado toda a sua dimensão. Assim, é notória a preocupação com o endividamento das famílias, especialmente aquele decorrente da assunção de créditos para aquisição de habitação própria, num contexto de aumento das taxas de juro de referência desses empréstimos. A criação dos FIIAH e das SIIAH é o espelho maior dessa preocupação.

No entanto, a crise financeira evoluiu e se, por um lado, por força das medidas adoptadas pelos Estados, as taxas de juro de referência voltaram ao pendor descendente, aquela alastrou rapidamente à chamada "economia real", gerando situações de paragem de laboração das empresas, redução de exportações e de encomendas internas, diminuição das vendas e dos proveitos e o inevitável aumento do desemprego.

Estas últimas realidades, mais visíveis durante o período de discussão parlamentar da Proposta de Lei do Orçamento, acabam por não ter, neste Orçamento, medidas que as enfrentem. É certo que, entretanto, foi publicada a Lei 64/2008, de 5 de Dezembro, que alegadamente aprova medidas anti-ciclicas. No entanto, tirando a dedução acrescida para os encargos com o crédito habitação e a redução das taxas do Imposto Municipal sobre Imóveis, todas as outras medidas vão no sentido do agravamento da tributação das empresas, por via do aumento das tributações autónomas, com a agravante de serem de aplicação já ao exercício de 2008, criando adicionais dificuldades às empresas e aos profissionais independentes.

Temos para nós que a fiscalidade é sempre um elemento condicionador da actividade económica. Assim, em situações de crise grave como aquela que se vive neste momento, a política fiscal deveria passar mais pela remoção de entraves que a lei fiscal ou a sua aplicação colocam à actividade económica, e analisamos alguns no presente documento, do que pela criação de incentivos artificiais à adopção de comportamentos que o mercado não pretende adoptar[3]. Infelizmente, a Lei de Orçamento do Estado para 2009 vai mais neste segundo sentido, como, cremos, ficou demonstrado.

---

[3] Atente-se na questão dos FIIAH. Sem uma agilização do processo de despejo no novo regime do arrendamento urbano, não vislumbramos como outros investidores além dos bancos, que assim transferem para o FIIAH o problema que lhes afecta o Balanço, possam estar dispostos a investir num activo que, embora com uma fiscalidade muito atractiva, apresenta um risco muito elevado.

Rogério Fernandes Ferreira

IVA Insustentável

Rogério Fernandes Ferreira

Professor Catedrático Jubilado do ISEG
Economista e Advogado

RESUMO

O presente artigo foi elaborado com o propósito de esclarecer que caso a liquidação do IVA passasse a reportar-se não em relação à data da emissão das facturas mas à data das cobranças isso contrariava o logicismo em que assenta o IVA e duplicava tarefas de apuramento do IVA e dos controlos. Explica-se que essa alteração estrutural do IVA seria opção inconveniente.

Palavras-chave:

Tributação em IVA;
Liquidação do IVA;
Pagamento do IVA.

ABSTRACT

This paper discusses pros and cons of alternative procedures to compute value added tax (VAT) amounts, which can be based either on the collection date or on the day of invoicing. The author defends that the former is less convenient, as it brings additional bureaucracy to VAT payments and control procedures.

Keywords:

Value added tax;
Tax liquidation procedures,
Tax payment.

"O actual IVA é insustentável, não é um imposto neutro, funciona como um imposto para o vendedor e um benefício para o incumpridor". Igualmente outro articulista veio acentuar que "o sistema de IVA existente em Portugal é um sistema injusto e penalizador da actividade económica", acrescentando também que "é injusto, porque a taxa é muito elevada, o que gera uma desvantagem competitiva em relação a Espanha". Estas e outras posições têm continuado a ser glosadas e a aparecer na comunicação social, pelo que se pensa útil apresentar posições divergentes, de modo a poder vir a dispor-se de "prós e contras", antes de mudanças legislativas. Estas costumam ocorrer após muitas críticas e oposições que, por vezes, não são correctas, nem imparciais.

O que se passa com a Espanha merece atenção, mas importa acentuar que o IVA que se cobra em Portugal sobre bens e serviços comercializados vindos de Espanha é, exactamente, o que se cobra sobre artigos produzidos (e vendidos) em Portugal. Assim, pensamos que não devem acolher-se, *tout court*, as posições discordantes atrás aludidas. Atente-se em que, nas vendas em Espanha, quer o aí produzido, quer o importado de Portugal e vendido em Espanha – tudo – fica sujeito, exactamente, ao mesmo IVA (o de Espanha).

Claro que os produtos vindos de Espanha, clandestinamente, e para venda também clandestinamente em Portugal, terão pago a taxa de IVA em e de Espanha, que é mais baixa. Por outro lado, as actividades clandestinas de Portugal para Espanha ficam mais dificultadas, porque o IVA em Portugal é mais elevado. E poderá também estar a pensar-se em transacções na zona fronteiriça. Nestes casos, pode dizer-se que há muita gente de Portugal a fazer compras em Espanha, uns por eventuais passagens por Espanha, outros porque vão lá, sistematicamente, comprar, por morarem perto (e cada vez mais perto, com as novas vias viárias). Claro que estes eventos são prejudiciais a Portugal, e prejudicam também quem cá exerce actividades empresariais. Nos recuados tempos dos governos mais antigos, o contrabando e outras actuações antipatrióticas eram duramente punidas.

Desde há muito que acentuamos convir alcançar alguma concertação com a nossa vizinha Espanha de modo a atenuar tais distorções, que existem porque cada um dos países tem as suas economias e finanças públicas, com distintos elementos de ordem estrutural e conjuntural. A fiscalidade de cada um tem de atentar nos seus próprios problemas, situações estruturais e conjunturais, tendo presente os do outro.

Uma outra questão relativa ao IVA que se acha útil assinalar resulta de comentários tecidos a recente Acórdão do STA em que se assinalava que "uma empresa não pode ser sujeita a coima por não entrega de iva ao Estado quando ele não é recebido dos seus devedores". Com todo o respeito, entendemos que esta e outras proclamações merecem reparos. Por exemplo, assinala o Acórdão que "o IVA que os operadores económicos devem entregar ao Estado é o resultante da diferença entre o que liquidaram[1] nas vendas e o que pagaram nas compras". Esta asserção tem continuado a merecer aplausos de diversos articulistas, mas, a nosso ver, não terá ponderado convenientemente a lógica e os propósitos do IVA, cuja arquitectura é racional e sempre nos mereceu encómios, embora também reparos e sugestões. E, por isso, voltámos a ponderar o Código do IVA. Entendemos de acentuar, ou lembrar, que o sujeito passivo ou contribuinte de direito no IVA não é o cliente, o comprador, mas, sim, a entidade que vende. Esta (sujeito passivo, nos termos do Código do IVA), processa o seu IVA liquidado e o seu IVA dedutível, periodicamente, com a inerente entrega da diferença a favor do Estado, nos termos suficientemente tratados na lei e explicados por profissionais e autoridades na matéria. Se a diferença entre o liquidado e o dedutível for a favor do contribuinte, será este quem terá direito ao reembolso e pode solicitá-lo quando o entender, mas dentro dos parâmetros consignados na lei.

Um ponto a ter presente é que os processamentos actuais do IVA dedutível e do IVA liquidado, pela lei em vigor, *não têm a ver com recebimentos e pagamentos,* mas, sim, com processamentos, sobre o que é transaccionado. Impõe-se, porconseguinte, que as contabilizações das vendas e das compras e dos IVA correspondentes se processem independentemente de ter havido ou não os inerentes recebimentos e pagamentos. As compras/vendas dão lugar a processamentos do comprado/vendido nas respectivas contas de custos (classe 6 do POC) e proveitos (classe 7 do POC); já os pagamentos e recebimentos darão origem a outros movimentos, de modo geral subsequentes, mas também antecedentes, simultâneos ou fraccionados e até não verificáveis. Claro que havendo simultaneidade de compras e pagamentos e de vendas e recebimentos, por vezes, não se processarão as passagens por contas de clientes

[1] Dever-se-ia referir "recebimento", pelo menos para perfeita simetria, embora a expressão "liquidação" na linguagem corrente signifique também "pagamento".

e fornecedores. Dir-se-á, assim, que, existindo operações a crédito, quer de compra, quer de venda, a diferença entre IVA liquidado e IVA dedutível não será, obviamente, apurado entre IVA cobrado e IVA pago no período considerado.

Ponderando o exposto dir-se-á que a opção agora proclamada como melhor não o será. Será, até, posição algo demagógica, fundada, porventura, em incompletos conhecimentos sobre estas matérias. É que, nessa posição, está a esquecer-se que o sujeito passivo de IVA, quando faz vendas, debita o cliente. E, assim, o IVA que ele, vendedor, processa a favor do Estado será de considerar-se independentemente de ter recebido ou não o montante da venda, montante que receberá de imediato em casos de vendas a dinheiro mas já não, obviamente, quando as vendas são a crédito. Quando se vende a crédito o valor financeiro em que a venda se expressa revela-se maior.

Sintetizando: ao sujeito passivo, em conformidade com o Código do IVA, compete-lhe entregar o valor do IVA nos prazos previstos na lei, independentemente de o cliente ter já pago ou de vir a pagar até ao fim do vencimento da venda a prazo, ou até em caso de nunca mais pagar. Para casos de clientes que não paguem, o Código do IVA prevê que o sujeito passivo, vendedor, se possa ressarcir do IVA. E essa permissão legislativa constituiu, a nosso ver, manifestação de um espírito bem compreensivo do Estado-legislador, na medida em que até se pode considerar excessiva tal atitude.

O Código do IVA veio, de facto, a consignar a recuperação do iva sobre certos créditos em dadas condições (cf. seu art. 78º, nºs 7 e segs.). É uma solução legislativa radicada no modo como muitos olham o fenómeno tributário: aceitam que um credor suporte a generalidade dos prejuízos derivados da incobrabilidade de uma dívida, mas não a parcela correspondente ao IVA. Acentuamos que o devedor correspondente não terá deixado de dar destino ou utilização aos bens ou serviços que lhe foram facturados, consumindo-os (ou cedendo-os, por seu turno, a seus clientes). Nestes termos, sendo o *IVA um imposto sobre consumo, e o consumo se gerou, ao Estado terá de pertencer o imposto, no seu todo.*

Contrariamente ao que geralmente se aponta, não assume, do ponto de vista do direito a constituir, sentido lógico que o Estado devolva o imposto. Porém, pressões de *lóbis* terão conduzido à recuperação prevista no Código do IVA (no atrás aludido art. 78º do Código do IVA.

Ainda assim, *de jure constituendo*, criticamos a opção legal em referência porque o pressuposto lógico, e de lei, é o de que, se houve despesa (consumo), deve haver imposto: quem celebra negócios, quem exerce actividades de produção, comércio ou prestação de serviços, deve correr os inerentes riscos, pois será quem, por norma, aufere os lucros (e os prejuízos)

Eis, pois, porque se considera excessivo e inexacto referir que "um contribuinte não deve ser responsabilizado pela não liquidação do IVA para com a Administração Fiscal, quando o terceiro não tenha entregue o mesmo ao contribuinte". Esta afirmação mostra, de certo modo, algum desconhecimento das realidades factuais que atrás se descrevem, ou seja, que o vendedor de bens tem de liquidar nas suas facturas o respectivo IVA, independentemente de as facturas terem sido logo pagas, o que, aliás, será o menos comum, salvo em vendas ao balcão, a dinheiro (lojas de retalho e hipermercados). Muitas outras vendas são de pagamento a prazo, porventura até longo ou a prestações. Entregar o IVA em relação aos pagamentos, nestes últimos casos, seria, então, mais um procedimento perturbador e provocador de mais tarefas e controlos.

Efectivamente, consideramos algo peregrinas certas alusões de críticos ao actual processamento geral do IVA. A opção que sugerem de entrega do IVA em sequência das cobranças de cada sujeito passivo aos seus clientes forçaria os sujeitos passivos a desfiar suas vendas, verificando quais as pagas até ao dia de entrega periódica do IVA a elas respeitante e as não pagas, para dar guarida à opção de que os contribuintes (vendedores) não dispõem ainda dos fundos respectivos na medida em que ocorrem as cobranças. Só que a opção que proclamam, e desejam, e de que aqui se discorda, obrigaria a trabalho adicional, algo exaustivo, de pormenor – solução de evitar -, pois já são demais as complexidades e os formalismos existentes. E não é exacto que, por dado cliente ou dados clientes não pagarem, não haja fundos na empresa contribuinte de IVA.

Discorda-se, assim, da posição em comentário também por ela vir a obrigar a apuramentos e a registos diferenciados aos já consignados no Código do IVA, realidade assim não prevista na lei e que não deveria alterar-se. Os custos e os proveitos não se apuram quando se processam os pagamentos e os recebimentos, mas, sim, quando se processam as compras e as vendas que, como se disse, são, não raramente, a crédito. E, sendo a crédito, não se deve concluir, daí, que o vendedor tenha de ser compensado pelo não recebimento do IVA da sua facturação. Curiosamente, também se observa que um vendedor que vende um artigo e não recebe o produto da venda não é só do IVA processado que está desembolsado, mas, sim, de todos os gastos que se foram processando e pagando. Claro que afirmamos isto, mas sabemos que muitos operadores e cidadãos comuns acham natural que tal suceda em relação a todos os débitos à empresa sujeito passivo e devedor do IVA, salvo o caso do credor Estado (a esse é que não).

Frisa-se também, a este respeito, que as concessões de mais e maiores prazos conduzem o fornecedor a praticar preços mais elevados ou a adicionar encargos sobre os compradores a prazo. Claro que o comprador pode não pagar, mas observamos que essa realidade até está ressalvada ou compensada no (artigo 78º do) Código do IVA, opção que atrás já se comenta algo desfavoravelmente.

Dir-se-á que os críticos que reputam, em particular, como justa a posição do Supremo Tribunal Administrativo atrás suscitada e pretendam, em conformidade, que o Código do IVA apure o IVA devido em função das cobranças e não das vendas, está, quanto a nós, a laborar em erros. E seria subversão, mais uma mudança, mais novas regras e mais instabilidade gestiva com inerentes consequências (e mais trapalhadas). Na verdade, não seria muito cómodo criar nova rotina para averiguação de desfasamentos entre as facturações emitidas pelos variados contribuintes do IVA e suas inerentes cobranças. É que, então, e na mesma lógica, ter-se-ia de optar por igual opção nas facturas que ao mesmo sujeito passivo fossem enviadas pelos seus fornecedores, cotejando-se assim também os movimentos a crédito desses fornecedores com os pagamentos a eles feitos.

Atente-se, ainda, que pagamentos e recebimentos muitas vezes não se processam em operações de tesouraria, mas, sim, por encontros de contas, pagamentos ou recebimentos de saldos em conta-corrente, por cessões de créditos, subrrogações em débitos, ordens dadas a instituições financeiras, pagamentos e recebimentos por via de associada vocacionada para estas operações, etc., etc.. Acentua-se também que o modo de ver que se critica está não só fora da lógica do IVA, mas também da Contabilidade. Aliás, um contribuinte pode não dispor de fundos, mas por razões que não são as dos seus clientes ter ou não pago o valor de suas compras e IVA respectivo (como noutro passo atrás se acentuou).

Uma outra situação relativa ao IVA que tem visto ser colocada é a de se vir a conceder mais prazo na entrega do imposto, por exemplo, mais um mês de prazo para o processamento e a entrega periódica do IVA. Aponta-se esta opção ponderando que, no nosso País, as solicitações às entidades públicas acabam, de modo geral, por conduzir a qualquer concessão. Os queixosos só desistem quando a solicitação acaba por ser atendida, ainda que em parte ou mesmo seja desrazoável ou injusta. Enquanto houver desentendimento é hábito manter os protestos e invocar razões, ainda que pouco válidas.

Dar mais um mês de prazo aos contribuintes para entrega do IVA devido será vantajoso para os contribuintes. Porém, objecta-se observando apenas que a lei vigente é reflectida e pensada, que esta outra alteração ao Código do IVA implicaria alterações em outras normas jurídicas, alterando algumas outras realidades. Teria de ponderar-se que há regras orçamentais a atender, por exemplo, no que toca à consideração das receitas e despesas do Estado.

De facto, conceder mais um mês de dilação para pagamentos de IVA traria desde logo ao Orçamento do ano da mudança quebra de receita correspondente a um mês, quebra que nos anos seguintes já se dissiparia, mas ficaria sempre o Estado, todos os anos, com mais um mês de retardamento de cobranças de IVA, caso o diferimento concertado fosse concedido. Assim também este último tipo de alterações não recebe a nossa concordância. E isto apenas porque não são no sentido de simplificar – e sim no de complicar –, que, frontalmente, importa rejeitar.

Tributos com fins ambientais*

José Casalta Nabais

Professor da Faculdade de Direito da Universidade de Coimbra

* O presente texto foi elaborado o livro *El tributo y su aplicación. Perspectivas para el siglo XXI*, 50º Aniversario del Instituto Latino-Americano de Derecho Tributário, a publicar durante o ano de 2008.

RESUMO

O autor procura revelar o papel que os tributos desempenham em sede da protecção do ambiente. Com esse objectivo, começa por aludir à actual preocupação com o ambiente e às diversas vias que vêm sendo propostas com esse objectivo. Entrando, depois, na análise da via tributária de protecção ambiental, elucida que a utilização ambiental do direito tributário se insere no "direito económico tributário", concretizando-se tanto em tributos ambientais como em benefícios fiscais ambientais. Centrando-se nos tributos ambientais, distingue entre os verdadeiros e os falsos tributos ambientais, consoante tenham uma determinante finalidade extrafiscal ou uma fundamental finalidade reditícia. Quanto à natureza dos tributos ambientais, conclui que, por razões práticas, estes assumirão a natureza de impostos e não de taxas, configurando-se com uma tributação directa assente na capacidade de poluir e não na capacidade contributiva. Alerta, enfim, para que os tributos ambientais não comportem uma "duplicação do estado fiscal".

Palavras-chave:

Impostos ambientais;
Direito económico tributário;
Princípio do poluidor pagador;
Tributos ambientais;
Taxas ambientais.

ABSTRACT

The author tries to disclose the role of taxes in environmental protection. With this purpose, he begins making some references to nowadays environmental main issues and the different ways that have been proposed in order to help solving some of the problems. Then he focus on the environmental purposeful taxes contribution, pointing out that this matter belongs to "Economic Tax Law", which can be released as environmental taxes or as environmental tax incentives. Within environmental taxes the author distinguishes between true and false environmental taxes, according to their really or not really taxation purpose. He concludes that environmental taxes should, for practicality reasons, be considered as real taxes, which should be paid according to the ability to pollute instead of the ability to pay. At last, the author advertises for the risk that these taxes can bring out a duplication of State taxation.

Keywords:

Duplication of state taxation;
Tax state;
Environmental taxes;
Ability to pay principle;
Polluter payer principle

I – A PREOCUPAÇÃO AMBIENTAL NO DIREITO TRIBUTÁRIO

Como facilmente se compreenderá, antes de tratar especificamente dos tributos com fins de protecção do meio ambiente, impõe-se fazer algumas considerações de ordem mais geral seja no respeitante à própria preocupação com a preservação do meio ambiente, seja à enorme panóplia de meios ou instrumentos que essa preservação vem mobilizando. Pois dessa panóplia de meios ou instrumentos fazem parte justamente os tributos ambientais. Daí as alusões que se seguem à tutela do ambiente, por um lado, e ao universo de meios a mobilizar, por outro.

1. Alusão à tutela do ambiente

A primeira consideração a fazer acerca dos tributos com fins ambientais, frequentemente designados por tributos ambientais (sem mais), tem a ver com a introdução no direito tributário da preocupação ambiental, ou seja, da preocupação com a protecção ou tutela do meio ambiente. Uma preocupação que, como é natural, não surpreende.

Com efeito, desde que se tomou consciência de que o homem não podia continuar a destruir com a sua actuação o ambiente, cujas consequências terríveis como o efeito estufa, as chuvas ácidas e os buracos na camada do ozono bem o demonstram, tornou-se patente que o direito, todo o direito, não podia deixar de dar o seu contributo para a causa da protecção do meio ambiente. É certo que esse empenhamento do direito com a causa ambiental levou, um pouco por toda a parte, a falar de um novo ramo do direito – o direito do ambiente ou direito ambiental.

Todavia, mesmo que de um verdadeiro novo ramo de direito se trate, é de assinalar que o mesmo se construiu diversamente do que ocorria no passado, quando surgiam novos ramos do direito, que se justapunham, por via e regra sem dificuldades de maior. Na verdade, este jovem sector do direito, para além de suscitar problemas relativamente novos, acaba por intersectar, à maneira de uma mediana, todo o amplo e diversificado campo do direito, mobilizando todos os seus os ramos, embora em termos substancialmente diversos, para a tutela do ambiente[1].

---

[1] É justamente para sublinhar esta sua natureza, que, em geral, se chama a atenção para duas características do direito do ambiente, salientando que este se apresenta

Uma mobilização que, naturalmente, também chegou ao direito dos tributos, na qual se inscrevem os tributos com fins ambientais de que vamos tratar. Antes, porém, vamos fazer algumas considerações, muito gerais, como bem se compreende, procurando delinear o quadro da tutela do ambiente, que o mesmo é dizer, tentar recortar o quadro do próprio direito do ambiente e, bem assim, dos principais meios ou instrumentos de que dispõe para levar a cabo essa missão.

Pois bem, a este respeito, é de sublinhar que para tratar desta questão é relativamente indiferente a compreensão ou, como agora se prefere dizer, a pré-compreensão, que se tenha no respeitante ao direito do ambiente, bem como ao papel que a protecção do meio ambiente assume nas constituições contemporâneas. Com efeito, para o que nos preocupa pouco interesse tem se o direito do ambiente tem por base uma construção assente numa (pré-)compreensão antropocêntrica, em que a defesa do ambiente está centrada na defesa da vida humana, seja em si mesma, seja uma tal defesa polarizada na necessidade de preservar os recursos escassos imprescindíveis à manutenção da actividade produtiva suporte dessa vida humana[2], seja uma (pré-)compreensão ecocêntrica, em que o ambiente se apresenta tutelado em si mesmo, configurando-se a sua preservação, defesa e promoção como um valor próprio, um valor autónomo[3].

---

dominado, de um lado, pela ideia da *interdisciplinaridade*, a exigir o recurso a diversos saberes extrajurídicos, a saberes próprios de outras ciências sociais e das ciências naturais, da engenharia e da técnica, e, de outro lado, pela ideia da *horizontalidade* ou *transversalidade*, a convocar os diversos ramos do direito, mobilizando-os para a protecção ambiental. Daí que, entre os instrumentos de intervenção ambiental, encontremos o direito constitucional, o direito internacional, o direito comunitário, o direito privado, o direito penal, o direito administrativo, o direito tributário, etc.

[2] Uma (pré)compreensão que alguns autores autonomizam sob a designação de concepção economicocêntrica, muito embora, como resulta do texto, a seu modo, ela não passe de uma particular (pré)compreensão antropocêntrica.

[3] V., por todos, Paolo Maddalena, *Dano Pubblico Ambientale*, Rimini, 1990, p. 83 e ss.; A. Amatucci, «L'inerenza dell'interesse pubblico alla produzioine: strumenti finanziari e tutela ambientale», e Alejandro C. Altamirano, «El derecho tributario ante la constitucionalización del deecho a un médio ambiente sano», em Heleno Torres (Org.), *Direito Tributário Ambiental*, Malheiros Editores, São Paulo, 2005, respectivamente, p. 55 e ss., e p 445 e ss; Gomes Canotilho (Coord.), *Introdução ao Direito do Ambiente*, Universidade Aberta, 1998, p. 41. Sobre o direito do ambiente, v. também Gomes Cano-

Como, por outro lado, igualmente tem escasso alcance o papel que o ambiente desempenha nas constituições políticas actuais, isto é, apresente-se nelas apenas como uma tarefa ou um conjunto de tarefas fundamentais do Estado e demais entes públicos territoriais, ou configure-se o mesmo também como um (verdadeiro) direito fundamental dos cidadãos[4], como ocorre em diversas constituições, sobretudo nas mais recentes. Uma ideia cuja concretização plena pode ser ilustrada, a título de exemplo, como o que, a tal respeito, prescrevem as Constituições Portuguesa (de 1976), a Constituição Espanhola (de 1978) e a Constituição Brasileira (de 1988), nas quais a defesa do meio ambiente, para além de constituir o suporte de um diversificado conjunto de tarefas estaduais[5], se assume como um indiscutível direito fundamental.

Pois a Constituição Portuguesa prescreve no art. 66º, nº 1:"[t]odos têm direito a um ambiente de vida humano, sadio e ecologicamente equilibrado e o dever de o defender". Por seu lado, a Constituição Espanhola dispõe no art. 45º, nº 1, "[t]odos tienen el derecho a disfrutar de un medio ambiente adequado para el desarrollo de la persona, asi como el deber de conservarlo". Por último a Constituição Brasileira estabelece no *caput* do seu art. 225º: "[t]odos têm direito ao meio ambiente ecologicamente equilibrado, bem de uso comum do povo e essencial à sadia qualidade de vida, impondo-se ao Poder Público e à colectividade o dever de defendê-lo e preservá-lo para as presentes e futuras gerações"[6]

TILHO, *Direito Público do Ambiente (Direito Constitucional e Administrativo)*, I Curso de Pós-Graduação em Direito do Ordenamento, do Urbanismo e do Ambiente, Almedina, Coimbra, 1995/96, e JOSÉ E. FIGUEIREDO DIAS, *Direito Constitucional e Administrativo do Ambiente*, 2ª ed., Almedina, Coimbra, 2007.

[4] Que é em rigor um direito-dever fundamental como se pode ver pelas disposições constitucionais referidas a seguir.

[5] Como consta das diversas alíneas do nº 2 do art. 66º da Constituição Portuguesa, dos n nºs 2 e 3 do art. 45º da Constituição Espanhola, e dos diversos incisos do § 1º do art. 225º da Constituição Brasileira.

[6] Sendo de acrescentar que a Constituição Brasileira, com o aditamento, em 2001, do § 4º ao seu art. 177º, deixou claro os desígnios constitucionais em sede da protecção ambiental, dispondo que a lei federal que estabelecer contribuição de intervenção no domínio económico relativamente às actividades de importação ou comercialização de petróleo e seus derivados, gás natural e seus derivados e álcool combustível deverá atender a certos requisitos, entre o quais destinar parte dos recursos arrecadados ao financiamento de projectos ambientais relacionados com a indústria do petróleo e do gás.

Muito embora, seja de sublinhar a este respeito, que, hoje em dia, a própria doutrina que se tem mostrado mais adepta da compreensão do ambiente como um direito subjectivo, chame a atenção para as dificuldades que um tal entendimento enfrenta. É que, muito embora o tema do ambiente como direito subjectivo continue a ter importante relevância jurídica e dogmática, a sua compreensão não pode reduzir-se aos problemas ecológicos da primeira geração reportados aos elementos constitutivos do ambiente (poluição das águas, do ar e do solo), antes implica os problemas ecológicos da segunda geração que extravasam em muito aqueles elementos constitutivos (camada do ozono, efeito estufa e mudanças climáticas)[7].

2. As vias para atender a essa preocupação

Mobilizando todos os ramos de direito, a tutela do ambiente serve-se de diversos meios ou instrumentos em relação aos quais se impõe dar notícia, ainda que sumária, a fim de podermos ajuizar do lugar desempenhado pelos instrumentos tributários, mais especificamente pelos tributos com fins de protecção do meio ambiente, no quadro dessa tutela. Pois, hoje em dia, é mais ou menos consensual a aceitação do importante papel que o direito tributário pode ter em sede da tutela do ambiente como meio ou instrumento dessa tutela.

Como é sabido, várias têm sido as vias propostas e experimentadas para fazer face às externalidades negativas ou desutilidades que as condutas e actividades económicas projectam sobre terceiros. Segundo uma parte importante da doutrina, os meios de que a tutela do ambiente se pode servir tendem a ser distribuídos por três grandes sectores, a saber: meios directos de conformação de comportamentos, meios de direcção

[7] Sobre o problema, v., por todos, Gomes Canotilho, «O direito ao ambiente como direito subjectivo», em *Estudos sobre Direitos Fundamentais*, Coimbra Editora, Coimbra, 2004, p. 176 e ss.; e Túlio Rosembuj, *Los Tributos y la Protección del Médio Ambiente*, Marcial Pons, Madrid, 1995, p. 24 e ss.

de comportamentos através do planeamento e meios indirectos de conformação de comportamentos[8].

O primeiro grupo de meios corresponde em geral às vias clássicas de actuação estadual em sede da protecção ambiental, dentro dos quais se conta a via mais drástica de actuação, a via sancionatória penal, a qual, em virtude da natureza subsidiária do direito penal, só terá legitimidade para actuar quando as referidas externalidades, designadamente as emissões poluentes, atinjam patamares que sejam, de todo, intoleráveis ou inaceitáveis. Por isso a via mais comum de actuação dentro desse grupo de meios de tutela ambiental será naturalmente a via administrativa traduzida numa diversidade de actuações.

Dentro dessas actuações temos quer actos de controlo ou fiscalização preventivo, como são as autorizações em sentido amplo, em que se incluem as autorizações propriamente ditas e as licenças, bem como algumas concessões, quer declarações da presença e afirmação de um particular interesse público a desencadear a aplicação de um específico regime jurídico como o decorrente dos actos de classificações de áreas protegidas ou de bens integrantes do património cultural[9], quer ainda actos proibitivos a implicar, por via de regra, a aplicação de sanções de natureza administrativa e as correspondentes sanções acessórias concretizadas na interdição do exercício de profissões ou actividades ou na cessação (revogação ou anulação) de autorizações e licenças.

No quadro destes instrumentos de direito administrativo para condutas ou actividades ecologicamente danosas que, num dado quadro de equilíbrio entre a defesa do meio ambiente e outros valores ou bens jurídicos, entre os quais sobressai a garantia de um desenvolvimento sustentável, não possam ser objecto de proibição em termos absolutos, sendo assim condutas ou actividades toleradas, merecem particular destaque os chamados instrumentos específicos de tutela ambiental, os quais, em relação aos Estados membros da União Europeia, constituem mesmo exi-

---

[8] Cf., por todos, Bender/Sparwasser/Engel, *Umweltrecht. Grundzüge des öffentlichen Umweltshutzrechts*, 3ª ed., C. F. Müller, 1995, esp. p. 35 e ss.; e Luis Ortega Álvarez (Dir.), *Lecciones de Derecho del Medio Ambiente*, 3ª ed., Lex Nova, Valladolid, 2002, esp. p. 121 e ss.

[9] V. sobre o património cultural, J. Casalta Nabais, *Introdução ao Direito do Património Cultural*, Almedina, Coimbra, 2004.

gências do próprio direito comunitário, como são a Avaliação de Impacte Ambiental[10] e a licença ambiental[11].

Por seu turno, entre os segundos instrumentos podemos referir a planificação territorial, ou seja, aqueles meios de ordenamento do território que, não se apresentando com o objectivo principal ou predominante de ordenar estritamente a cidade, a urbe, visam sobretudo ordenar o território no seu conjunto ou nas suas específicas implicações para o equilíbrio ambiental. Pelo que se trata de instrumentos de ordenamento do território, os quais, embora integrando um dos três conhecidos segmentos em que se desdobra o diversificado direito do urbanismo[12], se apresentam como meios primordialmente dirigidos à tutela do ambiente[13].

Finalmente, temos os meios indirectos de tutela do ambiente em que sobressaem os instrumentos mobilizados de outros ramos de direito diferentes do direito administrativo, direito em que, em rigor, se localizam os instrumentos de protecção ambiental até agora referenciados. Entre esses meios indirectos de tutela, podemos mencionar os designados por instrumentos económicos em que temos tanto o clássico instituto da responsabilidade civil que naturalmente se alargou aos danos ambientais, como os mais modernos instrumentos económicos como são os subsídios e as subvenções do direito financeiro, os tributos ambientais e os benefícios fiscais ambientais do direito tributário, etc. Aos quais se juntaram, mais recentemente, os instrumentos disponibilizados pelo próprio mercado (o mercado de emissões)[14].

---

[10] Imposta pela Directiva nº 85/337/CEE, do Conselho, de 17 de Junho de 1985, posteriormente modificada pela Directiva nº 97/11/CEE, do Conselho, de 3 de Março de 1997.

[11] Exigida pela Directiva nº 96/61/CEE, do Conselho, de 24 de Setembro.

[12] Sobre o direito do urbanismo, v. por todos, F. Alves Correia, *Manual de Direito do Urbanismo*, vol. I, 3ª ed., Almedina, Coimbra, 2006, esp. p. 58 e ss.

[13] Para o papel do planeamento territorial como instrumento de tutela do ambiente, v., por todos, Franco Bassi/Leopoldo Mazzarolli, *Pianificazione Territoriali e Tutela dell'Ambiente*, Giappichelli, Torino, 2000.

[14] V. quanto a esse mercado e suas implicações, por todos, Tiago Antunes, *O Comércio de Emissões Poluentes à luz da Constituição da República Portuguesa*, aafdl, Lisboa, 2006. Para uma visão global da diversidade de instrumentos de tutela ambiental, v. P. Herrera Molina/D. Carvajo Vasco, «Marco conceptual, constitucional y comunitário de la fiscalidad ecológica», em Heleno Torres (Org.), *Direito Tributário Ambiental*, ob. cit., p. 157 e ss.

Pelo que cá temos os instrumentos tributários como meios ao serviço da protecção do meio ambiente ou, por outras palavras, cá temos o chamado direito tributário ambiental[15]. Assim tanto os tributos ambientais, impostos ou taxas ecológicos, como os benefícios fiscais ambientais se localizam nos referidos instrumentos económicos. O que se inscreve num quadro mais amplo. Com efeito, quando nos situamos em patamares de afectação do meio ambiente que se entende que não devem ser sancionados penalmente, há, em rigor, duas possibilidades de determinar, condicionando ou orientando os comportamentos ecológicos dos agentes económicos: ou os agentes poluidores pagam para poluir, obtendo do estado ou comprando no mercado autorizações ou licenças de poluição[16] ou pagando tributos ambientais; ou os contribuintes em geral lhes pagam para não poluírem subsidiando directamente certas actividades ou a utilização de determinadas tecnologias amigas do ambiente ou beneficiando--as em sede dos tributos sobretudo no respeitante a impostos.

O que significa, como se está a ver, que o direito tributário pode ser chamado a actuar, o que de resto vem acontecendo em geral, através de cada uma dessas duas vias de acção ecológica: de um lado, através dos tributos ambientais; de outro lado, mediante benefícios fiscais. Ora, como é fácil de ver, os tributos ambientais concretizam justamente aquela ideia de fazer pagar os danos ambientais aos que os provocam, aos próprios poluidores, pondo-os a pagar tributos que assim os oneram. Todavia, devemos assinalar que quaisquer desses instrumentos de tutela ambiental presentemente mobilizados têm os seus limites. O que, naturalmente, também ocorre com os instrumentos disponibilizados pelo direito dos tributos.

---

[15] V., por todos, Heleno Torres (Org.), *Direito Tributário Ambiental*, citado.

[16] Como é fácil de ver, no que às licenças ambientais como meio de combate a poluição diz respeito, assistimos hoje em dia à crescente substituição dos clássicos meios ou instrumentos administrativos (licenças ou autorizações) pelos meios ou instrumentos de mercado (comércio de emissões poluentes). V. sobre o problema, e por todos, Tiago Antunes, *O Comércio de Emissões Poluentes à luz da Constituição da República Portuguesa*, ob. cit.

II – OS LIMITES DA TUTELA AMBIENTAL PELA VIA TRIBUTÁRIA

A respeito dos os limites da tutela ambiental por via tributária devemos dizer que os mesmos decorrem, de um lado e em geral, da própria função do direito tributário e, de outro lado e em especial, da existência de específicos limites ou constrangimentos à utilização ambiental quer dos tributos, quer dos benefícios fiscais. Pois bem, quanto aos limites que os instrumentos tributários têm em sede da tutela do ambiente, é de começar por aludir às dificuldades que, por via de princípio, se colocam à utilização do direito tributário, e sobretudo do direito dos impostos, como instrumento ao serviço de outros senhores que não o da obtenção de receitas para a cobertura das despesas públicas. Ou, por outras palavras, os limites conaturais se que se levantam à utilização do direito tributário, isto é, dos tributos e dos benefício fiscais, para a prossecução de objectivos de natureza extrafiscal como é a tutela do ambiente[17].

Mas, tratando-se de utilizar o instrumento tributário com a finalidade de obter resultados em sede da protecção do meio ambiente, ou seja, *performances* ambientais, então estamos caídos no domínio da *extrafiscalidade*. Daí que se imponham algumas considerações, que não podem deixar de ser muito gerais, sobre as importantes implicações que a utilização extrafiscal do direito tributário desencadeia, uma vez que, a nosso ver, a utilização para a prossecução de objectivos extrafiscais do direito dos tributos, sobretudo do direito dos impostos, cria neste um particular sector do direito, que vimos designando por "direito económico tributário"[18], o qual não é, em rigor, verdadeiro direito tributário, já que o seu parâmetro constitucional de validade não pode reconduzir-se exclusivamente à chamada "constituição tributaria". Senão vejamos através do pequeno desenvolvimento que se segue.

---

[17] Cf. a este respeito, C. J. Borrero Moro, *La Tributación Ambiental en España*, Tecnos, Madrid, 1999, p. 92 e ss.

[18] Em abono da verdade, devemos esclarecer que nós o designamos por "direito económico fiscal", uma vez que em Portugal, por razões que se prendem inclusivamente com a própria Constituição, tanto em termos científicos como em termos didácticos, cuidamos do direito fiscal, isto é, dos tributos unilaterais ou impostos – v. J. Casalta Nabais, *Direito Fiscal*, 4ª ed., Almedina, Coimbra, 2006, p. 5 e ss.

3. O direito económico tributário

E a primeira ideia a reter nesta sede é a de que, ao contrário do que a doutrina em geral faz, distinguimos entre o direito tributário *tout court* ou direito tributário clássico e o direito económico tributário[19]. Pois bem, podemos definir o direito económico tributário como o conjunto de normas jurídicas que regula a utilização dos instrumentos tributários, isto é, dos tributos e dos benefícios fiscais, com o principal objectivo de obter resultados extrafiscais, mormente em sede de política económica e social. Ou por outras palavras, o direito económico tributário integra a disciplina jurídica da extrafiscalidade, um conjunto de normas que apenas formalmente integram o direito fiscal, já que têm por finalidade principal ou dominante a consecução de determinados resultados económicos ou sociais e não a obtenção de receitas para fazer face às despesas públicas[20].

E, ao dizermos isto, estamos a aludir aos já referidos dois grandes domínios ou sectores do direito económico tributário: o domínio ou sector dos tributos extrafiscais ou de agravamentos extrafiscais de tributos e o domínio ou sector dos benefícios fiscais. Antes, porém, de darmos uma ideia sobre este último sector da extrafiscalidade, não podemos nem queremos deixar passar esta oportunidade sem fazer menção a alguns outros aspectos que se prendem directamente com esta problemática[21].

Estamos a referirmo-nos seja à falsa extrafiscalidade, em que temos tanto a extrafiscalidade imanente como a que poderemos designar por extrafiscalidade concorrente, seja ao carácter excepcional da utilização

---

[19] V. o nosso *Direito Fiscal*, ob. cit., p. 491 e ss. Pela autonomização do direito económico fiscal (*steuergesetzlichen Wirtschaftsrecht*) se pronunciou K. Tipke no seu *Steuerrecht. Ein systematischen Grundriss*, a partir da 3ª, de 1975, posição entretanto abandonada a partir da 12ª edição, de 1989, edição que começou a co-autoria com J. Lang, passando o correspondente capítulo a tratar dos benefícios fiscais. Cf. K. Tipke/J. Lang, *Steuerrecht*, 18.ª ed., Köln, 2005, p. 799 e ss.

[20] V. também C. J. Borrero Moro, *La Tributación Ambiental en España*, ob. cit., p. 43 e ss.

[21] No mesmo sentido vai a generalidade da doutrina – v. C. Palao Taboada, «El principio "quien contamina paga" y el princípio de capacidad económica»; P. Selicato, «Capacità Contributiva e tassazione ambientale», ambos em Heleno Torres (Org.), *Direito Tributário Ambiental*, ob. cit., p. 79 e ss.,e p. 257 e ss.

extrafiscal dos instrumentos tributários, seja à armadura jurídico-constitucional própria da extrafiscalidade, seja, enfim, à bem maior adequação dos benefícios fiscais face aos tributos extrafiscais para prosseguir, por via fiscal, objectivos de natureza económica e social.

Assim e em primeiro lugar, é de referir que toda a fiscalidade tem inerente uma certa dose de extrafiscalidade. Isto mesmo quando a extrafiscalidade esteve de todo ausente dos propósitos do legislador fiscal ao moldar a disciplina dos tributos. Com efeito e ao contrário do que se chegou a pensar no século XIX, os impostos, quaisquer que eles sejam, não são neutros do ponto de vista económico e social. Pois, mesmo que o legislador se tenha preocupado exclusivamente com a obtenção de receitas tributárias, com a obtenção de meios para fazer face às despesas públicas, ainda assim os tributos com destaque para os impostos não são assépticos face à realidade económica e social que tributam e, por conseguinte, moldam.

Há, assim, uma "extrafiscalidade em sentido impróprio", uma extrafiscalidade imanente, que acompanha as normas de direito tributário, sejam estas normas de tributação ou normas de não tributação, que se revela quer na presença de efeitos económicos e sociais na generalidade de tais normas, quer no relevo que o legislador tributário frequentemente atribui às finalidades extrafiscais secundárias ou acessórias. Ora, é neste domínio das normas tributárias, em que o legislador tributário tem presente, embora em medida desigual, simultaneamente objectivos fiscais e objectivos extrafiscais, que temos um sector, que presentemente começa a ter visível destaque[22].

Trata-se do que nos propomos designar por fiscalidade ou extrafiscalidade concorrente, em que justamente se assiste a um certo equilíbrio entre os objectivos fiscais e extrafiscais, cujo exemplo mais paradigmático nos é dado pelo direito tributário ambiental, isto é, pelo direito relativo aos ecotributos, em que a obtenção de receitas se conjuga, tendencialmente por igual medida, com a modelação dos comportamentos ecológi-

---

[22] O que, no dizer de Túlio Rosembuj, *Los Tributos y la Protección del Medio Ambiente*, ob. cit., p. 261 e s., em sede da protecção do meio ambiente por via tributária, postula uma ambientalização do direito tributário e não uma qualquer colonização deste pelo direito do ambiente.

cos dos indivíduos e das empresas, seja penalizando os comportamentos anti-ecológicos, seja favorecendo os comportamentos filo-ambientais.

Em segundo lugar, a extrafiscalidade há-de ter um carácter excepcional, devendo ser vista como uma excepção à regra da natureza fiscal dos tributos e das normas jurídicas que os disciplinam. O que, como é fácil de ver, vale tanto para o domínio dos tributos extrafiscais como para o domínio dos benefícios fiscais. Um carácter excepcional que se revela, aliás, num duplo plano. De um lado, enquanto essas medidas extrafiscais integram medidas intervencionistas num estado fiscal, em que, pela sua própria natureza, a intervenção económica e social do Estado constituirá sempre uma excepção face ao âmbito de não intervenção ou à autonomia económica e social dos indivíduos e da sociedade[23].

De outro lado, enquanto medidas que, até por força de imperativos constitucionais, que não podem deixar de assinalam ao sistema tributário a finalidade principal de satisfação das necessidades financeiras do Estado[24], não podem deixar de se configurar como excepção face (à regra) da tributação. Uma característica que está bem patente, de resto,

---

[23] Sobre a natureza fiscal do estado contemporâneo, v. J. Casalta Nabais, *O Dever Fundamental de Pagar Impostos. Contributo para a compreensão constitucional do estado fiscal contemporâneo*, Almedina, Coimbra, 1998, p. 191 e ss., e «O princípio do estado fiscal», *Estudos Jurídicos e Económicos em Homenagem ao Professor João Lumbrales*, Edição da Faculdade de Direito da Universidade de Lisboa, Coimbra Editora, 2000, p. 363 e ss. Sobre o tema do Estado fiscal, v., por todos: na literatura brasileira Ricardo Lobo Torres, *A Idéia de Liberdade no Estado Patrimonial e no Estado Fiscal*, Renovar, Rio de Janeiro, 1991; e na literatura alemã, à qual se deve o seu mais desenvolvido tratamento, entre outros e por último, Chr. Gramm, «Vom Steuerstaat zum gebührenfinanzierte Dienstleistungsstaat?», *Der Staat*, 1997, p. 267 e ss.; B. Hansjürgens, «Vom Steuerstaat zum Gebührenstaat?», *Zeitschrift für Gesetzgebung*, 14, 1999, p. 186 e ss.; R. Hendler, «Gebührenstaat statt Steuerstaat?», *Die öffentliche Verwaltung*, 1999, p. 746 e ss., e Von Erik Gawel, «Das Steuerstaatgebot des Grundgesetzes», *Der Staat*, 39, 2000, p. 209 e ss.

[24] Uma ideia que as constituições não precisam sequer afirmar expressamente, já que a mesma decorre do facto de as mesmas consagrarem estados fiscais, ou seja, estados cujo suporte financeiro é constituído por tributos unilaterais ou impostos. Muito embora a actual Constituição Portuguesa (de 1976), por razões que se prendem com a sua história, assinale expressamente, no nº 1 do seu art. 103, que "o sistema fiscal visa a satisfação das necessidades financeiras do Estado e outras entidades públicas e uma repartição justa dos rendimentos e da riqueza". Cf. J. Casalta Nabais, *O Dever Fundamental de Pagar Impostos*, ob. cit., p. 226 e ss.

na própria ideia de benefícios fiscais, a qual não deixa de integrar a o regime legal dos benefícios fiscais mormente o seu conceito quando este é objecto de definição legal[25]. O que, naturalmente, não transforma a utilização extrafiscal dos tributos ou das normas jurídicas tributárias num fenómeno anómalo ou anormal como se entendeu durante a vigência do estado liberal. É que, do facto de a extrafiscalidade ser um fenómeno normal, não resulta, nem pode resultar, o afastamento do seu carácter excepcional[26].

Em terceiro lugar, é de acentuar que a extrafiscalidade, justamente porque se integra no direito económico e não no direito tributário e, por conseguinte, se apresenta dominado por ideias tais como as de flexibilidade e selecção, não é, nem pode ser, objecto dos exigentes limites constitucionais próprios do direito tributário. Compreende-se, assim, que a sua disciplina não se paute tanto pela constituição tributária, mas mais pela constituição económica. O que conduz, de um lado, a que a mesma escape, em larga medida, à reserva parlamentar decorrente do princípio da legalidade própria dos impostos, sendo com frequência deixada mesmo à ampla margem de liberdade da administração típica do direito económico e, de outro, a que as medidas de intervenção económico-social, em que a extrafiscalidade se concretiza, tenham por limites materiais os princípios da proibição do excesso, na medida em que restrinjam posições jusfundamentais dos particulares (sejam estes contribuintes, beneficiários ou terceiros, mormente concorrentes) ou afectem outros valores constitucionais, e da proibição do arbítrio, e não o princípio da igualdade fiscal a aferir com base na capacidade contributiva próprio do direito tributário[27].

---

[25] O que pode ser ilustrado com o conceito legal de benefícios fiscais que conhece a ordem jurídica portuguesa, pois, nos termos do nº 1 do art. 2 do o Estatuto dos Benefícios Fiscais, "consideram-se benefícios fiscais medidas de carácter excepcional instituídas para tutela de interesses públicos extrafiscais relevantes que sejam superiores aos da própria tributação que impedem". O que tem como consequência a sua extinção repor automaticamente a tributação regra como prescreve o nº 1 do art. 12 do referido Estatuto.

[26] V. sobre esse aspecto J. Casalta Nabais, *O Dever Fundamental de Pagar Impostos*, ob. cit., p. 641 e ss.

[27] Para maiores desenvolvimentos, v. J. Casalta Nabais, *O Dever Fundamental de Pagar Impostos*, ob. cit., p. 654 e ss.

Finalmente, há que assinalar que o segmento mais operacional da extrafiscalidade é, sem sombra de dúvida, o dos benefícios fiscais. O que não só resulta da simples verificação da realidade contemporânea, como se apresenta em maior consonância com o próprio entendimento actual do direito, o qual, no dizer de *Norberto Bobbio*, tem hoje uma importante função promocional[28].

4. Os tributos e os benefícios fiscais ambientais

Mas os limites da tutela ambiental por via tributária não se ficam pelo aspecto acabado de focar, traduzido no facto de o direito tributário ambiental convocar o fenómeno da extrafiscalidade ou, por outras palavras, o extenso campo do direito económico tributário. Na verdade, tais limites revelam-se também em sede dos específicos instrumentos tributários de tutela do ambiente. O que ocorre na instrumentalização ambiental tanto no respeitante à utilização de tributos como no concernente à concessão de benefícios fiscais[29].

Limites esses que, acrescente-se, como decorre do que dissemos relativamente à extrafiscalidade, não se traduzem em obstáculos jurídicos de princípio à utilização dos instrumentos tributários com objectivos de tutela ambiental. Bem pelo contrário, atento o valor constitucional e comunitário reconhecido à tutela do ambiente, esta há-de poder ser prosseguida por todos os instrumentos de actuação estadual, nos quais cabem naturalmente os instrumentos tributários. Uma ideia que não deixa de ter concretização, inclusive em ao nível constitucional[30].

---

[28] Muito embora seja de acrescentar que também a prossecução de objectivos ambientais através dos tributos acabe por concretizar essa função promocional do direito.

[29] Quanto aos benefícios fiscais em geral, v., por todos, N. SÁ GOMES, *Teoria Geral dos Benefícios Fiscais*, Cadernos de Ciência e Técnica Fiscal, Lisboa, 1991, e «Os benefícios fiscais na Lei Geral Tributária e na legislação complementar», em LEITE DE CAMPOS e OUTROS, *Problemas Fundamentais do Direito Tributário*, Vislis, Lisboa, 1999, p. 89 e ss.

[30] Como é o caso da Constituição Portuguesa, cujo art. 66°, subordinado á epígrafe "ambiente e qualidade de vida", prescreve, no seu n° 2 que "[p]ara assegurar o direito ao ambiente, no quadro de um desenvolvimento sustentável, incumbe ao Estado, por meio de organismos próprios e com o envolvimento e participação dos cidadãos: (...) *h)* asse-

Por isso mesmo os limites são de outra ordem, decorrendo os mesmos sobretudo das condições materiais em que pode operar a tributação que tenha por base uma preocupação de natureza ambiental ou da maneira como é olhada hoje em dia a utilização dos benefícios fiscais ou a realização de despesa fiscal em proveito do ambiente. Daí que o espaço de manobra tanto para tributos ambientais como para os benefícios fiscais ambientalmente comprometidos seja relativamente pequeno.

Assim e quanto aos tributos ambientais, os seus s limites resultarão sobretudo do universo que venham a integrar e dos tipos que venham a assumir, bem assim da sua base material ou critério de medida, questões de que vamos tratar mais adiante. Por isso aqui limitamo-nos a referir que tais limites resultam do facto de uma parte muito significativa de tributos por vezes considerados ambientais se revelam falsos tributos ambientais e da circunstância de a figura mais propícia e adequada a operar no sector da protecção do ambiente ser o tributo unilateral ou imposto e não o tributo bilateral ou taxa.

O que revela as dificuldades de operacionalidade em sede do direito tributário do mais célebre dos princípios do direito ambiental, isto é, o *princípio do poluidor-pagador*[31]. Com efeito, está longe de ser minimamente viável endereçar o pagamento de parte significativa de tributos a quem polui e na medida em que polui. Designadamente está de todo arredada a hipótese de promover *reformas fiscais* ambientais que tenham a pretensão de substituir a generalidade dos actuais impostos por impostos ecológicos, conduzindo assim a sistemas fiscais pautados pelo princípio de quem polui paga em vez do conhecido princípio da capacidade contributiva[32].

---

gurar que a política fiscal compatibilize desenvolvimento económico com protecção do ambiente e qualidade de vida".

[31] Que, como é sabido, consta do nº 2 do art. 174 do Tratado que instituiu da Comunidade Europeia, Tratado que dedica ao ambiente os extensos arts. 174 a 176.

[32] Refira-se que, no quadro da discussão da reforma da tributação do consumo travada em França no início dos anos cinquenta do século passado, Eugène Schueller, fundador da l'Oréal, fez uma proposta baseada num imposto geral sobre o consumo de energia, imposto que não tinha na altura por base qualquer preocupação de natureza ambiental, tendo, todavia, sido adoptada a proposta do conhecido Imposto sobre o Valor Acrescentado (IVA) de Maurice Lauré. Cf. M. Lauré, *Science Fiscale*, Puf, 1993, p. 248 e ss.; e Túlio Rosembuj, *Los Tributos y la Protección del Medio Ambiente*, ob. cit., p. 109

Mais, a nosso ver, nessa linha de pensamento, nem sequer uma pretensão bem mais modesta pode ser realisticamente atingida, como seja a da tributação ambiental se constituir no terceiro pilar da tributação ao lado da tributação do rendimento e da tributação do consumo[33], de modo a substituir o tradicional pilar constituído pela tributação do património que a sua manifesta perda de importância converteu num sector verdadeiramente marginal e sem real significado. É que, como veremos, ao contrário do que por vezes se pretende fazer crer, o princípio da capacidade contributiva, pelo qual se pautam os tributos mais importantes, os impostos, apenas muito remotamente se relaciona com o princípio de quem polui paga[34].

Por seu turno, no que aos benefícios fiscais respeita, também os limites da sua actuação são visíveis. Pois, para além do limite decorrente do facto de constituir o segmento mais importante da extrafiscalidade, sujeitando-se, por conseguinte, às cautelas com que esta é vista, não nos podemos esquecer de que eles constituem despesa ou gasto fiscal que é preciso conter dentro de certos limites. É que, desde logo, a existência de um sistema generalizado de benefícios fiscais torna o sistema fiscal complexo e de difícil aplicação, mesmo quando o não torna igualmente injusto ou iníquo, o que tem conduzido um pouco por toda a aparte à preocupação presente nos governos e suportada por amplo consenso doutrinal no sentido de eliminar muitos dos benefícios fiscais, reduzindo assim a despesa fiscal, e de simplificar a aplicação dos que, apesar de tudo, se justifique a sua manutenção[35]. Sendo certo que entre aqueles cuja manu-

---

e s. V. também assim P. Selicato, «Capacità Contributiva e tassazione ambientale», em Heleno Torres (Org.), *Direito Tributário Ambiental*, ob. cit., p. 280 e ss.,

[33] V., nesse sentido, P. Selicato, «Capacità Contributiva e tassazione ambientale», em Heleno Torres (Org.), *Direito Tributário Ambiental*, ob. cit., p. 280 e ss.; e Gloria Alarcón García, *Manual del Sistema Fiscal Español*, Thompson, Madrid, 2005, p. 408 e ss.

[34] V. o que dizemos *infra*, no número III.7, ao tratarmos do critério dos tributos ambientais.

[35] Num tal quadro, podemos referir, a título de exemplo, o que se passa em Portugal, em que foi recentemente elaborado um relatório que avaliou o conjunto dos benefícios fiscais atribuídos, tendo proposto diversas alterações no sentido de diminuir o peso dos benefícios e simplificar a concessão ou reconhecimento dos que se mantenham – v. MINISTÉRIO DAS FINANÇAS, CENTRO DE ESTUDOS FISCAIS, *Reavaliação dos*

tenção ou mesmo desenvolvimento de uma maneira geral se aceita ou defende se contam justamente os benefícios com objectivos de protecção do meio ambiente[36]. O que tem tido expressão mais recente na tributação dos biocombustíveis sujeitos a uma tributação mais baixa do que aquela a que estão sujeitos os combustíveis fósseis ou sendo mesmo objecto de isenção do imposto sobre o consumo desses produtos[37].

Mas os limites a utilização dos benefícios fiscais, mesmo com objectivos de protecção do meio ambiente, arrancam do seu próprio conceito e da distinção que é usual fazer entre eles que, não raro, desencadeia regimes jurídicos diferenciados. Pois bem, quanto ao seu conceito, devemos referir que os benefícios fiscais se enquadram numa noção mais ampla – a noção de desagravamentos fiscais – que integra: de um lado, as não sujeições tributárias (ou desagravamentos fiscais *stricto sensu*), cuja modalidade mais significativa é constituída pelas chamadas exclusões tributárias (que estão para as não sujeições tributárias como as isenções estão para os benefícios fiscais[38]); de outro, os benefícios fiscais.

O que tem grande importância, pois, enquanto as não sujeições tributárias são medidas fiscais de natureza estrutural que estabelecem delimitações negativas expressas da incidência, inscrevendo-se portanto na política fiscal ou política de obtenção de receitas fiscais, os benefícios fiscais são medidas de carácter excepcional instituídas para tutela de interesses públicos extrafiscais relevantes que se revelem superiores aos da própria tributação que impedem, integrando-se assim na política extrafiscal ou política de prossecução de objectivos económicos e sociais por via fiscal.

Benefícios Fiscais, Relatório do Grupo de Trabalho, Cadernos de Ciência e Técnica Fiscal, 2005.

[36] V. sobres estes, P. Herrera Molina/D. Carvajo Vasco, «Marco conceptual, constitucional y comunitário de la fiscalidad ecológica», em Heleno Torres (Org.), *Direito Tributário Ambiental*, ob. cit., p. 211 e ss.

[37] Assim acontece, por exemplo, em Portugal, em que os biocombustíveis estão isentos do Imposto sobre Produtos Petrolíferos.

[38] Distinção que reside no facto de, enquanto nas exclusões tributárias há uma situação que a lei afasta da tributação, nas isenções há uma situação que a lei, num primeiro momento, integra na incidência dum imposto e, num segundo momento, excepciona dessa mesma incidência.

Daqui resulta que, enquanto os desagravamentos fiscais em sentido estrito constituem medidas dotadas de estabilidade, medidas por natureza duradouras, os benefícios fiscais apresentam-se como medidas conjunturais, como medidas temporárias. Um aspecto que, atenta a tendência para a perpetuidade da generalidade dos benefícios fiscais, o legislador parece não levar muito em conta, não obstante a afirmação legislativa expressa em sentido contrário.

Depois, há que ter em conta uma importante distinção que há a fazer em sede dos benefícios fiscais, separando os benefícios fiscais estáticos ou benefícios fiscais *stricto sensu*, dos benefícios fiscais dinâmicos, incentivos ou estímulos fiscais. Os primeiros dirigem-se, em termos estáticos, a situações que, ou porque já se verificaram (encontrando-se portanto esgotadas), ou porque, ainda que não se tenham verificado ou verificado totalmente, não visam, ao menos directamente, incentivar ou estimular, mas tão-só beneficiar por superiores razões de política geral de defesa, externa, económica, social, cultural, religiosa, etc. Já os segundos visam incentivar ou estimular determinadas actividades, estabelecendo, para o efeito, uma relação entre as vantagens atribuídas e as actividades estimuladas em termos de causa-efeito. Enquanto naqueles a causa do benefício é a situação ou actividade em si mesma, nestes a causa é a adopção (futura) do comportamento beneficiado ou o exercício (futuro) da actividade fomentada.

Compreende-se assim que os incentivos fiscais, que não raro assumem carácter selectivo ou mesmo altamente selectivo, tenham carácter temporário, bem como a liberdade do legislador, mormente para conceder uma margem de livre decisão à administração tributária, tenha necessariamente de ser maior do que aquela de que dispõe em sede dos benefícios fiscais estáticos[39]. Daí que estes últimos constituam benefícios fiscais dependentes de um acto de reconhecimento, seja este um acto de reconhecimento unilateral, um acto administrativo, como é tradicional, seja mesmo um contrato, caso em que temos benefícios fiscais

[39] V., sobre os aspectos focados, J. Casalta Nabais, *O Dever Fundamental de Pagar Impostos*, ob. cit., p. 645 e ss. e 648 e s.

dependentes de reconhecimento bilateral ou contratual, isto é, benefícios fiscais contratuais[40].

Enfim, um outro limite importante no que respeita aos Estados membros da União Europeia tem a ver com o facto de os benefícios fiscais, quando atribuídos às empresas, serem considerados auxílios de Estado, encontrando-se, em princípio, interditos em tributo à política da concorrência, orientada para a criação e o funcionamento do mercado interno comunitário, nos termos dos arts. 87 a 89 do Tratado da Comunidade Europeia. Muito embora no quadro da coordenação ou harmonização da política da concorrência com a política ambiental, dominada pela defesa do equilíbrio ecológico e do desenvolvimento sustentável, os benefícios fiscais, sobretudo quando associados a impostos ambientais, tenham vindo a ganhar, de algum modo, a simpatia do direito comunitário[41].

Por quanto vimos de dizer, compreende-se que os benefícios fiscais, porque constituem despesas ou gastos fiscais que se caracterizam por terem um carácter passivo, assumindo assim um especial melindre em sede do seu controlo orçamental, venham, em consequência disso, bem como da necessidade imperiosa de introduzir maior equidade na tributação e de simplificar os actuais sistemas fiscais, a ser objecto de crescente preocupação no sentido de reduzir a sua percentagem face ao PIB e às receitas fiscais[42]. Todavia, não obstante essa preocupação dos Estados, devemos dizer que têm sido os benefícios fiscais a via tributária de tutela do ambiente a que se tem revelado mais activa, concretizando-se sobretudo em isenções fiscais.

---

[40] O que não surpreende nos tempos que correm em que a administração por contrato (*government by contract*), se tornou corrente no direito público em geral – cf. J. Casalta Nabais, *Contratos Fiscais. Reflexões acerca da sua admissibilidade*, Coimbra Editora, Coimbra, 1994.

[41] V. sobre os auxílios de Estado na forma de benefícios fiscais, a excelente obra de A. Carlos Santos, *Auxílios de Estado e Fiscalidade*, Almedina, Coimbra, 2003, esp. p. 309 e ss., e Cláudia Soares, *Direito Fiscal do Ambiente. O Enquadramento Comunitário dos Auxílios de Estado a Favor do Ambiente*, Almedina, Coimbra, 2003.

[42] Relativamente às despesas ou gastos fiscais no domínio ambiental, v. P. Herrera Molina/D. Carvajo Vasco, «Marco conceptual, constitucional y comunitário de la fiscalidad ecológica», em Heleno Torres (Org.), *Direito Tributário Ambiental*, ob. cit., p. 211 e ss.

A título de exemplo, em Portugal estão previstas a isenção do imposto sobre produtos petrolíferos dos biocombustíveis, a isenção no imposto sobre as sociedades das entidades gestoras de sistemas de embalagens e resíduos de embalagens, a isenção desse mesmo imposto dos fundos de investimento imobiliário em recursos florestais e a redução da taxa ou alíquota a 10% dos rendimentos das correspondentes unidades de participação, a aceitação de provisões para a recuperação paisagística de terrenos, a dedução à colecta de encargos com equipamentos novos de energias renováveis, etc.[43]

III – OS TRIBUTOS AMBIENTAIS

Vejamos agora mais especificamente os tributos ambientais, interrogando-nos sobre os tipos de tributos que podem operar em sede da protecção do meio ambiente. O que implica, de um lado, separar os verdadeiros dos falsos tributos ambientais e, de outro lado, apurar, dentro dos verdadeiros tributos ambientais, qual a figura tributária que tenderá a operar, isto é, se a figura o tributo unilateral ou imposto ou se, pelo contrário, a do tributo bilateral ou taxa.

5. Os verdadeiros e os falsos tributos ambientais

E, no respeitante ao primeiro dos aspectos aludidos, isto é, no que concerne às finalidades dos tributos ambientais, ou melhor dos impostos ambientais, pois são estes os visados, podemos dizer que é hoje em dia relativamente consensual a ideia de dividir estes em duas espécies, pelo que ou são impostos ambientais em sentido estrito, técnico ou próprio, que prosseguem uma finalidade extrafiscal incentivante (*reine Lenkungssteuern*), como são, por via de regra, os impostos que agravam as

[43] Sendo que o sistema fiscal português também conhece impostos cuja incidência tem em conta as emissões, como são os impostos automóveis (o Imposto sobre Veículos e o Imposto Único de Circulação) que têm por base em parte significativa as emissões de CO_2, ou o aquecimento como a (assim designada) taxa sobre lâmpadas de baixa eficiência energética.

unidades emitidas de poluição[44], os assim designados *impostos sobre emissões*[45], ou são impostos ambientais em sentido amplo, atécnico ou impróprio, que visam primordialmente, todavia, uma finalidade reditícia (*reine Umwelfinanzierungabgaben*), como são, em geral, os impostos sobre a produção ou o consumo de certos bens nocivos ao meio ambiente, em geral designados por *impostos sobre produtos*[46].

Sendo certo que apenas os primeiros, porque materializam de maneira directa ou imediata a política ecológica, que visam primordialmente, são de considerar verdadeiros tributos ambientais, não passando os segundos, cujo objectivo é, como o dos tributos fiscais em geral, o de captar ou arrecadar receitas, ainda que estas estejam consignadas à realização da política ecológica, de falsos tributos ambientais. Com efeito, o que caracteriza a natureza ambiental dos tributos é o objectivo ou finalidade extrafiscal ecológica primordial, traduzida na preservação e melhoria do meio ambiente, assumida pelo legislador ao criá-los e disciplinálos e não o destino ecológico das receitas proporcionadas por eles, pois esse destino situa-se a jusante das correspondentes relações tributárias, inserindo-se, em rigor, na política de realização de despesas e não na política de obtenção de receitas fiscais[47].

---

[44] O que induz as empresas a diminuírem as emissões até aquele nível em que o custo marginal dessa redução iguala a taxa ou alíquota do imposto a pagar.

[45] Sobre esse tipo de impostos, adoptados pela generalidade das comunidades autónomas espanholas, v. P. Herrera Molina/P. Chico De La Cámara, «La fiscalidad de las emissiones atmosféricas en España», em Heleno Torres (Org.), *Direito Tributário Ambiental*, ob. cit., p. 820 e ss. E quanto aos impostos sobre resíduos, v. igualmente para Espanha, F. Serrano Antón, «El impuesto sobre depósito de resíduos: fundamento, régimen jurídico y alternativas», em Heleno Torres (Org.), *Direito Tributário Ambiental*, ob. cit., p. 804 e ss.

[46] Cf. J. Casalta Nabais, *O Dever Fundamental de Pagar Impostos*, ob. cit., p. 266 e s. e Cláudia Soares, *O Imposto Ecológico – Contributo para o Estudo dos Instrumentos Económicos de Defesa do Ambiente*, Coimbra Editora, Coimbra, 2001, esp. p. 285 e ss., e *Imposto Ecológico* versus *Subsídio Ambiental?*, tese de doutoramento apresentada na Universidade de Santiago de Compostela, 2002, p. 45 e ss. (51 e ss.). V. também Victor Uckmar, «La nuova dimensione del "tributo ambientale" e la sua compatililità com l'ordinamento italiano», em Heleno Torres (Org.), *Direito Tributário Ambiental*, ob. cit., p. 355 e ss.; e Gloria Alarcón García, *Manual del Sistema Fiscal Español*, ob. cit., p. 410 e ss.

[47] Cláudia Soares, *Imposto Ecológico* versus *Subsídio Ambiental?*, ob. cit., p. 53. Refira-se que, por vezes, a distinção em causa assume justamente o sentido oposto ao do

O que se prende com o outro limite, o relativo à base material ou critério de medida do tributo, uma vez que, enquanto os verdadeiros tributos ambientais terão por base ou critério de medida o princípio do poluidor-pagador, os falsos tributos ambientais terão, como todos os tributos fiscais, por base ou critério de medida o princípio da capacidade contributiva. Uma vez que, como vamos ver em seguida, aquele princípio só muito remotamente tem a ver com o princípio da capacidade contributiva.

6. A natureza dos tributos ambientais

Por seu lado, no referente à natureza dos tributos ambientais, pretende-se saber se os mesmos se configuram como tributos unilaterais ou impostos ou como tributos bilaterais ou taxas e, caso se assumam como impostos, que será a regra como vamos ver, se tais impostos integram a tributação directa ou a tributação indirecta. Vejamos então.

6.1. *Impostos ou taxas?*

E quanto à primeiras das questões, devemos dizer que, embora em abstracto nada impeça que tais tributos se apresentem quer como impostos quer como taxas, do que não há dúvidas é de que, em concreto, sobretudo por exigências de ordem prática ou imperativos de praticabilidade jurídica, os tributos ecológicos estão, por via de regra, condenados a materializar-se em impostos[48]. Vários argumentos apontam nesse sentido.

---

texto: assim P. Selicato, «Capacità Contributiva e tassazione ambientale», em Heleno Torres (Org.), *Direito Tributário Ambiental*, ob. cit., p. 258 e s., distingue entre "tributos ambientais em sentido estrito", que assumem os comportamentos poluentes como verdadeiros pressupostos de facto dos impostos, e os "tributos com função ambiental", em que a tutela do ambiente se apresenta como uma finalidade extrafiscal secundária que acresce assim à função fiscal principal.

[48] Uma ideia que estamos em crer tem um alcance geral, estando por conseguinte presente em toda a extrafiscalidade, já que prosseguir objectivos extrafiscais através dos instrumentos tributários, concretizem-se estes em tributação (tributos ou impostos extrafiscais) ou em destributação (benefícios tributários ou fiscais), não se coaduna com a ideia de proporcionalidade subjacente à figura tributária das taxas, em que o estado e demais entes públicos exigiriam ou dariam na medida ou proporção que os contribuintes

Em primeiro lugar, os tributos ambientais em sentido próprio, justamente porque constituem tributos extrafiscais, em que está ausente uma predominante função colectora ou arrecadadora, não visando, por isso, em primeira linha obter receitas, proporcionam uma receita que, em princípio, diminui na razão inversa da eficácia desses instrumentos de política ambiental[49]. Daí que, em relação a tais tributos, não seja invocável a curva de *Arthur Laffer*, que veio demonstrar que o aumento das taxas ou alíquotas dos tributos, ou melhor dos impostos, conduz, verificadas que sejam certas circunstâncias ou a partir de determinado nível, não ao aumento das receitas totais, como constitui decorrência normal daquele aumento, mas sim à sua diminuição. Ou seja, vistas as coisas de um outro prisma, à diminuição da taxa ou alíquota de um imposto pode, verificadas que sejam certas condições, corresponder um aumento da receita proporcionada por esse imposto[50].

É que a diminuição das receitas totais, fazendo operar em relação ao correspondente pressuposto de facto ou facto gerador o efeito substituição ou o efeito rendimento ou ambos os efeitos conjugados[51], constitui o objectivo ou finalidade dos tributos extrafiscais e, naturalmente, dos tributos ambientais[52]. Pelo que, sendo as coisas assim, torna-se difícil conceber que os tributos extrafiscais possam assumir a configuração de verdadeiros tributos bilaterais ou taxas, em que, por via de regra, não só se pretende, em primeira linha, a receita que proporcionam, como também e sobretudo se reclama uma receita proporcional à correspondente contra-

fossem destinatários de uma contraprestação específica daqueles ou os beneficiários realizassem àqueles uma prestação equivalente ao benefício recebido. Sobre os problemas jurídicos da extrafiscalidade, v. J. Casalta Nabais, *Contratos Fiscais*, ob. cit., p. 148 e ss., e *O Dever Fundamental de Pagar Impostos*, ob. cit.,p. 627 e ss..

[49] Pois que, em rigor, a receita proporcionada por tais tributos é a exacta medida da ineficácia da medida extrafiscal integrada nesses mesmos tributos – cf. J. Casalta Nabais, *O Dever Fundamental de Pagar Impostos*, ob. cit., p. 578 e s.

[50] V. sobre essa curva e por último, J. Albano Santos, *Teoria Fiscal*, Instituto Superior de Ciências Sociais e Políticas, UTL, Lisboa, 2003, p. 467 e ss.

[51] V. esses efeitos, no que à remoção do imposto diz respeito, J. J. Teixeira Ribeiro, *Lições de Finanças Públicas*, 5ª ed., Coimbra Editora, Coimbra, 1995, p. 380 e s.

[52] Cf. Cláudia Soares, *Direito Fiscal do Ambiente. O Imposto Ambiental*, Almedina, Coimbra, 2002, p. 15 e s., e *Imposto Ecológico* versus *Subsídio Ambiental?*, ob. cit., p. 55 e s.

prestação específica realizada pelo Estado ou outras entidades públicas com base no princípio da equivalência (*Äquivalenzprinzip*) entre prestação e contraprestação. Traduza-se esta equivalência num específico benefício para o contribuinte a aferir pelo princípio da compensação pelo benefício (*Vorteilsausgleich*), ou na provocação de um específico custo deste à correspondente comunidade, a aferir pelo princípio da cobertura dos custos (*Kostendeckungsprinzip*)[53].

Depois, no que especificamente aos tributos ambientais diz respeito, devemos começar por dizer que, *prima facie*, os tributos bilaterais ou taxas se apresentam mais propícios à internalização dos custos externos, como prescreve o princípio do poluidor-pagador, do que os tributos unilaterais ou impostos[54]. Pois a tal internalização é inerente uma ideia de causa que só a figura das taxas está em condições de exprimir através da sua aptidão para imputar, de modo directo e rigoroso, um gravame à responsabilidade pela produção de custos externos susceptíveis de ser individualizados[55].

Todavia, embora teoricamente sejam os tributos bilaterais ou taxas os tributos mais adequados à aplicação do princípio do poluidor-pagador, na prática há importantes obstáculos que impedem, e impedem de uma maneira eficaz, que assim seja. É que a divisibilidade do benefício pro-

[53] Na terminologia alemã mais recente, que colhemos em K. Tipke/J. Lang, *Steuerrecht*, ob. cit., p. 48 e s., já que tradicionalmente a doutrina alemã, à qual se deve de resto esta construção dogmática, por via de regra, contrapõe o *Äquivalenzprinzip*, reportado à equivalência entre a taxa e o benefício proporcionado ao contribuinte, ao *Kostendeckungsprinzip*, reportado à equivalência entre a taxa e os custos provocados à comunidade – v., neste sentido, H.-W. Arndt, *Grundzüge des Allgemeinen Steuerrechts*, V. Vahlem, München, 1988, p. 11. Quanto a estes princípios, que suportam a medida ou metro da proporcionalidade dos tributos bilaterais ou taxas, v. J. Casalta Nabais, *O Dever Fundamental de Pagar Impostos*, ob. cit., p. 264 e s, 345 e s, e 477.

[54] Isto naturalmente se e na medida em que a protecção ou tutela do ambiente corra por esse princípio, pois, não podemos ignorar, que nem sempre esse princípio está em condições de moldar a solução própria de uma política consequente do ambiente. V. sobre esse princípio, entre outros, Maria Alexandra Sousa Aragão, *O Princípio do Poluidor Pagador. Pedra Angular da Política Comunitária do Ambiente*, Coimbra Editora, Coimbra, 1997; Cláudia Soares, *O Imposto Eecológico – Contributo para o Estudo dos Instrumentos Económicos de Defesa do Ambiente*, ob. cit., p. 367 e ss., e *Imposto Ecológico* versus *Subsídio Ambiental?*, ob. cit., p. 36 e ss.

[55] V. Cláudia Soares, *Imposto Ecológico* versus *Subsídio Ambiental?*, ob. cit., p. 57.

porcionado pelo Estado e demais entes públicos, que permitiria apurar a grandeza do pagamento a realizar pelo poluidor que dele beneficia, tendo em conta justamente a proporção em que esse benefício por ele é auferido, nem sempre se verifica quando estamos no domínio da protecção ou tutela do ambiente.

Por um lado, aponta-se a dificuldade comummente verificada em encontrar ou identificar o responsável pela poluição, o poluidor, uma vez que, pela própria natureza de muitos dos danos ambientais, a sua fonte apresenta-se particularmente difusa, sendo a mesma fruto da interacção causal de um elevado número de agentes. O que impossibilita, na prática, a divisibilidade desses custos ambientais pelos seus causadores, através de tributos bilaterais ou taxas, não restando, por conseguinte, outra alternativa para tais custos senão a de os distribuir pelos membros da comunidade, através de tributos unilaterais ou impostos a suportar por todos os contribuintes. E isto, naturalmente, quando os danos já foram causados, o que evidentemente não ocorre quando se trata de prevenir os mencionados danos, caso em que estamos perante típicos custos de prevenção.

De outro lado, no que constitui uma dificuldade ainda maior, não há, na grande maioria dos casos de custos ambientais, qualquer possibilidade prática de medir, com um mínimo de rigor ou, mais exactamente, com o rigor exigido pela proporcionalidade taxa/contraprestação específica, os custos ambientais de molde a constituírem a exacta medida dos correspondentes tributos. Ou seja, a quantificação dos custos ambientais torna-se impraticável. Pelo que, dada a impossibilidade de medir ou mensurar a contraprestação específica que corresponda aos tributos bilaterais ou taxas ambientais, não admira que os tributos ambientas sejam medidos com base em manifestações e índices reveladores da capacidade contributiva dos que provocam, ou se presume, em maior ou menor medida, que provocam os danos ambientais. Daí que, um pouco por toda a parte, os tributos ambientais assumam preferentemente a configuração de tributos unilaterais ou impostos e não a de tributos bilaterais ou taxas[56].

[56] Ideia que facilmente se confirma se tivermos em conta que a generaliade dos tributos ambientais se apresentam como impostos. V. a tal respeito, por exemplo, o que se passa em Espanha, uma realidade bem espelhada nos estudos de P. Herrera Molina/D. Carvajo Vasco, «Marco conceptual, constitucional y comunitário de la fiscalidad ecológica», L. M. Alonso Gonzalez, «Los impuestos ambientales en España: doctrina del

Enfim, por quanto vimos de dizer, compreende-se que seja justamente o direito tributário ambiental um dos mais recentes domínios em que a pretendida divisão dicotómica dos tributos[57], que reconduziria estes a tributos unilaterais ou impostos ou a tributo bilaterais ou taxas, enfrenta as mais visíveis dificuldades[58]. Ou seja, por outras palavras, em que os tributos ou contribuições especiais, que se não reconduzem aos impostos ou às taxas, parecem ter agora o seu autónomo campo de acção[59].

6.2. *Tributação directa ou tributação indirecta?*

Constituindo assim os tributos ambientais, por via de regra, impostos, é de perguntar, atendendo à célebre distinção entre impostos directos e impostos indirectos, como os impostos ambientais se enquadram nesta classificação[60].

Pois bem, a tal propósito, diremos que os verdadeiros impostos ambientais integram a *tributação directa*, apresentando-se como impostos directos. Isto é, como impostos que, tendo por objecto efectivos bens de natureza ambiental, isto é, a preservação e a melhoria do meio

Tribunal Constitucional», Serrano Antón, «El impuesto sobre depósito de resíduos: fundamento, régimen jurídico y alternativas», e P. Herrera Molina/P. Chico De La Cámara, «La fiscalidad de las emissiones atmosféricas en España», em Heleno Torres (Org.), *Direito Tributário Ambiental*, ob. cit.

[57] Que, por exemplo, foi unanimemente aceite em Portugal durante muito tempo tanto pela doutrina como jurisprudência tributária e constitucional – v. J. Casalta Nabais, *O Dever Fundamental de Pagar Impostos*, ob. cit., p. 251 e ss. Todavia, após a Revisão Constitucional de 1997, em que a Constituição passou a referir, para além dos impostos e das taxas, "as demais contribuições a favor de entidades públicas", a doutrina começou a interrogar-se sobre esse *tertium genus* de tributos que, tudo leva a crer, terá o seu domínio de actuação em sede dos tributos ambientais e dos tributos destinados a financiar as autoridades e agências de regulação e supervisão.

[58] Porventura ao lado do direito de regulação e supervisão, em que o financiamento das autoridades ou agências independentes, que levam a cabo essa função, também não quadra inteiramente com essa visão dicotómica dos tributos.

[59] V. P. Herrera Molina/D. Carvajo Vasco, «Marco conceptual, constitucional y comunitário de la fiscalidad ecológica», em Heleno Torres (Org.), *Direito Tributário Ambiental*, ob. cit., p. 167 e ss., e Gloria Alarcón García, *Manual del Sistema Fiscal Español*, ob. cit., p. 408 e ss.

[60] Embora a distinção entre impostos directos e impostos indirectos seja polissémica e objecto de ampla discussão, consideramos aqui impostos directos os impostos sobre o rendimento e sobre o património e impostos indirectos os impostos sobre o consumo.

ambiente, constituem uma figura tributária independente, assumindo-se como impostos colocadas portanto ao lado dos impostos sobre o rendimento e dos impostos sobre o património[61]. Por conseguinte, não admira que tenham uma estrutura estritamente recortada em função do nível de prejuízos ou danos que determinados comportamentos humanos podem causar ao meio ambiente. Daí que olhando para os diversos elementos integrantes do facto tributário ou facto gerador desses impostos verificamos claramente essa ligação estreita ao objectivo extrafiscal ambiental que os domina.

Assim e quanto ao *facto tributário*, pressuposto de facto ou facto gerador do imposto, é de referir que ele pode apresentar diversa configuração como: concretos actos de exploração de recursos naturais que há que proteger, o processo tecnológico poluidor utilizado no fabrico de bens, o fabrico de produtos que incorporam produtos integrantes de reservas protegidas, a venda de matérias-primas ou produtos intermédios objecto de protecção ambiental, o fabrico de produtos que incorporam matérias-primas ou produtos intermédios perecíveis ou susceptíveis de uma única utilização, a produção e troca de bens cuja produção provoque danos ambientais, produtos cuja destruição após o seu uso provoque poluição.

O que significa que o legislador, no momento de configurar o facto tributário dos impostos ambientais, não procede como acontece por via de regra, atendo-se exclusivamente ao princípio da capacidade contributiva, limitando-se assim a eleger factos que sejam manifestações ou expressões dessa capacidade, antes actua em função do princípio do poluidor-pagador, que é o critério de justiça informador desses impostos que visam primordialmente a tutela do meio ambiente[62]. Um princípio que, como bem se compreende, modela todos os elementos que com-

---

[61] Uma vez que os impostos sobre o consumo são, em rigor, impostos sobre o rendimento ou sobre o património utilizado na aquisição de bens ou serviços, já que a designação de impostos sobre consumo não se reporta ao objecto do imposto. Sobre a distinção, v. J. Casalta Nabais, *Direito Fiscal*, ob. cit., p. 42 e ss.

[62] Cf. C. J. Borrero Moro, *La Tributación Ambiental en España*, ob. cit., p. 105 e ss.; e Gloria Alarcón García, *Manual del Sistema Fiscal Español*, ob. cit., p. 414 e s. Sobre o critério base dos impostor ambientais, v. o que dizemos no número que se segue.

põem o facto tributário, verificando, assim, no respeitante aos sujeitos passivos ou contribuintes, à matéria tributável e à taxa ou alíquota dos impostos ambientais.

Deste modo e pelo que respeita aos *sujeitos passivos* ou *contribuintes* [63], estes serão as pessoas que desenvolvam actividades poluidoras. Pelo que a determinação do elemento subjectivo desses impostos parte da configuração do aspecto material do facto tributário no qual se manifestam os princípios que informam tais tributos, como o princípio do poluidor-pagador. Daí que nos tributos que oneram actividades industriais sejam seus sujeitos passivos os titulares da actividade realizada, enquanto nos tributos em que o aspecto material do facto tributário seja o consumo de um produto contaminante sejam seus sujeitos passivos os seus consumidores. Por seu turno, naqueles tributos em que o aspecto material do facto tributário se configura como uma prestação de um serviço público ou a realização de uma actividade administrativa relacionada com o meio ambiente, serão seus sujeitos passivos as pessoas que em cada situação resultem afectadas ou beneficiem com a realização das mencionadas actividades da Administração[64].

Igualmente quanto à *matéria tributável* dos tributos ambientais é o aspecto material do facto tributário que se revela decisivo, designadamente para apurar o método mais adequado à determinação dessa matéria. Isto é, para saber se a matéria tributável dos tributos ambientais se pode determinar pelo método de avaliação directa, que assegura uma medição real da mesma, ou tem de bastar-se com um método de avaliação indirecta ou de avaliação objectiva, que tem por base indicadores indirectos, como índices e presunções, que proporcionam apenas uma medição aproximada da matéria tributável. Pois bem, a este respeito, não será difícil concluir que o método mais adequado para o tipo de impostos de que estamos a tratar é o consubstanciado na avaliação indirecta ou objectiva. Com efeito, dadas as naturais dificuldades em medir em termos rigorosos a quantificação do elemento material do facto tributário,

---

[63] Figuras subjectivas passivas que, como é sabido, muitas vezes, não coincidem, como ocorre sempre que se verifique uma situação de substituição tributária.

[64] V. Gloria Alarcón García, *Manual del Sistema Fiscal Español*, ob. cit., p. 415.; e, mais desenvolvidamente, C. J. Borrero Moro, *La Tributación Ambiental en España*, ob. cit., p. 126 e ss.

ou seja, as quantidades de efluentes, resíduos ou emissões poluentes, não vemos como possa, como um mínimo de praticabilidade, operar com o método da avaliação directa nos tributos ambientais[65].

Enfim também quanto à *taxa* ou *alíquota* a aplicar na tributação ambiental directa o aspecto material do facto tributário se revela indiscutível, muito embora o legislador disponha de uma razoável dose de liberdade neste domínio, podendo optar por três tipos de taxa ou alíquota em função do problema ambiental que pretende enfrentar ou do modo como deseja fazê-lo. Na verdade, o legislador pode, no que a essa tributação respeita, optar entre uma taxa ou alíquota fixa, uma taxa ou alíquota variável em função da localização dos poluidores e uma taxa ou alíquota variável em função da do nível de emissões.

Assim, no concernente à taxa ou alíquota fixa, esta será adequada para tributos orientados para a resolução de problemas ambientais que, por não dependerem da localização dos poluidores, se apresentam uniformes. Trata-se de tributos que assim asseguram uma apropriada distribuição entre os agentes poluidores da responsabilidade de despoluir, ao mesmo tempo que facilitam a sua aplicação e administração ou gestão.

Já os tributos de taxa ou alíquota variável em função da localização dos poluidores serão apropriados para problemas ambientais não uniformes, em que os danos causados pela poluição variam consoante a localização dos agentes poluidores. Situação em que bem se compreende que a taxa ou alíquota seja maior para os poluidores que provoquem maiores efeitos negativos ao meio ambiente e menor para os que se revelem mais respeitadores deste.

Por último, os tributos ambientais com uma taxa ou alíquota variável em função da do nível de emissões, tem a ver sobretudo com a preocupação em potenciar a aceitação social da tributação ambiental directa, seja onerando mais, tanto em termos absolutos como em termos relativos, os agentes que mais contribuem para a deterioração do meio ambiente, seja tendo em conta a necessidade de assegurar uma protecção qualificada de sectores económicos que se configurem como sectores chave. Nesta conformidade, temos dois tipos de taxa ou alíquota variável em função da do nível de emissões. Uma taxa ou alíquota crescente em função do nível de

---

[65] Cf. Gloria Alarcón García, *Manual del Sistema Fiscal Español*, ob. cit., p. 415 e s.

emissões poluentes, que onera mais os agentes que mais poluem, constituindo assim um importante factor de incentivo à redução continuada da deterioração do meio ambiente.

E uma taxa ou alíquota decrescente em função do nível de emissões poluentes que ocorrerá quando na ponderação (*trade off*) entre os objectivos de tutela do meio ambiente e outros objectivos económicos aqueles acabem por ser considerados objectivos secundários em relação a estes. Caso em que, embora no concernente aos próprios tributos, porque visam primordialmente a protecção do meio ambiente, continuem a apresentar-se como verdadeiros tributos ambientais, no respeitante à sua taxa ou alíquota se aproximem dos falsos tributos ambientais[66].

Já na *tributação ambiental indirecta* se inserem o que designamos por falsos tributos ambientais. Efectivamente, agora os tributos, ou melhor os impostos, não visam primordialmente atingir objectivos ambientais, mas sim, como todos os impostos, obter receitas. Todavia, têm uma função ambiental, uma vez que integram componentes cuja finalidade é modelar os comportamentos dos agentes económicos e, por conseguinte, dos contribuintes no sentido de preservar ou melhorar o meio ambiente.

Não se trata agora de criar tributos independentes cuja finalidade primordial seja a protecção do meio ambiente, mas antes aproveitar os impostos existentes para introduzir neles medidas tendentes a melhorar o meio ambiente, cumulando com o objectivo principal de obter receitas alguns objectivos de natureza ambiental. Ou seja, na tributação ambiental indirecta o legislador aproveita-se da existência de certos tributos, que podemos considerar clássicos, cuja finalidade nada tem a ver com a protecção do ambiente, para introduzir neles elementos, por via de regra respeitantes à sua quantificação, que possam, de algum modo, interferir nos comportamentos dos agentes económicos seus destinatários no sentido de proteger ou melhorar o meio ambiente. O que, não revelando mais do que um empenhamento do legislador na selecção e recorte normativo de factos tributários decorrente do mandato constitucional de protecção do meio ambiente, se concretiza, em geral, através da introdução nesses

[66] Cf. Gloria Alarcón García, *Manual del Sistema Fiscal Español*, ob. cit., p. 416.

impostos de isenções, de taxas ou alíquotas reduzidas, de deduções à matéria tributável ou à colecta, etc.

Uma "ambientalização" dos impostos clássicos que não põe em causa a sua natureza de impostos fiscais, convertendo-os, por essa via, em impostos de natureza extrafiscal ao serviço da protecção do meio ambiente[67]. O que acontece é que, ao modelar tais impostos o legislador tem em conta os objectivos ambientais. No que, a seu modo, mais não faz do que do que harmonizar os objectivos da política fiscal, de obtenção de receitas, com os objectivos das outras políticas que ao Estado cabe prosseguir, entre as quais presentemente se conta pela sua importância e verdadeiro carácter estrutural a política de defesa do meio ambiente. Daí que o critério ou parâmetro da tributação ambiental indirecta, não seja um princípio do direito do ambiente, o princípio do poluidor-pagador, que de resto se reconduz à ideia de equivalência, mas um princípio do direito tributário, o princípio da capacidade contributiva[68].

Um princípio cuja aplicação não é, de todo, posta em causa pelo facto de o legislador introduzir nos impostos existentes isenções, taxas ou alíquotas reduzidas, deduções à matéria tributável ou à colecta, de modo a intervir nos comportamentos dos agentes económicos a fim de proteger ou melhorar o meio ambiente. Pois essas medidas ainda podem ser explicadas pelo princípio da capacidade contributiva numa compreensão unitária o fenómeno financeiro em que assenta essa capacidade. Com efeito, tais medidas de favor fiscal com objectivos ambientais, se e na medida em que, de algum modo, sejam para compensar os encargos em que esses mesmos contribuintes incorrem ao adoptarem comportamentos amigos do meio ambiente, encargos que, de outro modo, teriam de ser suportados pelo conjunto dos contribuintes, acabam por consubstanciar uma outra forma de contribuir para os encargos públi-

---

[67] O que tem subjacente um entendimento das relações entre o direito e o ambiente (ou a ecologia) que rejeita qualquer perda de centralidade do direito. No que constitui um importante limite à chamada "modernização ecológica do direito". V. sobre esta, a dissertação de doutoramento de Maria Alexandra de Sousa Aragão, *O Princípio do Nível Elevado de Protecção e a Renovação Ecológica do Direito do Ambiente e dos Resíduos*, Almedina, Coimbra, 2006.

[68] Cf. P. Herrera Molina/D. Carvajo Vasco, «Marco conceptual, constitucional y comunitário de la fiscalidad ecológica», em Heleno Torres (Org.), *Direito Tributário Ambiental*, ob. cit., p. 180 e ss.

cos, especificamente para aos encargos com a prossecução da política do ambiente[69].

7. O critério dos tributos ambientais

Vejamos agora qual a base que legitima ou justifica os tributos ambientais, bem como o critério ou medida que os suporta. Pois bem, a este respeito, tem-se discutido, e muito, se o advento dos tributos ambientais não implicou uma alteração profunda, uma verdadeira revolução, no critério tradicional de suporte e medida dos impostos, ao ponto de se abandonar o princípio da capacidade contributiva e, em sua substituição, ser adoptado o princípio base do direito do ambiente, o princípio do poluidor-pagador.

Todavia, como resulta de quanto fomos dizendo antes, este princípio está longe, muito longe mesmo, de poder disputar o lugar que vem sendo desempenhado pelo princípio da capacidade contributiva, seja relativamente à generalidade dos impostos que integram os actuais sistemas fiscais, seja mesmo, mais modestamente, em relação aos impostos de cariz ambiental. Como já referimos, afigura-se-nos que não é minimamente viável desencadear reformas fiscais ambientais totais, isto é, reformas que pretendam substituir o conjunto de impostos ancorado na capacidade contributiva por outro conjunto de impostos suportados no princípio do poluidor-pagador. Pois, para além de tudo o mais, temos por seguro que, se uma tal hipótese fosse viável, isso conduziria a um sistema fiscal com um número bem mais limitado de impostos do que aquele que conhecem os actuais sistemas fiscais. O que teria como consequência inevitável uma redução muito significativa do nível de fiscalidade ou da carga fis-

---

[69] Entendimento unitário do fenómeno financeiro que vem sendo convocado para compreender os regimes fiscais de favor quer das fundações e demais instituições sem fins lucrativos, quer das micro, pequenas e médias empresas, cuja contribuição para os orçamentos públicos está longe de se cingir aos impostos em que figuram como contribuintes. – v. J. Casalta Nabais, «O regime fiscal das fundações», e «Alguns aspectos da tributação das empresas», em *Por um Estado Fiscal Suportável – Estudos de Direito Fiscal*, Almedina, Coimbra, 2005, respectivamente, p. 250 e ss. e 391 e ss.

cal, que os estados contemporâneos não têm as menores condições para oferecer.

Mas, mesmo que essa reforma tivesse um alcance limitado, reportando-se a um sector bem mais modesto, qual seja o dos impostos ambientais, ainda assim não vemos como poderia ter lugar uma qualquer integração dos princípios em causa, reconduzindo o princípio do poluidor-pagador ao princípio da capacidade contributiva como alguns autores pretendem, seja porque a capacidade de poluir fosse considerada um índice da capacidade contributiva, seja porque se considerasse radicar o substrato económico da capacidade contributiva na actividade poluidora.

Assim e quanto à primeira visão das coisas, é de referir que ela tem subjacente a ideia de que o único pressuposto e critério de medida, designadamente em sede constitucional, dos impostos é o princípio da capacidade contributiva. Por isso, ao recusar outros pressupostos ou critérios de medida dos impostos, mormente os de natureza extrafiscal, como acontece justamente nos tributos ambientais, acabam inevitavelmente por reconduzir o princípio do poluidor-pagador, base e medida desses impostos, ao princípio da capacidade contributiva, considerando que a capacidade de afectar negativamente o meio ambiente é revelador de riqueza real ou potencial[70] ou, noutros termos, constitui uma autónoma manifestação de riqueza tributável[71]. Um entendimento das coisas que não nos parece aceitável, a menos que alinhemos com um conceito de capacidade contributiva tão abrangente e formal que acabe por não ter qualquer préstimo operacional.

Desde logo, é importante dizer que aos impostos sempre se reconheceu a possibilidade de prosseguir outros objectivos para além do objectivo fiscal, sobretudo a partir do momento que se abandonou a ideia das finanças públicas neutras ou praticamente neutras. E, todavia, jamais se pretendeu suportar essa extrafiscalidade no princípio da capacidade

---

[70] Nas palavras da Sentença 37/1987 do Tribunal Constitucional Espanhol – cf. Palao Taboada, «El principio "quien contamina paga" y el princípio de capacidad económica», em Heleno Torres (Org.), *Direito Tributário Ambiental*, ob. cit., p. 85 e ss.

[71] Na expressão de P. Selicato, «Capacità Contributiva e tassazione ambientale», em Heleno Torres (Org.), *Direito Tributário Ambiental*, ob. cit., p. 280 e ss.

contributiva[72]. Daí que a extrafiscalidade ambiental não seja, em rigor, um problema novo, muito embora se trate de um domínio em que a extrafiscalidade assumiu maior visibilidade e ganhou um razoável grau de estabilidade. O que, por certo, não impõe nem justifica subverter por completo o entendimento desse princípio estrutural básico da tributação.

Depois, não vemos como se possa continuar a falar em capacidade contributiva, entendida esta como pressuposto e critério de medida dos impostos, reportando-a à riqueza ou rendimento potencial, uma vez que a capacidade contributiva, tirando eventuais situações excepcionais decorrentes de inultrapassáveis exigências do princípio da praticabilidade das soluções legais[73], não podem deixar de se referir a manifestações reais ou efectivas da riqueza ou do rendimento. Por isso mesmo, em vez de tentar diluir a capacidade contributiva, expandindo-a de modo a constituí-la em pressuposto e critério de medida dos tributos ambientais, através da integração nela da capacidade de afectar negativamente o meio ambiente, há que, com toda a clareza e sem equívocos, assegurar que tais impostos não precisam do princípio da capacidade contributiva para nada, o qual é a base da generalidade dos impostos se e na medida em que estes sejam impostos fiscais[74].

Efectivamente, a legitimidade constitucional dos impostos ambientais, quer quanto aos fins prosseguidos, quer no respeitante ao seu pressuposto e ao critério da sua medida, assenta na tarefa constitucional imposta ao Estado, sobretudo ao legislador, no domínio da tutela do meio ambiente e, bem assim, no princípio do poluidor-pagador. E, porque se trata de utilizar o instrumento fiscal para prosseguir objectivos extrafiscais, o mais normal é que aquele princípio base dos impostos

---

[72] V. sobre os problemas da política fiscal como uma das variáveis instrumentais mais importantes da política económica, M. H. Freitas Pereira, *Fiscalidade*, 2ª ed., Almedina, Coimbra, 2007, p. 355 e ss. Sobre alguns aspectos da política fiscal, v. também J. Casalta Nabais, «Política fiscal, desenvolvimento sustentável e luta contra a pobreza», *Ciência e Técnica Fiscal*, 419, Janeiro – Junho de 2007, p. 89 e ss.

[73] Quanto ao princípio da praticabilidade das soluções, v. J. Casalta Nabais, *O Dever Fundamental de Pagar Impostos*, ob. cit., p. 335 e ss., 373 e ss. e 619 e ss.; e Regina Helena Costa, *Praticabilidade e Justiça Tributária. Exeqüibilidade de Lei Tributária e Direitos do Contribuinte*, Malheiros, São Paulo, 2007.

[74] V. também Perfecto Yebra Martul-Ortega, *Constitución Financiera Española. Veinticinco Años*, Instituto de Estudios Fiscales, Madrid, 2004, p. 159 e ss.

fiscais colida ou conflitue com este outro princípio base dos impostos extrafiscais. Uma colisão ou conflito para cuja solução é convocado naturalmente o princípio da proporcionalidade em sentido lato. Daí que os impostos ambientais em causa, para passarem com êxito o teste da sua legitimidade constitucional, terão de se revelar necessários, adequados e proporcionais em sentido estrito face ao objectivo ambiental que se visam prosseguir[75].

Por seu turno, no respeitante aos falsos impostos fiscais, em relação aos quais alguns autores defendem a tese segundo a qual a capacidade contributiva radica no substrato económica da actividade poluidora[76], o princípio da capacidade contributiva não sofre, a nosso ver, qualquer atenuação pela circunstância de, na selecção do correspondente facto tributário, o legislador se ter guiado também por uma preocupação de natureza ambiental. O que decorre do facto de estarmos agora perante impostos fiscais, perante impostos que visam primordialmente a obtenção de receitas públicas.

Por isso, qualquer preocupação de natureza extrafiscal, ambiental ou qualquer outra, assumida num quadro de finanças públicas intervencionistas, não afecta em nada o princípio da capacidade contributiva enquanto suporte do pressuposto e do critério de medida desses impostos. É que, se alguma atenuação sofre esse princípio na sua operacionalidade, ela não se prende com a função ambiental desses impostos, mas antes com o facto de esse princípio não ser aplicável com igual intensidade a todos os impostos, sendo visível essa menor intensidade em relação à tributação indirecta[77].

Justamente por quanto vimos de dizer, não relevam aqui, a nosso ver, argumentos que, de algum modo, podem contribuir para atenuar essa operacionalidade, tais como a crise que atinge a tributação pessoal e pro-

---

[75] Cf. Palao Taboada, «El principio "quien contamina paga" y el princípio de capacidad económica», em Heleno Torres (Org.), *Direito Tributário Ambiental*, ob. cit., p. 85 e ss. e 93 e s.

[76] Assim C. J. Borrero Moro, *La Tributación Ambiental en España*, ob.cit., p. 129 e ss.; e P. Selicato, «Capacità Contributiva e tassazione ambientale», em Heleno Torres (Org.), *Direito Tributário Ambiental*, ob. cit., p. 291 e ss.

[77] O que é reconhecido pela doutrina, v., por todos, J. Casalta Nabais, *O Dever Fundamental de Pagar Impostos*, ob. cit., p. 480 e ss.

gressiva do rendimento, a evolução da estrutura da riqueza, a afirmação de novos valores económicos e as alterações nas relações sociais[78], realidades a que, é de sublinhar, o actual fenómeno da globalização económica não é alheio[79]. É que atenuar a operacionalidade do princípio não significa deformar ou distorcer a capacidade contributiva, reduzindo-a a uma fórmula vazia de conteúdo, como será o que ocorre se e na medida em que esse princípio passe a ter por base a capacidade de afectar o meio ambiente.

8. Os tributos ambientais no quadro do estado fiscal

Depois de quanto fomos dizendo, podemos afirmar, à guisa de reflexões finais, que os tributos ambientais se enquadram ainda no estado fiscal. Ou seja, tais tributos, quer sejam de natureza extrafiscal, quer de natureza fiscal, apresentam-se como tributos unilaterais ou impostos e não como tributos bilaterais ou taxas. O que rejeita claramente a ideia de que a prossecução das tarefas ambientais pela via tributária se afastaria da solução financeira consubstanciada no estado fiscal, deslocando o suporte financeiro de tais tarefas para a solução proporcionada pelo "estado taxador"[80].

O que, para além do mais, tem a vantagem de tais tributos serem objecto de contabilização e de comparação internacionais, a título do nível de fiscalidade ou da carga fiscal, em sede das organizações económicas internacionais, com destaque para a OCDE. O que é extremamente importante para os contribuintes. Pois não podemos esquecer que o crescente apelo à figura dos tributos bilaterais ou das taxas, para suportar

---

[78] V. nesse sentido P. Selicato, «Capacità Contributiva e tassazione ambientale», em Heleno Torres (Org.), *Direito Tributário Ambiental*, ob. cit., p. 291 e ss. e 297 e ss.

[79] Fenómeno que justamente vem pondo à prova o princípio da capacidade contributiva como vem sendo reconhecido pela doutrina – v., por todos, João Ricardo Catarino, «Globalização e capacidade fiscal contributiva», *Cultura – Revista de História e Teoria das Ideias*, vol. 16/17, 2003, p. 473 e ss.; e Götz Blankenburg, *Globalisierung und Besteuerung. Krise des Leistungsfähigkeisprinzip?*, Hamburg, 2004.

[80] Na expressão recentemente utilizada por Sérgio Vasques, *O Princípio da Equivalência como Critério de Igualdade Tributária*, Tese de Doutoramento, Faculdade de Direito de Lisboa, 2007.

financeiramente alguns dos actuais domínios da actuação estadual, em que sobressai não só a protecção do meio ambiente como a actividade de regulação e supervisão económicas, mais do que deslocar soluções financeiras e a correspondente carga do estado fiscal para o "estado taxador"[81], como se pretende fazer crer, está a contribuir para uma verdadeira "duplicação do estado fiscal"[82].

Por isso mesmo, se o estado fiscal, em alguma medida, for forçado a enveredar por esse caminho de duplicação, então que o faça de maneira clara e transparente de modo a que os seus destinatários, isto é, os contribuintes, o possam questionar e combater, mormente exigindo sem concessões o respeito da velha máxima suporte do autoconsentimento dos impostos: *no taxation without representation*.

---

[81] Que não levanta problemas de maior se a deslocação da carga tributária do estado fiscal para o "estado taxador" corresponder a um resultado final, por assim dizer, de soma zero.

[82] Cf. J. Casalta Nabais, «Reforma tributária num estado fiscal suportável», em *Por um Estado Fiscal Suportável – Estudos de Direito Fiscal*, Vol. II, Almedina, Coimbra, 2008.

António Martins

A estrutura conceptual do Sistema de Normalização Contabilística: um breve comentário sobre activos intangíveis

António Martins

Faculdade de Economia da Universidade de Coimbra

RESUMO

O propósito deste texto é o de efectuar um breve comentário ao tratamento de alguns activos incorpóreos que consta da proposta do Sistema de Normalização Contabilística, evidenciando certos aspectos dignos de realce. Apresenta a dita proposta uma perspectiva mais flexível no reconhecimento de activos, ou terá optado por uma versão mais prudente, continuando e exigir critérios de reconhecimento precisos?

Dada a conhecida dificuldade de avaliação de alguns activos intangíveis e da enorme incerteza que sempre existirá sobre os benefícios económicos futuros, julgo que a linha trilhada no SNC parece correcta, não indo ao encontro de visões mais "modernistas".

Palavras-chave:

Activos intangíveis;
Goodwill;
Sistema contabilístico.

ABSTRACT

The purpose of this paper is to analyse the treatment of some intangible assets that is presented in the proposal for the new financial accounting system (SNC) that is under discussion in Portugal.

In my view, and given the well known complexities presented by the evaluation of these assets, the proposal presents a prudent and balanced solution, rejecting more radical approaches.

Keywords:

Intangible assets;
Goodwill;
Financial accounting system.

1. Introdução

Desde há algumas décadas que a contabilidade financeira (entre nós também designada por contabilidade geral) tem vindo a ser objecto de profundas discussões. Um dos assuntos mais debatidos tem que ver com o confronto entre métodos de registo dos activos, em especial os intangíveis.

Na verdade, o método tradicional do custo histórico, conjugado com os critérios de reconhecimento de activos, apresenta, segundo os seus críticos, problemas graves. Um primeiro, diria respeito à deterioração do grau de veracidade das demonstrações financeiras sempre que o valor de mercado dos activos se afastasse significativamente do valor pelo qual constavam em tais demonstrações; um segundo, a impossibilidade de reconhecimento no balanço de certos activos gerados internamente e cruciais para a posição competitiva das empresas, tais como o capital intelectual, as marcas, ou, em certos casos, as despesas de investigação e desenvolvimento (I&D).

Um bom exemplo desta linha de argumentação consta da afirmação de J. Garten, ao tempo *dean* da Yale Business School: "*...changes in the world's industrial structure are threatening to make existing accounting standards obsolete*".[1]

A isto respondem geralmente os defensores do modelo tradicional que a contabilidade, não dispondo de métodos universalmente válidos para medir tais activos, deve circunscrever a sua função, e não contribuir, através da inserção nas demonstrações financeiras de activos não só de duvidosa natureza, mas também e sobretudo de muito difícil quantificação, para tornar a informação divulgada menos relevante e fiável.

Citando ainda o artigo referido na nota anterior, aí pode ler-se: "*The problem with all this is that nobody inside the accounting profession has much idea of how to put a numerical value on internally generated intangible assets, at least not while staying true to the principle of reliability*".

Assim, entre outros, aspectos como o reconhecimento de *goodwill* gerado internamente, ou os critérios que os gastos com I&D devem satis-

[1] In, "New trends in accounting", *The Economist*, May 2001, p.78

fazer para serem reconhecidos como activos intangíveis, são pontos de grande importância na definição da estrutura conceptual e das normas de relato financeiro.

Para os utentes da informação financeira, o reconhecimento de um dispêndio como activo ou como custo tem efeitos bastante diversos. Tais efeitos reflectem-se na avaliação do desempenho histórico da entidade e na fundamentação de previsões relativas à capacidade de geração de benefícios futuros, pelo que constituem elementos centrais nos processos de avaliação e, consequentemente, nas decisões dos investidores clientes, fornecedores, credores e outros interessados. Trata-se, pois, de uma área bastante sensível, onde a normalização contabilística tem de impor regras por vezes nada fáceis de aplicar.

Os diplomas legais que regem a preparação das demonstrações financeiras constituem peças nucleares dos sistemas de elaboração dessas demonstrações, e influenciam as decisões de um vasto leque de utentes da informação. As escolhas feitas em matéria de reconhecimento de activos são assim uma área de forte interesse profissional para todos os interessados na elaboração e utilização das demonstrações financeiras das empresas.

Ora, entre nós, o Plano Oficial de Contabilidade (POC) e as Directrizes Contabilísticas (DC) estão em vias de ser substituídos pelo Sistema de Normalização Contabilística (SNC)[2]. Com efeito, durante o corrente ano de 2008, esteve em discussão uma proposta de projecto de Decreto-Lei que cria o SNC, da autoria da Comissão de Normalização Contabilística (CNC).

Como se materializou no SNC o resultado deste debate entre diferentes paradigmas da contabilidade financeira? Aproxima-se a proposta de novo normativo de uma perspectiva mais flexível no reconhecimento de activos, indo assim ao encontro do que parece ser a corrente dominante nas academias? Ou optou por uma versão mais prudente, continuando e exigir critérios de reconhecimento mais rígidos?

O propósito deste texto é o de efectuar um breve comentário ao tratamento de alguns activos incorpóreos que consta do SNC[3], evidenciando certos aspectos que me parecem dignos de realce.

---

[2] *Sistema de Normalização Contabilística*, Porto Editora, 2008.

[3] Tendo sempre por referência, como é óbvio , o texto da dita proposta da CNC.

2. O SNC e o reconhecimento de activos: *goodwill* e despesas de I&D

2.1. *A estrutura conceptual do SNC*

A estrutura conceptual do SNC – que estabelece os conceitos que estão subjacentes à preparação e apresentação das demonstrações financeiras para utentes externos – define, no seu § 49, activo como sendo "*um recurso controlado pela entidade como resultado de acontecimentos passados e do qual se espera que fluam para a entidade benefícios económicos futuros*".

No § 58 também se estabelece que: "*há uma íntima associação entre dispêndios em que se incorre e activos que se geram, mas ambos não coincidem necessariamente. Daqui que, quando uma entidade incorre em dispêndios, isto possa proporcionar prova de que benefícios económicos futuros foram procurados, mas não é prova concludente de que um item que satisfaça a definição de activo tenha sido obtido*".

Ainda na estrutura conceptual, são, a meu ver e sobre o assunto em causa, de destacar outros pontos adicionais. Assim, no § 34, afirma-se: "*Em certos casos, a mensuração dos efeitos financeiros do itens poderá ser tão incerta que as entidades geralmente não os reconhecerão nas demonstrações financeiras; por exemplo, se bem que a maior parte das entidades gerem internamente trespasse (goodwill) no decorrer do tempo, é geralmente difícil identificar ou mensurar com fiabilidade esse trespasse.*"

Por seu turno, no § 99 da mesma estrutura conceptual refere-se: "*A base de mensuração geralmente adoptada pelas entidades ao preparar as suas demonstrações financeiras é o custo histórico. Este é geralmente combinado com outras formas de mensuração...*".

Deixando para o próximo ponto deste texto a apreciação de alguns aspectos centrais sobre o reconhecimento do goodwill e despesas de I&D constantes da Norma Contabilística e de Relato Financeiro (NCRF) nº 6 – que trata dos activos intangíveis - qual a primeira impressão que se retira das acima citadas normas constantes da estrutura conceptual?

Delas emergem, a meu ver, as seguintes conclusões principais:

i) Não foram acolhidas por esta proposta de SNC as sugestões de uma ala mais "radical" da doutrina contabilística, que sustenta que as demonstrações financeiras devem não só evidenciar o *goodwill* em consequência de processos de aquisição, mas também de desenvolver métodos de medição e registo do *goodwill* gerado internamente. Esta corrente defende que a adopção do princípio geral do custo histórico, conjugado com o não reconhecimento do valor de intangíveis internamente existentes (v.g., valia dos recursos humanos, marcas, fidelização de clientes, etc) torna a informação divulgada de pouca valia para avaliar o desempenho passado e formular expectativas sobre a evolução futura das entidades empresariais.

Os críticos desta corrente afirmam, como já se salientou, que a contabilidade não deve ser permeada por excesso de estimativas e de juízos subjectivos – em que forçosamente a mensuração daqueles intangíveis deverá assentar – sob pena de, com maior probabilidade, se tornar um instrumento de manipulação nas mãos de gestores com menores escrúpulos.

Parece-me que a SNC adopta aqui uma posição realista, sem se deixar influenciar excessivamente por correntes que se pretendem mais modernas, mas que esquecem as enormes dificuldades de mensuração e o potencial de subjectividade que encerram.

ii) Observa-se uma posição prudente relativamente à contabilização dos activos intangíveis resultantes de dispêndios realizados com vista à obtenção de benefícios económicos futuros. Como se verá com maior pormenor na NCRF 6, o SNC define exaustivamente os critérios a satisfazer para que tais dispêndios possam originar activos intangíveis.

Também aqui, e dada a importância que os intangíveis assumem em muitas empresas ou sectores, é bem compreensível que a distinção entre custo e activo seja balizada com a maior precisão possível. A deixar-se à administração das empresas uma excessiva margem de classificação, tal poderá redundar em resultados indesejáveis.

iii) O princípio do custo histórico é reafirmado como pedra basilar. É certo que, em minha opinião, esse princípio acaba, depois, e sob a influência de várias NCRF, por ter uma aplicação algo diminuída, mas pelo menos no plano doutrinal não se renega a sua importância na preparação da informação financeira.

Apresentadas estas linhas gerais de apreciação da estrutura conceptual relativas a intangíveis, vejamos agora alguns dos traços mais relevantes da NCRF nº 6, que estabelece, na proposta do SNC, as disposições a seguir quanto ao reconhecimento e mensuração de tais activos.

2.2. *A NCRF nº 6 e os activos intangíveis*

Tal como se fez para a estrutura conceptual, respiguemos da NCRF 6 algumas passagens que se reputam de particular interesse doutrinal.

Assim, o § 8 dessa Norma define activo intangível como "*activo não monetário identificável sem substância física*".

O § 17, estabelece que "*Os benefícios económicos futuros que fluam de um activo intangível podem incluir réditos,(....) poupanças de custos, ou outros benefícios resultantes do activo pela entidade*".

Sobre a separação entre o *goodwill* e outros activos incorpóreos, refere o § 35: "*O justo valor de activos intangíveis adquiridos em concentrações de actividades empresariais pode normalmente ser mensurado com fiabilidade suficiente para ser reconhecido separadamente do trespasse (goodwill)*". E o § 48 estabelece que: "*O trespasse (goodwill) gerado internamente não deve ser reconhecido como activo*".

Ainda dois aspectos que me parecem relevantes sobre as despesas de I&D e seu reconhecimento. O § 54 refere: "*Nenhum activo intangível proveniente de pesquisa (ou da fase de pesquisa de um projecto interno) deve ser reconhecido. O dispêndio com pesquisa(...) deve ser reconhecido como um gasto quando for incorrido.*"

E o § 57 define, nos termos seguintes, as condições a satisfazer para que os projectos de desenvolvimento de novos produtos ou serviços sejam reconhecidos como intangíveis: "*Um activo intangível proveniente de desenvolvimento (ou da fase de desenvolvimento de um projecto interno) deve ser reconhecido se, e apenas se, uma entidade puder demonstrar tudo o que se segue:*

a) a viabilidade técnica de concluir o activo intangível a fim de que o mesmo esteja disponível para uso ou venda;
b) a sua intenção de concluir o activo intangível e usá-lo ou vendê-lo;
c) a sua capacidade de usar ou vender o activo intangível;
d) a forma como o activo intangível gerará prováveis benefícios económicos futuros. Entre outras coisas, a entidade pode demonstrar a existência de um mercado para a produção do activo...
e) a disponibilidade de adequados recursos técnicos, financeiros e outros para concluir o desenvolvimento e suar ou vender o activo intangível;

> *f) a sua capacidade para mensurar fiavelmente o dispêndio atribuível ao activo intangível durante a fase de desenvolvimento".*

Que conclusões se retiram destes preceitos a serem aplicados no reconhecimento de certos activos incorpóreos?

Em primeiro lugar, e estando o reconhecimento de activos incorpóreos ligado a benefícios económicos futuros, tais benefícios terão sempre a natureza de estimativas. Porém, e como se observa no § 57, a norma estabelece condições apertadas para o reconhecimento de activos intangíveis que se encontrem na fase de desenvolvimento.

Em particular, a condição d) obrigará a administração das empresas a provar a existência de um mercado para o activo, devendo os auditores ser particularmente exigentes na apreciação de tais provas.

E note-se a rejeição liminar que contida na norma relativamente ao reconhecimento do *goodwill* gerado internamente e dos dispêndios na fase de investigação (pesquisa) como activos intangíveis. Julgo que, uma vez mais, se atendeu à dificuldade de avaliação daquele *goodwill* e da enorme incerteza que sempre existirá sobre os benefícios económicos futuros na fase de investigação.

Também aqui a linha trilhada no SNC me parece correcta, não indo ao encontro de visões mais "modernistas". Privilegia-se pois o factor fiabilidade, não permitindo que, neste campo do reconhecimento de intangíveis, os balanços sejam facilmente manipuláveis pelo registo de activos que, na verdade, o não são.

Note-se, em segundo lugar, que nas concentrações empresariais a norma não impede que, separadamente do *goodwill* adquirido, se possam regista activos intangíveis. É isto que se afirma no § 35, o qual condiciona tal reconhecimento à premissa segundo a qual o justo valor de activos intangíveis adquiridos nessas concentrações empresariais possa ser mensurado com fiabilidade suficiente.

Da análise efectuada à estrutura conceptual e à NCRF 6, e tendo em mente o que o POC e as DC estabelecem, existem diferenças de vulto no tratamento dos activos intangíveis relativamente ao SNC?

A meu ver, a principal inovação que o SNC estabelece surge na NCRF 12, que trata da imparidade[4] de activos. Aí se estabelecem os procedimentos "que uma entidade deve aplicar para assegurar que os seus activos sejam escriturados por não mais do que a sua quantia recuperável". É assunto que constitui, entre nós, novidade no ordenamento contabilístico; mas que tem efeitos bastante importantes nos resultados e no património das empresas. Será porventura objecto de um posterior comentário.

[4] Do inglês *Impairement*, que, como se sabe, significa *damaged* ou *weakened*.

Sérgio Vasques

A tributação em Cabo Verde dos rendimentos pagos a não residentes em virtude da prestação de serviços

Sérgio Vasques

Professor da Faculdade de Direito da Universidade de Lisboa

RESUMO

O presente artigo analisa a tributação em Cabo Verde dos rendimentos pagos a não residentes em virtude da prestação de serviços. O texto centra-se na técnica legal empregue pelo legislador cabo-verdiano e conclui no sentido da falta de norma de incidência dirigida a estes rendimentos e da necessidade de proceder por isso à reforma do imposto único sobre os rendimentos actualmente em vigor.

Palavras-chave:
Cabo Verde;
Imposto sobre os rendimentos;
Não residentes.

ABSTRACT

This article analyses the taxation in Cape Verde of income paid to non residents deriving from the rendering of services. The author focuses on the legal technique used by Cape Verdean income tax law and concludes such income cannot at present be considered subject to tax and that a comprehensive reform of Cape Verde's income tax is therefore much in need.

Keywords:
Cape verde;
Income tax;
Non residents.

1. Introdução

O problema que se analisa no presente texto é o da tributação em Cabo Verde dos rendimentos pagos a não residentes em virtude da prestação de serviços por estes a empresas cabo-verdianas. Trata-se de uma questão importante do ponto de vista financeiro, uma vez que a economia aberta e insular de Cabo Verde é grande consumidora de serviços prestados por operadores económicos não residentes. E trata-se de questão interessante do ponto de vista jurídico, porque parece actualmente faltar norma de incidência que permita a sujeição destes rendimentos ao Imposto Único sobre os Rendimentos cabo-verdiano.

Ao longo dos últimos anos, a administração tributária cabo-verdiana tem vindo a liquidar imposto sobre estes rendimentos com base nas normas previstas nas leis do Orçamento do Estado, normas em que se determina a aplicação de taxas liberatórias de 20% sobre o "rendimento auferido por não residentes, mesmo que não tenham estabelecimentos estáveis". É esse o conteúdo de disposições como a alínea c) do n.° 3 do artigo 18.° da Lei n.° 53/VI/2005, de 3 de Janeiro, (Lei do Orçamento do Estado para 2005), ou da alínea c) do n.° 3 do artigo 16.° da Lei n.° 1/VII/2006, de 3 de Agosto, (Lei do Orçamento do Estado para 2006). Como veremos, porém, estas disposições não constituem em si mesmas normas de incidência mas normas de fixação de taxas, pelo que se podem aplicar apenas aos rendimentos que nos termos do Regulamento do Imposto Único sobre os Rendimentos se qualifiquem como tributáveis.

Do ponto de vista do direito interno cabo-verdiano, todo o problema assim formulado gira em torno do princípio da legalidade tributária e da exigência de que o imposto seja criado por lei que lhe fixe de modo claro e preciso os elementos essenciais, tal como o prescrevem os artigos 93.° e 175.° da Constituição da República de Cabo Verde. Porque não se pode nos termos da Constituição da República onerar o contribuinte com imposto ao qual falte base legal, importa, assim, olhar ao Regulamento do IUR e procurar o fundamento para a correcção da matéria tributável a que a Administração Fiscal procedeu neste caso concreto.

Trata-se, portanto, e antes do mais, de perguntar se existe norma de incidência que sujeite os rendimentos derivados da prestação de serviços por parte de não residentes sem estabelecimento estável ao IUR e às taxas liberatórias consagradas nas Leis do Orçamento do Estado. Na medida em que as regras de incidência territorial do IUR apresentam particularidades do maior relevo no caso em análise, parece haver também vantagem em olhar brevemente às regras de incidência territorial dos impostos sobre o rendimento de Portugal e de Moçambique para através de uma comparação breve, procurar compreender melhor as opções do legislador cabo-verdiano e os resultados a que elas conduzem.

Do ponto de vista do direito internacional, importa olhar às convenções celebradas por Cabo Verde em matéria de prevenção da dupla tributação dos rendimentos e, muito em concreto, à que celebrou com Portugal e foi ratificada pela Assembleia Nacional por meio da Resolução n.° 125/V/99, de 28 de Junho, sendo certo que uma parcela importante dos rendimentos pagos pelas empresas cabo-verdianas o são a empresas e profissionais domiciliados em território português. Os rendimentos assim pagos a empresas e profissionais domiciliados em Portugal mantêm, ao mesmo tempo, conexão com o ordenamento jurídico português e com o ordenamento jurídico cabo-verdiano. Ora, prevalecendo as convenções internacionais celebradas pelo Estado Cabo-Verdiano sobre a sua legislação interna, há então que verificar, à luz da convenção celebrada entre Cabo Verde e Portugal, a qual dos dois estados compete a tributação dos rendimentos em causa e se o IUR pode ser validamente exigido das empresas e profissionais domiciliados em Portugal que prestem serviços a empresas cabo-verdianas.

2. Enquadramento dos rendimentos para efeitos do direito interno cabo-verdiano

2.1. *O princípio da legalidade tributária*

A primeira questão a analisar é a de saber se existe norma de incidência que sujeite os rendimentos derivados da prestação de serviços por parte de não residentes sem estabelecimento estável ao IUR e às taxas liberatórias consagradas nas Leis do Orçamento do Estado.

A Constituição da República de Cabo Verde estabelece, no seu artigo 175.°, alínea q), que compete exclusivamente à Assembleia Nacional fazer leis sobre as bases do sistema fiscal bem como a "criação, incidência e taxas de impostos" e o regime das garantias dos contribuintes. A par desta disposição, o artigo 93.° da Constituição da República de Cabo Verde, epigrafado de "sistema fiscal", determina no seu n.° 2 que "os impostos são criados por lei, que determinará a incidência, a taxa, os benefícios fiscais e as garantias dos contribuintes", acrescentando no seu n.° 3 que "ninguém pode ser obrigado a pagar impostos que não tenham sido criados nos termos da Constituição e cuja liquidação e cobrança se não façam nas formas previstas na lei".

A Constituição de Cabo Verde consagra deste modo o princípio da legalidade tributária nas suas duas vertentes da *reserva de lei parlamentar* e da *tipicidade* e por razões que se compreendem com facilidade. O princípio da legalidade constitui um dos princípios fundamentais do Direito Fiscal contemporâneo, servindo ao mesmo tempo a garantir o consentimento dos próprios contribuintes quanto aos encargos que sofrem e a garantir segurança jurídica às relações que vêm a manter com o Estado.[1]

---

[1] A importância do princípio é consensual entre a doutrina, podendo fazer-se a propósito a leitura de Ana Paula Dourado (Coimbra, 2007) O Princípio da Legalidade Fiscal: Tipicidade, conceitos jurídicos indeterminados e margem de livre apreciação; de J.L. Saldanha Sanches, "A Segurança Jurídica no Estado Social de Direito", *Ciência e Técnica Fiscal*, Lisboa, 1984, n.° 310-312, 275-368; e de José Casalta Nabais, "O Princípio da Legalidade Fiscal e os Actuais Desafios da Tributação", in *Boletim da Faculdade de Direito de Coimbra: Volume Comemorativo dos 75 Anos*, Coimbra, 2002, este chamando a atenção para a transformação que o princípio tem vindo a sofrer numa época de

Em primeiro lugar, a Constituição da República pretende com o princípio da legalidade tributária assegurar que são os representantes do povo que decidem acerca dos impostos que o povo há-de suportar, estabelecendo para o efeito uma reserva de lei parlamentar na matéria. Desde os tempos mais remotos que os povos têm vindo a sustentar só serem legítimos os impostos votados pelos seus próprios representantes, tendo esta exigência de consentimento e representação estado por trás de muitas das revoluções liberais que se produziram na Europa e por trás de muitos dos levantamentos anti-coloniais que se deram noutros continentes. Não surpreende que a Constituição da República de Cabo Verde consagre o princípio da legalidade tributária de forma tão cuidada, não apenas porque o domínio colonial se caracterizou pelo lançamento de impostos a cuja fixação era inteiramente alheia a vontade popular mas sobretudo porque, numa época de conversão democrática e de abertura económica, não se podia construir um sistema fiscal legítimo aos olhos dos contribuintes que não fosse o consentido pelos seus representantes parlamentares livremente eleitos.

Assim, se nos termos do artigo 109.° da Constituição da República de Cabo Verde "a Assembleia Nacional é a assembleia que representa todos os cidadãos cabo-verdianos", compreende-se que se integre a criação de impostos e a fixação dos seus elementos essenciais entre a reserva absoluta de competência legislativa desta Assembleia, nos termos da alínea q) do artigo 175.° . De resto, a Constituição da República de Cabo Verde subordina a lei fiscal a votação por maioria qualificada de dois terços. Nos termos do artigo 160.°, n.° 3, os projectos e propostas de lei que tenham por objecto as matérias do artigo 175.° que sejam referidas no n.° 4 do artigo 159.° devem ser aprovados por maioria de dois terços dos deputados presentes desde que superior à maioria absoluta dos deputados em efectividade de funções.

Entre as matérias referidas pelo n.° 4 do artigo 159.° conta-se, precisamente, a matéria fiscal prevista na alínea q) do artigo 175.°, sendo

---

preponderância crescente do executivo sobre os parlamentos e de abandono progressivo da noção da tipicidade fechada da lei fiscal.

que as leis que a tenham por objecto devem ainda ser obrigatoriamente votadas na especialidade pelo plenário da Assembleia Nacional.[2]

Em segundo lugar, pretende a Constituição da República de Cabo Verde com o princípio da legalidade tributária garantir à lei fiscal o rigor e clareza que tendencialmente estão associados à forma de lei, exigindo para o efeito que os elementos essenciais do imposto constem da lei. Representando o imposto uma ablação coactiva e unilateral do património particular, mostra-se indispensável que o contribuinte possa calcular com razoável precisão quanto deve pagar e saber por que razão o faz. Os elementos essenciais do imposto — desde logo a incidência e a taxa do imposto a que se refere expressamente o artigo 93.° da Constituição da República — devem por isso ser fixados na lei com cuidado tão grande que o contribuinte, pela respectiva leitura, possa com razoável facilidade ficar conhecedor das suas obrigações e ser capaz de fazer as suas escolhas pessoais e económicas em conformidade.[3]

A Constituição Fiscal cabo-verdiana consagra, pois, o princípio da legalidade tributária nas suas vertentes da reserva de lei parlamentar e da tipicidade da lei fiscal, sendo esta última aquela que mais parece relevante ao caso em apreço: não se pode exigir do contribuinte imposto cuja incidência não se encontre rigorosamente prevista na lei. Assim, em

---

[2] Naturalmente que a questão do auto-consentimento não se coloca com a mesma acuidade quanto aos tributos bilaterais, em que ao pagamento do tributo corresponde sempre o aproveitamento efectivo ou presumido de uma prestação administrativa. Por essa razão sucede que o artigo 176.°, n.° 1, da Constituição da República, integra entre a reserva *relativa* de competência legislativa da Assembleia Nacional "fazer leis sobre o regime geral das taxas e demais contribuições financeiras a favor das entidades públicas". Como é sabido, O Regulamento do IUR foi aprovado ainda na vigência da Constituição da República de 1992 que, nesta matéria, possuía redacção algo diversa. A propósito, veja-se António Carlos dos Santos, "A Partilha de Competências entre a Assembleia Nacional e o Governo na Constituição Financeira de Cabo Verde", *Ciência e Técnica Fiscal*, Lisboa, 2006, n.° 417, 69-99.

[3] Sobre a articulação do princípio da legalidade tributária, nesta sua vertente da tipicidade, com as exigências da política económica e social, veja-se Sérgio Vasques/João Taborda da Gama, "Taxas de Imposto, Legalidade Tributária e Produtos Petrolíferos: Anotação ao Acórdão do Tribunal Constitucional n.° 70/04", *Jurisprudência Constitucional*, Lisboa, 2006, n.° 9, 43-68, texto que se debruça sobre o problema muito especial da fixação das taxas do imposto sobre os produtos petrolíferos e energéticos por meio de "bandas de flutuação" estabelecidas nas leis orçamentais portuguesas.

conformidade com a Constituição da República, *para que os rendimentos pagos a empresas e profissionais domiciliados no estrangeiro fiquem sujeitos a imposto é indispensável que exista norma legal de incidência que o determine com clareza*, o que a nosso ver não se pode extrair das leis orçamentais. O que afirmamos compreende-se com facilidade se olharmos ao tratamento que têm os rendimentos da prestação de serviços à luz do direito interno cabo-verdiano. Vejamos, então.

2.2. *A tributação dos rendimentos derivados da prestação de serviços*

O direito fiscal cabo-verdiano apresenta a particularidade de condensar a tributação dos rendimentos de pessoas singulares e colectivas no Imposto Único sobre os Rendimentos aprovado em 1996, imposto que por si só veio ocupar o lugar que antes cabia ao Imposto Profissional, ao Imposto Industrial e ao Imposto Complementar, todos eles criados ainda nos anos sessenta.[4]

Unificando embora do ponto de vista formal a tributação dos rendimentos, o IUR mantém no seu interior um tratamento substancialmente diferente do rendimento das pessoas singulares e das pessoas colectivas. Assim, se nos termos do artigo 2.° do Regulamento do IUR as principais categorias de sujeitos passivos deste imposto correspondem às pessoas singulares e às "empresas", é verdade que para efeitos do regulamento se consideram empresas "as sociedades nacionais ou estrangeiras, comerciais ou civis sob a forma comercial, por quotas, anónimas, as cooperativas, as empresas públicas e as demais pessoas colectivas de direito público ou privado com sede ou direcção efectiva em território caboverdiano".[5]

À actividade da prestação de serviços refere-se o Regulamento do IUR, quer a propósito da "tributação pessoal", quer a propósito da "tri-

[4] À entrada em vigor do Regulamento do IUR, estas figuras eram disciplinadas pelos Diplomas Legislativos n.° 1543 e n.° 1545, ambos de 12 de Abril de 1963, e pelo Decreto-Lei n.° 147/92, de 30 de Dezembro, respectivamente, textos revogados pelo Decreto-Lei n.° 1/96, de 15 de Janeiro.

[5] Francisco Campaniço, "A Reforma Fiscal em Cabo Verde", in Sérgio Vasques, org. (Lisboa, 1998) *As Reformas Fiscais Africanas*, 35-51.

butação das empresas". Naturalmente que o legislador não podia deixar de integrar as prestações de serviços na base objectiva de incidência deste imposto, pois, como é bem sabido, a prestação de serviços compõe a parcela mais importante das economias modernas e uma parcela especialmente importante da economia cabo-verdiana, que encontra no turismo, nos transportes e nas telecomunicações uma das suas vocações principais. [6]

Por todas estas razões, é natural que o legislador cabo-verdiano tenha tido a preocupação de deixar clara a sujeição dos rendimentos resultantes da prestação de serviços ao Imposto Único sobre os Rendimentos.

No tocante aos *rendimentos pessoais*, os rendimentos da prestação de serviços encontram a sua *norma de incidência objectiva* no artigo 3.°, em cujo n.° 1 se determina que o IUR incide sobre os "rendimentos comerciais, industriais, incluindo as mais-valias, as prestações de serviços, e os rendimentos agrícolas e piscatórios". Nos termos da alínea d) do n.° 2 deste mesmo artigo, consideram-se rendimentos de prestações de serviços para efeitos do IUR "os provenientes do exercício de qualquer actividade por conta própria que não revista a natureza de trabalho dependente ou independente como profissão liberal".

A prestação de serviços é, deste modo, definida por exclusão de partes face às demais categorias de rendimentos sobre as quais incide o IUR. No confronto com os rendimentos do trabalho dependente parece fácil a distinção, pois que estes se reconduzem nos termos da alínea f) do n.° 2 do artigo 3.° às "remunerações provenientes do trabalho por conta de outrem, prestados quer por servidores do Estado, de instituições militares e das demais pessoas colectivas de direito público, em resultado de contrato de trabalho ou de outro a ele legalmente equiparado". No confronto com os rendimentos do trabalho independente a distinção mostra-se mais delicada, havendo de qualificar-se como rendimentos da

---

[6] É também por estas razões que algo mais tarde se veio a abandonar o imposto de consumo e a adoptar o imposto sobre o valor acrescentado, alargando desse modo a tributação indirecta das vendas de bens às prestações de serviços e adequando finalmente estes impostos aos contornos modernos da economia cabo-verdiana. Esta é questão que estudamos já em Sérgio Vasques, "A Introdução do IVA em Cabo Verde", in VV. (Coimbra, 2006) *Estudos Jurídicos e Económicos em Homenagem ao Prof. Doutor António de Sousa Franco*, vol.III, 953ss.

prestação de serviços aqueles que provenham de actividade exercida por conta própria em que não se dê o predomínio do "carácter científico, artístico ou técnico" a que se refere a alínea g) do n.° 2 do artigo 3.° e que é típico das profissões liberais.[7]

No tocante aos *rendimentos das empresas*, os rendimentos da prestação de serviços encontram a sua *norma de incidência objectiva* no artigo 4.°, em cujo n.° 1, alínea a), se determina que o IUR incide sobre "o lucro das empresas ou outras entidades definidas no artigo 2.° deste regulamento que exerçam uma actividade de natureza comercial, industrial, agrícola, piscatória ou de prestação de serviços, acrescentando-se na alínea c) do n.° 1 do artigo 4.° que o imposto incide também sobre "o rendimento determinado nos termos deste regulamento, das pessoas singulares equiparadas a empresa que exerçam uma actividade comercial, industrial, agrícola, piscatória ou de prestação de serviços". Para estes efeitos, firma-se ainda no n.° 3 do artigo 4.° do Regulamento do IUR, que se consideram de natureza comercial, industrial, agrícola ou piscatória "as actividades que consistam na realização de operações económicas de carácter empresarial, incluindo as prestações de serviços e comércio de petróleo e seus derivados". Tendo os sujeitos passivos não residentes em mente, a alínea d) do n.° 1 acrescenta que o IUR incide também sobre "o rendimento auferido por entidades que não possuam estabelecimento estável em território cabo-verdiano ou que, possuindo, não lhe sejam imputáveis [sic]", diluindo os rendimentos da prestação de serviços no universo mais vasto de rendimentos auferidos por estas empresas.

Está para além de dúvida, portanto, que os rendimentos derivados da prestação de serviços se encontram genericamente sujeitos ao IUR. A definição que o legislador faz destes rendimentos mostra-se, aliás, algo fluida, sendo pouco rigorosa a sua contraposição aos rendimentos do trabalho independente ou à generalidade dos rendimentos empresariais. É talvez inevitável esta imprecisão relativa e a verdade é que a qualificação de um rendimento como derivado da prestação de serviços, seja

[7] Na alínea c) do n.° 2 do artigo 3.°, ao definir os rendimentos industriais e comerciais, a iei integra entre estes diversos rendimentos derivados da prestação de serviços, como sucede com as actividades turísticas, hoteleiras e similares, com os estudos urbanísticos, a organização de espectáculos diversões e manifestações desportivas ou os transportes.

ele angariado por pessoa singular ou por pessoa colectiva, pouco relevo possui no cálculo do imposto quando estejam em causa *sujeitos passivos residentes*. As coisas passam-se de forma diversa, porém, quando estejam em causa *sujeitos passivos não residentes* em Cabo Verde pois que aí temos de entrar em linha de conta com as *normas de incidência territorial* do IUR, essas que se recolhem no artigo 5.° do Regulamento sob a epígrafe de "extensão da obrigação de imposto".

2.3. *O tratamento de residentes e não residentes*

Como é regra no domínio da tributação dos rendimentos, a lei fiscal cabo-verdiana dispensa tratamento diferente aos sujeitos passivos de imposto consoante se considerem eles residentes ou não residentes em território nacional, possuindo num e noutro casos extensão diversa a obrigação de imposto. [8]

Quanto aos sujeitos passivos residentes, dispõe o n.° 1, do artigo 5.°, do Regulamento do IUR que as empresas e pessoas singulares com sede, direcção efectiva ou domicílio fiscal em Cabo Verde ficam sujeitas a imposto pela totalidade do rendimento que obtenham em território nacional. O legislador cabo-verdiano optou por limitar a sujeição a imposto dos residentes aos rendimentos com fonte no próprio território nacional em vez de os tributar em função da totalidade dos seus rendimentos, onde quer que eles sejam obtidos (*worldwide income*), como sucede noutros países. A solução acolhida pela lei cabo-verdiana nesta matéria possui alguma originalidade, que se explicará porventura pela grande abertura da economia insular do País ao exterior, assim como pela grande tradição e importância que reveste a emigração – o legislador terá considerado excessivo exigir o pagamento do imposto nacional pelos rendimentos que os residentes frequentemente obtêm fora do país.

[8] Nesta matéria, o Código Geral Tributário limita-se a dispor no n.° 2 do seu artigo 1.° que o regime da residência fiscal "será estabelecido em decreto-lei". Em conformidade, é o artigo 2.°, n.° 6, do Regulamento do IUR, aprovado por meio do Decreto-Lei n.° 1/96, de 15 de Janeiro, que determina que se consideram residentes as empresas e as pessoas singulares que tenham sede, direcção efectiva ou domicílio fiscal em Cabo Verde, noções que se precisam depois no artigo 5.° do mesmo diploma.

Quanto aos sujeitos passivos não residentes, dispõe o n.° 2, do artigo 5.°, do Regulamento do IUR que as empresas e pessoas singulares que não tenham sede, direcção efectiva ou domicílio fiscal em território cabo-verdiano ficam sujeitas a imposto apenas pelo rendimento que obtenham em território nacional sendo, porém, que logo em seguida, no n.° 3, o legislador restringe o alcance do preceito e delimita o rendimento que para estes efeitos se há-de considerar angariado em Cabo Verde. Vale a pena reproduzir o teor desta norma, pois que nela verdadeiramente se decide o essencial do caso em concreto:

> 3. Para efeitos do número anterior, consideram-se obtidos em território caboverdiano os rendimentos imputáveis a estabelecimento estável e, bem assim, os que, não se encontrando nessas condições, a seguir se indicam:
>
> a) Rendimentos relativos a imóveis situados no território caboverdiano, incluindo os ganhos resultantes da sua transmissão onerosa;
> b) Ganhos resultantes da transmissão onerosa de partes representativas do capital de entidades com sede ou direcção efectiva em território caboverdiano ou de outros valores mobiliários emitidos por entidades que aí tenham sede ou direcção efectiva;
> c) Rendimentos a seguir mencionados cujo devedor tenha residência, sede ou direcção efectiva em território caboverdiano ou cujo pagamento seja imputável a um estabelecimento estável nele situado:
>
> 1. Rendimentos provenientes da propriedade intelectual ou industrial e bem assim da prestação de informações resultantes a experiências adquiridas no sector industrial, comercial, agrícola, piscatório ou científico;
> 2. Rendimentos derivados do uso ou da concessão do uso de equipamento agrícola, piscatório, industrial, comercial ou científico;
> 3. Outros rendimentos da aplicação de capitais;
> 4. Remunerações auferidas na qualidade de membro de órgãos estatutários de pessoas colectivas e outras entidades;
> 5. Ganhos de jogos, lotarias e apostas mútuas.

Constatamos, assim, que quando o sujeito passivo, sendo embora não residente, possua estabelecimento estável em Cabo Verde, ficam sujeitos ao IUR todos os seus rendimentos que possam ser imputados a esse mesmo estabelecimento. Já *quando o sujeito passivo, sendo não residente, não possua tão pouco estabelecimento estável em Cabo Verde, a sujeição dos seus rendimentos ao IUR está limitada aos casos enunciados no n.° 3 do artigo 5.°*, casos que possuem todos eles em comum a existência de uma conexão especialmente intensa com o território nacional — seja porque se prendem com imóveis situados em território nacional, seja porque se prendem com entidades nele sediadas, seja porque são rendimentos devidos por entidades com sede, direcção efectiva ou estabelecimento estável em Cabo Verde.

Note-se, porém, que neste último caso, em que a conexão dos rendimentos com o território nacional é mais frágil, o legislador delimita positivamente os tipos de rendimentos que reconhece como obtidos em território nacional. Assim, *nem todo o rendimento devido por entidades com residência, sede ou direcção efectiva em território cabo-verdiano a entidades não residentes e que não possuam estabelecimento estável no território nacional fica sujeito ao IUR*, sob pena de se produzirem com isso resultados absurdos, acabando por se tributar em Cabo Verde rendimentos sem qualquer conexão verdadeira e palpável com o país.

Em vez disso, o legislador delimita positivamente os rendimentos tributáveis através da enumeração contida na alínea c) do n.° 3 do artigo 5.° do Regulamento do IUR. Ora, o ponto fundamental a reter em toda esta questão é o de que *os rendimentos derivados da prestação de serviços não se compreendem entre aqueles que nos termos do artigo 5.°, n.° 3, alínea c), se consideram sujeitos a IUR* quando sejam devidos por entidades com residência, sede ou direcção efectiva em território cabo-verdiano a entidades não residentes e que não possuam estabelecimento estável no território nacional, *faltando norma de incidência territorial que os traga para dentro do âmbito de aplicação do IUR.*

Assim, e no que respeita às prestações de serviços realizadas por não residentes, o Regulamento do IUR permite um de dois enquadramentos:

a) Quando a prestação de serviços seja realizada por entidades com estabelecimento estável em Cabo Verde e os rendimentos lhe possam ser imputados, vale o disposto no corpo do n.° 3 do artigo 5.° do Regulamento, considerando-se tais rendimentos obtidos em território nacional e sujeitos, portanto, ao imposto cabo-verdiano.

b) Quando a prestação de serviços seja realizada por entidades sem estabelecimento estável em Cabo Verde ao qual os rendimentos possam ser imputados, e mesmo que esses rendimentos sejam devidos por entidades residentes, não são eles considerados pelo n.° 3 do artigo 5.° do Regulamento como rendimentos obtidos em território nacional, ficando assim excluída, portanto, a sujeição ao imposto cabo-verdiano.

Assim sendo, parece faltar no Código do IUR a norma de incidência territorial que permita a sujeição a imposto dos rendimentos pagos a não residentes em virtude da prestação de serviços.

2.4. *Normas de incidência e normas de taxa*

Em face disto poder-se-ia porventura afirmar que as normas de incidência que servem para fundamentar a tributação dos rendimentos derivados da prestação de serviços a não residentes se encontram nas disposições orçamentais que fixam a própria taxa liberatória de 20% aplicável ao "rendimento auferido por não residentes, mesmo que não tenham estabelecimentos estáveis". De resto, *não é com base no Regulamento do IUR* mas com base nas leis do Orçamento do Estado *que a administração fiscal cabo-verdiana tem vindo a proceder à liquidação deste imposto.*

Parece evidente, no entanto, que *estas disposições não consubstanciam normas de incidência mas normas de fixação de taxas*, que pressupõem a existência prévia das primeiras. Dito de outro modo, a função das normas que estabelecem esta e outras taxas liberatórias não reside em delimitar os rendimentos que estão sujeitos a imposto mas em fixar a taxa que sobre esses rendimentos há-de incidir, pressupondo a sua qualificação prévia pelo Regulamento do IUR como rendimentos tributáveis. Esta diferença entre os dois tipos de normas, razoavelmente clara na maior parte dos impostos, mostra-se evidente no caso do IUR, pois que, ocupando-se de todos os momentos essenciais na mecânica do imposto — incidência subjectiva, incidência objectiva, incidência territorial, isenções, determinação da matéria tributável — o Regulamento do IUR não cuida da fixação das taxas do imposto, que em vez disso são genericamente remetidas pelo artigo 4.° do Decreto-Lei n.° 1/96, de 15 de Janeiro, para as Leis do Orçamento do Estado a aprovar todos os anos.

Esta técnica legislativa muito peculiar estabelece uma contraposição especialmente clara entre as normas do Regulamento do IUR que fixam "os elementos essenciais do imposto", como o diz o legislador no preâmbulo daquele decreto-lei, e as normas orçamentais que fixam as taxas do imposto ano após ano, reportando-se estas necessariamente aos rendimentos previamente qualificados como tributáveis pelo Regulamento do IUR. Em conformidade, logo na Lei do Orçamento do Estado para 1996 o legislador veio fixar as taxas do IUR, estabelecendo quer as taxas normais do imposto, quer as taxas liberatórias que se aplicam por retenção na fonte, dispondo no artigo 20.°, correctamente epigrafado de "imposto único sobre os rendimentos – taxas" que são tributados por taxa liberatória os "rendimentos auferidos por não residentes, a incidir sobre o valor de facturação: 20% (alínea c)".

Esta disposição, como aquelas em que a Administração Fiscal tem vindo a fundamentar a aplicação do imposto, assenta na prévia qualificação dos rendimentos como rendimentos tributáveis e só pode evidentemente aplicar-se aos casos em que estes o sejam: *as taxas liberatórias previstas nas leis orçamentais não podem nunca aplicar-se a rendimentos que se encontrem fora do âmbito de incidência objectiva, subjectiva ou territorial do IUR.*

Os juros de depósitos a prazo que nos termos de disposições como os artigos 18.°, n.° 3, alínea a) da Lei do Orçamento do Estado para 2005 e 16.°, n.° 3, alínea a) da Lei do Orçamento do Estado para 2006 sofrem taxa liberatória de 20% são os mesmos que vemos qualificados como rendimentos tributáveis no artigo 3.°, n.° 2, alínea e) do Regulamento do IUR. Os restantes rendimentos da aplicação de capitais que nos termos dos artigos 18.°, n.° 3, alínea b) da Lei do Orçamento do Estado para 2005 e 16.°, n.° 3, alínea b) da Lei do Orçamento do Estado para 2006 sofrem taxa liberatória de 15% são os que estão previstos também no artigo 3.°, n.° 2, alínea e) do Regulamento do IUR, nomeadamente os lucros e dividendos, bem como no artigo 3.°, n.° 1, no que respeita às mais-valias. Os rendimentos do jogo, lotarias e apostas mútuas que nos termos dos artigos 18.°, n.° 3, alínea d) da Lei do Orçamento do Estado para 2005 e 16.°, n.° 3, alínea d) da Lei do Orçamento do Estado para 2006 sofrem taxa liberatória de 20% são os que integram a categoria C nos termos do artigo 3.°, n.° 1, e n.° 2, alínea i), do Regulamento do IUR.

Em todos estes casos, as normas orçamentais que fixam as taxas liberatórias mais não fazem do que reportar-se a rendimentos previamente qualificados como tributáveis pelo Regulamento do IUR. O mesmo sucede com as taxas liberatórias de 20% que se fixam nas leis orçamentais para os "rendimentos auferidos por não residentes, mesmo que não tenham estabelecimentos estáveis": semelhantes rendimentos não podem ser outros senão os aqueles que nos termos dos artigos 3.°, 4.° e 5.° se consideram tributáveis e sobre os quais incide o imposto nos planos objectivo e territorial. *Quando, da aplicação destas disposições, resulte que um rendimento não está sujeito ao IUR, com certeza que não se lhe podem aplicar as taxas liberatórias previstas nas Leis do Orçamento do Estado.*

Claro está que, constituindo as taxas liberatórias uma solução excepcional face às taxas gerais do imposto, sempre se mostra necessário que o legislador identifique quais, de entre os rendimentos tributáveis, é que lhe estão sujeitos, sendo isso que explica as disposições que se têm vindo a inserir nas leis orçamentais cabo-verdianas. Afinal, os rendimentos tributáveis que as leis orçamentais não sujeitem expressamente a taxa liberatória a aplicar por retenção na fonte ficam, por defeito, sujeitos às taxas normais do imposto que se aplicam a final.

Como é sabido, as razões que explicam o uso de taxas liberatórias, no direito cabo-verdiano como no direito de tantos outros países, residem na impossibilidade ou na inconveniência de sujeitar ao regime declarativo comum certas categorias de rendimentos ou de contribuintes. Se olharmos ao Regulamento do IUR e às leis orçamentais cabo-verdianas constatamos, com efeito, que a tributação por meio de taxas liberatórias se concentra, por um lado, nos rendimentos de capitais e, por outro lado, nos rendimentos dos não residentes. [9]

A aplicação das taxas liberatórias aos *rendimentos de capitais* explica-se pela grande conveniência que há em concentrar nas entida-

---

[9] José Casalta Nabais (Coimbra, 2006) *Direito Fiscal*, 549, observa a propósito que "a aplicação de taxas especiais, e designadamente com carácter liberatório, constitui, por óbvias razões de praticabilidade, uma situação normal relativamente aos rendimentos dos *não residentes*" ao passo que "por razões que se prendem com os princípios constitucionais da unicidade e da progressividade, não podem deixar de constituir uma situação excepcional no respeitante aos rendimentos dos *residentes*". No mesmo sentido vão, entre outros autores, Rui Duarte Morais (Coimbra, 2006) *Sobre o IRS*, 10-13 e 135-137; Américo F. Brás Carlos (Coimbra, 2006) *Impostos: Teoria Geral*, 149-151; Manuel H. Freitas Pereira (Coimbra, 2005) *Fiscalidade*, 84-86; e, logo após a edição dos códigos do IRS e do IRC, José Joaquim Teixeira Ribeiro (Coimbra, 1989) *A Reforma Fiscal*, 237ss, em tom crítico quanto ao uso de taxas liberatórias.

des pagadoras, via de regra dotadas de boa capacidade de organização, a liquidação do imposto, desobrigando assim os contribuintes de todas as obrigações que lhes estão normalmente associadas e libertando do respectivo controlo a Administração Fiscal. A aplicação das taxas liberatórias aos rendimentos de capitais explica-se também pela circunstância de os titulares destes rendimentos se encontrarem frequentemente a coberto do sigilo bancário, matéria sempre delicada e na qual o legislador prefere muitas vezes não tocar. A aplicação das taxas liberatórias aos *não residentes*, essa, explica-se por razões evidentes de praticabilidade. De facto, seria impossível exigir dos sujeitos passivos não residentes em território nacional que à distância cumprissem com as mesmas obrigações que a lei impõe aos sujeitos passivos residentes. A aplicação das taxas liberatórias, onerando os seus rendimentos por retenção na fonte, constitui a única forma praticável de onerar efectivamente os não residentes pelos rendimentos que obtenham com fonte no território nacional.

São razões excepcionais aquelas que explicam a aplicação das taxas liberatórias, portanto, sendo que a natureza excepcional deste mecanismo resulta com clareza dos princípios firmados no Código Geral Tributário. Nos termos do artigo 4.°, n.° 1, do Código Geral Tributário, "o imposto sobre o rendimento pessoal visará a diminuição das desigualdades e será único e progressivo, tendo em conta as necessidades e os rendimentos do agregado familiar". Ora é evidente que a unicidade e a progressividade do imposto sobre os rendimentos são sacrificadas sempre que determinadas categorias de rendimentos ou determinadas categorias de contribuintes são tributadas por meio de taxas fixas, que são as mesmas independentemente dos rendimentos, e por meio de taxas que se aplicam à parte, liberando do englobamento a que estão sujeitos os demais rendimentos.

Vale isto dizer que o legislador deve ser particularmente cuidadoso na delimitação dos rendimentos que sujeite a taxas liberatórias e que é essa a precisa função das regras que se inscrevem nas leis orçamentais cabo-verdianas desde que o Regulamento do IUR entrou em vigor. As normas das leis orçamentais não procedem, portanto, à definição dos rendimentos tributáveis, pois que o faz já o Regulamento do IUR, mas à identificação de quais, de entre os rendimentos tributáveis, ficam sujeitos a taxa liberatória e o valor que essa taxa liberatória possui. De resto, esta "divisão de tarefas" entre as normas orçamentais e o Regulamento do IUR é confirmada pela adaptação que sofreu a redacção das primeiras.

Assim, se a Lei do Orçamento do Estado para 1996 se referia originariamente aos "rendimentos auferidos por não residentes" ao fixar a taxa liberatória de 20%, a partir da Lei do Orçamento do Estado para 1999, estas normas orçamentais passaram a referir-se a "rendimentos auferidos por não residentes, mesmo que não tenham estabelecimentos estáveis", adequando-se à redacção das normas de incidência do Regulamento do IUR.

Quer isto dizer que não se encontra nas leis orçamentais norma de incidência que permita sujeitar ao IUR os rendimentos derivados da prestação de serviços pagos a entidades não residentes sem estabelecimento estável em Cabo Verde.

3. Comparação

3.1. *O caso de Portugal*

O alcance da técnica empregue pelo legislador cabo-verdiano e a relação que existe no contexto do IUR entre normas de incidência e normas de taxa pode compreender-se melhor através da comparação com o direito de países com tradição jurídica próxima da cabo-verdiana. Para o efeito servir-nos-emos do direito português e do direito moçambicano, de cujas soluções vale bem a pena fazer uma análise breve.

No contexto do direito fiscal português, a tributação do rendimento de pessoas singulares e colectivas encontra-se repartida por dois impostos diferentes, o IRS e o IRC, respectivamente. Também aqui os rendimentos derivados da prestação de serviços são considerados rendimentos tributáveis, existindo, sem margem para qualquer dúvida, *norma de incidência objectiva* que os prevê.

Com efeito, e no que respeita ao IRS, as prestações de serviços integram os rendimentos empresariais e profissionais que compõem a categoria B deste imposto, determinando o artigo 3.°, n.° 1, alínea b) do Código do IRS que se consideram como tais "os auferidos no exercício, por conta própria, de qualquer actividade de prestação de serviços, incluindo as de carácter científico, artístico ou técnico, qualquer que seja a sua natureza". No que respeita ao IRC, as prestações de serviços representam um de entre os vários elementos positivos do lucro tributável, tal como este é definido pelo artigo 17.° do Código do IRC, sendo que o artigo 20.°, n.° 1, alínea a), qualifica expressamente como proveitos ou ganhos os que sejam derivados de "vendas ou prestações de serviços, descontos, bónus e abatimentos, comissões e corretagens".[10]

Do mesmo modo que o direito cabo-verdiano, a lei fiscal portuguesa trata de forma diferente sujeitos passivos residentes e não residentes, estabelecendo *normas de incidência territorial* a que importa atender. Olhando aos códigos do IRS e do IRC verificamos, no entanto, que as soluções acolhidas pelo legislador português só em limitada medida se aproximam daquelas que se acolheram em sede de IUR.

Assim, o Código do IRS estabelece no seu artigo 15.° uma distinção clara entre os *sujeitos passivos residentes* em território português, que são tributados pela totalidade dos seus rendimentos, mesmo que obtidos fora daquele território (*worldwide income*), e os *sujeitos passivos não residentes* em território português, que apenas são tributados pelos rendimentos que sejam obtidos nesse território. Ora, no que respeita aos rendimentos derivados de prestações de serviços realizadas por não residentes, podemos dizer que, nos termos do artigo 18.° do Código, eles se consideram obtidos em território português quando se verifique, essencialmente, uma de duas condições: (a) serem imputáveis a estabelecimento estável situado nesse território, caso a que se refere a alínea e) do n.° 1, ou (b) serem devidos por entidades com residência, sede, direcção efectiva ou estabelecimento estável nesse território a que deva imputar-se o pagamento, caso a que se refere a alínea f) do mesmo número. Reproduzimos em baixo as disposições do Código do IRS que nos importam:

Artigo 18.°

Rendimentos obtidos em território português

1 – Consideram-se obtidos em território português

(...)

e) Os rendimentos de actividades empresariais e profissionais imputáveis a estabelecimento estável nele situado.[11]

f) Os rendimentos que não se encontrem previstos na alínea anterior decorrentes de actividades profissionais e de outras prestações de serviços,

---

[10] Os textos actualizados de ambos os códigos pode ser consultado em www.dgci.min-financas.pt.

[11] Redacção dada pela Lei n.° 32-B/2002, de 30 de Dezembro.

incluindo as de carácter científico, artístico, técnico e de intermediação na celebração de quaisquer contratos, realizadas ou utilizadas em território português, com excepção das relativas a transportes, telecomunicações e actividades financeiras, desde que devidos por entidades que nele tenham residência, sede, direcção efectiva ou estabelecimento estável a que deva imputar-se o pagamento;[12]

(...)

A leitura destas disposições deixa-nos ver que, *diferentemente do que sucede no contexto do Regulamento do IUR, as normas de incidência territorial do Código do IRS alargam-se por princípio a todo o tipo de rendimentos decorrentes de "actividades profissionais e outras prestações de serviços" que sejam devidos por entidades com residência, sede, direcção efectiva ou estabelecimento estável no território nacional.* Para que se considerem estes rendimentos tributáveis em Portugal é necessário também que as prestações de serviços em causa sejam realizadas ou utilizadas em território português, excepção feita aos transportes, telecomunicações e actividades financeiras, que permanecem fora do âmbito de incidência do imposto. Desta maneira, o legislador português consegue sujeitar efectivamente ao IRS os rendimentos derivados da prestação de serviços que o legislador cabo-verdiano deixa de fora do âmbito de incidência territorial do IUR.[13]

No contexto do direito português, estes rendimentos derivados da prestação de serviços pagos a não residentes sem estabelecimento estável ficam sujeitos às taxas liberatórias previstas pelo próprio Código do IRS. Assim, nos termos do artigo 71.° do Código do IRS, os rendimentos derivados das prestações de serviços realizadas por não residentes, e desde que se considerem obtidos em território português nos termos do artigo 18.°, podem ficar sujeitos a uma de duas taxas liberatórias, de 15% ou de 25%. É certo, portanto, neste contexto, que as taxas liberatórias previstas no artigo 71.° se aplicam apenas aos rendimentos devidos a não

[12] Redacção dada pela Lei n.° 32-B/2002, de 30 de Dezembro.

[13] Para uma melhor compreensão destas normas, veja-se a anotação ao antigo artigo 17.° do Código feita por André Salgado de Matos (Coimbra, 1999) *Código do Imposto sobre o Rendimento das Pessoas Singulares Anotado*, com revisão de Rodrigo Queiroz e Melo, 212-221.

residentes que sejam considerados tributáveis em função das normas de incidência objectiva e territorial previstas no Código e que as disposições que fixam as taxas liberatórias no artigo 71.° não consubstanciam, por si mesmas, normas de incidência mas normas de taxas.[14]

O resultado não é muito diferente no contexto do IRC, devido pelas pessoas colectivas, ainda que o legislador português siga aqui uma técnica mais próxima da que encontramos na lei cabo-verdiana. Assim, para efeitos do IRC, os rendimentos derivados da prestação de serviços por não residentes consideram-se sujeitos a imposto, no essencial, sempre que se verifique uma de duas situações:

a) Quando a prestação de serviços seja realizada por entidades com estabelecimento estável em Portugal e os rendimentos lhe possam ser imputados, vale o disposto no corpo do n.° 3 do artigo 4.° do Código do IRC, considerando-se tais rendimentos obtidos em território português e sujeitos, portanto, a este imposto.

b) Quando a prestação de serviços seja realizada por entidades sem estabelecimento estável em Portugal ao qual os rendimentos possam ser imputados, e quando esses rendimentos sejam devidos por entidades residentes, eles são considerados genericamente tributáveis nos termos do n.° 7 da alínea c) do n.° 3 do artigo 4.° do Código do IRC, que se refere expressamente aos "rendimentos derivados de outras prestações de serviços realizados ou utilizados em território português".

Reproduzimos em baixo as disposições do Código do IRC que nos importam:

Artigo 4.°

Extensão da obrigação de imposto

1 – Relativamente às pessoas colectivas e outras entidades com sede ou direcção efectiva em território português, o IRC incide sobre a totalidade dos seus rendimentos, incluindo os obtidos fora desse território.

[14] A taxa liberatória é de 15% para os casos previstos no artigo 18.°, n.° 1, alínea f), com excepção feita a um conjunto, razoavelmente largo, de prestações de serviços previstas na lista anexa ao Código do IRS a que se refere o artigo 151.°, casos em que a taxa liberatória é de 25%.

2 – As pessoas colectivas e outras entidades que não tenham sede nem direcção efectiva em território português ficam sujeitas a IRC apenas quanto aos rendimentos nele obtidos.

3 – Para efeitos do disposto no número anterior, consideram-se obtidos em território português os rendimentos imputáveis a estabelecimento estável aí situado e, bem assim, os que, não se encontrando nessas condições, a seguir se indicam:

(...)

c) Rendimentos a seguir mencionados cujo devedor tenha residência, sede ou direcção efectiva em território português ou cujo pagamento seja imputável a um estabelecimento estável nele situado:

1) Rendimentos provenientes da propriedade intelectual ou industrial e bem assim da prestação de informações respeitantes a uma experiência adquirida no sector industrial, comercial ou científico;

2) Rendimentos derivados do uso ou da concessão do uso de equipamento agrícola, industrial, comercial ou científico;

3) Outros rendimentos de aplicação de capitais;

4) Remunerações auferidas na qualidade de membros de órgãos estatutários de pessoas colectivas e outras entidades;

5) Prémios de jogo, lotarias, rifas, totoloto e apostas mútuas, bem como importâncias ou prémios atribuídos em quaisquer sorteios ou concursos;

6) Rendimentos provenientes da intermediação na celebração de quaisquer contratos;

7) Rendimentos derivados de outras prestações de serviços realizados ou utilizados em território português, com excepção dos relativos a transportes, comunicações e actividades financeiras;

8) Rendimentos provenientes de operações relativas a instrumentos financeiros derivados;

A leitura destas disposições deixa-nos ver que, *diferentemente do que sucede no contexto do Regulamento do IUR, as normas de incidência territorial do Código do IRC alargam-se a todo o tipo de rendimentos "derivados de prestações de serviços" que sejam devidos por entidades com residência, sede, direcção efectiva ou estabelecimento estável no território nacional*, excepção feita aos transportes, comunicações e actividades financeiras, e desde que essas prestações de serviços sejam, evidentemente, realizadas ou utilizadas em território português.

A comparação do artigo 4.° do Código do IRC e do artigo 5.° do Regulamento do IUR deixa ver, com toda a facilidade, que o primeiro constituiu a fonte de inspiração para a redacção do segundo mas que o legislador cabo-verdiano prescindiu da referência aos rendimentos derivados das prestações de serviços que o legislador português faz no artigo 4.°, n.° 3, alínea c), n.° 7, do Código do IRC daí resultando que semelhantes rendimentos acabam por ficar de fora do âmbito territorial de incidência do IUR.

Dito de outro modo, no contexto do IRC português encontramos a precisa norma de incidência territorial que falta no contexto do IUR cabo-verdiano. Precisamente porque existe norma de incidência que previamente os define como tributáveis, são aplicáveis aos rendimentos derivados da prestação de serviços por entidades não residentes sem estabelecimento estável as taxas liberatórias previstas mais adiante, no artigo 80.° do Código do IRC. Assim, nos termos do n.° 2 deste artigo, os rendimentos auferidos por entidades que não tenham sede nem direcção efectiva em território português e que aí não possuam estabelecimento estável ao qual os mesmos sejam imputáveis ficam por regra sujeitos a uma taxa liberatória de IRC de 25%.

3.2. *O caso de Moçambique*

À semelhança do que sucede em tantos outros países, a tributação dos rendimentos encontra-se repartida em Moçambique por dois impostos, o Imposto sobre o Rendimentos das Pessoas Singulares (IRPS) e o Imposto sobre o Rendimento das Pessoas Colectivas (IRPC), cujos códigos foram aprovados por meio dos Decretos n.° 20/02 e n.° 21/02, respectivamente, ambos datados de 30 de Julho de 2002.[15]

---

[15] Ambos os códigos entraram em vigor a 1 de Janeiro de 2003. Antes destes, vigorava o Código dos Impostos sobre o Rendimento, no qual se compreendiam a Contribuição Industrial, o Imposto sobre os Rendimentos do Trabalho e o Imposto Complementar, aprovado pelo Decreto n.° 3/87, de 30 de Janeiro, e sujeito a inúmeras alterações desde então, um texto que reproduzimos em Sérgio Vasques/Conceição Gamito (Lisboa, 1999) *Legislação Fiscal de Moçambique*, 157ss. É de notar que também em Moçambique a aplicação das taxas liberatórias da antiga Contribuição Industrial esteve rodeada de imensas dificuldades, sendo objecto da disciplina avulsa do Decreto n.° 31/90, de 7 de

Nos termos do Código do IRPS, os rendimentos derivados das prestações de serviços consideram-se genericamente sujeitos a imposto, integrando a "segunda categoria" do IRPS, a que se refere o artigo 7.° do Código, composta pelos rendimentos empresariais e profissionais. Nos termos do artigo 7.°, n.° 2, alínea b) do Código do IRPS, consideram-se rendimentos empresariais e profissionais "os auferidos no exercício, por conta própria, de qualquer actividade de prestação de serviços".

Se, nos termos do artigo 19.° do Código do IRPS, as pessoas residentes em território moçambicano ficam sujeitas ao IRPS pela totalidade dos seus rendimentos, incluindo os obtidos fora desse território, já as pessoas não residentes ficam sujeitas ao imposto apenas pelos rendimentos obtidos em território moçambicano. Para este efeito, dispõe o artigo 21.°, que se consideram obtidos em território moçambicano, entre outros, os rendimentos de actividades empresariais e profissionais imputáveis a estabelecimento estável nele situado, incluindo os rendimentos provenientes da intermediação na celebração de quaisquer contratos, bem como os rendimentos "derivados de outras prestações de serviços realizadas ou utilizadas em território moçambicano, com excepção das relativas a transportes, telecomunicações e actividades financeiras, desde que devidos por entidades que nele tenham residência, sede, direcção efectiva ou estabelecimento estável a que deva imputar-se o pagamento" (n.° 1, alínea e).

É clara, portanto, a inclusão dos rendimentos derivados da prestação de serviços por não residentes sem estabelecimentos estável no âmbito de incidência territorial do imposto moçambicano. E é em função destas normas de incidência que depois se vêm sujeitar esses mesmos rendimentos a uma taxa liberatória de 20%, prevista no artigo 67.° do Código do IRPS, dirigida aos "rendimentos do trabalho dependente e os rendimentos previstos na alínea b) do n.° 2 do artigo 7, ainda que decorrentes de actos isolados (...) auferidos por não residentes em Moçambique".

Nos termos do Código do IRPC, que segue muito de perto a legislação portuguesa nas suas regras essenciais, as prestações de serviços representam um elemento positivo do lucro tributável, tal como este é definido pelo artigo 17.° do Código, sendo que o artigo 20.°, n.° 1, alínea

Dezembro. O texto dos códigos do IRPS e do IRPC pode facilmente ser encontrado em www.portaldogoverno.gov.mz.

a) deste diploma qualifica também como proveitos ou ganhos os que sejam derivados de "vendas ou prestações de serviços, descontos, bónus e abatimentos, comissões e corretagens".

Se, nos termos do artigo 5.° do Código, as pessoas colectivas e outras entidades com sede ou direcção efectiva em território moçambicano ficam sujeitas ao IRPC sobre a totalidade dos seus rendimentos, incluindo os obtidos fora desse território, as pessoas colectivas e outras entidades que não tenham sede nem direcção efectiva em território moçambicano ficam, em contrapartida, sujeitas a IRPC apenas quanto aos rendimentos nele obtidos. As normas de incidência territorial previstas no artigo 5.° do Código do IRPC moçambicano acolhem solução muito próxima da legislação portuguesa, nos termos da qual os rendimentos derivados da prestação de serviços por parte de não residentes ficam sujeitos ao imposto moçambicano numa de duas situações essenciais: (a) quando a prestação de serviços seja realizada por entidades com estabelecimento estável em Moçambique e os rendimentos lhe possam ser imputados ou (b) quando a prestação de serviços seja realizada por entidades sem estabelecimento estável em Moçambique ao qual os rendimentos possam ser imputados mas esses rendimentos sejam devidos por entidades com residência, sede ou direcção efectiva em território moçambicano. À semelhança do que sucede no direito português, é sempre condição da sujeição destes rendimentos a imposto que as prestações de serviços sejam realizadas ou aproveitadas em território moçambicano, excepção feita aos serviços de transportes, comunicações e actividades financeiras, que não são tributáveis.

É clara, portanto, a inclusão dos rendimentos derivados das prestações de serviços por não residentes sem estabelecimento estável no âmbito territorial de incidência do imposto moçambicano. E é precisamente porque existe prévia norma de incidência territorial que o artigo 77.° do Código do IRPC vem determinar que estes rendimentos, "de entidades que não tenham sede nem direcção efectiva em território moçambicano e não possuam estabelecimento estável em Moçambique, ao qual os mesmos sejam imputáveis", ficam sujeitos a taxa liberatória de 20%.

A análise breve da lei portuguesa e da lei moçambicana, de tradição muito próxima do direito de Cabo Verde, deixa-nos ver com maior clareza que a opção tomada pelo legislador fiscal cabo-verdiano na redacção do Regulamento do IUR foi substancialmente diferente daquela que se tomou em Portugal e em Moçambique na estruturação dos respectivos impostos sobre o rendimento.

O legislador português e o legislador moçambicano optaram por fixar na lei normas de incidência territorial capazes de trazer para o âmbito de incidência dos seus impostos os rendimentos derivados da prestação de serviços por entidades não residentes desprovidas de estabelecimento estável, sempre que a entidade pagadora fosse residente no território nacional e aquelas prestações aí fossem realizadas ou aproveitadas, sujeitando-as, em consequência, a taxa liberatória.

O legislador cabo-verdiano, de modo diverso, não fixou norma de incidência territorial que conduzisse à sujeição de tais rendimentos ao IUR, razão pela qual não se podem, em obediência ao princípio constitucional da legalidade tributária, aplicar aos mesmos as taxas liberatórias fixadas todos os anos nas Leis do Orçamento do Estado.

4. Enquadramento dos rendimentos para efeitos da Convenção Cabo Verde/Portugal

Depois de estudado o tratamento que o direito interno cabo-verdiano faz dos rendimentos derivados da prestação de serviços por parte de não residentes, vale a pena olhar brevemente também ao tratamento que eles merecem no contexto do direito internacional e, muito em particular, da Convenção para evitar a Dupla Tributação (CDT) em matéria de impostos sobre o rendimento e prevenir a evasão fiscal, celebrada entre Cabo Verde e Portugal no ano de 1999 e actualmente em vigor.

A Convenção de Dupla Tributação celebrada entre a República de Cabo Verde e a República Portuguesa foi aprovada para ratificação por meio da Resolução da Assembleia Nacional n.° 125/IV/99, de 28 de Junho, no que a Cabo Verde respeita, e por meio da Resolução da Assembleia da República n.° 63/2000, de 7 de Abril, no que toca a Portugal. Como o nome indica, o seu propósito principal é o de eliminar a dupla tributação em matéria de impostos sobre o rendimento, aplicando-se, no que tem de mais importante, ao IUR cabo-verdiano e aos IRS e IRC portugueses.[16]

---

[16] O texto da Convenção, tal qual foi objecto de publicação em Portugal encontra-se disponível em www.dgci.min-financas.pt..

O primeiro ponto a reter neste domínio é o de que normas como as que encontramos na CDT celebrada entre Cabo Verde e Portugal não constituem normas de incidência mas normas de repartição de competência.

O propósito das normas da CDT que se dirigem às diferentes categorias de rendimentos – e, desde logo, aos lucros de empresas e aos rendimentos das profissões independentes – não está em determinar a sua sujeição aos impostos de um ou de outro dos estados signatários mas em definir qual dos dois estados tem competência para tributar os rendimentos *sempre que as normas de direito interno de ambos os considerem simultaneamente como tributáveis*. Das normas da CDT celebrada entre Cabo Verde e Portugal não se pode extrair, por isso, a sujeição de um determinado rendimento a IUR ou a IRS/IRC, pode, isso sim, determinar-se se é Cabo Verde ou Portugal o estado competente para a respectiva tributação, sempre que as normas do Regulamento do IUR e dos Códigos do IRS/IRC incidam simultaneamente sobre esses rendimentos, gerando uma situação de potencial dupla tributação.

A resposta que as normas das Convenções de Dupla Tributação dão a estas situações de conflito pode ser de um de dois tipos fundamentais: o reconhecimento de *competência exclusiva* a um dos estados, caso em que se previne de antemão a dupla tributação, e o reconhecimento de *competência cumulativa* a ambos os estados, caso em que se elimina a posteriori a dupla tributação. "Certos tipos de rendimentos" – como afirma Alberto Xavier – "são, na sua totalidade, objecto de atribuição exclusiva a um dos estados em presença: exemplo característico é o dos lucros das empresas de navegação, atribuídos exclusivamente ao estado em que se situa a direcção efectiva da empresa; ou o das remunerações dos directores, via de regra atribuídas exclusivamente ao estado da fonte. A grande maioria dos tipos de rendimentos é, porém, objecto de complexa regulamentação que os atribui à competência exclusiva de um dos estados em concurso, admitindo, porém, excepções em função de certas circunstâncias ou de certas modalidades especiais, caso em que se reconhece competência (cumulativa ou exclusiva) ao outro".[17]

[17] Alberto Xavier (Coimbra, 2007) *Direito Tributário Internacional*, 604.

Seja qual for a concreta solução dada pelas CDT, de atribuição de competência exclusiva ou cumulativa, está para além de dúvida que *as normas convencionais não criam por si mesmas incidência interna.* Ora, como vimos já mais atrás, no direito interno cabo-verdiano falta norma de incidência que permita sujeitar ao IUR os rendimentos derivados de prestações de serviços realizadas por não residentes sem estabelecimento estável no território nacional, querendo isso dizer que o estado cabo-verdiano não possui verdadeira pretensão à tributação desses rendimentos que possa fazer valer para efeitos da Convenção que celebrou com o estado português.

Dito de outro modo, estes são rendimentos que nos termos do direito interno português estão sujeitos a IRS/IRC mas que nos termos do direito interno cabo-verdiano não estão sujeitos a IUR, razão pela qual *não se produz neste caso um verdadeiro conflito de pretensões nem um problema de dupla tributação que exija a aplicação da CDT celebrada entre Cabo Verde e Portugal.*

Se este ponto parece inteiramente seguro, podemos, em qualquer caso, perguntar qual seria o estado competente para tributar os rendimentos derivados de prestações de serviços realizadas por não residentes sem estabelecimento estável no território cabo-verdiano *caso existisse* norma de incidência no IUR que colocasse este imposto em conflito com os IRS e IRC portugueses ou *caso ela venha no futuro a ser criada.*

Ora, a leitura dos artigos 7.° e 14.° da CDT celebrada entre Cabo Verde e Portugal deixa ver com toda a clareza que em semelhante hipótese a competência para tributar esses rendimentos caberia exclusivamente ao estado da residência, isto é, a Portugal.

Assim, nos termos do artigo 7.° da CDT, relativo aos lucros de empresas, os lucros de uma empresa de um estado contratante *só podem* ser tributados nesse estado, a não ser que a empresa exerça a sua actividade do outro estado contratante por meio de um estabelecimento estável aí situado. Se a empresa exercer a sua actividade deste modo, os seus lucros podem ser tributados no outro estado, mas unicamente na medida em que forem imputáveis a esse estabelecimento estável.

Significa isto que *os lucros de empresas residentes em Portugal que resultem da prestação de serviços a empresas cabo-verdianas só podem nos termos da CDT ser tributados em Portugal,* a menos que as empresas portuguesas disponham de estabelecimento estável em Cabo Verde.[18]

Assim também, nos termos do artigo 14.° da CDT, relativo às profissões independentes, os rendimentos obtidos por um residente de um estado contratante pelo exercício de uma profissão liberal ou de outras actividades de carácter independente *só podem* por princípio ser tributados nesse estado. A CDT dispõe que excepcionalmente esses residentes podem ser igualmente tributados no outro estado contratante se (a) o indivíduo dispuser, de forma habitual, no outro estado contratante, de uma instalação fixa para o exercício das suas actividades; mas apenas na medida em que sejam imputáveis a essa instalação fixa; ou se (b) a remuneração respeitante ao exercício das suas actividades no outro estado contratante for paga por ou nome de um residente do outro estado contratante ou for suportada por um estabelecimento estável ou uma instalação fixa situado nesse estado contratante e exceder, no ano fiscal, montante bruto equivalente a 18.000 euros.

Significa isto que *os rendimentos de profissionais independentes residentes em Portugal que resultem da prestação de serviços a empresas cabo-verdianas só podem nos termos da CDT ser tributados em Portugal,* a menos que esses profissionais disponham de instalação fixa em Cabo Verde ou aufiram rendimentos superiores a € 18.000 que sejam pagos por entidades residentes em território cabo-verdiano.

De tudo isto pode concluir-se, enfim, que caso existisse norma de incidência no IUR que sujeitasse a imposto os rendimentos pagos a não residentes em virtude da prestação de serviços ou caso ela venha no futuro a ser criada, a competência para a sua tributação, e sempre que estejam em jogo relações entre Cabo Verde e Portugal, cabe por princípio ao último estado e não ao primeiro.[19]

---

[18] Claro está que a inversa também é verdadeira: sempre que empresas residentes em Cabo Verde prestem serviços a clientes em Portugal e não disponham nesse país de estabelecimento estável, é exclusivamente a Cabo Verde que compete tributar os rendimentos em causa.

[19] Alberto Xavier (2007), 604, exemplifica as normas de atribuição de competência exclusiva precisamente com o caso "do lucro das empresas em geral, atribuído à competência exclusiva do estado da residência, salvo (...) se for imputável a estabelecimento estável localizado no outro estado" e com "o caso dos rendimentos das profissões inde-

Resta, enfim, dizer que para efeitos de aplicação destas normas da CDT e para prevenir a dupla tributação bastará às entidades domiciliadas em Cabo Verde comprovar por meio idóneo a residência em Portugal das entidades credoras dos rendimentos derivados da prestação de serviços, o que não se afigurará difícil na maior parte dos casos, devendo ainda assinalar-se que não foram emitidas pela Administração Fiscal normas de procedimento que fixem especiais requisitos para este efeito mas que, em virtude do princípio da proporcionalidade, deve ser admitido qualquer meio de prova cabal.

5. Conclusões

A sujeição a IUR dos rendimentos auferidos por não residentes sem estabelecimento estável em território cabo-verdiano está limitada aos casos enunciados no n.° 3 do artigo 5.° do Regulamento do IUR. Os rendimentos derivados da prestação de serviços não se compreendem entre aqueles que o artigo 5.°, n.° 3, alínea c), do Regulamento do IUR considera obtidos em Cabo Verde quando a respectiva entidade devedora é residente no território nacional. Falta, assim, norma de incidência territorial que permita a sujeição a IUR dos rendimentos pagos a empresas e profissionais não residentes no território nacional e que nele não têm estabelecimento estável em virtude da prestação de serviços.

As normas que nas Leis do Orçamento do Estado estabelecem taxas liberatórias para os rendimentos auferidos por não residentes sem estabelecimento estável não constituem normas de incidência mas normas de fixação de taxas. As taxas liberatórias previstas nas leis orçamentais só podem por isso aplicar-se a rendimentos que nos termos do Regulamento do IUR integrem o âmbito de incidência objectiva, subjectiva e territorial deste imposto, o que não sucede com os rendimentos pagos a não residentes em virtude da prestação de serviços. A falta de norma de incidência territorial na lei cabo-verdiana é confirmada pela sua comparação com a lei de outros países que lhe são próximos na tradição jurídica,

pendentes, atribuídos à competência exclusiva do estado de residência, salvo se forem imputáveis a instalação fixa que o profissional disponha no outro estado".

como Portugal e de Moçambique, em cujos impostos sobre os rendimentos podemos encontrar as normas que faltam no Regulamento do IUR.

As normas que integram a Convenção de Dupla Tributação celebrada entre Cabo Verde e Portugal não constituem normas de incidência mas normas de repartição de competência, não se podendo por isso extrair delas a sujeição de determinados rendimentos ao IUR. Os rendimentos derivados da prestação de serviços por parte de não residentes sem estabelecimento estável não estão sujeitos a IUR nos termos da lei cabo-verdiana, pelo que não se produz quanto a eles um problema de dupla tributação que exija a aplicação da CDT celebrada entre Cabo Verde e Portugal. Ainda que existisse norma de incidência no Regulamento do IUR que sujeitasse a imposto estes rendimentos ou ainda que ela venha no futuro a ser criada, a competência para a sua tributação, e sempre que estejam em jogo relações entre Cabo Verde e Portugal, cabe por princípio a este último estado.

Esta é, seguramente, uma questão a merecer tratamento cuidado aquando da anunciada revisão da tributação dos rendimentos em Cabo Verde.

Ética e deontologia nas instituições superiores de controlo financeiro externo

Helena Abreu Lopes*

Juíza Conselheira do Tribunal de Contas

* Juíza Conselheira do Tribunal de Contas de Portugal, tendo coordenado em 2004/2005 um Grupo de Trabalho, composto por vários dirigentes da respectiva Direcção Geral, para a elaboração de propostas relativas ao fortalecimento ético na instituição, cujo trabalho está na base deste artigo

RESUMO

Num contexto de crise dos valores e deveres do serviço público, é grande a importância de as Instituições de Controlo Financeiro Externo se destacarem como entidades imparciais e independentes, cuja missão se orienta para a promoção e garantia de uma cultura financeira de verdade, integridade, responsabilidade e qualidade.

Pretendendo promover, perante a sociedade, uma cultura referenciada por aqueles valores, uma Instituição Superior de Controlo Financeiro só conseguirá ser respeitada e transmitir uma cultura ética se, para além do sentido e rigor das suas decisões e recomendações, as pessoas que a integram exprimirem esses valores no seu comportamento e forem reconhecidas como exemplos de integridade pelos destinatários e interlocutores da sua actividade.

Um sólido sistema de valores institucionais e profissionais é um dos pilares de um bom trabalho de controlo financeiro e um elemento essencial do estatuto e desempenho dos membros, auditores e funcionários das Instituições de Controlo Financeiro Externo. A identificação desses valores fundamentais é o primeiro passo para a criação de um entendimento comum em relação ao comportamento esperado dos colaboradores, partindo-se destes valores para os padrões de comportamento e limites à conduta.

A comunicação desses princípios, a vinculação ao seu cumprimento, a formação e orientação para o seu respeito e promoção são medidas adequadas para garantir um elevado padrão ético, embora não dispensem que se controle a sua observância e se aja contra a violação dos padrões.

Palavras-chave:

Ética;

Imparcialidade;

Controlo financeiro.

ABSTRACT

In an environment where the values and duties of public service have come into a crisis, it is quite important that Supreme Audit Institutions are at the forefront as impartial and independent bodies, following the mission of promoting and ensuring a culture of truth, integrity, quality and accountability.

To promote such values, a Supreme Audit Institution must be respected by citizens and must be able to communicate an ethical culture. To be successful on that, the audit institution must, besides adopting right and accurate decisions and recommendations, work through people that express fundamental values of public service in their professional behaviour. Those people must be recognised as integrity models by the audit institution's stakeholders.

A solid system of institutional and professional values is one of the pillars of a good audit work and a fundamental part of the statute and performance of the members, auditors and workers of a Supreme Audit Institution. Identifying those values is the first step to build a common understanding about the expected behaviour of those that work in the audit institution. Based on those values, guidelines for professional conduct must be set.

Communicating those principles and guidelines and training and orienting for their respect and implementation are adequate measures to ensure a high ethical profile. Controlling their observation and acting in case of non compliance is also needed.

Keywords:
Ethics;
Impartiality;
Audit.

I. Importância do tema

Hoje, as questões éticas, nomeadamente no âmbito do serviço público, apresentam-se com uma importância redobrada.

Verifica-se a emergência de um grande relativismo e permissividade moral nas sociedades actuais e uma crise dos valores e deveres do serviço público associada, em parte, às mudanças na gestão pública. Para lhe fazer face torna-se cada vez mais necessário balancear a eficiência com a ética[1].

José Manuel Moreira, na sua obra "*Ética, Democracia e Estado*", defende que a reforma do Estado e das administrações públicas não pode ser feita com a exclusiva preocupação de passar da burocracia à eficácia. Afirma este autor que a prossecução do objectivo subjacente de servir os cidadãos exige a existência de instituições fortes, imparciais e independentes, capazes de assegurar o primado das regras, e uma especial atenção aos valores e aos deveres do serviço público.

Por outro lado, graves crises surgiram na arena internacional, e também na nacional, em que relevaram deficiências de controlo e supervisão sobre grandes empresas, as quais suscitam sérias dúvidas sobre o papel e princípios assegurados pelos respectivos auditores externos.

Neste contexto, é grande a importância de as Instituições de Controlo Financeiro Externo se destacarem como entidades imparciais e

---

[1] Vd. *Ethics in the Public Service, Current Issues and Practice*, OCDE, 1996.

independentes, cuja missão se orienta para a promoção e garantia de uma cultura financeira de verdade, integridade, responsabilidade e qualidade.

Pretendendo promover, perante a sociedade, uma cultura referenciada por aqueles valores, uma Instituição Superior de Controlo Financeiro só conseguirá ser respeitada e transmitir uma cultura ética se, para além do sentido e rigor das suas decisões e recomendações, as pessoas que a integram exprimirem esses valores no seu comportamento e forem reconhecidas como exemplos de integridade pelos destinatários e interlocutores da sua actividade.

Por outro lado, a profissão de auditor, mesmo no sector privado, exige a observância de princípios e garantias de imparcialidade e seriedade, para que os resultados apresentados mereçam credibilidade.

Desta forma, a ética e deontologia assumem uma importância primordial tanto para as próprias Instituições de Controlo Financeiro Externo como para os seus profissionais, já que um sólido sistema de valores institucionais e profissionais é um dos pilares de um bom trabalho de controlo financeiro, um elemento essencial do estatuto e desempenho dos membros, auditores e funcionários das Instituições de Controlo Financeiro Externo e um contributo relevantíssimo para a integridade social.

II. Os valores e princípios éticos e deontológicos numa Instituição de Controlo Financeiro Externo

O Código de Ética e as Normas de Auditoria da INTOSAI[2] enunciam os princípios aplicáveis à auditoria pública e aos respectivos auditores, preconizando a aprovação de códigos pelas instituições de controlo nacionais.

Da análise efectuada sobre os códigos, cartas, manuais ou textos relativos a questões de ética ou conduta de várias Instituições Superiores de Controlo Financeiro Externo, pode constatar-se que há um núcleo essencial de princípios, que, embora com designações por vezes diferen-

[2] *INTOSAI: International Organization of Supreme Audit Institutions*, organização mundial das instituições superiores de controlo financeiro externo, criada no âmbito da *ONU*. Vd. http://www.intosai.org/

tes, é consagrado em todos os documentos objecto de análise. São identificados recorrentemente os princípios da independência, salvaguarda de conflitos de interesses, imparcialidade, objectividade, legalidade, integridade, transparência, colaboração, contraditório, responsabilidade, competência e confidencialidade.

Por outro lado, se numa Instituição Superior de Controlo Financeiro Externo devem observar-se princípios específicos relativos à sua missão e actividade, hão-de respeitar-se também os princípios gerais que subordinam a actividade de serviço público, sendo que só neste tipo de instituição se combina a ética profissional de auditoria com os princípios de serviço público.

No âmbito dos países da OCDE pode também constatar-se uma razoável coincidência dos princípios e valores consignados para as Administrações Públicas[3].

No quadro seguinte visualiza-se o resultado da análise comparada dos princípios gerais e específicos afirmados aos níveis das Administrações Públicas, dos códigos profissionais de contabilidade e auditoria e das Instituições de Controlo Externo, a qual permite facilmente constatar a especialidade e convergência referidas.

Princípios aplicáveis às Administrações Públicas nos países da OCDE	**Princípios afirmados em códigos profissionais de contabilidade e auditoria[4]**	**Princípios identificados nos códigos da INTOSAI e de outras ISCs[5]**
Interesse e serviço público		Serviço do interesse público
	Independência	Independência
		Neutralidade política
Salvaguarda de conflitos de interesses	Salvaguarda de conflitos de interesses	Exclusividade/ Salvaguarda de conflitos de interesses

[3] Vd. Nota da OCDE de Setembro de 2000 "*Construindo a Confiança Pública: Medidas éticas nos países da OCDE*".

[4] IFAC IFAC (*International Federation of Accountants*), IIA (*Institute of International Auditors*) e AGA (*Association of Government Accountants*) e Ordem dos Revisores Oficiais de Contas de Portugal.

[5] INTOSAI e ISCs da Austrália, Alemanha, Brasil, Canada, Dinamarca, Eslováquia, Espanha, Estados Unidos da América, Holanda, Hungria, Polónia, Portugal, Reino Unido, Suécia, Suiça e Tribunal de Contas Europeu.

Princípios aplicáveis às Administrações Públicas nos países da OCDE	Princípios afirmados em códigos profissionais de contabilidade e auditoria[4]	Princípios identificados nos códigos da INTOSAI e de outras ISCs[5]
Justiça/ Imparcialidade/ Objectividade	Imparcialidade/ Objectividade	Imparcialidade/ Objectividade
Legalidade		Legalidade
Igualdade		
Proporcionalidade		
Informação/ Transparência	Transparência	Transparência/ Publicidade
		Colaboração/Cooperação
		Audição dos auditados
Eficiência/ Mérito		Eficácia
Liderança		
Responsabilidade		Responsabilidade/ Responsabilidade social
		Respeitabilidade/ Salvaguarda da boa reputação da instituição
Integridade/ Honestidade	Integridade/ Comportamento profissional	Integridade/ Probidade/ Honestidade
Obrigação de denunciar abusos, desperdícios, fraudes e corrupção		Obrigação de denunciar abusos, desperdícios, fraudes e corrupção
Lealdade		Lealdade
Competência/ Profissionalismo/ Diligência	Competência/Normas técnicas/ Diligência	Competência/Desenvolvimento profissional/ Perfeição profissional Inovação
Confidencialidade	Confidencialidade	Confidencialidade
		Obediência
Respeito		Respeito/ Cortesia/ Decoro/ Lisura

Verifica-se, assim, uma larga coincidência nos valores e princípios a que as várias Administrações Públicas e Instituições de Controlo Financeiro Externo dos diversos países se vinculam, ainda que a designação e conteúdo de cada um dos postulados possa variar significativamente, consoante as tradições culturais e as prioridades escolhidas. Por exemplo, os princípios da independência, imparcialidade, igualdade, objectividade e integridade tanto aparecem autonomizados uns dos outros, como são enunciados de forma reciprocamente dependente, como desaparecem uns em favor dos outros, transferindo-se os respectivos conteúdos.

No essencial, encontramos valores associados a três grandes áreas.

Desde logo, princípios ligados à realização da missão e do interesse público e à garantia de que ela é assegurada com a máxima integridade. Neste âmbito se integram a prossecução do interesse público, a realização da missão, a imparcialidade, a isenção, a salvaguarda de conflitos de interesses, a exclusividade de funções, a legalidade, a proporcionalidade, a honestidade e a irrepreensibilidade das condutas.

Neste conjunto destaca-se, em especial, o valor da independência, que é reconhecido como central numa Instituição Superior de Controlo Financeiro Externo, constituindo-se frequentemente como o valor que, por excelência, garante e é garantido pelos restantes.

Um segundo grupo de valores liga-se ao profissionalismo da função de fiscalização assegurada. Nele se incluem a responsabilidade, a competência, o contraditório, a colaboração e a confidencialidade bem como valores que regulam maioritariamente comportamentos de natureza organizacional interna, como sejam a lealdade e a liderança.

Por fim, valorizam-se princípios de transparência. Acesso à informação, divulgação dos resultados e cooperação são valores sempre presentes nas instituições de controlo financeiro externo, já que a essência da sua missão é evidenciar publicamente a forma como são geridos os dinheiros públicos.

Na afirmação dos valores e regras éticas podem adoptar-se diversas perspectivas.

Uma das possíveis é a perspectiva deontológica, em que as regras são definidas do ponto de vista das condutas adequadas no âmbito de uma determinada profissão, qualquer que seja a entidade em que ela se exerce. Neste âmbito, encontramos, por exemplo, o código ético da profissão de revisor de contas, aprovado pela respectiva ordem profissional.

Como veremos, no caso do Tribunal de Contas português, o grupo de trabalho que, em 2005, formulou um conjunto sistematizado de propostas para o reforço da ética na instituição considerou que, respeitando as éticas próprias dos grupos profissionais que nele exercem funções e evitando a concorrência com os respectivos estatutos, poderia, com valor acrescentado, propor a adopção de uma perspectiva institucional. E adoptou esta perspectiva num múltiplo sentido: considerou que os deveres éticos deveriam ser afirmados como aplicáveis a todos os profissionais da instituição, deveriam incluir tanto obrigações dos profissionais como deveres da organização para com eles e, sobretudo, deveriam ser assumidos como um compromisso da própria instituição para com os auditados e cidadãos.

III. A codificação dos princípios de ética e deontologia numa Instituição de Controlo Financeiro Externo

Verificando-se a necessidade de relevar e reforçar a ética e a deontologia no âmbito das Instituições Superiores de Controlo Financeiro, coloca-se a questão de saber que tipos de instrumentos adoptar.

De há vários anos que, em vários fóruns internacionais, se recomenda o reforço da codificação dos critérios éticos de serviço público, embora sem os integrar necessariamente como deveres jurídicos sancionáveis.

Hoje considera-se que o exercício irrepreensível das funções públicas deve corresponder, mais do que ao cumprimento de deveres e da obediência a regras, a uma ética de responsabilidade, baseada num compromisso pessoal com o profissionalismo e com o serviço público.

Nesta linha, a ideia de valor é muito importante, já que supera a noção de dever e valoriza a vontade do funcionário de se auto realizar como servidor público, significando que nenhumas regras ou ordens exoneram completamente os indivíduos dos resultados para que contribuem e que se possam julgar imorais, ilegais ou geradores de desperdício. De resto, os princípios e as orientações de natureza ética surgem para orientar a acção num quadro de discricionariedade, em que o funcionário pode e deve escolher, tendo presentes os valores, a orientação que deve dar à sua acção.

Assentes em valores, uma das formas de ordenar e orientar os comportamentos nas organizações é através de códigos de ética ou de conduta. Estes podem adoptar diferentes formas:

- Relacionando-se com a ética de uma determinada profissão, numa perspectiva mais corporativa e concentrada no comportamento individual;
- Afirmando a ética de uma determinada organização, exprimindo os valores nela aplicáveis a várias funções e níveis, incluindo uma dimensão institucional;
- Procedendo apenas a uma afirmação geral de grandes princípios éticos;
- Adoptando uma abordagem detalhada de princípios e provisões administrativas, aplicáveis a um conjunto vasto de situações e relações;
- Desempenhando uma função eminentemente interna, com o objectivo de regular o comportamento dos gestores e colaboradores;
- Incluindo uma dimensão externa, declarando publicamente os valores que a profissão ou a organização defendem, reforçando o respectivo estatuto e imagem externa, definindo aquilo que os seus clientes podem e devem esperar, constituindo, desta forma, declarações de responsabilidade para com a comunidade.
- Estabelecendo responsabilidades, fixando um padrão para julgar esse comportamento e enquadrando a aplicação de sanções quando as normas são ignoradas;
- Ou servindo essencialmente como guia para enfrentar situações difíceis.

Analisando vários códigos existentes, verificámos que muitos combinam elementos destas várias perspectivas.

No que concerne especificamente ao universo das Instituições Superiores de Controlo Financeiro, o quadro seguinte apresenta uma síntese comparativa das opções feitas em termos de abordagem às questões de natureza ética e deontológica, que evidencia uma significativa diversidade, quer quanto à opção de codificar ou não, quer quanto à perspectiva adoptada.

	Remissão para a lei geral	Inclusão das normas éticas no Manual de Auditoria[6]	Declaração de princípios/ valores[7]	Código detalhado de conduta[8]	Manual orientador[9]
Alemanha	√	√			
Austrália				√	
Brasil				√[10]	
Canadá		√		√	
Dinamarca			√		
Espanha	√	√			
Estados Unidos		√			√
França	√				
Holanda		√	√		
Hungria				√	
Índia		√			
México			√		
Noruega		√			
Nova Zelândia		√			
Polónia		√		√	
Portugal	√	√			
Reino Unido		√		√	
República Checa		√			
República Eslovaca				√	
Suécia		√			
Suiça			√		
TCE		√		√	

[6] Aplicáveis aos que exercem funções de auditoria.
[7] Aplicáveis à instituição e a todo o seu pessoal.
[8] Aplicáveis a todo o pessoal da instituição, com excepção do Brasil.
[9] Para todos os funcionários.
[10] Aplicáveis apenas aos magistrados dos Tribunais de Contas.

Na nossa opinião, parece-nos que uma declaração de princípios éticos da instituição tem a virtude de clarificar e congregar internamente, mas também a de reforçar o posicionamento institucional de imparcialidade e atenção aos valores e aos deveres do serviço público e, sendo divulgada externamente, a de assumir responsabilidades perante o exterior. De resto, está demonstrado que as iniciativas de fortalecimento ético no sector público só têm condições de sucesso se se apoiarem em compromissos publicamente expressos e assumidos institucionalmente[11].

Na mesma linha, uma perspectiva organizacional, e não orientada a profissões específicas, aparece como mais eficaz e congregadora, permitindo a conciliação, ao invés de redundância, com as extensas regras deontológicas das várias profissões que a instituição acolhe.

Assim, defendemos a enunciação **pública** de princípios e valores, aplicáveis não apenas à instituição e aos que desenvolvem funções de auditoria, mas extensivos também às restantes pessoas da organização, quaisquer que sejam as suas funções.

Na definição dos valores será necessário garantir a sua consistência com os princípios éticos que correspondem às melhores práticas nas Instituições Superiores de Controlo, as quais estão definidas pela *INTOSAI*.

É, no entanto, importante reter a lição de José Manuel Moreira, na obra acima citada, de que o regresso à essência do serviço público implica, mais do que a afirmação de um conjunto de valores amplamente reconhecidos, a sua efectiva adopção através de novos e melhores hábitos, já que as mudanças só se dão quando as pessoas realmente mudam e não pelo simples, ainda que correcto, enunciado de bons princípios.

Dessa forma, afigura-se-nos que a mera declaração de princípios seria insuficiente, por não ser capaz de fornecer informação sobre os possíveis conflitos éticos e as atitudes adequadas. Para além da enunciação dos valores e princípios aplicáveis, é importante dar orientações para a sua efectiva adopção pelos funcionários na actividade diária, guiando a sua conduta, ajudando na resolução de dilemas, contribuindo para a interiorização de normas éticas e para uma melhor cultura organizacional.

Um instrumento de orientação com estas características, consubstanciando um guia de conduta, ocuparia uma posição intermédia entre os

---

[11] Vd. Dr. Victor R. Martín Fiorino, "*El fortalecimento ético de las instituciones del ámbito público en América Latina*", in VIII Congreso Internacional del CLAD, 2003.

valores e a sua interiorização, veiculando as prioridades e o posicionamento da instituição.

IV. Conteúdo de um Guia de Conduta numa Instituição de Controlo Financeiro Externo

Um Guia de Conduta pode ser elaborado de várias formas.

Nas propostas apresentadas ao Tribunal de Contas português o grupo de trabalho já referido propôs um Guia organizado sobre a estrutura de princípios constante da Carta Ética, composto por vários elementos:

a) Documento orientador incluindo a descrição, por princípio, da sua razão de ser, das linhas gerais do seu significado, das normas legais e regulamentares que o estabelecem ou lhe fazem referência e dos comportamentos a eles adequados, com enunciação de casos concretos;

b) Um conjunto de instrumentos de auto-avaliação para utilização pessoal de funcionários e dirigentes, incluindo *checklists* e guias para a tomada de decisões;

c) Indicações de consulta bibliográfica que permitem o aprofundamento do estudo de cada um dos princípios.

Veja-se, como exemplo, como pode ser tratada, de acordo com esta metodologia, a questão relativa às ofertas com que se depare um auditor.

Refira-se que, nesta matéria, e por razões culturais, as soluções adoptadas nos diversos países variam, sendo nuns casos totalmente proibida a sua aceitação, noutros preferida a definição dos casos em que ela é admissível, por referência a princípios de delicadeza e simbolismo ou a limites quantitativos, e noutros ainda criados simplesmente registos públicos de ofertas.

PRINCÍPIO: Independência/Imparcialidade

OBJECTIVO: A independência de actuação da ISC e dos seus colaboradores é essencial para assegurar a integridade e credibilidade do trabalho executado. A imparcialidade e isenção das apreciações é simultaneamente um pressuposto e uma consequência dessa independência

CONSAGRAÇÃO LEGAL:

- Constituição da República Portuguesa, art.ºs 13.º, 50.º e 269.º
- Código Penal, art.ºs 372.º e seguintes
- Código do Procedimento Administrativo, Decreto-Lei n.º 442/91, de 15 de Novembro, art.ºs 6.º e 44.º a 51.º
- Estatuto Disciplinar dos trabalhadores que exercem funções públicas, Lei n.º 58/2008, de 9 de Setembro, arts.º 3.º, n.ºs 2, als. b) e c), e n.ºs 4 e 5, 16.º, al. e), 17.º, als. c), e), m) e o), 18.º, n.º 1, als. e), j), l), n), o) e p) e n.º 2, al. a).
- Lei n.º 12-A/2008, de 27 de Fevereiro, arts. 25.º a 30.º
- Lei n.º 64/93, de 26 de Agosto, art.ºs 9.º, 11.º, 12.º, 13.º e 14.º
- Lei n.º 2/2004, de 15 de Janeiro (redacção da Lei n.º 51/2005, de 30 de Agosto), art.ºs 4.º, 16.º e 17.º
- Lei n.º 4/83, de 2 de Abril, e Lei n.º 25/95, de 18 de Agosto
- Decreto-Lei n.º 440/99, de 2 de Novembro, art.º 28.º
- Lei n.º 98/97, art.ºs 27.º, n.º 2, e 30.º, n.º 2, al. a)

JUSTIFICAÇÃO: Pela aceitação de ofertas ou vantagens pode pôr-se em causa a salvaguarda da independência e imparcialidade, não devendo permitir-se que se seja influenciado no exercício da função em favor ou desfavor de alguém em virtude de uma qualquer oferta, como não pode também permitir-se que alguém tenha a ideia de que se possa ter sido influenciado por essa oferta.

Deve ter-se em atenção que quem solicite ou aceite vantagem que não seja devida, de pessoa que tenha tido, tenha ou venha a ter qualquer pretensão dependente do exercício das suas funções públicas ou em contrapartida de um qualquer acto ou omissão, incorre ainda em crime de corrupção.

Estas ofertas ou vantagens podem incluir despesas de viagem, alojamento ou entretenimento.

COMPORTAMENTOS ESPERADOS:

- Não se deve solicitar, encorajar ou aceitar ofertas ou benefícios (incluindo bónus ou descontos) de qualquer elemento da entidade sujeita a auditoria;
- Só podem aceitar-se, por razões de respeito e gentileza, ofertas simbólicas e de material promocional, isoladas e de valor reduzido, ou convites ocasionais para refeições de trabalho que, atendendo às circunstâncias, possam considerar-se normais e razoáveis;
- Será normal e razoável aquilo que poderia ser razoavelmente retribuído a expensas da ISC;
- Consideram-se, designadamente, ofertas ilegítimas e, portanto, inaceitáveis, as que se relacionem com qualquer acto concreto, passado, presente ou futuro relacionado com a prossecução de interesses do ofertante junto da ISC;
- Quaisquer ofertas que possam aparentar ser tentativas de influenciar a conduta profissional devem ser prontamente rejeitadas ou devolvidas;
- As ofertas provenientes de dignatários ou instituições estrangeiras são aceites a título de representação institucional ou do país, sendo consideradas ofertas funcionais, da propriedade da instituição, devendo o seu objecto ser transferido para a ISC;
- Os casos de dúvida devem ser comunicados por escrito ao Presidente.

Ao ponderar o conteúdo do Guia de Conduta deve ter-se em atenção que a maioria dos problemas éticos nas organizações públicas se situam no plano individual dos comportamentos de fronteira ligados aos conflitos de interesses. Dentro das possibilidades da conduta anti-ética a maior probabilidade são as tendências de favorecer pequenos interesses pessoais, de familiares ou de grupos com os quais o funcionário se sinta especialmente identificado, com desvalor do interesse público. A elaboração de orientações para condutas de natureza ética deve, assim, dirigir-se principalmente a repor níveis de elevada integridade nesses incidentes de comportamento, a fim de que não abram caminho a situações mais graves de corrupção.

Tanto a níveis de decisão como de execução, são exemplos de fraqueza dos comportamentos éticos:

- A divulgação de informação confidencial
- O uso de facilidades do serviço para benefício pessoal
- O uso indevido de estacionamento e transporte oficial

- A aceitação de ofertas que constituem o funcionário em obrigações de fornecer contrapartidas
- O uso de posição oficial para arranjar emprego ou promoção para familiares ou amigos
- A não utilização de processos concorrenciais nas compras para poupar tempo
- Faltas de honestidade nas despesas suportadas pela organização

A missão específica de uma Instituição Superior de Controlo Financeiro Externo exige que num Guia de Conduta sejam também abordadas com clareza matérias como as seguintes:

- Participação em actividades políticas que possam pôr em risco a imagem de independência da instituição ou do seu trabalho: com frequência as ISC proíbem totalmente estas actividades;
- Salvaguarda de incompatibilidades e conflitos de interesses que prejudiquem a integridade da actuação: muitas ISC estabelecem a total exclusividade de funções, proibindo quaisquer actividades de consultadoria ou mesmo quaisquer actividades remuneradas, outras regulam minuciosamente as situações em que podem ocorrer, ficando sempre excluídos trabalhos para as entidades sujeitas ao controlo da ISC;
- A declaração de interesses dos funcionários e auditores[12], o que pode abranger interesses financeiros em entidades a auditar ou interesses pessoais com elas relacionadas, com vista a evitar a intervenção em acções em que esses interesses possam provocar conflitos de lealdade ou o acesso a informação privilegiada;
- A regulação da aceitação e do registo de ofertas;
- Comportamentos para com os auditados: referem-se, por exemplo, padrões de cortesia, respeito, abertura e credibilidade;
- Exigências de competência, actualização, qualidade e colaboração profissional;
- A relevância de padrões de competência e conduta pessoal: algumas ISC referem, por exemplo, aspectos relativos a integridade

[12] Vd. *Recommendation of the Council on Guidelines for Managing Conflict of Interest in the Public Service*, Junho de 2003, e *Draft OECD toolkit for Managing Conflict of Interest in the Public Sector,* Maio de2004

financeira, à preservação relativamente a vícios, a relacionamentos afectivos no emprego ou a padrões estéticos de apresentação;
- A forma como se devem equilibrar, pessoal e institucionalmente, as obrigações de confidencialidade e transparência: várias ISC regulam exaustivamente como devem comportar-se os funcionários relativamente à satisfação de pedidos de informação e documentos e à preservação de segredos profissionais.

Importa ainda garantir que, quando ao serviço da Instituição Superior de Controlo Financeiro Externo, consultores externos ou contratados para as actividades de fiscalização respeitem os mesmos padrões e compromissos de conduta ética, de forma a que a credibilidade da instituição e do seu trabalho não seja posta em risco.

V. Instrumentos de implementação e avaliação da ética e deontologia numa Instituição de Controlo Financeiro Externo

Mas é necessário ter a percepção de que se os códigos e documentos orientadores promovem deveres e obrigações, estabilidade, previsibilidade, controlo e responsabilidade, ainda assim estas declarações são insuficientes para assegurar o comportamento ético.

De facto, a conduta adequada depende, não apenas da existência das normas e orientações, mas também da vontade de a adoptar, a qual é influenciada pela forma como as questões éticas são interiorizadas, através, nomeadamente, da aprendizagem de hábitos, da reiteração dos actos, da socialização e costumes profissionais, da pressão dos pares, do exemplo dado pelos dirigentes, da educação, da formação e do sancionamento quando necessário.

As recomendações da OCDE para favorecimento da gestão da ética nos serviços públicos apontam para a necessidade de criação de uma infra-estrutura ética, composta de vários elementos que interagem de uma forma coerente e integrada[13]. Dessa infra-estrutura fazem parte as funções de **orientação**, **gestão** e **controlo**.

---

[13] Vd. nomeadamente *Recommendation du Conseil sur l'amelioration du comportement etique dans le service public incluant les principes propres a favoriser la gestion de l'etique dans le service public,* Abril de 1998

A enunciação dos valores relevantes, através de leis, códigos éticos ou códigos de conduta é uma das medidas integrantes da função de **orientação**, mas, ainda no domínio da função de orientação, outras actividades são necessárias, relativas à integração profissional, como a comunicação e aceitação dos códigos, manuais e/ou *checklists*, a liderança pelo exemplo e a formação.

Como forma de promover o conhecimento dos princípios e normas, a interiorização dos valores e a sua transposição para os comportamentos e, consequentemente, a efectiva incorporação na cultura organizacional, várias instituições preconizam a entrega formal do código aos trabalhadores contra uma declaração de recepção ou mesmo a assinatura de uma declaração de compromisso com os valores dele constantes, o que acontece em um terço dos países da OCDE[14] e é prática, por exemplo, no NAO[15] do Reino Unido.

A função de **gestão** da ética é assegurada pelo estabelecimento de estratégias e práticas de gestão que tenham em atenção os valores e regras definidos, nomeadamente em termos da verificação sistemática da inexistência de incompatibilidades e conflitos de interesses, da adopção de decisões adequadas para resolução de dilemas éticos, do estabelecimento de critérios conhecidos e da fundamentação das decisões, da criação de provedores ou comités de ética, da criação de condições de imparcialidade, profissionalismo e qualidade, do reconhecimento e prémio dos padrões elevados de conduta, através de uma adequada gestão e avaliação do desempenho, de práticas de separação de funções, rotação de pessoal e sistemas de segurança, etc.

Nesta área tem especial relevo o exemplo dado na liderança da organização, a possibilidade de o funcionário poder ter acesso a alguém na organização para o necessário aconselhamento quando precisa de uma interpretação dos valores organizacionais, a avaliação periódica do grau de observância dos princípios éticos e deontológicos, a declaração casu-

[14] Vd. *Construindo a Confiança Pública: Medidas éticas nos países da OCDE*
[15] *National Audit Office*

ística de inexistência de conflitos de interesses no início de cada trabalho de auditoria[16] ou a existência de regras obrigatórias de rotação[17].

A função de **controlo** implica a monitorização do cumprimento das regras, a previsão de mecanismos de prestação de contas, como é o caso das declarações de interesses, a realização de avaliações periódicas, de inquéritos independentes, a criação de condições para a concretização de denúncias, a transparência e o controlo pelo público.

Note-se, por exemplo, que a denúncia de conduta inadequada é exigida por lei e/ou facilitada por normas administrativas em dois terços dos países da OCDE[18].

Neste âmbito, refira-se que conhecer a opinião dos auditados sobre a imagem ética da Instituição Superior de Controlo Financeiro e o comportamento ético dos funcionários permite fundamentar uma análise da confiança e credibilidade que o exterior tem da actuação da instituição. A obtenção de *feed-back* dos auditados é, de resto, recomendada no relatório "*Quality in the audit process*" como uma das formas de revisão da qualidade do processo de auditoria e é já adoptada nalgumas Instituições Superiores de Controlo Financeiro Externo para obter a opinião do auditado sobre o impacto e o valor acrescentado da auditoria, sobre a boa gestão do processo de auditoria e sobre se os auditores se comportaram de forma profissional[19].

É, ainda, necessário dispor de procedimentos fiáveis e de recursos de vigilância do eventual incumprimento das regras do serviço público, assinalá-las e inquirir esses comportamentos anómalos. Estas acções de monitorização dos comportamentos éticos cabem aos dirigentes, responsáveis de serviços e coordenadores de equipas de trabalho, podendo resultar também de procedimentos de denúncia, devendo ser articuladas com os mecanismos de penalização disciplinar e/ou criminal.

---

[16] Praticada, por exemplo, no Canadá.

[17] Várias instituições adoptam um máximo de 5 ou 6 anos na mesma área de controlo.

[18] Idem

[19] Vd. *Obtaining feed-back from financial audit clients* e *Value for Money Handbook, NAO, Reino Unido*

VI. Conclusão

As questões éticas e deontológicas são essenciais para o bom desenvolvimento da missão institucional de uma Instituição de Controlo Financeiro Externo e devem também ser parte integrante do estatuto dos seus profissionais, em especial dos auditores.

Na linha das recomendações da OCDE, a identificação dos valores fundamentais é o primeiro passo para a criação de um entendimento comum em relação ao comportamento esperado dos colaboradores, partindo-se destes valores para os padrões de comportamento e limites à conduta.

A comunicação desses princípios, a vinculação ao seu cumprimento, a formação e orientação para o seu respeito e promoção são medidas adequadas para garantir um elevado padrão ético, embora não dispensem que se controle a sua observância e se aja contra a violação dos padrões.

SISTEMA ÉTICO

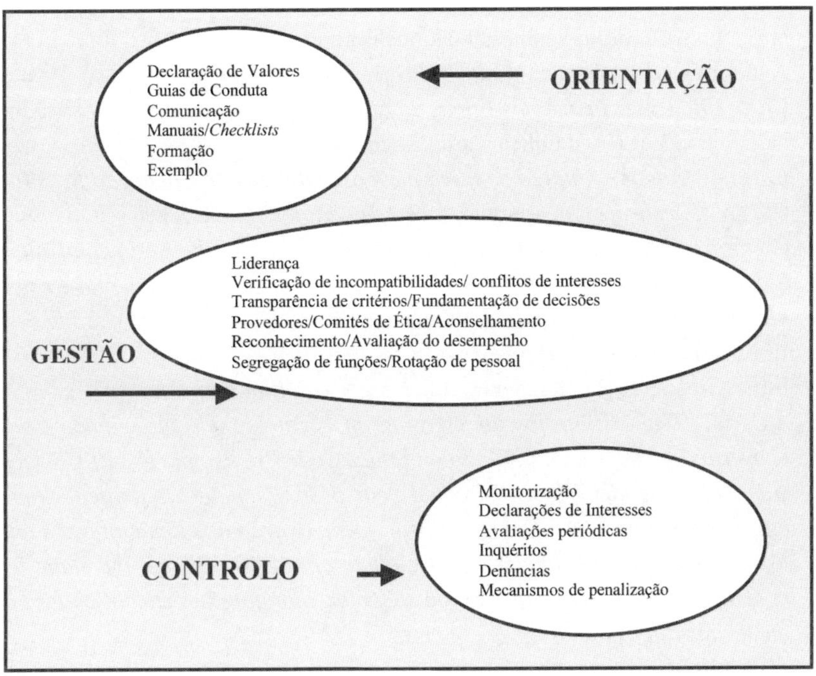

Importa, no entanto, ter consciência que, em matéria de comportamentos éticos, nenhum dos instrumentos que possam ser adoptados tem a capacidade de cobrir todas as eventualidades, sendo sempre necessário recorrer, em concreto, ao julgamento crítico, o que sublinha a importância da virtude como característica e do recrutamento capaz de a seleccionar, ou seja, da preocupação na escolha de pessoas "virtuosas".

Documentos Consultados

- AGA, Association of Government Accountants, *AGA Ethics Handbook*
- Alan Lawton, *Ethical Management for the Public Services*
- Algamene Rekenkamer, Holanda, *Code of Conduct of the Netherlands Court of Audit*, in www.rekenkamer.nl
- ANAO, Austrália, *Code of Conduct*, in www.anao.gov.au
- ASF, México, *Código de Ética Profissional*
- Auditing Practices Board, *Ethical Standards* e *Practice Note 10, Audit of Financial Statements of Public Sector Entities in the United Kingdom*, in http://www.frc.org.uk/apb/publications/isa.cfm
- Auditor Geral do Canadá, *Code of Professional Conduct*
- *Carta Ética, Dez Princípios Éticos da Administração Pública*, in: www.adm.ua.pt/legua/LegAdmPublica/Carta_Etica.htm
- *Carta de Manaus, Código de Ética para os Tribunais de Contas do Brasil*
- CIPFA, *Corporate Governance, A Framework for Public Service Bodies*
- Comissão Europeia, *Reinforcing the Statutory Audit in the European Union, Statutory Auditor's Independence in the EU: A Set of Fundamental Principles, Código de Boa Conduta Administrativa*
- EFK, Suiça, *Code of Ethics*
- Ethics Resource Center, www.ethics.org, *Definitions of Values, Why have a Code?, Ten writing tips for creating an effective code of conduct, Code Construction and Content, Common Ethics Code Provisions, The PLUS decision making model, What to do after your code of conduct is written, Ethics effectiveness quick test, The role of leadership in organizational integrity and five modes of ethical leadership, Conflicts of interest, Setting the stage for modelling ethical behaviour, Seven steps for changing the ethical culture of an organization*

- FEE, *FEE Position on Auditor Independence, The Conceptual Approach to Protecting Auditor Independence, Statutory Audit Independence and Objectivity*, in www.fee.be
- GAO, EUA, *Government Auditing Standards, Guidance on Employee Ethics and Conduct*, in www.gao.gov
- IFAC, *Code of Ethics for Professional Accountants*, in www.ifac.org-Members-Downloads-2003_Ethics.pdf
- Institute of Internal Auditors, *Code of Ethics*, in www.theiia.org
- INTOSAI, *Código de Ética e Manual de Auditoria, Declaração de Lima, Relatório final da Task Force sobre Independência das ISCs*, in http://www.intosai.org/
- Jaime Rodriguez-Arana Muñoz, *Princípios de Ética Publica, Corrupcion o servicio?*, 1993
- Jesus González Pérez, *La Ética en la Administración Pública,* 2000
- João Figueiredo, *Deontologia e ética do Serviço Público,* Secretariado para a Modernização Administrativa, 1998
- José Manuel Moreira, *Ética e Estado,* 2002
- Manuel H. Freitas Pereira, *Princípios de Auditoria Geralmente Aceites e Tribunal de Contas,* 2000
- NAO (UK), *NAO Code of Conduct*
- NAOD, Dinamarca, *The Values of the NAOD*
- NIK, Polónia, *Auditor's Manual: Code of Ethics of the Auditor of the Supreme Chamber of Control, Auditing Standards of the Supreme Chamber of Control*
- NKU, República Eslovaca, *Code of Ethics*
- OCDE, *L'Ethique et le Service Public, Construindo a Confiança Pública: Medidas éticas nos Países da OCDE, Principles for Managing Ethics in the Public Service (OECD Recommendation), Survey on Managing Ethics in the Public Service, Recommendation of the Council on Guidelines for Managing Conflict of Interest in the Public Service, Draft OECD Toolkit for Managing Conflict of Interest in the Public Sector, Éthique et corruption – Lignes directrices et recommendations de l'OCDE rélatifs à l'éthique dans le service public, Making Codes of Conduct Work: Management Control Systems and Corporate Responsibility, Ethics in the Public Service-Current Issues and Practice, Deciphering Codes of Corporate Conduct: A Review of their Contents,*

- Ordem dos Revisores Oficiais de Contas, *Código de Ética e Deontologia Profissional, Estatuto da OROC*
- Public Audit Fórum, *Propriety and Audit in the Public Sector*
- PriceWaterhouseCoopers, *Code of Conduct, Framework for Ethical Decision Making*
- *Recommendations related to the functioning of the Supreme Audit Institutions in the Context of European Integration*
- Riksrevisionen, Suécia, *Audit Guide*
- SAO, Hungria, *Code of Ethics*
- Tribunal de Contas Alemão, *Standing orders of the Bundesrechnungshof*, in www.bundesrechnungshof.de
- Tribunal de Contas de Espanha, *Normas Internas deFiscalización del Tribunal de Cuentas*
- Tribunal de Contas Europeu, *Código de boa conduta administrativa*, in www.eca.eu.int, *Audit Manual*
- Tribunal de Contas, Portugal, *Plano Trienal 2008-2010, Manual de Auditoria e Procedimentos, Legislação e Regulamentos, Parecer n.º 17/04-DCP, Parecer n.º 2/2005-DCP e respectivos antecedentes, Lisboa EUROSAI Seminar 98- Documentos e As garantias de independência dos Tribunais de Contas – a experiência portuguesa, Relatório "A Ética na DGTC"*
- Víctor R. Martín Fiorino, *El Fortalecimiento Ético de las Instituciones del ámbito público en América Latina,* VIII Congreso Internacional del CLAD sobre la Reforma del Estado y de la Administración Pública, 2003

Clotilde Palma

IVA – Sobre as propostas de aplicação de um mecanismo generalizado de *reverse charge*

Clotilde Palma

Docente Universitária

Chefe de Gabinete do Secretário de Estado dos Assuntos Fiscais

RESUMO

Neste artigo, pretende-se fazer o ponto de situação das propostas de aplicação de um mecanismo generalizado de reverse charge, apresentadas recentemente pela Alemanha e pela Áustria, apresentando-se a posição portuguesa sobre o assunto.

Palavras chave:
Imposto sobre o Valor Acrescentado;
Autoliquidação;
Sujeitos passivos.

ABSTRACT

The intention of this article is to check out the situation of the general reverse charge mechanism enforcement proposals, recently presented by Germany and Austria, and to inform the portuguese position on this matter.

Keywords:
Value Added Tax;
Reverse charge;
Taxpayer.

1. Em que consiste o *reverse charge?*

Na legislação comunitária do Imposto sobre o Valor Acrescentado (IVA) a designação "devedores de imposto" é apenas utilizada relativamente àqueles que estejam ou possam estar obrigados a proceder directamente ao pagamento do imposto, independentemente de se tratarem dos próprios fornecedores dos bens ou prestadores dos serviços ou dos adquirentes dos bens, destinatários dos serviços ou, eventualmente, de terceiras pessoas, ou dos importadores ou das pessoas que em factura ou documento equivalente, mencionem indevidamente o imposto. De acordo com estas regras, a designação de "sujeito passivo" é reservada para as pessoas singulares ou colectivas que exerçam uma qualquer actividade económica, onde quer que esse exercício ocorra (i.e., corresponde à definição de sujeito passivo que entre nós figura no primeiro parágrafo da alínea a) do n.° 1 do artigo 2.° do Código do IVA/CIVA).

Contudo, o legislador nacional optou por englobar igualmente no conceito de sujeito passivo as outras entidades que a legislação comunitária designa de "devedores do imposto"[1].

As regras de incidência subjectiva do IVA, constam, entre nós, do artigo 2.° do CIVA, e indicam-nos quem são os sujeitos passivos deste imposto[2]. Sumariamente, temos dois tipos de sujeito passivos: aqueles que adquirem esta qualidade quando prestam serviços, transmitem ou importam bens e aqueles que são sujeitos passivos pela aquisição de bens

---

[1] Vide, sobre este assunto, cf. J. G. Xavier De Basto, *A Tributação do Consumo e a sua Coordenação Internacional*, Cadernos de Ciência e Técnica Fiscal, n.° 164, Lisboa, 1991, DGCI/CEF.

[2] Actualmente, os artigos 193.° e seguintes da Directiva do IVA (Directiva n.° 2006/112/CE, de 28 de Novembro, publicada no JO n.° L 347, de 11 de Dezembro de 2006), em especial nos artigos 194.° e 196.°, inseridos, sob a epígrafe "Devedores do imposto perante o Fisco", na secção 1 do capítulo I do seu título XI, é que disciplinam, a nível comunitário, esta matéria. Essencialmente, esta Directiva veio reformular o texto da Sexta Directiva (trata-se de uma reformulação basicamente formal, atendendo ao facto de o seu texto se encontrar excessivamente denso, dadas as sucessivas alterações que lhe foram introduzidas desde a sua aprovação). Com a reformulação passou a ter 414 artigos (tinha 53). Note-se, todavia, que foram revogadas várias directivas de IVA, pelo que poderemos passar a designar a "nova" Directiva, abreviadamente, como Directiva IVA (a Directiva do sistema comum vigente). A Directiva n.° 2006/112/CE revogou uma série de Directivas, conforme o referido no respectivo Anexo XI.

e/ou serviços. De facto, temos actualmente um rol de situações em que o adquirente dos serviços ou dos bens se torna sujeito passivo do imposto pela respectiva aquisição. Regra geral são as denominadas situações de *reverse charge,* reversão da dívida tributária ou inversão da sujeição ou do sujeito passivo, ou seja, nestes casos a dívida reverte do prestador de serviços para o adquirente, embora se trate de um conjunto de situações de diversa natureza.Com efeito, enquanto temos um conjunto de situações de *reverse charge* devido ao facto de o transmitente dos bens ou prestador dos serviços não se encontrar estabelecido em Portugal, temos outras situações em que, de acordo com o próprio regime, o adquirente é o sujeito passivo do impostos Sendo o adquirente o sujeito passivo do imposto, deverá proceder, em conformidade, à liquidação do imposto, sendo-lhe atribuído o direito à dedução do IVA pago pela aquisição dos serviços, nos termos do disposto no artigo 19.º, n.º1, alíneas c) e d), do CIVA.

A primeira situação, por enquanto, de acordo com as regras comunitárias, representa a regra geral, ao passo que o segundo tipo de situação se consubstancia na excepção. Contudo, a tendência tem sido para, a nível comunitário, as situações em que o adquirente de bens e/ou serviços bens se torna sujeito passivo virem, sucessivamente, a aumentar[3].

2. Situações em que actualmente se aplica o *reverse charge*

Grosso modo, de acordo com as regras gerais, os sujeitos passivos do IVA são as pessoas singulares ou colectivas que, de forma independente e com carácter de habitualidade, exerçam actividades económicas, a saber, actividades de produção, comércio ou prestação de serviços, incluindo as actividades extractivas, agrícolas e das profissões livres (artigo 2.º, n.º1, alínea a), do CIVA).

[3] Com a aprovação do Pacote IVA em Dezembro de 2007, é alargado o conjunto de situações de *reverse charge.* O Pacote é constituído por três elementos, a saber: a Directiva 2008/8/CE, do Conselho, de 12 de Fevereiro, a Directiva 2008/9/CE, do Conselho, de 12 de Fevereiro e o Regulamento (CE) n.º 143/2008, de 12 de Fevereiro, todos publicados no JO L 44 de 20 de Fevereiro de 2008.

Contudo, temos diversas situações previstas no CIVA (algumas desde o início da respectiva vigência, como é o caso das prestações de serviços enunciadas no n.º8 do seu artigo 6.º), em que o sujeito passivo é o adquirente dos bens e/ou serviços. Estas situações reportam-se, essencialmente, a prestações de serviços, mas abrangem igualmente casos de transmissões de bens.

Entre nós, as situações em que o adquirente dos bens ou destinatário dos serviços está obrigado a proceder à "autoliquidação" do imposto, vêm previstas no segundo parágrafo da alínea a) e nas alíneas d) a j) do n.º 1 do artigo 2.º do CIVA.

Assim, são também sujeitos passivos do imposto de acordo com o CIVA:

a) Os sujeitos que adquiram qualquer dos serviços indicados no n.º 8 do artigo 6.º,nas condições nele previstas (vulgo, "serviços de natureza empresarial" (artigo 2.º, n.º1, alínea a), do CIVA))

As prestações de serviços previstas no n.º 8 do artigo 6.º do CIVA são, grosso modo, as seguintes: cessão ou concessão de direitos de autor, de brevets, licenças, marcas de fabrico e de comércio e outros direitos análogos; serviços de publicidade; serviços de consultores, engenheiros, advogados, economistas e contabilistas e gabinetes de estudo em todos os domínios, compreendendo os de organização, investigação e desenvolvimento; tratamento de dados e fornecimento de informações; operações bancárias, financeiras e de seguro ou resseguro, com excepção da locação de cofres-fortes; colocação de pessoal à disposição; locação de bens móveis corpóreos, com excepção dos meios de transporte; serviços de telecomunicações; cedência de direitos sobre atletas desportivos; serviços de radiodifusão e televisão; serviços prestados por via electrónica; cessão ou concessão do acesso a sistemas de distribuição de gás natural ou de electricidade, a prestação de serviços de transporte ou envio através dos mesmos e as prestações de serviços directamente conexas; serviços de intermediação em nome e por conta de outrem no fornecimento das prestações de serviços acima enumeradas; e obrigação de não exercer uma actividade profissional ou um direito acima enumerados;

b) As pessoas singulares ou colectivas que efectuem operações intracomunitárias, nos termos do Regime do IVA nas Transacções Intracomunitárias (RITI) (artigo 2.º, n.º1, alínea d), do CIVA);

c) Os adquirentes das prestações de serviços de transporte intracomunitário de bens desde que se tratem já de sujeitos passivos do imposto, dos referidos nas alíneas a) e d) do n.º 1 do artigo 2.º do CIVA, registados em imposto sobre o valor acrescentado e que tenham utilizado o respectivo número de identificação para efectuar a aquisição, quando o prestador não tenha no território da Comunidade sede, estabelecimento estável ou domicílio a partir do qual os serviços sejam prestados (artigo 2.º, n.º1, alínea e), do CIVA)[4];

d) Os adquirentes das prestações de serviços acessórias de um transporte intracomunitário de bens executadas noutro Estado membro, desde que se tratem já de sujeitos passivos do imposto, dos referidos nas alíneas a) e d) do n.º 1 do artigo 2.º do CIVA, registados em imposto sobre o valor acrescentado e que tenham utilizado o respectivo número de identificação para efectuar a aquisição, quando o prestador não tenha no território da Comunidade sede, estabelecimento estável ou domicílio a partir do qual os serviços sejam prestados (artigo 2.º, n.º1, alínea e), do CIVA);

e) Os adquirentes das prestações de serviços efectuadas por um intermediário que aja, em nome e por conta de outrem, numa prestação de serviço de transporte intracomunitário de bens ou em prestações de serviços acessórias desse transporte (ainda que não se situe em território nacional o lugar de partida do transporte ou se situe em outro Estado membro o lugar de execução das prestações acessórias), desde que se tratem já de sujeitos passivos do imposto, dos referidos nas alíneas a) e d) do n.º 1 do artigo 2.º do CIVA, registados em imposto sobre o valor acrescentado e que tenham utilizado o respectivo número de identificação para efectuar a aquisição, quando o prestador não tenha no território da Comunidade sede, estabelecimento estável ou domicílio a partir do qual os serviços sejam prestados (artigo 2.º, n.º1, alínea e), do CIVA);

f) Os adquirentes das prestações de serviços efectuadas por intermediários que intervenham, em nome e por conta de outrem, em qualquer operação que não sejam as referidas nos n.ºs 8, 9, 15 e 16 do artigo

---

[4] Isto é, os destinatários dos serviços a que se reporta a alínea e) do n.º 1 do artigo 2.º do CIVA apenas são considerados os sujeitos passivos do imposto quando estejam enquadrados no regime normal de tributação ou quando estejam abrangidos por um regime de tributação das aquisições intracomunitárias de bens.

6º do CIVA, quando a operação a que se refere a intermediação se localize noutro Estado membro, desde que sejam já um sujeito passivo dos referidos nas alíneas a) e d) do n.º 1 do artigo 2.º do CIVA, registado em imposto sobre o valor acrescentado e que tenham utilizado o respectivo número de identificação para efectuar a aquisição, quando o prestador não tenha no território da Comunidade sede, estabelecimento estável ou domicílio a partir do qual os serviços sejam prestados (artigo 2.º, n.º1, alínea e), do CIVA);

g) Os adquirentes de serviços efectuados sobre bens móveis corpóreos e peritagens a eles referentes executados total ou essencialmente fora do território nacional, desde que se tratem já de sujeitos passivos do imposto, dos referidos na alínea a) do n.º 1 do artigo 2.º do CIVA, e os bens sejam expedidos ou transportados para o território nacional (artigo 2.º, n.º1, alínea e), do CIVA);

h) Os sujeitos passivos adquirentes dos serviços de locação de meios de transporte cuja utilização e exploração efectivas ocorram no território nacional, quando o prestador não tenha no território da Comunidade sede, estabelecimento estável ou domicílio a partir do qual os serviços sejam prestados (artigo 2.º, n.º1, alínea f), do CIVA). Note-se que, nas condições indicadas, os locatários são considerados os sujeitos passivos do imposto ainda que, no exercício da sua actividade, pratiquem exclusivamente operações isentas do IVA.,

i) As pessoas singulares ou colectivas referidas na alínea a) supra, que sejam adquirentes em transmissões de bens ou prestações de serviços efectuadas no território nacional por sujeitos passivos que aqui não tenham sede, estabelecimento estável ou domicílio nem disponham de representante nos termos do artigo 29º do CIVA (artigo 2.º, n.º1, alínea g), do CIVA)[5];

---

[5] A alínea g) do n.º 1 do artigo 2.º do CIVA foi aditada na sequência da transposição para a ordem jurídica interna da Directiva 2000/65/CE, do Conselho, de 17 de Outubro de 2000, pelo Decreto-Lei n.º 179/2002, de 3 de Agosto, relativa ao devedor do imposto. Teve-se em vista assegurar mais eficazmente a boa cobrança do imposto, nos casos em que o transmitente dos bens ou o prestador dos serviços não disponha de sede ou de estabelecimento estável no território nacional e aqui não tenha procedido à nomeação de representante fiscal.

j) As pessoas singulares ou colectivas referidas na alínea a) supra, que sejam adquirentes de gás, através do sistema de distribuição de gás natural, e de electricidade nas condições previstas no n.º 22 do artigo 6.º do CIVA, desde que os respectivos transmitentes não disponham no território nacional de sede, estabelecimento estável a partir do qual a transmissão seja efectuada ou domicílio (artigo 2.º, n.º1, alínea h), do CIVA)[6];

l) As pessoas singulares ou colectivas referidas na alínea a) supra, que, no território nacional, sejam adquirentes dos bens ou dos serviços mencionados no anexo E ao presente Código e tenham direito à dedução total ou parcial do imposto, desde que os respectivos transmitentes ou prestadores sejam sujeitos passivos do imposto (trata-se de sujeitos adquirentes ao abrigo do regime dos resíduos e sucatas recicláveis em vigor desde 1 de Outubro de 2006) (artigo 2.º, n.º1, alínea i), do CIVA)[7];

m) Os sujeitos passivos referidos na alínea a) do n.º1 do artigo 2.º do CIVA, que disponham de sede, estabelecimento estável ou domicílio em território nacional e que pratiquem operações que confiram o direito à dedução total ou parcial do imposto, quando sejam adquirentes de serviços de construção civil, incluindo a remodelação, reparação, manutenção, conservação e demolição de bens imóveis, em regime de empreitada ou subempreitada (artigo 2.º, n.º 1, alínea j), do CIVA)[8].

Note-se que estas regras decorrem da devida aplicação das normas comunitárias, não sendo possível actualmente, face ao disposto na Directiva IVA, consagrar mais situações de *reverse charge* para além das actualmente previstas entre nós, salvo ao abrigo de uma medida derrogatória da Directiva, situação esta que representa sempre uma excepção. Com efeito, de acordo com o disposto no artigo 395º da Directiva IVA (ex. artigo 27.º da Sexta Directiva), o Conselho, deliberando por unanimidade e sob proposta da Comissão, pode autorizar os Estados membros a

---

[6] Aditada pelo artigo 47.º, n.º 2 da Lei n.º 55-B/2004, de 30 de Dezembro, que aprovou o Orçamento do Estado para 2005, consagrando regras especiais para as transacções de gás e a electricidade.

[7] Aditada pela Lei n.º 33/2006, de 28 de Julho, que veio alterar o Código do IVA, estabelecendo regras especiais em matéria de tributação de desperdícios, resíduos e sucatas recicláveis e de certas prestações de serviços relacionadas.

[8] Esta alínea foi aditada pelo Decreto-Lei n.º21/2007, de 29 de Janeiro, que veio aprovar o regime da renúncia à isenção do IVA nas operações relativas a imóveis.

adoptar medidas especiais em derrogação da directiva, a fim de simplificar o procedimento de cobrança do imposto ou de evitar certos tipos de fraude ou evasão fiscal.

Este tipo de regimes aplicáveis a sectores específicos de actividade, como a construção, os resíduos, as madeiras e a construção civil, aplicam-se em diversos Estados membros. A característica comum é a de que o regime de *reverse charge* ocorre sempre a jusante da cadeia de abastecimento, eliminando o elo tido por mais fraco no início da cadeia. As empresas de menor dimensão, com maior risco de fraude, não facturam o imposto, ficando tal tarefa a cargo de empresas "mais facilmente controláveis", em regra de maior dimensão.

3. Propostas de aplicação de um mecanismo generalizado de *reverse charge*

A 27 de Outubro de 2005, a República da Áustria solicitou autorização à União Europeia para introduzir medidas derrogatórias ao artigo 21.º da Directiva n.º 77/388/CEE[9]. Por sua vez, a República Federal da Alemanha veio a formular idêntico pedido a 18 de Abril de 2006[10].

No seu pedido, a Áustria veio solicitar a introdução do mecanismo do *reverse charge* relativamente a todas as transacções de bens e prestações de serviços entre empresas (B2B, ou *business to business*), para todas as situações em que o valor facturado excedesse 10.000 euros. Caso não fosse excedido tal montante, aplicar-se-ia ainda aquele mecanismo nas situações em que as vendas a um cliente fossem superiores a 40.000 euros durante o respectivo exercício contabilístico.

Como fundamento desta pretensão a Áustria invocou, essencialmente, o facto de o mecanismo proposto constituir um relevante instrumento de luta contra a fraude carrossel ou fraude operador fictício, apontando como exemplo o facto de terem sido obtidos efeitos positivos com

[9] O artigo 21º da Sexta Directiva reportava-se às regras relativas aos devedores do imposto.

[10] COM (2006) 404 final, de 19 de Julho de 2006.

a introdução deste mecanismo no sector da construção[11]. Neste contexto, invocava que se evitariam certos tipos de fraude e evasão fiscal, designadamente, o pagamento parcial ou não pagamento do IVA constante das facturas por sujeitos passivos que desaparecem sem terem efectuado o pagamento do imposto. De acordo com a Áustria, a introdução generalizada de um mecanismo deste tipo diminuiria o trabalho das administrações fiscais e para as empresas apresentaria a vantagem de não terem de pré financiar o imposto. Neste âmbito, propunha, de forma a evitar novos tipos de fraude, que as empresas fossem obrigadas a apresentar mensalmente o montante do volume de negócios global que cada sujeito passivo tinha com cada cliente.

Por sua vez, a Alemanha pretendia aplicar o mecanismo de *reverse charge* a todas as transacções ou prestações de serviços efectuadas entre empresas quando o valor facturado excedesse 5.000 euros. O sujeito passivo que realizasse a entrega dos bens deveria confirmar a validade do número especial para efeitos de IVA do cliente antes de efectuar uma transacção, sendo a confirmação da respectiva validade efectuada *on line*, via electrónica.

Para além da verificação do número de cliente, o sujeito passivo vendedor informaria as autoridades fiscais, via electrónica, das transacções realizadas e dos respectivos montantes individuais. O adquirente deveria declarar separadamente na respectiva declaração as operações abrangidas por este mecanismo. A administração fiscal cruzaria as informações obtidas.

A fundamentação desta proposta pela Alemanha assentou na mesma ordem de motivos apresentada pela Áustria, todavia, o formalismo subjacente era maior, reconduzindo-se a um aumento significativo das formalidades a cumprir pelos sujeitos passivos.

Em suma, tal como muitos fizeram notar, estas propostas, a serem aceites, traduzir-se-iam, desde logo, numa alteração radical deste imposto, que perderia as suas características essenciais, deixando de assentar num

[11] Sobre a fraude carrossel veja-se António Carlos dos Santos, "Sobre a "fraude carrossel" em IVA: nem tudo o que luz é oiro", em fase de publicação no livro de homenagem ao Professor Xavier de Basto.

mecanismo de pagamento fraccionado do imposto, com todas as vantagens daí inerentes[12].

4. Posição da Comissão

A 5 de Junho de 2007, o Conselho ECOFIN solicitou à Comissão a análise de duas medidas «de mais vasto alcance» para enfrentar a fraude ao IVA, a saber a tributação das transacções intracomunitárias e a introdução da opção de aplicação de uma inversão geral da obrigação fiscal, passando-se para um regime geral de autoliquidação[13], ou *reverse charge*.

Quanto ao conceito de uma autoliquidação generalizada, o Conselho solicitou à Comissão que abordasse os seguintes aspectos tidos por cruciais:

- efeitos nos Estados membros que não aplicam o sistema de autoliquidação, especialmente os efeitos nos seus orçamentos, incluindo no que se refere à competitividade das suas empresas;
- coerência e harmonização da legislação em matéria de IVA na UE;
- encargos para os contribuintes e para as autoridades administrativas decorrentes da aplicação de um sistema de autoliquidação;
- migração dos casos de fraude para outros Estados membros que não apliquem o sistema de autoliquidação;
- risco de novas formas de fraude;
- possibilidade de execução de um projecto-piloto, por um período limitado, num Estado membro interessado.

Os resultados obtidos pela Comissão com esta análise basearam-se, principalmente, em alguns estudos específicos realizados por um consultor, em respostas a questionários enviados às administrações fiscais, nas

[12] Neste sentido veja-se Silva Jorge, "Estará o IVA condenado a desaparecer?", *Diário de Notícias*, 28 de Novembro de 2006.

[13] COM (2008) 109 final, de 22 de Fevereiro de 2008.

informações recebidas de empresas e na análise feita por funcionários seus.

De acordo com as conclusões retiradas, a Comissão crê que a introdução de uma autoliquidação generalizada reduziria substancialmente a fraude carrossel, assim como outros tipos de fraude. Contudo, a Comissão receia que a autoliquidação possa acabar por afectar negativamente as receitas dos Estados membros, devido a outros novos tipos de fraude.

Assim, faz notar que, para combater esses novos tipos de fraude, principalmente o consumo não tributado e a utilização abusiva de números de identificação de IVA, o sistema teria de ser acompanhado de algumas medidas que o complicariam e que criariam novos encargos para as empresas e para as administrações fiscais.

Em primeiro lugar, pareceria necessário aplicar um limiar, de forma a limitar o risco do consumo final não tributado. Ora, tal limiar pode consubstanciar-se como uma complicação importante, uma vez que exigiria distinções que actualmente não são feitas e que não correspondem a qualquer realidade comercial. Exige também uma série de novas definições para torná-lo aplicável na prática e para cobrir todas as diversas situações possíveis.

Em segundo lugar, uma vez que o sistema se basearia na distinção entre sujeitos passivos susceptíveis de fazerem compras ao abrigo do sistema de autoliquidação e todas as outras pessoas, seriam impostas novas responsabilidades aos sujeitos passivos que tivessem de aplicar essa identificação. As administrações fiscais teriam de desenvolver e disponibilizar as ferramentas necessárias para as empresas enfrentarem tais desafios e garantir-lhes a segurança jurídica de que precisam para poderem optar pela aplicação do sistema normal de IVA ou pela autoliquidação. Por outro lado, salientou que não se deve negligenciar que, basicamente, todos os sujeitos passivos teriam provavelmente de aplicar paralelamente ambos os sistemas, o que complicaria consideravelmente a situação. Além disso, o sistema levaria a um aumento do número de pedidos de reembolso feitos por sujeitos passivos que já não poderiam deduzir o imposto a montante sobre aquisições menores, uma vez que, ao abrigo da autoliquidação, a sua produção permaneceria não tributada. Como os Estados membros consagram já uma parte desproporcionada dos seus recursos à verificação dos pedidos de reembolso, provavelmente teriam de aumentar os seus recursos humanos para garantir o nível actual de controlo sobre os sujeitos passivos. Isto poderia afectar directamente a eficiência do IVA como fonte de receita para os Estados membros.

Em terceiro lugar, para remediar o problema do desaparecimento dos pagamentos fraccionados, seria necessário introduzir obrigações declarativas compensatórias que permitissem uma verificação cruzada de base das informações provenientes dos fornecedores e dos compradores.

Embora não sejam inteiramente conhecidos os custos adicionais que tal sistema acarretaria para as empresas, as obrigações declarativas representariam, só por si, alguns custos significativos pontuais aquando da introdução do sistema, assim como custos periódicos posteriormente. Para as empresas, a correcta aplicação de um limiar parece ser, de longe, o elemento mais oneroso da autoliquidação. Tal como a Comissão aponta, um estudo recente para a Câmara de Comércio de Viena feito pelo Instituto Austríaco de Investigação das PME, indica que os custos pontuais para as PME variariam entre € 12 750 e € 20 000, enquanto os custos correntes anuais atingiriam entre € 6 000 e € 9 300. Um anterior estudo alemão estimou os custos globais para os sujeitos passivos alemães em € 1 600 milhões a € 2 000 milhões no ano de introdução da autoliquidação e entre € 100 milhões e € 200 milhões em custos correntes anuais.

O custo para as administrações fiscais dependeria muito das medidas de controlo que aplicassem. Embora, por um lado, houvesse ganhos, uma vez que a fraude relacionada com as deduções de IVA seria significativamente reduzida, há, por outro lado, novas áreas em que parece inevitável um controlo específico. De facto, com a autoliquidação, o grosso do IVA teria de ser pago pelos fornecedores finais na cadeia de produção, que, em muitos países, podem ser de menor dimensão e menos fiáveis que o pequeno número de grandes empresas que actualmente pagam uma grande proporção do IVA na maioria dos Estados membros. A natureza do sector retalhista faz com que exija um maior volume de recursos para ser controlado, sobretudo na perspectiva de todos os retalhistas receberem fornecimentos não tributados. A imposição de novas obrigações declarativas pormenorizadas sobre todas as empresas da economia implicaria igualmente novas formas de gestão do risco para gerir o novo e vasto fluxo de informações. A identificação dos sujeitos passivos seria ainda mais crucial que no sistema em vigor e exigiria esforços e recursos adicionais. Finalmente, teria de ser mantido o controlo geral de todas as empresas — e não apenas das que pagam IVA — a fim de evitar o desvio de bens e serviços para a economia paralela.

Mas, essencialmente, a Comissão considera que uma mudança tão fundamental ao sistema do IVA em consequência da introdução da autoliquidação generalizada a título facultativo afectaria significativamente a coerência e a harmonização do sistema de IVA da União Europeia e os contornos do seu desenvolvimento futuro.

Tal como nota, a legislação da União Europeia é actualmente elaborada e desenvolvida tendo em mente um quadro comum. Uma Comunidade Europeia com dois sistemas de IVA diferentes teria de considerar ambos os sistemas aquando da elaboração e discussão de legislação. Seria extremamente difícil acrescentar outros desenvolvimentos a este sistema dual para acompanhar o mercado interno em evolução. Isto é particularmente importante no contexto de dois conjuntos de obrigações completamente diferentes. Um sistema assim enviesado poria em grande risco uma futura harmonização do IVA, pois os interesses dos Estados membros em fazer melhorias divergiriam em função do sistema que aplicassem.

Assim, a Comissão salienta que é importante compreender que a autoliquidação numa base opcional representaria um afastamento do actual nível de harmonização, que beneficia as empresas que operam no mercado único. As complicações adicionais para as empresas resultantes de um sistema facultativo de autoliquidação pareceriam ir contra os objectivos comunitários de crescimento e emprego, que dependem da redução das obrigações impostas às empresas. Em particular, isso seria contrário à estratégia do IVA seguida até aqui, que visa uma maior simplificação do IVA no mercado único, reduzindo os encargos e obrigações das empresas e dando-lhes segurança jurídica[14].

Neste contexto, a Comissão conclui que se deveria ou instaurar um sistema geral de autoliquidação com carácter obrigatório em toda a UE ou abandonar o conceito.

---

[14] Sobre a estratégia do IVA, veja-se, designadamente, *"Estratégia destinada a melhorar o funcionamento do sistema comum do IVA no âmbito do mercado interno"*, COM (2000) 348 final, 7 de Junho de 2000 e *"Balanço e actualização das prioridades da estratégia em termos de IVA"*, COM (2003) 614 final, 20 de Outubro de 2003.

A Comissão denota que a análise realizada sobre a autoliquidação é, na sua maior parte, um exercício hipotético, uma vez que não há qualquer experiência real disponível a partir da qual se possam tirar lições. Neste contexto, considera que só um projecto-piloto num Estado membro poderia dar uma resposta mais substantiva às questões levantadas pelo Conselho.

No entanto, sublinha que o objectivo do projecto-piloto seria testar a introdução de uma autoliquidação geral obrigatória, pois não se poderia, por razões relativas ao mercado interno e devido à abolição de facto do sistema comum de IVA, prever a hipótese de permitir que apenas alguns Estados membros introduzissem tal alteração ao sistema de IVA.

O projecto-piloto teria de ser organizado de modo a oferecer a melhor oportunidade de aumentar o conhecimento sobre a forma como funciona uma autoliquidação, sem expor a grandes riscos nem o Estado membro que se oferecesse como voluntário nem qualquer outro Estado membro.

A este respeito, salienta que é importante que o Estado membro voluntário fosse uma economia suficientemente grande para ser representativo, mas não de importância tão esmagadora que tivesse impacto no comércio intracomunitário.

Assim, em sua opinião, o projecto-piloto deveria mostrar:

- até que ponto a autoliquidação realmente constitui uma resposta eficaz para a limitação e redução da fraude existente — o que teria de ser apreciado tanto em termos da redução global dos desvios de IVA por fraude como no que respeita aos tipos de fraude que estão a ser reduzidos;
- até que ponto novos tipos de fraude são um perigo real e quais são as medidas mais promissoras para contrariar esse risco — o que exigiria uma avaliação contínua da evolução dos diferentes tipos de fraude e das medidas de controlo implementadas para a sua limitação, sendo óbvio que não se deve tratar de medidas que estejam já a dar sinais promissores de combater a fraude sob o sistema vigente;
- os custos, para as empresas e as administrações fiscais, da aplicação e funcionamento do sistema e se estes custos seriam proporcionais a qualquer benefício recebido pelo Ministério das Finanças.

É evidente que o exercício teria de ser acompanhado de um programa de monitorização que tornasse toda a operação transparente e fornecesse um *feedback* sobre potenciais efeitos adversos em outros Estados membros. Para se conseguir um equilíbrio entre as partes interessadas sugere a criação de um grupo de pilotagem composto pelo país voluntário, pela Comissão e, no mínimo, pelos Estados membros limítrofes.

Na opinião da Comissão, o projecto-piloto deveria funcionar durante pelo menos cinco anos, uma vez que o material estatístico para medir os seus efeitos só estaria, de qualquer modo, disponível ao fim de três anos. Poderia ser considerado um período ainda mais longo, já que os autores de fraudes, sabendo que o projecto-piloto só funcionaria durante um período muito limitado, podem hesitar em desenvolver novos modelos de fraude.

Em suma, a Comissão conclui que a autoliquidação é um conceito que não pode nem deve ser excluído nesta fase, pois apresenta algumas vantagens indiscutíveis. Contudo, é um sistema tão diferente do que está actualmente em vigor que nunca poderia ser introduzido a título facultativo sem prejudicar o objectivo de um bom funcionamento do mercado interno. Como uma decisão relativa à sua introdução é prematura na ausência de quaisquer provas empíricas referentes a tal sistema, a Comissão vem então solicitar ao Conselho que:

- considere se se deve pensar na hipótese de um projecto-piloto para estabelecer se, efectivamente, a autoliquidação pode constituir uma resposta adequada em matéria de fraude ao IVA e
- confirme, caso se deva considerar a hipótese do projecto-piloto, que a Comissão deve avançar com o trabalho preparatório, de modo a permitir que um país voluntário inicie um projecto-piloto com base nas condições expostas.

5. Posição portuguesa

Tendo em consideração as proposta austríaca e alemã, foi criado entre nós em 2007 um Grupo de Trabalho[15] com a missão de estudar a "...

[15] Despacho n.º 424/2007-XVII de 19 de Abril de 2007, do Secretário de Estado dos Assuntos Fiscais.

eventual substituição do actual sistema de IVA, baseado em pagamentos fraccionados, pela implementação de um mecanismo generalizado de "reverse-charge" nas operações (transmissão de bens e prestações de serviços) entre sujeitos passivos, designadamente em termos de receita do Estado e custos de contexto e competitividade para os agentes, nomeadamente sectoriais".[16]

Em síntese, o Grupo de Trabalho apresentou um conjunto de vantagens e desvantagens resultantes da adopção deste tipo de mecanismo. Assim, são apontadas como vantagens: (i) Diminuição da fraude carrossel; (ii) Diminuição significativa dos pedidos de reembolso do IVA; (iii) Decréscimo significativo nos custos empresariais dado as empresas suportarem um menor pré-financiamento do Estado; (iv) Impacto nulo na receita fiscal. Como desvantagens são apontadas as seguintes: (i) Eventual maior dispersão dos sujeitos passivos com IVA a entregar ao Estado; (ii) Substituição de um sistema fraccionado de liquidação e pagamento do imposto por um sistema em que o mesmo se concentra num único momento, aumentando a vulnerabilidade da receita em situações de incumprimento, insolvência, falência, etc., tanto maior quanto menor for o montante definido como limite para o funcionamento do sistema; (iii) Desfasamento temporal em termos de encaixe financeiro para o Estado; (iv) Aumento dos custos de cumprimento para os contribuintes e de funcionamento para o Estado.

Saliente-se ainda que o Grupo de Trabalho fez uma simulação quantitativa de aplicação do *reverse charge* a todos os clientes que tivessem, com o mesmo fornecedor, um volume de negócios bruto anual acima dos 25.000 euros, utilizando, para o efeito, o critério de declaração mapa recapitulativo de clientes anexo à declaração anual de informação contabilístico fiscal. Tal como apontam, são maiores as desvantagens do que as vantagens, constatando-se, nomeadamente, que a receita líquida diminuiria 1,4% e, do ponto de vista sectorial, haveria um aumento significativo da relevância em termos de encaixe de IVA do comércio a retalho e reparação.

---

[16] José Carlos Gomes dos Santos, Carla Rodrigues, Jorge Manuel Oliveira e Nuno Filipe C. Carneiro, "IVA –"Reverse – Charge" Análise de Impacto", Ciência e Técnica Fiscal n.º 419, Janeiro-Junho 2007,pp. 151 a 209.

Os resultados obtidos que vão, aliás, na esteira das posições já assumidas pela Comissão europeia, não nos parecem suficientemente encorajadores de forma a sustentar uma alteração tão radical na mecânica deste imposto...

Neste contexto, o ex. Secretário de Estado dos Assuntos Fiscais, Dr. João Amaral Tomaz, concluía, numa análise a estas propostas[17], que lhe colocavam muitas reservas, não obstante o combate à fraude e evasão fiscal ser um dos grandes objectivos do XVII Governo Constitucional, a saber: (i) O IVA é transformado num tipo de imposto sobre as vendas no retalho, onde é mais frequente ocorrerem situações de fraude e evasão fiscal; (ii) Há garantias de que os *missing traders* nas operações de fraude carrossel não passem a fazer operações de valor inferior aos limites propostos pela Alemanha e pela Áustria?; (iii) Há garantias de que a aplicação generalizada deste mecanismo num Estado membro não implica o risco de aumento da fraude e evasão fiscal noutros Estados membros?; (iv) Os mecanismos de controlo propostos pela Alemanha e Áustria não poderiam ser aplicados no actual sistema do IVA?; (v) Estes mecanismos, conforme as propostas apresentadas, podem criar vantagens concorrenciais para os operadores abrangidos em detrimento dos pequenos e médios operadores uma vez que estes continuariam a ter o ónus do pré-financiamento, facto este que, para além do mais, é questionável num mercado interno comunitário. Após esta análise, aconselha, designadamente, um alargamento selectivo do mecanismo do *reverse charge* a determinados sectores de risco, nomeadamente relativamente a telemóveis e diversos bens electrónicos (pedido este formulado pelo Reino Unido em Fevereiro de 2006 e não aceite apenas por França).

6. Ponto de situação das propostas de aplicação de um mecanismo generalizado de *reverse charge*

Portugal tem vindo a defender que se deverá dar prioridade à análise das medidas convencionais de combate à fraude fiscal no IVA e à avaliação da eficácia dessas medidas e que, só após essa avaliação, é que

[17] "O mecanismo de autoliquidação do IVA", *Estudos em Memória de Teresa Lemos*, 2007, pp 123 a 154.

se deverá analisar uma eventual necessidade de avançar com medidas mais radicais. Com efeito, a avançar desde já com um projecto-piloto, que terá uma duração de três a cinco a 5 anos, é aceitar que o mecanismo de *reverse charge* possa ser de aplicação opcional, ou seja, a coexistência de dois sistemas de IVA na Comunidade completamente diferentes, o que não contribui para o processo de harmonização. Para além disso, aumentam as dificuldades e os custos para as empresas que desenvolvem a sua actividade em vários Estados membros, incluindo aquele que aplica o projecto-piloto, já que têm de aplicar regras diferentes consoante o Estado membro onde realizam as operações.

Esta tem sido, aliás, a posição da maioria dos Estados membros.

Neste contexto, as propostas da Alemanha e da Áustria, embora com alterações entretanto sugeridas, como, por exemplo, a referida ideia de uma experiência piloto, não têm, pelo menos a título imediato, merecido acolhimento pela maioria dos Estados membros.

Assim, nas conclusões do Conselho ECOFIN de Março de 2008, indica-se que o Conselho, até ao fim de 2011, analisará a possibilidade de introdução de novas medidas de combate à fraude e evasão fiscais, incluindo a possibilidade de introdução de um projecto piloto de um mecanismo generalizado de *reverse charge*, após uma análise da eficiência da aplicação das medidas convencionais.

A. Brigas Afonso

O valor tributável dos direitos aduaneiros e do IVA na importação de bens

A. Brigas Afonso

Vogal do Conselho Técnico Aduaneiro

RESUMO

As mercadorias importadas estão sujeitas a IVA e a direitos aduaneiros, calculados com base no *valor aduaneiro*.

As regras da Organização Mundial do Comércio (OMC), relativas à determinação do valor aduaneiro, constam do *Acordo sobre a Aplicação do Artigo VII do GATT de 1994*, aplicado por cerca de 150 países em todo o Mundo. Este Acordo assegura uma aplicação uniforme das referidas regras, dado que as Partes Contratantes estão obrigadas a adoptá-lo na respectiva legislação interna. No caso da União Europeia, as disposições deste Acordo foram sistematizadas no Código Aduaneiro Comunitário nos artigos 28.° a 36.°.

O principal método de cálculo do valor aduaneiro é *o método do valor transaccionai*, isto é, o preço efectivamente pago ou a pagar pelas mercadorias quando são vendidas para exportação com destino ao país de importação.

Se o valor aduaneiro não puder ser determinado por aplicação deste método, há que passar sucessivamente aos diferentes métodos seguintes: *valor transaccional de mercadorias idênticas, valor transaccional de mercadorias similares, método dedutivo, método do valor calculado* e, finalmente, o *método do último recurso*.

Palavras-chave:

Importação de mercadorias; Valor aduaneiro das mercadorias;
Direitos aduaneiros; IVA;
Métodos de cálculo do valor aduaneiro.

ABSTRACT

Imported goods are assessed on VAT and customs duties on the basis of the customs value.

The rules of the World Trade Organization (WTO), on the valuation of goods for customs purposes, are contained in the *Agreement on Implementation of Article VII of GATT 1994*, applied by around 150 countries all over the World. By requiring all member countries to harmonize their national legislation on the basis of the Agreement's rules, it seeks to ensure uniformity in this application. In the European Union these rules are adopted by Articles 28 to 36 of Community Customs Code.

The main standard of customs valuation is *the method of transaction value* that is the price actually paid or payable when sold for export to the country of importation.

If first standard can't be used, the value should be determined on the basis of the succeeding standards: *the transaction value of identical goods, the transaction value of similar goods, the deductive value, the computed value* and, finally, *the fall-back method*.

Keywords:

Importation of goods; Customs value;
Customs duties; VAT;
Methods of customs valuation.

1. Introdução

O valor tributável dos bens importados, em sede de imposto sobre o valor acrescentado, é constituído pelo valor aduaneiro e inclui os próprios direitos aduaneiros, nos termos previstos no artigo 17.º do CIVA. Assim, a determinação do valor aduaneiro das mercadorias importadas é imprescindível para a sua correcta tributação, não só em matéria de direitos aduaneiros, como também de IVA, dado que as respectivas taxas são *ad valorem* e aplicam-se as mesmas disposições legais em matéria de determinação do valor tributável dos direitos aduaneiros e do IVA na importação de bens.

Nem sempre foi assim. Durante muitos séculos e até meados do século passado, as taxas dos direitos aduaneiros constantes das pautas aduaneiras, eram taxas específicas ou *ad rem*, isto é, eram fixadas em função da quantidade, do peso, do volume, da superfície, etc. das mercadorias importadas. No caso de Portugal, a primeira pauta geral foi aprovada em 1837, por Passos Manuel, com base no trabalho de duas comissões, a primeira das quais presidida por Mouzinho da Silveira. As taxas eram específicas ou *ad rem*, tendo-se mantido esta preferência por taxas específicas até 1982, ano em foi aprovada a primeira pauta portuguesa com taxas *ad valorem* no âmbito dos intensos trabalhos desenvolvidos pelas Alfândegas Portuguesas para a preparação da adesão à Comunidade Económica Europeia, cuja Pauta Aduaneira Comum adoptava já taxas *ad valorem*.

As taxas específicas ou *ad rem* têm evidentes vantagens, dado que são muito fáceis de aplicar e não são permeáveis a práticas fraudulentas, dado que, com uma simples pesagem ou medição e uma operação aritmética, podem ser calculados com exactidão os montantes dos direitos aduaneiros a pagar, sem que haja qualquer risco de não serem pagos os montantes devidos. Têm a desvantagem de não acompanharem a inflação e não serem neutras. Pelo contrário, as taxas *ad valorem* pressupõem uma correcta determinação do valor aduaneiro, o que, na prática, não se revela uma tarefa fácil, como o demonstra o Acordo sobre a Aplicação do Artigo VII do GATT que analisaremos no presente artigo. As taxas *ad valorem* têm a vantagem de se manterem automaticamente actualizadas em função da inflação e são neutras, dado que o montante dos direitos aduaneiros a pagar varia em função do mais ou menos elevado preço das mercadorias, ao contrário das taxas específicas que oneram todas as mercadorias com o mesmo montante, independentemente de o respectivo valor poder apresentar grandes oscilações, tributando assim mais fortemente as mercadorias com mais baixo preço.

A primeira convenção internacional celebrada com o objectivo de definir regras comuns internacionais sobre o valor aduaneiro das mercadorias importadas foi negociada no âmbito do *Conselho de Cooperação Aduaneira* (actualmente *Organização Mundial das Alfândegas – OMA*), tendo sido assinada em Bruxelas em 1953 e daí ser conhecida por *Convenção de Bruxelas sobre o Valor Aduaneiro.* Esta convenção adoptou um conceito de valor aduaneiro teórico, *o preço normal das mercadorias*, isto é, o preço que seria pago pelas mercadorias no caso de a venda se efectuar em condições de plena concorrência. Esta convenção nunca teve uma aceitação generalizada a nível mundial.

Actualmente, a base jurídica fundamental para determinação do valor aduaneiro é o artigo VII do GATT, tendo sido celebrado, no âmbito do *Uruguai Round,* um Acordo sobre o Valor Aduaneiro, formalmente apelidado de Acordo sobre a Aplicação do Artigo VII do GATT de 1994, aplicado por cerca de 150 países em todo o mundo. No caso da União Europeia, as disposições deste Acordo foram sistematizadas no Código Aduaneiro Comunitário nos artigos 28.º a 36.º[1]. Este Acordo põe em evidência a importância do valor aduaneiro no contexto do comércio internacional, que poderá, indirectamente, aumentar ou diminuir os montantes dos direitos aduaneiros a pagar, se forem utilizados processos fraudulentos na sua determinação, contornando-se, assim, os compromissos assumidos pelos Estados em matéria pautal. O Acordo tem, portanto, como principal objectivo fixar regras uniformes de determinação do valor aduaneiro, impedindo assim a utilização de valores aduaneiros arbitrários ou fictícios que possam defraudar os compromissos assumidos pelos vários países, no âmbito da Organização Mundial do Comércio

[1] Foi entretanto publicado o Regulamento (CE) n.º 450/2008 do Parlamento Europeu e do Conselho de 23 de Abril de 2008 que aprovou o denominado Código Aduaneiro Modernizado, estando as disposições relativas ao valor aduaneiro previstas nos respectivos artigos 41.º a 43.º. Todavia, como ainda não foram aprovadas as "disposições de aplicação," continuam a aplicar-se as disposições em vigor nesta matéria, até 24.06.2013, data prevista no artigo 188.º do CAM para a sua adopção.

(OMC) e pôr em causa a correcta tributação das mercadorias que são objecto de comércio internacional e as correspondentes receitas aduaneiras do Estado onde são importadas.

O Acordo fornece diferentes métodos para o cálculo do valor aduaneiro, que devem ser utilizados pela ordem que se encontram enumerados no Acordo, salvo no caso da aplicação do método do valor baseado no preço unitário (artigo 5.º) e do valor calculado (artigo 6.º) em que a ordem de aplicação dos métodos pode ser invertida, a pedido do importador (*vide* artigo 4.º).

O v*alor transaccional* é o principal método para o cálculo do valor aduaneiro. Encontra-se definido no artigo 1.º do Acordo e no artigo 29.º, do Código Aduaneiro Comunitário (CAC). Se o valor aduaneiro não puder ser determinado por aplicação do artigo 1.º, há que passar sucessivamente aos diferentes métodos de substituição previstos no artigo 2.º e seguintes*: valor transaccional de mercadorias idênticas, valor transaccional de mercadorias similares (artigo 3.º), método dedutivo (artigo 5.º), método do valor calculado (artigo 6.º) e, finalmente, o método do último recurso (artigo 7.º).*

2. Método do valor transaccional

O primeiro e principal método que deve ser utilizado para cálculo do valor aduaneiro das mercadorias importadas é o *método do valor transaccional*. De acordo com este método, o valor aduaneiro deve corresponder ao *preço efectivamente pago ou a pagar* pelas mercadorias quando são vendidas para exportação com destino ao país de importação, em total oposição ao conceito adoptado pela Convenção de Bruxelas que, como se referiu, assenta no conceito de "preço normal" das mercadorias. Este método integra os seguintes elementos:

2.1. *Venda*

A utilização do valor transaccional implica que só podem ser avaliadas por este método as mercadorias que tenham sido objecto de venda, porque só estas são transaccionadas. Daqui resulta que não podem ser avaliadas segundo este método as mercadorias remetidas gratuitamente (amostras, por exemplo), as mercadorias vendidas ao abrigo de um contrato de consignação, para serem vendidas ao melhor preço por conta do fornecedor, as mercadorias importadas por intermediários, para posterior venda no país de importação e as mercadorias importadas por sucursais, tendo em conta que a venda implica, necessariamente, uma transacção entre duas pessoas distintas, bem como as mercadorias importadas no âmbito de um contrato de aluguer ou de locação financeira, por não se verificar a transferência da propriedade.

2.2. *Condições de aceitação do valor transaccional*

Para que o valor transaccional possa ser aceite é necessário que se verifiquem os requisitos referidos nas alíneas a) a d) do n.º 1, do artigo 1.º, do Acordo.

O primeiro requisito é a ausência de restrições quanto à cessão ou utilização das mercadorias pelo comprador. Como exemplo pode citar-se a restrição de o importador só poder utilizar as mercadorias para demonstrações, mas não as poder vender. Todavia, as restrições enunciadas nas subalíneas i) a iii) são admissíveis, desde que, naturalmente, não afectem substancialmente o valor das mercadorias. Como exemplo de restrições que não afectam substancialmente o valor das mercadorias pode citar-se, no comércio automóvel, a impossibilidade de vender determinado modelo de veículo antes da data fixada pelo fabricante para o seu lançamento no mercado. Em contrapartida, se um aparelho for vendido por um preço simbólico, com a condição de o importador o utilizar apenas para fins caritativos, estamos perante uma condição não aceitável, porque afecta substancialmente o valor das mercadorias.

O segundo requisito é que a venda ou o preço não estejam subordinados a condições cujo valor não possa ser determinado. Como exemplo pode citar-se o caso em que o vendedor fixa um preço ao importador na condição de este adquirir outras mercadorias.

O terceiro requisito é a ausência de cláusulas no contrato de venda que prevejam que uma percentagem ou produto da revenda reverta para o vendedor (alínea c), do n.º 1, do artigo 1.º). Esta restrição deve ser interpretada em sentido muito restritivo, dado que só se aplica se não poderem ser quantificados a percentagem ou o produto da revenda.

O quarto requisito de aceitabilidade do valor transaccional é a ausência de coligação entre o comprador e o vendedor. Como exemplo podem citar-se os casos em que o vendedor e o importador sejam juridicamente associados ou membros da mesma família, nos termos especificados no n.º 4, do artigo 15.º, do Acordo. De qualquer modo, o facto de haver coligação não implica, necessariamente, que o valor não seja aceitável, devendo ser examinadas as circunstâncias próprias da venda e apurar se a coligação influenciou ou não o preço pago.

2.3. *Noção de preço efectivamente pago ou a pagar*

O preço efectivamente pago ou a pagar é a contraprestação financeira pela compra das mercadorias que deve ser satisfeita pelo comprador (importador) ao vendedor (exportador) e compreende todos os pagamentos efectuados em consequência da importação. Se, por exemplo, a venda de uma máquina sofisticada implicar a realização de um curso de formação ao importador, a facturação deste curso, ainda que efectuada autonomamente, deve ser adicionada ao montante facturado pela máquina, integrando, assim, o valor transaccional.

2.4. *Elementos a adicionar ao preço efectivamente pago ou a pagar*

Nos termos do artigo 8.º do Acordo, o valor transaccional inclui ainda, para além do preço pago ou a pagar, os custos suportados pelo vendedor mas não incluídos no preço (comissões de venda, despesas de corretagem, custos dos recipientes e das embalagens), os produtos e serviço fornecidos directa ou indirectamente pelo vendedor e utilizados no decurso da produção e da venda (ferramentas, moldes, trabalhos de engenharia, *design*).

O valor transaccional inclui ainda, na medida em que não esteja incluída no preço pago ou a pagar, os direitos de exploração (direitos de autor e direitos respeitantes à propriedade industrial, tais como patentes das marcas comerciais ou industriais).

O n.º 2 do artigo 8.º do Acordo permite ainda que os Membros prevejam na respectiva legislação a inclusão ou exclusão do valor aduaneiro das despesas de transporte até ao local da importação, do custo do seguro ou qualquer outro elemento. Ao abrigo desta faculdade o artigo 32.º do Código Aduaneiro Comunitário prevê a inclusão das despesas de transporte, do seguro, as despesas de carga e manutenção, excluindo o artigo 33.º do CAC as despesas de transporte, montagem, manutenção e assistência das mercadorias depois da chegada ao local de entrada no território aduaneiro da Comunidade. A União Europeia adoptou, portanto, o denominado, no comércio internacional, valor CIF (custo, seguro e frete), ou seja, todos os custos ocorridos até à chegada das mercadorias ao território aduaneiro da União Europeia estão incluídos no valor transaccional, sendo onerados com os direitos aduaneiros. O valor aduaneiro assim determinado, adicionado do montante dos direitos aduaneiros, constitui ainda o valor tributável IVA dos bens importados, nos termos estipulados no artigo 17.º do Código do IVA. Todos os custos ocorridos posteriormente, dentro do referido território, estão excluídos do valor aduaneiro e da respectiva base tributável na importação, quer dos direitos aduaneiros, quer do IVA.

2.5. *Taxas de câmbio*

O artigo 9.º do Acordo estabelece as regras a observar nos casos em que for necessário converter uma moeda para determinar o valor aduaneiro. Idêntica disposição contém o CAC (artigo 35.º), que estipula que a taxa de câmbio a aplicar é a que tenha sido devidamente publicada, devendo reflectir, tanto quanto possível, o valor corrente da moeda em causa que, actualmente, na generalidade dos Estados Membros da EU é feito com base na taxa de câmbio do Euro. À medida que o Euro comece a ser utilizado na facturação do comércio internacional deixará, naturalmente, de ser necessária a realização desta operação.

3. Métodos de substituição para a determinação do valor aduaneiro

Caso não seja possível a determinação do valor da mercadoria com base no método do valor transaccional, recorre-se aos métodos comparativos, que se subdividem em dois submétodos (valor transaccional das mercadorias idênticas e o valor transaccional das mercadorias similares), ao método dedutivo, ao método do valor calculado e por último ao método do último recurso.

Como já se referiu anteriormente, o primeiro método para a determinação do valor aduaneiro das mercadorias importadas é o valor transaccional, definido nos artigos 1° e 8° do Acordo sobre a aplicação do artigo VII do Acordo Geral sobre Pautas Aduaneiras e Comércio.

Quando o valor aduaneiro não puder ser determinado nos termos do artigo 1° passa-se à sua determinação através dos outros métodos previstos nos artigos 5° e 6° do mencionado Acordo. Em último caso recorre-se ao método do último recurso, mencionado no artigo 7° do Acordo.

Estes métodos devem ser obrigatoriamente aplicados pela ordem em que se encontram enunciados no Acordo. Porém, a pedido do importador, a ordem dos *métodos dedutivo e calculado* pode ser invertida.

No que diz respeito ao *método do último recurso*, este só pode ser aplicado, quando nenhum dos outros o puder ser.

Os outros métodos de determinação do valor aduaneiro só podem ser utilizados nos seguintes casos: na ausência do valor transaccional, o que normalmente acontece no caso de remessas enviadas gratuitamente, no caso de rejeição do valor transaccional, que só poderá ter lugar em determinadas condições e no caso em que o vendedor e o comprador estejam coligados. Só no momento em que a possibilidade de justificação por parte do importador esteja completamente esgotada ou que este renuncie a apresentar os justificativos necessários é que a alfândega poderá rejeitar o valor que foi declarado, recorrendo aos outros métodos.

O recurso aos outros métodos será feito pela ordem descrita, e a escolha do tipo de método deverá ser justificada e comunicada ao declarante com os elementos de apreciação utilizados para o efeito. Estes métodos devem ser utilizados mediante uma colaboração entre os serviços aduaneiros e o declarante, para que se possa atingir uma determinação rápida e satisfatória do valor aduaneiro que terá de ser declarado. O declarante do valor aduaneiro, e a pessoa directa ou indirectamente interessada nas operações de importação, têm de fornecer à alfândega nos prazos por ela determinados, todos os documentos e informações (que serão estritamente confidenciais, sendo só divulgadas com autorização expressa da pessoa que as prestou) necessárias à mercadoria idêntica ou similar.

No caso de os elementos necessários não estarem disponíveis no momento do desalfandegamento, é possível recorrer ao procedimento dos valores provisórios.

3.1 *Os métodos comparativos*

Se não se puder recorrer ao valor transaccional pelas razões atrás enunciadas, ao abrigo do artigo 1.º do Acordo, recorrer-se-à primeiro ao método de substituição: o método comparativo, que se subdivide em dois submétodos, *o valor das mercadorias idênticas e o valor das mercadorias similares.*

3.1.1. *Valor transaccional das mercadorias idênticas*

Este submétodo encontra-se fixado no artigo 3.º do Acordo e no artigo 30.º do CAC.

Para determinar qual o valor das mercadorias teremos primeiro de distinguir estes conceitos. As mercadorias idênticas são as mercadorias produzidas no mesmo país, que sejam as mesmas sob todos os aspectos, incluindo as características físicas, a qualidade e o prestígio comercial.

No que diz respeito às mercadorias similares, estas são as produzidas no mesmo país que, não sendo iguais sob todos os aspectos, apresentam características semelhantes e são compostas por matérias semelhantes, o que lhes permite preencher as mesmas funções e serem objecto de troca entra si no comércio. Por último as mercadorias da mesma natureza ou espécie são mercadorias classificadas num grupo ou numa gama de mercadorias produzidas por um ramo de produção específico, ou por um sector específico de um ramo de produção, e incluem as mercadorias idênticas ou similares.

Sempre que possível, será de ter em conta uma venda de mercadorias idênticas realizada ao mesmo nível comercial e sensivelmente na mesma quantidade que as mercadorias a avaliar. Nos casos de faltar tal venda, pode recorrer-se a uma venda de mercadorias idênticas realizada numa das seguintes situações: venda ao mesmo nível comercial, mas quando estão em causa quantidades diferentes, venda a um nível comercial diferente, mas em relação à mesma quantidade, e venda a um nível diferente e relativa a quantidades diferentes. Nestes casos deverão ser feitos ajustamentos para corrigir algumas situações que poderão ocorrer, por exemplo se as mercadorias idênticas importadas, para as quais existe um valor transaccional, forem vendidas numa quantidade superior à quantidade das mercadorias cujo valor se pretende calcular, poderá ser feito um ajustamento, tendo em conta o preço corrente do vendedor numa venda correspondente a uma quantidade comparável à das mercadorias cujo valor aduaneiro se pretende determinar.

Uma outra questão será aquela que se prende com o facto de existirem vários valores transaccionais de mercadorias idênticas, neste caso devemos ter em consideração o valor transaccional mais baixo.

A Organização Mundial das Alfândegas (OMA) fornece vários exemplos para determinar se as mercadorias são idênticas. Num desses exemplos, estão em causa chapas metálicas de aço, de composição química, acabamento e dimensões idênticas, mas importadas para fins diferentes: umas destinavam-se a fabricar automóveis e outras a fabricar fornos. Apesar disso a OMA considerou que são mercadorias idênticas.

3.1.2. *Valor transaccional das mercadorias similares*

Este submétodo encontra-se fixado no artigo 3.º do Acordo e no artigo 30.º do CAC.

Este é outro método de determinação do valor aduaneiro, no qual se prevê que o valor das mercadorias será o valor transaccional de mercadorias similares, vendidas para exportação com destino ao país de importação, exportadas no mesmo momento que as mercadorias prestes a avaliar.

As **mercadorias similares,** são as produzidas no mesmo país que as mercadorias a avaliar, que, sem serem iguais, apresentam características semelhantes e são compostas por matérias semelhantes, o que lhes permite preencher as mesmas funções que as suas semelhantes. Na determinação de uma mercadoria similar deve ter-se em conta alguns factores que podem ajudar a preencher este conceito, tais como: a qualidade da mercadoria, a sua reputação e a existência de uma marca de fabrico ou comercial.

Como exemplo de mercadorias similares refere a OMA o caso de bolbos que não pertencendo à mesma variedade, não podem ser considerados idênticos. Contudo, considerando que produzem flores com aproximadamente as mesmas dimensões e a mesma forma, são comercialmente permutáveis e, por conseguinte, similares.

3.2. *Método Dedutivo*

O método dedutivo está previsto no artigo 5º do Acordo e no artigo 30.º do CAC e desenvolvido nas Disposições de Aplicação do CAC, consistindo na determinação do valor aduaneiro, tendo por base de cálculo o preço unitário correspondente ao preço de venda no país de importação, quer de mercadorias importadas, quer, na sua falta, de mercadorias idênticas ou similares importadas, ou ainda na sua falta, de mercadorias vendidas após sofrerem operações de complemento de fabrico ou de transformação.

Se o declarante o pedir a ordem de aplicação dos métodos dedutivo e calculado pode ser invertida, devendo para este efeito o declarante apresentar um pedido por escrito à alfândega, juntando todos os elementos necessários à aplicação do método do valor calculado. As bases de cálculo do preço devem ser utilizadas pela ordem indicada, só será de recorrer ao tipo de preço seguinte quando por um preço de base não estiver disponível ou não for aplicável. Neste caso o valor a declarar é determinado a partir do preço de venda no país de importação das mercadorias importadas, no estado em que foram importadas. Nos casos em que o valor aduaneiro não puder ser determinado a partir da venda de mercadorias importadas será de utilizar o preço unitário de venda de mercadorias idênticas ou similares importadas.

No método dedutivo o preço unitário a considerar para a determinação do montante da venda é o correspondente à venda das mercadorias importadas ou das mercadorias idênticas ou similares, totalizando a quantidade mais elevada. Se estivermos perante várias vendas será de considerar a venda que teve lugar na data mais próxima da importação das mercadorias a avaliar.

Existem alguns elementos que serão deduzidos ao preço de venda no país de importação para a determinação do valor aduaneiro, como as comissões em regra pagas ou acordadas, ou margens normalmente praticadas para lucros e despesas gerais (incluindo os custos directos ou indirectos da comercialização das mercadorias em causa) relativas às vendas, no país de importação, de mercadorias importadas da mesma natureza ou espécie, as despesas comuns de transporte e seguro, bem como despesas conexas ocorridas no país de importação, e para finalizar serão deduzidos os direitos de importação e demais imposições a pagar no país de importação devido à importação ou à venda das mercadorias.

3.3. *Método do Valor Calculado*

O *método do valor calculado* encontra-se estabelecido no artigo 6.º do Acordo e no artigo 3º.º do CAC e é desenvolvido no artigo 153.º das Disposições de Aplicação do CAC. O método do valor calculado consiste em determinar o valor a declarar a partir dos elementos constitutivos do preço, ou seja, dos custos de produção, comunicados pelo produtor da mercadoria em causa.

Este método só poderá ser utilizado no caso de o produtor estar disposto a fornecer os dados necessários à determinação dos custos e a colaborar nas verificações posteriores eventualmente necessárias. Se existirem dúvidas quanto à veracidade das informações prestadas, o método do valor calculado não poderá ser utilizado. Caso tenham sido prestadas outras informações, é conveniente informar o declarante, caso este o solicite, sobre a fonte dessas informações, os dados utilizados e os cálculos efectuados com base nesses dados.

Na determinação do valor calculado deve ter-se em consideração o custo ou valor das matérias e operações de fabrico utilizadas ou efectuadas na produção das mercadorias importadas (determinado com base nas informações prestadas pelo produtor ou pelo ser representante, relativas à produção das mercadorias a avaliar), os lucros e gastos gerais, cujo montante é geralmente aplicado nas vendas de mercadorias da mesma categoria ou do mesmo tipo que as mercadorias a avaliar, efectuadas por produtores do país de exportação e para exportação com destino ao país de importação e por fim têm de ser considerados para a determinação do valor calculado as despesas de transporte, seguro carga e manutenção conexas com o transporte das mercadorias importadas, até ao local de entrada no território do país de importação.

3.4. *Método do Último Recurso*

Este método encontra-se fixado no artigo 7.º do Acordo e no artigo 31.º do CAC.

Caso não seja possível aplicar um dos métodos anteriormente descritos, o valor aduaneiro deverá ser calculado por este método. Segundo este método, o valor aduaneiro deverá ser determinado com base nos dados disponíveis no país de importação, por meios razoáveis compatíveis com os princípios gerais do Acordo relativo à aplicação do artigo VII do Acordo Geral sobre Pautas Aduaneiras e o Comércio.

O valor aduaneiro baseado neste método não se baseará no preço de venda, no país de importação, de mercadorias produzidas nesse país, num sistema que preveja a aceitação, para fins aduaneiros, do mais elevado de dois valores possíveis, no preço de mercadorias no mercado interno do país de exportação, no custo de produção, distinto dos valores calculados que foram determinados para mercadorias idênticas ou similares, nos preços para exportação com destino a um país não compreendido no território aduaneiro português, em valeres aduaneiros mínimos e por último em valores arbitrários ou fictícios.

Este método consiste numa aplicação flexível dos métodos anteriormente descritos. A determinação do valor aduaneiro com base nos valores transaccionais de mercadorias idênticas ou similares pode ser efectuada, tendo em consideração os valores aduaneiros já aceites para mercadorias provenientes de outros países de exportação, com um nível de desenvolvimento industrial e comercial comparável, poderão ser ainda utilizados valores determinados através da aplicação dos métodos dedutivos ou do valor calculado, mas este têm de ser previamente aceites pelos serviços.

4. Jurisprudência do TJCE em matéria de valor aduaneiro

É muito vasta a jurisprudência do TJCE em matéria de valor aduaneiro. Todavia, um grande número de acórdãos tem subjacente a noção de *valor normal*, introduzida pela Convenção de Bruxelas e, a nível comunitário, adoptada pelo Regulamento (CEE) n.º 803/68 do Conselho de 27 de Junho de 1968, tendo, portanto, perdido interesse a sua análise[2]. Por outro lado, com excepção dos processos n.ºs 379/2000 e 422/2000 os restantes acórdãos proferidos pelo TJCE, nesta matéria, tem subjacente o Regulamento (CEE) n.º 1224/80 do Conselho de 27 de Junho de 1968, que entretanto foi revogado pelo Código Aduaneiro Comunitário, aprovado pelo Regulamento (CEE) n.º 2913/92 do Conselho de 12 de Outubro de 1992. Porém, como o referido regulamento já tinha adoptado as regras introduzidas pelo Acordo sobre a Aplicação do Artigo VII do GATT, mantêm-se perfeitamente actuais os referidos acórdãos, bem como o interesse na sua análise.

A título de exemplo citam-se os Processos n.ºs 290/84 (*Hauptzollamt Schweinfurt contra Mainfrucht Obstverwertung GmbH); 65/85 (Hauptzollamt Hamburg – Ericus contra Van Houten International GmbH); 357/87 (Albert Schmid contra Hauptzollamt Stuttgard-West); C-17/89 (Hauptzollamt Frankfurt am Main-Ost contra Deutsche Olivetti GmbH); C-79/89 (Brown Boveri & Cie AG contra Hauptzollamt Mannheim); C-116/89 (BayWa AG contra Hauptzollamt Leiden); C-299/90 (Hauptzollamt Karlsruhe contra Gebr. Hepp. GmbH & Co KG); C-21/91 (Wünsche Handelsgesellschaft International (GmbH & Co.) contra Hauptzollamt Hamburg-Jonas); Processo C-15/99 (Hans Sommer GmbH & Co. KG contra Hauptzollamt Bremen) e Processo C-379/2000 (Overland Footwear Ltd contra Commissioners of Customs & Excise), cujo texto pode ser consultado no sítio do TJCE http://curia.europa.eu/pt/content/juris/index.htm*

5. Bibliografia

Berr, Claude J. e Tremeau, Henri, Le Droit Douanier. Editor Librairie Générale de Droit et de Jurisprudence. Paris, 1980.

Mota, Pedro Infante, O Sistema GATT/OMC;

[2] Nomeadamente, os Processos n.ºs. 82/76, 38/77, 65/79, 111/7950/80.

Nassiet, Jean-Raymond, La Réglementation Douanière Européenne. Editora JUPITER. Paris, 1988.

Prahla, Hasso, *Douanes et accises*. Editora P.U.B. Librairie-Cours. Bruxelles.

Rocha, Nuno et alia, Código Aduaneiro Comunitário anotado;

Santos, Luís Máximo, Morais, Luís, Ricardo, Fernando Pereira, Textos de Relações Económicas Internacionais;

Direcção-Geral das Alfândegas e dos Impostos Especiais sobre o Consumo, Manual do Valor Aduaneiro;

Sítios da INTERNT:

DGAIEC

www.dgaiec.min-financas.pt

Organização Mundial das Alfândegas

http://www.wcoomd.org/ie/index.html

TAXUD – Comissão Europeia

http://ec.europa.eu/taxation_customs/index_en.htm

Maria Eduarda Azevedo

As PPP's e as Finanças Públicas
Reflexões sobre a Moldura Orçamental

Maria Eduarda Azevedo
Mestre em Ciências Jurídico-Económicas
Investigadora-Jurista do Centro de Estudos Fiscais

RESUMO

As PPP, fundadas no recurso ao financiamento e à gestão do sector privado, envolvem, amiúde, a participação financeira do Estado, facto que convoca uma apreciação rigorosa das implicações financeiras na sustentabilidade das Finanças Públicas e decisões públicas pautadas pela preocupação de criar "Value for Money".

Um contexto em que a LEO é uma base de partida crucial, embora carecendo ainda de progressos em matéria de implementação.

Palavras-chave:

Parcerias Público-Privadas;
Implicações para as Finanças Públicas;
Enquadramento e Disciplina Orçamental.

ABSTRACT

The PPP's are based on the use of private sector financing and management capabilities, but the partnership schemes quite often involve public funding, calling for a deep appraisal of the spending implications on the sustainability of Public Finances together with public decisions aimed to achieve best value for money.

A context in which the budgetary legal framework is considered a crucial starting point, although regarding for progress in the field of implementation.

Keywords:

Public-Private Partnerships;
Implications for Public Finance;
Fiscal Framework and Budgetary Discipline.

1. Aspectos Gerais

As PPP's representam hoje um instrumento de intervenção ao dispor dos Governos para responder aos desafios e às exigências da sociedade e da economia em matéria de reforço do investimento público e de modernização dos serviços públicos, traduzindo-se em formas variadas de prestação de bens infraestruturais e serviços, cuja provisão, sendo tradicionalmente assegurada pelo sector público, passa a contar com a participação de prestadores e financiadores privados[1].

Em grau variável, mas continuamente crescente, a popularidade das PPP's encontra-se numa dinâmica em alta, tendo esta opção sido abraçada pela generalidade dos países à escala global, independentemente do regime político, sistema legal e estádio de desenvolvimento, bem como das diferentes carências e prioridades de actuação local[2].

Aparentemente, alguns insucessos não fizeram esmorecer a actractividade e o protagonismo desta opção alternativa, havendo constituído antes um factor de aprendizagem e ponderação dos riscos a enfrentar e acautelar pelo o sector público, quando está em causa a implementação de estratégias de investimento assentes na mobilização das capacidades de financiamento e de gestão do sector privado para providenciar bens e serviços públicos.

Deste modo, passada sensivelmente década e meia sobre a redescoberta do fenómeno de parcerias com o sector privado, a abordagem

---

[1] Cf., Alfredo José de Sousa, As Parcerias Público-Privadas e o Desenvolvimento – o Papel do Controlo Financeiro Externo, Conferência: As Parcerias Público-Privadas e o Desenvolvimento, Funchal, Novembro. 2001, Rev. Trib. Contas, n.° 36, 2001, pp. 28 e ss.

[2] Em geral, os países da OCDE têm presentemente em curso importantes programas PPP, sendo o seu estabelecimento também observável no vasto universo dos países em desenvolvimento e das economias emergentes ou em transição. No quadro da UE, as PPP's constituem também uma prática em crescendo, tanto nos antigos Estados membros, como nos países recém-aderentes. Do facto dão testemunho o FMI, Public Investment and Fiscal Policy: Summaries of the Pilot Country Studies, Fiscal Affairs Department, April 2005; A Estache, PPI Partnerships *vs.* PPI Divorces in LDC's, Colloque Public-Private Partnerships: Theoretical Issues and Empirical Evidences, Paris, Conseil d'État, octobre, 2004 ; Paul Ligniéres, Partenariats Public-Privé, Paris, LITEC, 2e édition, 2005, pp. 7-10.

PPP ganhou um cariz eminentemente transversal, movimentando-se em quase todos os sectores de intervenção da Administração Pública, seja numa lógica de aplicação pontual e singular a empreendimentos relevantes ou a projectos-piloto de natureza infraestrutural, seja dando origem a programas sectoriais de parceria robustos, compreendendo o lançamento de séries similares de projectos orientados para a melhoria da gestão de infra-estruturas e a prestação de serviços públicos[3].

Uma amplitude de intervenção que abarca uma diversidade de projectos, visando a disponibilização de serviços associados a infra-estruturas económicas, ambientais e obras públicas clássicas, a equipamentos imobiliários com fins de utilização social ou administrativa e a suportes tecnológicos necessários à moderna prestação de serviços ao público[4].

Num quadro de "geometria variável", as PPP's podem assumir diversos figurinos e ser materializadas através de diferentes instrumentos contratuais e arranjos institucionais, estruturando e suportando as necessárias montagens financeiras[5].

---

[3] Cf., Paul Lignières, Partenariats Public-Privé, Paris, ob cit, 2e. ed., pp. 15 e ss; Michel Lafitte, Les Partenariats Public-Privé, Une Clé pour l'Investissement Public en France, Paris, Revue Banque Édition, 2006, pp. 47 e ss; Practical Guide to PPP in Europe, (ob. col.), London, City & Finantial Publishing, 2006; E.R. Yescombe, Public-Private Partnerships, Principles of Policy and Finance, London, Elsevier, 2007, pp. 220 e ssDuncan Cartlidge, PublicPrivate Partnerships in Construction, London and New York, Taylor & Francis, 2006, pp.191 e ss..

[4] Como assinalam Ronald J. Daniels e Michael J. Trebilcock, Na Organizational Analysis of the Public-Privte Partnership in the Provision of Public Infrastructure, in: Public-Private Policy Partnerships, London,MIT Press, 2000, pp. 93 e ss, no campo das infra-estruturas económicas e obras públicas, os projectos cobrem áreas diversas como a produção e distribuição de energia, a rede ferroviária, os portos e aeroportos, as pontes, túneis e auto-estradas, o abastecimento de água potável e saneamento; no respeitante a equipamentos sociais e imobiliários, são de assinalar os estabelecimentos hospitais e outras unidades de saúde, escolas, centros penitenciários e habitações sociais, bem como imóveis e instalações para alojar serviços públicos; no domínio dos serviços tecnológicos, observa-se a prestação de uma multitude de serviços ligados à informática, telecomunicações e manutenção de equipamentos para uso civil e militar.

[5] A generalidade dos países que recorrem à abordagem PPP fazem-no maioritariamente através de parcerias contratuais, materializadas de forma predominante no contrato de concessão, na dupla vertente de obra ou de serviço público, devido não só à ausência de uma figura jurídica específica de dimensão internacional para acolher este esquema de associação entre as esferas pública e privada, mas sobretudo à circunstância

Em termos típicos, uma configuração PPP engloba uma componente de prestação de serviço a longo prazo e uma componente de investimento físico numa única transacção ou contrato, cabendo ao operador privado assegurar o respectivo financiamento prévio, na totalidade ou em parte, sendo ressarcido e remunerado por via do utilizador ou do contribuinte[6].

Assim, as PPP's, enquanto "conceito-chapéu", encontram-se intimamente ligadas ao financiamento privado e aos modelos de gestão delegada[7], observando-se uma tendência geral das Administrações para

---

de a técnica concessória, como defende Marcello Caetano, Manual de Direito Administrativo, vol. I, 10ª edição, Coimbra, Almedina, 1980, pp. 258 e ss, corresponder à forma que historicamente melhor se tem adequado à conjugação de ambos os universos para a organização e operação de tarefas de serviço público. Um contexto em que a concessão não tem deixado de demonstrar uma manifesta flexibilidade e capacidade de reacção às diferentes conjunturas político-económicas, segundo Maria João Estorninho, Direito Europeu dos Contratos Públicos – Um Olhar Português, Coimbra, Almedina, 2006, pp.88 e ss; João Caupers, Empreitadas e concessões de obras públicas: a fuga para o direito comunitário? in: VI Colóquio Luso-Espanhol de Direito Administrativo, Direito e Justiça, Lisboa, FD-UCP, Rev Especial, 2005, pp. 89 e ss; Pedro Gonçalves, A Concessão de Serviços Públicos, Coimbra, Almedina, pp.8-12 e 107 e ss, absorvendo e dando resposta às crescentes exigências da montagem de projectos e operações com a participação do sector privado, utilizando modelos teóricos puros, derivados ou híbridos e congraçando o interesse dos entes públicos, dos operadores privados e dos agentes financiadores envolvidos em estruturas de transacção com graus diferentes de complexidade consoante a transferência de responsabilidades e riscos para o sector privado, justificando de uma "nova geração" de concessões que, baseadas no núcleo central do conceito original, ou seja, na construção e exploração de uma obra ou serviço público, justificando o respectivo renascimento ou redescoberta, adoptam no entanto novos contornos e traçam outras fronteiras, ao ponto de poder falar-se de um novo figurino de concessão. Uma fisionomia induzida pela figura da PFI/PPP e protagonizada de forma decisiva pelo modelo DBFO que, ao provocar uma verdadeira metamorfose do instituto, levou mais longe a concessão clássica, sem embargo de a abordagem, ela própria, ir além da concessão.

[6] As PPP's são, por vezes, assimiladas a uma modalidade de privatização temporária, atendendo a que, frequentemente, o financiamento, o investimento, a gestão e o direito de propriedade sobre os activos são delegados num operador privado durante a vigência da parceria. Neste sentido, E. S. Savas, Privatization and Public-Private Partnerships, New York – London, Chatham House Publishers, 2000, pp. 237 e ss

[7] A obtenção de recursos financeiros provenientes de fontes privadas, utilizando as técnicas de "Project Finance", "Aquisition Finance" e "Asset Finance", cruza-se frequentemente com a contratação pública, designadamente na vertente dos contratos de

lançarem um número crescente de transacções ora com pagamentos públicos de natureza plurianual, como fonte exclusiva de remuneração, ora com formas híbridas de remuneração, que conjugam a aplicação do princípio do utilizador-pagador com o envolvimento financeiro supletivo do Estado.

De facto, o campo de maior inovação da abordagem PPP entronca precisamente aqui, compreendendo uma tripla vertente: o emprego das técnicas concessórias; a associação a mecanismos de remuneração do prestador privado com base em pagamentos públicos e a adopção, em cada esquema, de uma matriz de risco correspondente a uma repartição adequada, de acordo com o princípio segundo o qual cada risco é atribuído à parte que está em melhores condições de o gerir e mitigar da forma mais económica[8].

Ora, consubstancia-se um formato suficientemente distinto da acepção "pura" da concessão clássica, que supõe a exploração de uma actividade pública por "conta e risco" do operador privado e preconiza quer a transferência integral da álea financeira, quer a remuneração do concessionário através de receitas cobradas aos utilizadores ou utentes.

Nesta medida, um amplo leque de parcerias comporta implicações para as Finanças Públicas, reclamando um enquadramento orçamental adequado. Por conseguinte, o acolhimento da abordagem PPP nos ordenamentos jurídicos nacionais passa, em paralelo, pelo estabelecimento de uma arquitectura legal habilitante, susceptível de conferir às autoridades públicas a possibilidade de usarem este instrumento financeiro em termos hábeis e fiáveis, potenciando as suas virtualidades, bem como pela adopção de regras orçamentais sólidas que, de forma coerente, enquadrem os impactos de ordem financeira gerados pelas parcerias com o sector privado.

Em Portugal, num primeiro período ao longo dos anos noventa, a ausência de um quadro legal e orçamental específico não inibiu as auto-

---

concessão. Recentemente, o Código dos Contratos Públicos veio regulamentar de forma adequada alguns aspectos ligados ao uso destas técnicas (Decreto-Lei n.° 18/2008, de 29 de Janeiro).

[8] Cf., Anne-Marie Toledo e Paul Lignières, Le financement de projet, Paris, Joly. 2002, pp. 6 e ss ; Willie Tan, Principles of Project and Infrastructure Finance, London – New York, Taylor & Francis, 2007, pp. 138 e ss.

ridades de enveredarem pela via PPP, designadamente em projectos ligados ao sector dos transportes[9], nem de adoptarem novos modelos de parceria, como sucedeu com as concessões de auto-estradas não portajadas ou de portagem virtual, cujos encargos acabam por ser assumidos pelo Estado.

Todavia, no início da presente década, este panorama inicial foi profundamente alterado com a reforma orçamental protagonizada pela entrada em vigor da Lei de Enquadramento Orçamental[10][11] que, indo além da simples disciplina do Orçamento do Estado, veio estabelecer o enquadramento dos orçamentos e contas de todo o SPA, assim como robustecer a coordenação da pluralidade de instrumentos financeiros públicos e reforçar a óptica da plurianualidade, vertendo então um núcleo-duro de disposições normativas especialmente dedicadas ao fenómeno financeiro das PPP's.

Em sequência da disciplina orçamental das operações montadas com recurso ao financiamento e à gestão privados, assistiu-se a iniciativas legislativas de enfoque sectorial e âmbito horizontal tendentes ao desenvolvimento e consolidação de um quadro jurídico mais avançado, completo e apropriado das parcerias com o sector privado[12].

Cronologicamente, então foi instituído o regime jurídico sectorial das parcerias em saúde e o regime geral das parcerias público-privadas, estabelecendo este último um conjunto de normas genéricas e específicas

---

[9] Tratou-se da Ponte de Vasco da Gama, do Programa de Concessões Rodoviárias, da Travessia Ferroviária da Ponte de 25 de Abril, do Metro Ligeiro de Superfície Sul do Tejo

[10] Cf., Lei n.° 91/2001, de 20 de Agosto

[11] Trata-se de uma lei que representou um corte profundo com o quadro legislativo anterior, como defende Eduardo Paz Ferreira, Ensinar Finanças Públicas numa Faculdade de Direito, ob. cit, pp. 140 e ss, visível não apenas na epígrafe, mas também no objecto, e que não descurou ainda o novo fenómeno financeiro público, caracterizado pela proliferação de instrumentos ligados à utilização dos dinheiros públicos.

[12] Ao contrário de outros países, em Portugal não foi ainda estabelecida uma Lei de Bases das Parcerias Público-Privadas, tendo a preferência do legislador recaído na mera criação de um regime de cúpula marcadamente processual, a complementar através de regimes sectoriais. Neste sentido, Alexandra Pessanha e Fernando Xerepe Silveiro, Estudo do Decreto-Lei n.° 86/2003, de 26 de Abril, Regime Jurídico Procedimental das Parcerias Público-Privadas, Estudo n.° 7/03, Rev Trib. de Contas, n.° 40, 2003, pp. 27 e ss.

centradas na tramitação procedimental de preparação e aprovação dos projectos ou transacções, assim como no consequente acompanhamento, renegociação e fiscalização, com especial ênfase na definição da intervenção e competências do Ministro das Finanças face aos homólogos de tutela sectorial, contemplando, ainda, um certo número de reconhecidas boas práticas a aplicar[13].

2. Principais Implicações para as Finanças Públicas

2.1. *A Incidência Financeira e Orçamental*

Em geral, as PPP's assentam no recurso ao financiamento privado, embora isto não signifique que a respectiva montagem não exprima, frequentemente, uma participação financeira do Estado com repercussão plurianual nos orçamentos públicos[14]. De facto, em numerosos casos, a mobilização das capacidades de financiamento e gestão do sector privado no quadro de uma parceria não constitui nem um "almoço grátis", nem um "cartão de crédito" ilimitado para o sector público.

Na medida em que um esquema PPP não for inteiramente pago pelo utilizador, há que recorrer a título supletivo a fundos públicos, ou seja,

---

[13] Trata-se do Decreto-Lei n.° 185/2002, de 20 de Agosto, relativo ao regime das parcerias em saúde, e do Decreto-Lei n.° 86/2003, de 26 de Abril, alterado pelo Decreto-Lei n.° 141/2006, de 27 de Julho, respectivamente.

[14] Segundo o Tribunal de Contas, Auditoria à Gestão das Parcerias Público-Privadas – Concessões Rodoviárias, Relatório n.° 10/2008, 2ª Secção, vol. I, p. 21, de entre os encargos em que o sector público pode incorrer avultam o pagamento de serviços adquiridos ao parceiro privada devidos pela prestação de serviços infraestruturais, logísticos ou serviços públicos finais; a atribuição de subsídios ou comparticipações no investimento; despesas com expropriações; a atribuição de incentivos; despesas específicas, como o alargamento de vias em concessões rodoviárias a assunção da taxa de utilização em infra-estruturas ferroviárias; a afectação de receitas de infra-estruturas existentes, integradas na esfera da parceria; despesas com a reposição do equilíbrio financeiro dos contratos. A propósito das formas que podem consubstanciar a participação financeira do Estado nas parcerias financeiramente não auto-sustentáveis, Alfredo José de Sousa, As Parcerias Público-Privadas e o Desenvolvimento, O Papel do Controlo Financeiro Externo, ob. cit., pp. 40-41; Eduardo Paz Ferreira, Ensinar Finanças Públicas numa Faculdade de Direito, ob. cit., p. 242.

a recursos provenientes da participação dos contribuintes[15]. Por outro lado, sempre que uma configuração PPP contemple a prestação de serviços não cobráveis directamente à população ou aos utentes, para ser exequível, a parceria tem de ser paga e suportada, exclusiva ou predominantemente, através de pagamentos públicos, isto é, por via do esforço financeiro do contribuinte[16].

Na perspectiva do financiamento das operações PPP, estamos, em regra, perante um figurino assente no binómio "participação do financiamento privado – envolvimento financeiro do Estado", que reflecte uma "engenharia financeira" modulada casuisticamente entre as duas principais vertentes de financiamento em presença. Então, o contributo financeiro privado afirma-se, sobretudo, no financiamento prévio dos investimentos requeridos, podendo a participação financeira pública ser circunscrita a um envolvimento relativamente limitado ou traduzir-se numa aquisição global do serviço a prestar com o consequente reflexo financeiro.

Ora, um espectro significativo de PPP's acaba por ter incidência orçamental, repercutindo-se os fluxos de compromissos gerados ao longo do período de vigência da parceria no Orçamento de Estado. Deste facto resultam implicações financeiras incontornáveis, que importa acomodar em sede de disciplina orçamental e reporte da respectiva execução económico-financeira, no âmbito de um quadro legal apropriado.

Por isso, aceitando as razões que legitimam a valia da Opção PPP, cumpre reconhecer igualmente que se está perante uma prática com características inovadoras, que há-de ser conduzida ao estrito balizamento do enquadramento orçamental, subordinada à regulação e ao controlo dos dinheiros públicos.

---

[15] O envolvimento de fundos públicos num esquema montado com base no princípio do utilizador pagador pode justificar-se a vários títulos, nomeadamente, enquanto obrigação resultante da universalidade de prestação do serviço ou por razões de suportabilidade social das tarifas a cobrar aos utentes/utilizadores, como sucede com o abastecimento de água ou em certas travessias rodoviárias

[16] Num esquema em que o serviço é prestado plena ou tendencialmente gratuito como no caso da prestação de cuidados de saúde ou de serviços prisionais.

2.2. *A Viabilidade e Sustentabilidade da Opção PPP*

Numerosas parcerias com o sector privado comportam um impacto financeiro importante para o Estado, sendo certo que as PPP's podem constituir uma janela de oportunidades enquanto via alternativa viável para realizar projectos em condições de constrangimento orçamental. Na realidade, algumas montagens em parceria, com repercussões orçamentais, tornam possível diferir no tempo o esforço financeiro do sector público, nivelando e suavizando os desembolsos públicos numa perspectiva de longo prazo, optimizando por conseguinte o ciclo orçamental[17]. Tal é susceptível de constituir uma "vantagem comparativa" não negligenciável, uma vez que o perfil da despesa de uma operação PPP pode ser considerado, no imediato, mais comportável em contraste com o fluxo temporal de encargos decorrentes dos métodos públicos tradicionais de financiamento e contratação, que apresentam, por norma, um pico de despesa pública elevado durante a fase de construção quando é necessário realizar os investimentos iniciais[18].

Repousando estas montagens, no essencial, na ausência de realização de despesas de capital durante a fase de construção, por deslocamento do relacionamento financeiro público-privado para a etapa subsequente de operação ou exploração, num primeiro tempo a margem de manobra para lançar novos projectos é ampliada, representando um factor de atracção inegável para as autoridades públicas. Aqui, o interesse das PPP decorre de o fluxo de desembolsos públicos se iniciar tão só com o arranque da prestação do serviço por parte do parceiro privado, não havendo que disponibilizar de imediato recursos públicos para financiar o investimento[19].

---

[17] Cf., Frédéric Marty, Sylvie Trosa e Arnaud Voisin, Les partenariats public-privé, Paris, La Découverte, 2006, pp. 34 e ss

[18] Cf., Frédéric Marty, Sylvie Trosa e Arnaud Voisin, Les partenariats public-privé, ob. cit., pp. 61 e ss ; E. R. Yescombe, Public-private partnerships. Principles of Policy and Finance, ob. cit, 74 e ss.

[19] Esta fórmula de remuneração do operador privado é típica do Modelo DBFO em que o mecanismo de pagamento é estruturado segundo o princípio gémeo de que "sem prestação do serviço não há pagamento" e o "pagamento devido pela prestação do serviço é condicionado à efectiva prestação", sendo passível de deduções ao pagamento em virtude da ocorrência de falhas de desempenho a título diverso. Frequentemente, a

Outro aspecto atractivo que, por norma, milita também em favor da opção PPP, prende-se com o tratamento contabilístico do investimento relacionado com os activos requeridos para a prestação do serviço pretendido no âmbito de uma parceria. Nesta medida, de acordo com o grau de transferência de risco, estes investimentos podem ser enquadráveis como investimento privado, figurando então na contabilidade do parceiro privado, ou seja, "fora" das contas públicas, logo sem consequências para o défice e a dívida públicos.

Por motivos óbvios, esta faculdade é naturalmente sedutora, visto que contribui para expandir a capacidade de realização de investimento, sobretudo quando os Governos experimentam ou estão sujeitos a fortes restrições e pressões orçamentais[20].

Ora, estes aliciantes, sendo inegavelmente cativadores, podem também levar a cativar ou comprometer o futuro.

Conforme assinala a Comissão europeia, a opção PPP permite não só converter despesas de investimento fixas num fluxo variável de compromissos futuros, mas também transferir as despesas iniciais de capital para fora da esfera das contas públicas. No entanto, segundo recomenda igualmente o Executivo comunitário, é importante prevenir que o "leitmotiv" da escolha da via PPP resida unicamente na vontade de tornear eventuais limitações orçamentais, conduzindo à adopção reiterada de projectos com custos globais acrescidos e pondo em risco, porventura, a concretização do objectivo de sustentabilidade das finanças públicas[21].

---

componente de pagamento pelo serviço desdobra-se em dois elementos ou vectores principais: um, relacionado com a mera disponibilidade do serviço, conferindo um fluxo de receitas relativamente estável ao parceiro privado e permitindo assegurar o cumprimento do serviço de dívida; outro, de carácter variável, ligado ao nível de utilização do serviço e ao cumprimento das especificações de qualidade da prestação do serviço em apreço.

[20] Cf., Public-Private Partnerships, Fiscal Affairs Department, International Monetary Fund, Washington 12.March.2004 (http://www.imf.org/external/np/fad/2004/pifp/eng/031204.pdf)

[21] Cf., Comunicação da Comissão ao Conselho e ao Parlamento Europeu – Finanças Públicas na UEM – 2003 {SEC (2003) 571} Bruxelas, 21.5.2003 (**http://eur-lex.europa.eu/pt/index.htm**). No mesmo sentido, BEI, Le Rôle de la BEI dans les Partenariats Public-Privé (PPP), BEI, Luxembourg, 15 juillet 2004.Também a Doutrina, nomeadamente, Paul Lignières, Partenariats public-privé, ob. cit., 2e ed., pp.57 e ss ; Sergio Massimiliano Sambri, Project Financing. La Finanza di Progetto per la Realizzazione di Opere Pubbliche, Padova, Cedam, 2006, pp.465 e ss.

Neste cenário, importa que a decisão pública de enveredar pela Opção PPP, em alternativa ao método de contratação pública convencional ou a outras formas de financiamento, seja pautada, em particular, por objectivos de ganhos de valor para o erário público, salvaguardando, mormente, a sustentação a longo prazo das finanças públicas e prevenindo a sobrecarga das gerações futuras[22]. Aliás, conscientes da necessidade de preservar o bom uso deste inovador instrumento de financiamento, alguns países têm mesmo acentuado e estabelecido que as parcerias com o sector privado visam operar transformações fundamentais no modo de prestação dos serviços públicos, prosseguindo primacialmente objectivos de "Value for Money"[23].

Todavia, sendo certo que a abordagem PPP se encontra reconhecidamente ancorada em sólidos fundamentos microeconómicos[24], é incerto, porém, que os gastos públicos decorrentes da preferência por esta via redundem automática, ou mecanicamente, na obtenção de acréscimos de valor na óptica do contribuinte.

De facto, a alternativa PPP, encontrando-se fundada na transferência de risco num quadro geral de partilha com o sector privado, não é isenta de riscos para o lado público, nem de falhas de Estado na condução do processo[25]. Para a Administração Pública, a via PPP constitui uma cami-

---

[22] Cf., L. Kotilikoff, Generational Accounting, New York, Basic Books, 1992, pp. 67 e ss ; Richard A. Musgrave, Public Debt and Intergeneration Equity, in : The Economics of Public Debt, London, MacMillan Press, 1988, pp.133 e ss.

[23] Como regra geral de uma sã gestão financeira, as preocupações de "Value for Money" percorrem horizontalmente o dispêndio de recursos públicos, ganhando uma especial acuidade no caso das parcerias público-privadas com repercussão orçamental, dada a elevada expressão dos montantes envolvidos e o carácter plurianual dos compromissos assumidos. No Reino Unido, desde a génese da Iniciativa PFI lançada pelo Governo Conservador, em 1992, que o VfM das parcerias se tornou um tema incontornável e inesgotável, após haver constituído um elemento central e emblemático de promoção nacional e internacional das PPP's e merecido uma vasta receptividade e amplificação por parte dos países da área de influência da Commonwealth e da generalidade das organizações internacionais para o desenvolvimento. E. R. Yescombe, Public-private partnerships. Principles of Policy and Finance, ob. cit., pp.62 e ss.

[24] Cf., Public-Private Partnerships, Fiscal Affairs Department, International Monetary Fund, Washington 12.March.2004 (http://www.imf.org/external/np/fad/2004/pifp/eng/031204.pdf)

[25] A título exemplificativo ver as principais áreas de risco para o Estado entretanto

nhada exigente em termos de competências e proficiência multidisciplinar, reclamando uma "performance" consistente das equipas públicas ao longo das sucessivas fases do ciclo de desenvolvimento da parceria: desde as tarefas preliminares de identificação do projecto e selecção do modelo de parceria adequado, seguidas da preparação em profundidade e necessária avaliação prévia da condução subsequente do procedimento competitivo e da negociação com o operador preferido, até à gestão da parceria propriamente dita ou sua eventual renegociação[26].

No pano de fundo em que as parcerias são concebidas e executadas está presente, inevitavelmente, a problemática da incompletude dos contratos de longa duração, não sendo de esperar que, no momento da decisão final, cada transacção se consubstancie em um "contrato óptimo" ou uma "estrutura jurídica perfeita", mas antes que a parceria ganhe expressão e plenitude durante a gestão e execução do contrato, na impossibilidade de serem previstas *a priori* no clausulado todas as facetas, interfaces e cenários evolutivos em termos de requisitos de prestação do serviço preconizado[27]

2.3. *A Transparência das Contas Públicas*

A difusão do financiamento de projectos de investimento com base em parcerias coloca desafios no plano da transparência das contas públicas.

identificadas pela Organização Internacional das Instituições Superiores de Controlo das Finanças Publicas, Guidelines on Best Practice for the Audit of Risk in Public/Private Partnership (PPP), INTOSAI October 2004 (**http://www.intosai.org/**), cobrindo os seguintes aspectos: clareza em relação aos objectivos da parceria, negociação de uma parceria adequada, protecção dos interesses públicos em situações de accionista minoritário, acompanhamento da observância dos interesses do Estado ao longo da parceria, exposição pública a eventualidades no caso de ocorrência de falhas e dificuldades.

[26] Aspectos evidenciados nos procedimentos formulados pela INTOSAI, pelo NAO britânico e, ainda, pelo Tribunal de Contas português, cujo não cumprimento é reputado responsável tantas vezes quer pela necessidade de renegociação das parcerias, quer piela celebração de processos de reequilíbrio financeiro.

[27] Neste sentido, Oliver Hart, Incomplete contracts and public owernership: remarks and an application to public-private partnerships, The Economic Journal, vol. 113, March, 2003, pp. C 69-C 76.

Desde logo, impõe-se reflectir, de modo apropriado e na sua plenitude, a realidade financeira PPP nos documentos orçamentais e na análise de sustentabilidade da dívida pública, evidenciando e divulgando os compromissos plurianuais conhecidos e eventuais, assumíveis em resultado da exposição financeira do Estado[28].

A preocupação da transparência orçamental quanto às consequências da abordagem é também fundamental para que, em geral, as parcerias sejam verdadeiramente motivadas por boas razões, ou seja, enquanto instrumento financeiro público orientado para a melhoria de eficiência e qualidade dos serviços prestados à sociedade e à economia, não como um expediente imaginativo para tornear os indispensáveis controlos da despesa pública e proceder a técnicas de "desorçamentação" do investimento público, tendo em vista cumprir metas financeiras ou satisfazer restrições orçamentais quiçá existentes[29].

No plano internacional não se regista para já uma norma "standard", sufragada pelas Administrações Públicas, para enquadrar o tratamento contabilístico e os requisitos de reporte, prestação de contas e divulgação pública das operações financeiras relativas às transacções PPP, embora as principais normas existentes constituam uma base de partida adequada[30].

---

[28] Comprova-se que a boa governação é fundamental para a estabilidade e o crescimento, e que a transparência financeira, como defende o FMI, Manual Revisto de Transparência Fiscal, aprovado por Peter S. Heller, 28 de Fevereiro de 2001, aumenta a responsabilidade das autoridades encarregadas da elaboração e implementação de políticas financeiras.

[29] No caso dos Estados membros da UE que aderiram à UEM, os critérios restritivos de Maastricht, reforçados no PEC, em matéria de défice e endividamento do sector público acabaram por se constituir em limites de endividamento destinado ao financiamento de infra-estruturas económicas, sociais ou obras públicas clássicas. A este propósito, Eduardo Paz Ferreira, Da Dívida Pública e das Garantias dos Credores do Estado, ob. cit, pp.124 e ss; Ernesto Cunha, Estabilidade e Crescimento: os Dilemas das Políticas de Consolidação Orçamental e os Desafios dos Tribunais de Contas no Século XXI, in: Estudos Jurídicos e Económicos em Homenagem ao Prof. Doutor António de Sousa Franco, vol. I, Coimbra, Coimbra Editora, 2006, pp.813 e ss; João Pinto Ribeiro, Controlo Financeiro Externo da Dívida Pública no Contexto da União Económica e Monetária (UEM), in: Estudos Jurídicos e Económicos em Homenagem ao Prof. Doutor António de Sousa Franco, vol. II, Coimbra, Coimbra Editora, 2006, pp.387 e ss.

[30] As normas de referência internacional em apreço são o Sistema de Contas

O núcleo-duro de elementos informativos sobre cada parceria ou conjuntos idênticos de projectos estruturados sob a forma de programas, a reportar no orçamento e na conta de gerência das Administrações, deve cobrir desejavelmente informação financeira relevante, como os seguintes vectores[31]:

- Serviço de pagamentos futuros resultantes de contratos PPP, bem como de eventuais receitas, se aplicável
- Estimativa de montantes derivados de disposições contratuais ligados a responsabilidades contingentes, em termos de pagamentos, como no caso de garantias[32], ou de arrecadação de receitas, como sucede com as regras de partilha de benefícios
- Financiamentos e outros apoios prestados a PPP's através de instituições financeiras públicas ou outras entidades sob controlo público
- Incidência de cada parceria no orçamento e dívida públicos, distinguindo as despesas de capital plasmadas nas contas públicas dos investimentos em activos registados na contabilidade do parceiro privado.

Na linha de promoção da transparência, reconhece-se, no quadro do Sistema Europeu de Contas, que a decisão do Eurostat de 2004 sobre o tratamento das PPP's para efeitos de défice e dívida públicos representa

---

Nacional de 1993 (System of National Accounts – NSA 1993) e o IMF's Government Finance Statistics Manual (GFSM 2001). Na União Europeia, vigora o Sistema Europeu de Contas de 1995 (European System of Accounts – ESA 95), suplementado com o Manual SEC 95 sobre o défice e a dívida das administrações públicas, elaborado pelo Eurostat em 2002, que veio cobrir os esquemas PPP, contemplando a construção, financiamento e exploração de infra-estruturas públicas por operadores privados. Recentemente, o aprofundamento da metodologia de tratamento das PPP's deu-se com a decisão do Eurostat de 2004 sobre PPP's e a publicação do guia de orientação "Long term contracts between government units and non government partners (Public-private partnerships)", Eurostat European Communities, Luxembourg 2004

[31] Cf., Bernardin Akitoby, Richard Hemming, and Gerard Schwartz Public Investment and Public-Private Partnerships, Economic Issue n.° . 40, p. 13; International Monetary Fund, Washington, D.C.2007

[32] Cf., Richard Hemming, Public-Private Partnerships, Government Garantees and Fiscal Risk, IMF, Washington, D.C., 2006

uma tentativa assinalável de facultar aos Estados membros da UEM uma orientação europeia genérica no campo do tratamento contabilístico, apesar de se considerar que as devidas implicações financeiras, em termos de custos e sustentabilidade em horizontes temporais alargados, podem não deixar de ser subestimadas[33].

O tratamento Eurosat parte do princípio de que, num esquema PPP, existindo uma transferência limitada de risco para o operador privado e retendo o sector público uma séria exposição ao risco, não é admissível desconsolidar as despesas com os activos envolvidos, que hão-de ser classificadas como investimento público, afectando o saldo orçamental e consolidando na divida pública. Inversamente, se uma operação PPP se traduzir numa transferência substancial de risco para o parceiro privado, a contabilização dos activos deve levar ao seu registo como investimento privado, ou seja, nas contas da entidade operadora.

Tomando como critério principal a afectação dos riscos às partes, o Eurosat considera que, para contabilizar os activos de uma parceria "fora" das contas públicas, tem de se observar uma transferência combinada de grandes categorias de risco para a esfera do parceiro privado: pelo menos, o risco de construção e, adicionalmente, o risco de disponibilidade ou o risco de procura[34]. Deste modo, as regras europeias pretendem estabelecer, de certa maneira, um limiar mínimo de afectação de riscos, desincentivando o mero uso do instrumento PPP como uma técnica de "engenharia financeira", sem atender à exposição pública ao risco e às preocupações de "Value for Money".

Neste contexto, a prática evidencia que o desenho de uma boa parte de PPP's preconiza a passagem dos riscos de construção e disponibilidade para o parceiro privado, conduzindo a que um número significativo de parcerias sejam classificadas como investimento privado, mesmo sem ocorrer a transferência ou a partilha do risco de procura.

Todavia, uma transferência substancial de risco não significa uma repartição óptima em todas as circunstâncias, sendo questionável como

---

[33] Cf., Bernardin Akitoby, Richard Hemming, and Gerard Schwartz Public Investment and Public-Private Partnerships, ob. cit., p. 14

[34] Cf., Frédéric Marty, Sylvie Trosa e Arnaud Voisin, Les partenariats public-privé, ob. cit, pp. 35 e ss ; E. R. Yescombe, Public-private partnerships. Principles of Policy and Finance, ob. cit, pp. 71 e ss

os critérios de tratamento contabilístico dos activos PPP, em termos de investimento público ou privado, asseguram uma expressão adequada dos riscos distribuídos e partilhados caso a caso pelos parceiros, bem como as respectivas consequências financeiras para o erário público.

2.4. *Tramitação das Transacções PPP e Unidades Dedicadas*

A adopção da abordagem PPP, numa escala abrangente e com um carácter regular e contínuo, requer também o exercício devidamente compaginado das competências dos Ministérios envolvidos nas sucessivas fases que integram o processo de tramitação, não só durante o período de gestação até à conclusão da transacção, mas também no decurso da execução da parceria propriamente dita, sendo de destacar o papel nuclear cometido, em regra, ao Ministério das Finanças quer em matéria de definição da política PPP, quer de autorização em sede de despesa pública.

Uma vertente particularmente importante da formulação da política tem a ver com os procedimentos requeridos para a aprovação de projectos e a adjudicação de contratos de parceria, nomeadamente no tocante às metodologias a adoptar na construção de "benchmarks" do sector público, na sua divulgação aos operadores privados e na aferição e demonstração do "Value for Money" de cada transacção[35].

Por outro lado, importa ainda dar resposta adequada às exigências colocadas pelos graus de complexidade e sofisticação inerentes à montagem e gestão dos projectos de parceria, sendo recomendável o desenvolvimento de centros de conhecimento sob a forma de unidades ou células

---

[35] Cf., HM Treasury, Private Opportunity, Public Benefit. Progressing the Private Finance Initiative, Private Finance Panel, Chancellor of the Exchequer, November 1995; Department of the Environment and Local Government, Ireland, Public Private Partnership Assessment; Public Private Partnership Guidance Note 4, 14 April 2000, Partnerships Victoria, Public Sector Comparator. Technical Note, June 2001, The Partnerships Victoria Guidance, State of Victoria, Department of Treasury and Finance, (**www.partnerships.vic.gov.au**); Partnerships Victoria, Public Sector Comparator. Supplementary Technical Note, The Partnerships Victoria Guidance, State of Victoria, Department of Treasury and Finance, (**www.partnerships.vic.gov.au**); Industry Canada, The Public Sector Comparator. A Canadian Best Practices Guide, May 2003, (**secp@oc.gc.ca**);

dedicadas que disponham das aptidões e capacidades necessárias para conduzir a política PPP, apoiando os decisores públicos na tomada de decisão e as entidades públicas incumbidas de preparar e transaccionar parcerias.

Neste contexto, as Administrações nacionais optam frequentemente por criar uma unidade PPP a nível central, posicionada por norma na esfera do Ministério das Finanças ou de um Ministério de actuação transversal, como o do Planeamento, observando-se também o estabelecimento de unidades dedicadas à concepção e implementação de programas PPP de natureza sectorial[36]. A prática internacional é diferenciada, existindo vários tipos de unidades que asseguram funções e papéis distintos, tendendo a ser marcada, sobretudo, pela preocupação de determinar e acompanhar o andamento dos encargos financeiros das PPP's[37].

O papel mais comum compreende a prestação de serviços informativos e de orientação às entidades públicas envolvidas no lançamento de projectos de parceria, existindo experiências nacionais em que estas funções são mais alargadas, abrangendo a assessoria e o financiamento de actividades de unidades sectoriais ou de subunidades ou, ainda, a supervisão e aprovação de parcerias preparadas pelos departamentos de linha, constatando-se por vezes conflitos de interesses no relacionamento intersectorial, quiçá evitáveis com uma clara separação ou maior segregação de funções.

Idealmente, as unidades PPP's devem dispor de aptidões jurídicas, financeiras e técnicas para lidar com a amplitude, complexidade e sofisticação das operações em parceria, cabendo-lhes zelar pela comportabilidade financeira e a aferição do "Value for Money" de cada transac-

---

[36] A primeira Task Force PPP foi criada no Reino Unido, em 1997, com a fisionomia de unidade central localizada no Tesouro britânico; com a expansão dos programas PPP nos sectores da saúde e da Educação emergiram também unidades PPP sectoriais nesses Ministérios; a partir de 2000, as unidades PPP começaram a adoptar um figurino empresarial, sob a forma de "joint-ventures" entre os sectores público e privado, como sucedeu com a criação da Partnerships UK (em substituição da Task Force PPP do Tesouro) e posteriormente com a instituição da Partnerships for Health.

[37] Cf., Mark Dutz, Clive Harris, Inderbir Dhingra, and Chris Shugart, Public-Private Partnership Units - What Are They, and What Do They Do? Public Policy Journal, Note Number 311, The World Bank Group, September 2006 (http://rru.world bank.org/ Public Policy Journal); Paul Lignières, Partenariats Public-Privé, ob. cit., 21 e ss

ção, bem como promover a disseminação de boas práticas e de linhas de orientação, cobrindo aspectos como contratos "standard" ou cláusulas-tipo, métodos de avaliação e procedimentos concursais.

Em Portugal, não foi criada ainda uma unidade central PPP de raiz, verificando-se a intervenção do Ministério das Finanças através de duas células: uma, localizada na Parpública que, por delegação, passou a exercer as competências previstas no regime geral das PPP's, actuando na preparação, negociação e renegociação dos processos de parceria que, pela sua dimensão e natureza de entidade pública contratante, envolvem a decisão do Ministro das Finanças[38]; e outra, de criação mais recente, inserida na Direcção-Geral do Tesouro e das Finanças, em particular no Gabinete de Acompanhamento do SEE, das PPP e das Concessões (GASEPC)[39].

Entretanto, em Novembro de 2006, com a implementação do PRACE foi anunciada a extinção da Parcerias.Saúde, a primeira estrutura de missão de âmbito sectorial, instituída em 2001 enquanto unidade dedicada para conduzir um programa ambicioso de parcerias no Ministério da Saúde[40].

2.5. *O Controlo Financeiro Externo das Parcerias Público-Privadas*

Nos Estados democráticos, a gestão dos dinheiros públicos é objecto de um duplo sistema de controlo financeiro: o controlo interno, que corresponde ao prolongamento e à evolução lógica da fiscalização levada a cabo por organismos integrados, orgânica e funcionalmente, na própria Administração Pública; e o controlo externo, que se traduz no recurso a

---

[38] Cf., Decreto-Lei n..° 86/2003 de 26 de Abril e Despacho Normativo n.° 35/ /2003, de 25 de Julho de 2003

[39] Cf., Despacho n.° 936/07, de 21 de Setembro de 2007, do Secretário de Estado do Tesouro e Finanças.

[40] Cf., Resolução do Conselho de Ministros n..° 162/2001, de 16 de Novembro; Resolução do Conselho de Ministros n..° 102/2004, de 21 de Julho e Resolução do Conselho de Ministros n.° 102/2006, de 14 de Dezembro.

instâncias independentes e funciona na tripla dimensão de fiscalização política, jurisdicional e técnica[41].

A realidade financeira das PPP's comporta também desafios para o controlo financeiro, designadamente no plano externo, sobretudo para as instituições superiores de controlo na perspectiva técnico-jurisdicional. Um contexto em que a fiscalização da gestão dos riscos das parcerias por parte destas entidades, em termos de exame do processo e dos resultados, de seguimento da execução e identificação dos ensinamentos úteis, foi atempadamente abordada pela INTOSAI[42], um alfobre internacional por excelência de inspiração e cruzamento de experiências para os Tribunais de Contas nacionais, merecendo particular destaque o papel estruturante que desempenhou no desenvolvimento e na difusão das bases metodológicas de auditoria aos processos PPP[43].

A fiscalização financeira do órgão de controlo externo da aplicação dos dinheiros públicos há-de atender à legalidade dos contratos, à aferição das vantagens da opção PPP e à sã gestão financeira da respectiva execução, pressupondo a realização de auditorias multifacetadas e integradas cobrindo todo o processo a partir de vários ângulos de análise: do exame das motivações subjacentes à escolha da alternativa de financiamento privado ao desenho e *modus operandi* do modelo de parceria e do procedimento da transacção, incluindo ainda a gestão do contrato.

---

[41] Sobre os sistemas de controlo financeiro público, Eduardo Paz Ferreira, Os Tribunais e o Controlo dos Dinheiros Públicos, in: Estudos em Homenagem a Cunha Rodrigues, vol 2, Coimbra, Coimbra Editora, 2001, 151 e ss; do mesmo Autor, Ensinar Finanças Públicas numa faculdade de Direito, ob. cit., pp. 155 e ss; Carlos Moreno, Finanças Públicas. Gestão e Controlo dos Dinheiros Públicos, Lisboa, UAL, 2006, pp. 259 e ss; do mesmo Autor, O Controlo. Externo dos Dinheiros Públicos em Portugal, in: Colectânea de Estudos em Memória de Francisco Lucas Pires, Lisboa, Universidade Autónoma de Lisboa, 1999, pp. 35 e ss; João Pinto Ribeiro, Controlo Financeiro Externo da Dívida Pública no Contexto da União Económica e Monetária (UEM), ob. cit., pp. 387 e ss; Paulo Nogueira da Costa, O Papel do Tribunal de Contas no Sistema Democrático Nacional, Galileu, Rev Economia. e Direito., vol. VI, n.° 1, 2001, pp. 89 e ss.

[42] Cf., Organização Internacional das Instituições Superiores de Controlo das Finanças Publicas, Guidelines on Best Practice for the Audit of Risk in Public/Private Partnership (PPP), INTOSAI, October 2004 (**http://www.intosai.org/**).

[43] Guidelines on Best Practice for the Audit of Public/Private Finance and Concessions, INTOSAI, October 2001 (**http://www.intosai.org/**).

Uma problemática a que o Tribunal de Contas tem tributado uma justificada atenção no quadro dos amplos poderes de fiscalização, controlo e auditoria que a lei lhe confere em matéria de aplicação dos dinheiros públicos enquanto órgão superior de controlo externo no plano técnico e jurisdicional[44], independentemente de o normativo em vigor não contemplar de forma expressa as PPP's como fenómeno financeiro a controlar[45].

Na verdade, trata-se de uma área de relacionamento financeiro entre os sectores público e privado que não dispensa o contributo do Tribunal de Contas, quer na observância do uso das PPP's dentro dos limites da capacidade orçamental do Estado, e em conformidade com critérios de boa gestão financeira dos recursos públicos, quer nos necessários esforços de afinação do manuseamento deste sofisticado instrumento financeiro alternativo[46].

3. As PPP's na Disciplina Orçamental

3.1. *A Questão da Inscrição Orçamental*

Após haver consagrado a possibilidade de o Orçamento de Estado. se estruturar por programas[47], na linha, aliás, da Constituição[48], a LEO sujeitou a este regime de orçamentação as despesas correspondentes a

---

[44] Artigo 2.° , da Lei n.° 98/97, de 26 de Agosto

[45] Trata-se de uma lacuna, como argumenta Carlos Moreno, Acompanhamento, Avaliação e Controlo Geral, in: Manual Prático de Parcerias Público-Privadas, Sintra, NPF – Pesquisa e Formação, 2004, pp. 154 e ss, que se pode justificar seja por à data da publicação da lei de bases do Tribunal de Contas não existir sequer preparado um projecto de legislação PPP, seja por este esquema de financiamento não ter feito ainda o seu aparecimento como um novo e relevante instrumento financeiro à disposição do sector público.

[46] Como bem reconhece Amável Raposo, O Controlo dos Dinheiros Públicos numa Administração em Mudança, Rev T. C., n.° 40, 2003, pp. 60 e ss, as parcerias público-privadas, nas fases de lançamento, de celebração do contrato e da execução do mesmo, colocam à Administração e ao Tribunal de Contas problemas específicos, de cuja solução depende o sucesso deste esquema inovatório de financiamento privado.

[47] Cf., Artigo 4 .° da LEO

[48] Cf., Artigo 105.° , n.° 3 C.R.P.

contratos de prestação de serviços em regime de financiamento privado ou outra forma de parceria dos sectores público e privado[49]. Pretendeu--se, em geral, estabelecer um quadro mais claro quer para a preparação, quer para a execução das políticas e o reforço do controlo da gestão e execução orçamental[50], com o propósito de racionalizar as escolhas orçamentais e definir as prioridades e os objectivos a que os recursos orçamentais devem ser afectos[51].

Nesta linha, a LEO admite não só a integração no Orçamento de programas com encargos plurianuais, prevendo a inscrição da verba correspondente a cada ano económico[52], como também dispõe explicitamente que a respectiva elaboração seja perspectivada numa óptica plurianual, em consonância com o imperativo de estabilidade financeira e as obrigações decorrentes de vinculações externas[53].

Um regime orçamental que, ao impor a definição qualitativa e quantitativa dos respectivos projectos[54], restringe as possibilidades de desorçamentação, proporcionando uma base tanto para opções políticas mais correctas, como para um debate democrático mais esclarecido, favorecendo naturalmente a racionalidade e o rigor no dispêndio de dinheiros públicos[55].

---

[49] Cf., Artigo 18.° , n.° 3, alínea d) da LEO

[50]. Neste quadro, a LEO admitiu não só a possibilidade de integração no Orçamento de programas, medidas e projectos ou actividades que impliquem encargos plurianuais, exigindo a inscrição da verba prevista em cada ano económico (artigo 4.° , n..° 3), como também obrigou explicitamente que a elaboração do OE fosse enquadrada na perspectiva plurianual, que for determinada pela necessidade de estabilidade financeira e pelas obrigações resultantes de vinculações externas (artigo. 4.° , n..° . 2).

[51] Como assinala António L. Sousa Franco, Finanças Públicas e Direito Financeiro, vol.I, ob. cit., pp. 359 e ss, trata-se de instrumentos, mais flexíveis do que os planos, adoptados hoje em dia pela generalidade das economias de mercado para a prossecução de objectivos estruturais que implicam a realização de políticas a médio e longo prazos, logo, com horizontes e estratégias que se estendem por vários anos. A este propósito, David Novick, Program Budgeting-Program Analysis and the Federal Budget, Cambridge, Massachusetts, Harvard University Press, 1965, cap. 2.

[52] Cf., Artigo. 4.° , n..° 3 da LEO

[53] Cf., Artigo. 4.° , n..° . 2 da LEO

[54] Cf., Eduardo Paz Ferreira, Ensinar Finanças Públicas numa Faculdade de Direito, ob. cit, p. 245.

[55] Sufragamos a análise e apreciação de Teodora Cardoso, Enquadramento Orça-

No sentido de acomodar a disciplina orçamental na proposta anual de Orçamento de Estado e fazer reflectir a incidência plurianual das despesas correspondentes, o elenco de mapas orçamentais foi alargado de molde a integrar dois novos formatos: um mapa para discriminar os encargos cometidos a programas (Mapa XVI); um outro, destinado a plasmar as responsabilidades contratuais de carácter plurianual quer dos serviços integrados, quer dos serviços e fundos autónomos (Mapa XVII)[56].

Por outro lado, considerando a necessidade de evidenciar e fundamentar a opção PPP, a LEO prevê, em matéria de elementos informativos a submeter à Assembleia da República, que a proposta de Lei do Orçamento de Estado seja acompanhada de memória descritiva das razões justificativas da escolha da via PPP. Para tal, há que pôr em confronto, nomeadamente, um projecto ou programa alternativo, cujo desenho represente a opção pública equiparável, com conteúdo e objectivos similares mas sem financiamento ou atribuição da exploração a entidades privadas, ponderando implicitamente as vantagens do recurso imediato à divida pública[57].

3.2. *A Questão da Comportabilidade Orçamental*

A LEO vem atender à questão da comportabilidade orçamental dos encargos com as parcerias, sendo de distinguir três planos de análise: a óptica da equidade intergeracional; a incidência financeira de cada projecto ou programa; e a perspectiva global de consolidação de compromissos.

Subordinando o Orçamento de Estado ao princípio da equidade, em termos da repartição de benefícios e custos entre gerações[58][59], o legisla-

---

mental das PPP, in: Manual Prático de Parcerias Público-Privadas, Sintra, NPF. Pesquisa e Formação, 2004., p. 94

[56] Cf., Artigo 32..° da LEO

[57] Cf., Artigo 37..° , n.° 1, alínea c) e Artigo 19..° n..° 2 da LEO

[58] Cf., Arttigo10.° da LEO.

[59] Cf., António L. Sousa Franco, Finanças Públicas e Direito Financeiro, vol.I, Coimbra, Almedina, p. 468. Trata-se então do critério dos 4Es de que fala Stephen J.

dor explicita que a apreciação da equidade intergeracional deve incluir necessariamente a incidência orçamental das medidas e acções inscritas no mapa XVII referentes às responsabilidades contratuais de carácter plurianual, abrangendo tanto os serviços integrados, como os serviços e fundos autónomos[60].

Por seu turno, no plano da orçamentação dos programas de parceria, preconiza-se que, quando possível, o respectivo exercício de avaliação prévia contemple a estimativa da incidência orçamental líquida[61]. Trata-se de um requisito que sugere o acolhimento do princípio de que o envolvimento financeiro do sector público tem de ser suportável e sustentável ao longo da duração da parceira, cumprindo assegurar antecipadamente o preenchimento desta pré-condição essencial de viabilidade.

Como corolário, conforme veio a estipular o regime geral das PPP's, é indispensável determinar, para cada projecto de parceria, a entidade pública responsável, que há-de estar em condições de inscrever os compromissos inerentes e disponibilizar continuadamente os fundos necessários[62].

Mas se a matéria da comportabilidade orçamental é crucial à escala de cada projecto ou programa, a questão ganha uma acuidade acrescida quando está em causa proceder à consolidação dos impactos financeiros e aquilatar da sua suportabilidade global. De facto, o lançamento sucessivo de séries de parcerias com repercussões orçamentais não pode ser encarado como uma opção sem limites, sendo o cúmulo ilimitado de encargos plurianuais susceptível de revelar-se incomportável e, a partir de certo ponto, fazer recair mesmo uma carga insuportável, designadamente sobre as gerações futuras.

É neste sentido que, como regra prudencial, se justifica plenamente a criação de uma "norma travão", que represente um nítido limite à assunção de encargos derivados das parcerias com o sector privado.

Bailey, Strategic Public Finance, New York, Palgrave MacMillan, 2004, pp. 19-21 e 88 e ss, para quem, à importância conferida pelo "new public management" aos critérios de economia, eficiência e eficácia, acresce ainda a equidade, como critério suscitado pelos defensores das políticas sociais.

[60] Cf., Artigo 10..° , n.° s 1 e 2, alínea a), da LEO

[61] Cf., Artigo 19..° , n.° 2, da LEO

[62] Cf., Artigo 14.° – C, do Decreto-Lei n.° 141/2006, de 27 de Julho.

Nesta senda, a LEO estabelece que o articulado da Lei do Orçamento de Estado há-de conter não só conter os mapas orçamentais para aprovação, mas também consagrar o limite máximo anual dos compromissos plurianuais a assumir com contratos de prestação de serviços em regime de financiamento privado ou em parceria[63].

3.3. *A Questão dos Fundamentos da Decisão Pública*

As PPP's são concretizáveis através de uma diversidade de modelos e estruturas jurídicas que, consubstanciando fórmulas de financiamento alternativo, devem ser objecto de uma decisão pública fundamentada, abrangendo os vários domínios relevantes, incluindo as dimensões económica e orçamental.

Do ponto de vista orçamental, há que distinguir, desde logo, se um dado esquema PPP é viável em termos de auto-sustentação financeira ou, ao invés, se a sua viabilidade implica, no todo ou em parte, a assunção de encargos pelo Estado.

Nos projectos inteira ou substancialmente auto-sustentáveis, o sector público assume a iniciativa do projecto e da parceria, desenvolvendo um papel a um tempo estruturante e facilitador, não se comprometendo, porém, em desembolsos financeiros, uma vez que cabe ao parceiro privado providenciar pela recuperação global dos capitais e custos envolvidos através de tarifas ou preços a cobrar aos utilizadores.

Deste modo, sob o ângulo orçamental, o compromisso e a exposição do sector público podem ser praticamente inexistentes ou limitados, não se justificando uma apreciação aturada de suportabilidade financeira ou de "Value for Money", ressalvados os casos em que se observe que a viabilidade da parceria está dependente da realização de projectos laterais e correlacionados fora do respectivo perímetro de responsabilidades, cujo financiamento é suportado no essencial por fundos públicos[64].

Assim, em relação às parcerias que se traduzem em uma incidência orçamental global ou parcial face à montagem da operação, a decisão

---

[63] Cf., Artigo 31..° n..° 1, alíneas a) e l) da LEO

[64] Cf., Private Finance Panel, Private Opportunity, Public Benefit, Progressing the Private Finance Initiative, HM Treasury, November 1995, pp. 12 e ss.

pública não pode deixar de ser informada por preocupações de suportabilidade financeira, sendo de adquirir, à luz de uma sã disciplina orçamental, que a despesa plurianual correspondente seja comportável e suportável.

Nestes termos, quando está em causa o dispêndio de recursos públicos, é dificilmente admissível prosseguir uma dada parceria se esta se revelar financeira incomportável, independentemente dos seus eventuais méritos e vantagens. De forma simétrica, na perspectiva de vir a haver fundos públicos suficientes, não é de realizar uma parceria só porque existem disponibilidades orçamentais, sem atender se constitui uma operação vantajosa para o erário público.

Sob este prisma, a suportabilidade financeira é uma condição necessária, mas porventura não suficiente, para fundamentar a decisão pública de lançar um projecto em parceria com o sector privado.

É neste sentido que a LEO requer que os projectos ou programas PPP sejam submetidos, antes da aprovação final da transacção, a uma avaliação prévia do tipo "Value for Money", estabelecendo como vectores metodológicos a aplicação do princípio dos 3E's, em conjugação com um exercício comparativo do impacto financeiro entre as duas alternativas em presença: a opção PPP *versus* a opção tradicional[65].

Portanto, no âmbito da avaliação da economia, eficiência e eficácia de uma determinada parceria, a decisão pública há-de ser precedida de uma comparação entre o "projecto-parceria" seleccionado e um "projecto-sombra" equivalente configurado em moldes tradicionais, ou seja, nos termos legais, "com exclusão de financiamentos ou de exploração a cargo de entidades privadas".

Esta avaliação *ex ante* há-de ainda ser acompanhada da determinação da incidência orçamental liquida da parceria para efeitos da aferição da comportabilidade orçamental e da análise de suportabilidade financeira.

E, da articulação destas duas dimensões, infere-se que a decisão pública de transaccionar um projecto com o sector privado sob a forma de parceria só tem fundamento quando estejam reunidas duas condições, ou satisfeito um duplo teste: por um lado, a parceria ser financeiramente suportável e, por outro, demonstre ter valia em termos de "Value for Money".

---

[65] Cf., Artigo 19..° , n.° s 1 e 2 da LEO

4. Conclusões

Entre nós, o reconhecimento da necessidade de balizar as consequências financeiras das PPP's em sede de disciplina orçamental teve consagração algo tardia, não obstante Portugal haver abraçado a abordagem em parceria de forma voluntarista e pioneira, nomeadamente no desenvolvimento de infraestruturas e serviços de transporte.

De facto, com a adopção do modelo SCUT para um conjunto significativo de auto-estradas do programa rodoviário nacional, generalizou-se a consciência de que as parcerias não podiam passar à margem de um enquadramento orçamental específico, mormente nas vertentes da demonstração da respectiva valia e da programação plurianual, rompendo com a pratica *ad hoc* anterior de lançar projectos tendo como pontos de apoio apenas o instituto da concessão e as técnicas do tipo "project finance".

Nestes termos, o núcleo de disposições enquadradoras das PPP's inseridas na disciplina orçamenta constitui, desde 2001, uma base normativa necessária para ancorar o fenómeno financeiro inerente às parcerias, tendo esta matriz original permanecido estável malgrado as alterações legislativas entretanto ocorridas[66].

Já no período de vigência das normas orçamentais, as iniciativas PPP prosseguiram nas infra-estruturas de transportes, com preponderância para a rede rodoviária de auto-estradas, e alargaram-se às infraestruturas sociais com o lançamento de um ambicioso programa PPP no sector da saúde, centrado, sobretudo, no desenvolvimento da rede e gestão hospitalar. Mais recentemente, a opção PPP tem sido ainda veiculada como a via preferencial para dar suporte à realização de grandes empreendimentos no domínio dos transportes, polarizados na região de Lisboa, que envolvem o novo Aeroporto, o TGV e a Terceira Travessia do Tejo.

---

[66] A primeira alteração, promovida pela Lei Orgânica n.° 2/2002, de 28 de Agosto, não introduziu modificações em sede de PPP e a terceira, através da Lei n.° 48/2004, de 24 de Agosto, teve de especial relevo a consagração de uma norma geral segundo a qual o OE há-de subordinar-se ao princípio da equidade na distribuição de benefícios e custos entre gerações.

Entretanto, a maior parte dos projectos de parceria lançados na década de noventa entraram em fase operacional, tendo-se iniciado já o relacionamento financeiro de cruzeiro entre o Estado e o parceiro privado, bem como assistido a alguns processos de renegociação e reequilíbrio financeiro.

Ora, tendo em conta a experiência nacional ao longo de quase década e meia com a montagem em parceria de uma diversificada carteira de projectos, o peso dos encargos das PPP's no orçamento e no PIB, o interesse reiterado de sucessivos Governos nesta abordagem para realizar projectos prioritários, a existência de um enquadramento orçamental e de um quadro legal específico, era expectável que a gestão pública e financeira das PPP's tivesse atingido um estádio de maturidade e não subsistissem dúvidas ou reservas fundadas quanto à valia desta opção alternativa, nem à capacidade do sector público de retirar plenamente as devidas vantagens.

No entanto, de um modo algo paradoxal, tal não é o caso, como o Tribunal de Contas tem vindo a demonstrar através das suas actividades de acompanhamento, controlo e auditoria às parcerias em curso e em preparação. Não pondo em causa as virtualidades potenciais da Opção PPP, este Tribunal tem evidenciado algumas constatações perturbadoras e desconfortáveis, merecendo aqui referência especial as que se prendem com o cumprimento dos normativos orçamentais em vigor.

Assim, aparentemente, a limitação prevista quer dos encargos a assumir anualmente, quer do valor global dos compromissos a suportar carece ainda de implementação efectiva, existindo uma porta aberta susceptível de conduzir na realidade à acumulação excessiva de encargos.

Afinal, a desejada transparência informativa ao nível do Orçamento de Estado é considerada insuficiente, não só face ao peso da exposição com os encargos estimados e não previstos, mas também em matéria de controlo orçamental, observando-se a ausência de um sistema integrado e eficaz de reporte público por projecto ligado à preparação e execução do orçamento.

O carácter parcial e algo opaco da informação apresentada em sede de Orçamento tem prejudicado a aferição da justeza e valia da opção e dos modelos PPP, sendo questionáveis as práticas actuais de demonstração das vantagens para o Estado, em termos de economia-eficiência-eficácia, sugerindo-se que as PPP´s podem mesmo estar a ser prosseguidas como um mero expediente de financiamento, ao arrepio dos princípios de "Value for Money"[67].

Porventura, as constatações enunciadas indiciam que o espírito do legislador ainda não foi plenamente materializado.

Nestes termos, tendo em conta este pano de fundo, a credibilidade da Opção PPP, como instrumento financeiro do Estado, teria a ganhar com uma avaliação global e em profundidade das sucessivas iniciativas e da prática administrativa, cuja divulgação pública, eventualmente sob a forma de um Livro Branco, permitisse ultrapassar o actual défice de transparência e, em consequência, gerar uma confiança acrescida entre os agentes envolvidos e a opinião pública em geral.

[67] Cf. T. C., Auditoria à Gestão das Parcerias Público-Privadas – Concessões Rodoviárias, Relatório n.° 10/2008, ob. cit., pp. 20-30, 40-44, 65-66; Auditoria ao Projecto em PPP do Novo Hospital de Cascais, Relatório n.° 06/08, Proc. n.° 52/06, 2ª Secção, .pp. 12-17.

Miguel Brito Bastos

A concessão de garantias pessoais pelo Estado e por outras pessoas colectivas públicas – parte II *

Breve estudo sobre o regime da Lei n.° 112/97, de 16 de Setembro

Miguel Brito Bastos

Aluno do 5.° ano da licenciatura da Faculdade de Direito de Lisboa

* As páginas que se seguem são a continuação da primeira parte deste estudo, publicada no penúltimo número da Revista de Finanças Públicas e Direito Fiscal.

RESUMO

Após a abordagem de pontuais questões relativas a normas constitucionais e comunitárias, foca-se o regime legal em vigor. Analisa-se o regime procedimental aí instituído, as relações jurídicas decorrentes da concessão de garantias e explora-se o alcance da norma que institui a taxatividade das modalidades de garantias a que o Estado pode recorrer. Por fim, discutem-se algumas questões relacionadas com a caducidade e invalidade das garantias.

Palavras-chave:
Garantias pessoais do Estado;
Fiança;
Aval.

ABSTRACT

Following the consideration of some relevant constitutional and community law norms, current legislation is focused upon. Its granting procedure is analyzed as well as the jural relations following the granting of sureties; the reach of the norm which establishes the numerus clausus of the modalities of sureties the State can resort to is also developed. At the end of the paper, some questions concerning the extinction and invalidity of the sureties are explored.

Keywords:
Sureties granted by the State Treasury;
Guaranty;
Suretyship.

VI.1 O plano das relações obrigacionais

Como foi anteriormente visto, ao conjunto de normas da Lei n.º 112/97, de 16 de Setembro, que regulam o procedimento administrativo de concessão de garantias pessoais pelo Estado ou por outro ente público abrangido pelo diploma em questão, contrapõe-se um segundo conjunto, o qual regula os efeitos da concessão de garantias pessoais por aqueles sujeitos, ou seja, o conjunto de normas que estatuem quanto às obrigações que vinculam o Estado aos sujeitos beneficiários das garantias e às instituições de crédito. Cabe de seguida analisar este "segundo nível" do Regime Jurídico das Garantias Pessoais do Estado.

VI.2 As modalidades de garantias a conceder: a fiança e o aval – a questão da taxatividade e as formas da sua concessão

Durante a vigência da Lei n.º 1/73, discutia-se se o "aval do Estado" se identificava com a fiança, com o aval cambiário[1], se consistia em género[2] ou espécie[3] de garantia pessoal. Por muito relevante que essa discussão pudesse ser no âmbito da lei anteriormente vigente, a Lei n.º 112/97 não concede margem para dúvidas acerca desta questão. A lei deixa de se referir a "aval" para falar em "garantias pessoais", enquanto no seu art. 7.º vem referir expressamente que "O Estado adoptará na concessão de garantias pessoais a fiança ou o aval". Daqui nasce contudo uma outra questão, nomeadamente a de saber se a enumeração do art. 7.º quanto às garantias a conceder pelo Estado é ou não taxativa, ou melhor, se a norma que se retira deste enunciado normativo tem um sentido deôntico de imposição (e, logicamente, de proibição do seu contrário) ou de permissão.

---

[1] VASCO SOARES DA VEIGA, *Direito Bancário*, Coimbra, 1994, pp. 261 ss. ou ANSELMO DA COSTA FREITAS, *O Aval do Estado – Natureza Jurídica e Efeitos*, *in* Boletim da Ordem dos Advogados (23) , 1984, p. 4

[2] RAÚL VENTURA, *O Aval ...*, p. 68. e ALBERTO LUÍS, *Direito Bancário*, Coimbra, 1985, pp. 177 ss.

[3] MOUTEIRA GUERREIRO, Aval do Estado, *in DJAP*, Coimbra, 1990, assim como o muito referido parecer n.º 220/81 da Procuradoria Geral da República

Como salienta Paz Ferreira, ao longo do período de vigência da Lei n.º 1/73, "a evolução das técnicas de financiamento e o alargamento dos campos de actuação do Estado conduziram a uma significativa diversificação do elenco de garantias pessoais, nalguns casos através de via legislativa e noutros, pelo mero surgimento de novas figuras fácticas resultantes de inovações surgidas na prática dos mercados financeiros"[4]; assim o Estado garantia operações financeiras entre outros sujeitos através de uma panóplia de figuras: fianças, sub-fianças e retro-fianças, mandatos de crédito, avales cambiários ou garantias autónomas (simples e *on first demand*), para além da emissão de cartas de conforto. A Lei n.º 112/97, a qual disciplina a concessão de toda e qualquer garantia pessoal por parte do Estado, apenas faz contudo referência ao aval e à fiança, pelo que se coloca obviamente a questão de saber se o elenco destas modalidades é ou não taxativo. A resposta parece-me dever ser afirmativa.

Mesmo entendendo que o princípio da especialidade (art. 160.º n.º 1 CC) vigora para as pessoas colectivas em geral e, portanto, também para as pessoas colectivas públicas[5] – sendo assim a capacidade de ser titular de situações jurídicas de direito privado das pessoas colectivas públicas função das suas atribuições[6] – e sendo dado assente que relativamente às pessoas colectivas de população e território (no que aqui interessa, quanto ao Estado), estas apresentam uma enorme extensão – certamente abarcando fins como o fomento da economia e da criação de riqueza por sujeitos privados – e, portanto, entendendo-se que à partida os sujeitos públicos poderiam, no exercício da sua autonomia privada, recorrer a qualquer modalidade de garantia pessoal existente – parece porém que essa liberdade de conformação é restringida pelo art. 7.º da Lei n.º 112/97. A indeterminação do enunciado em questão não permite, é certo, que se o afirme concludentemente. Contudo, pode sustentar-se esta posição, fundamentalmente através de um argumento genético, com base nos trabalhos preparatórios e num argumento sistemático, baseado

---

[4] Eduardo Paz Ferreira, *O Aval* ..., p. 92.

[5] Sérvulo Correia, *Legalidade e Autonomia* ..., p. 522.

[6] Cfr. Sérvulo Correia, *Legalidade e Autonomia* ...,p. 523, Marcello Caetano, *Manual de Direito Administrativo*, Coimbra, 1980, p. 217, Maria João Estorninho, *A fuga* ..., pp. 199 ss.

na relação da norma constante do art. 7.º com a constante do art. 24.º da Lei n.º 112/97.

O primeiro destes argumentos tem como premissa o facto de ter sido intenção do legislador histórico limitar à fiança e ao aval as modalidades de garantias pessoais a que o Estado e as demais pessoas colectivas públicas abrangidas pela lei em questão poderiam recorrer. Esta asserção pode ser confirmada através da leitura dos trabalhos preparatórios da Lei n.º 112/97 e da observação da evolução do preceito em causa ao longo do seu trajecto desde proposta do grupo de trabalho até à sua modificação e aprovação pela Assembleia da República.

Do projecto de regime legal, apresentado pelo grupo de trabalho constituído pelo Despacho do Ministro das Finanças n.º 447/96-XIII de 8 de Outubro, constava a seguinte disposição:

"Artigo 6.º – modalidades de garantias pessoais

1 – O Estado pode conceder garantias pessoais através de qualquer modalidade admitida em Direito.

2 – Sem prejuízo do disposto no número anterior, o Estado privilegiará, na concessão de garantias pessoais, a fiança e o aval."

Na proposta de lei n.º 92/VII apresentada à Assembleia da República a 8 de Maio de 1997, por sua vez encontra-se o seguinte:

"Artigo 7.º – modalidades de garantias pessoais

1 – O Estado adoptará, na concessão de garantias pessoais, a fiança ou o aval.

2 – Sem prejuízo do disposto no número anterior e em casos devidamente fundamentados, o Estado pode conceder garantias pessoais através de outras modalidades admitidas em direito."

Aqui nota-se já que a progressão dos trabalhos se fez no sentido de restringir as modalidades a utilizar pelo Estado na concessão de garantias pessoais. Enquanto antes havia uma regra geral que permitia o recurso a "qualquer modalidade admitida em direito", havendo depois uma indicação de mera preferência pelas figuras da fiança e do aval, na proposta feita pelo Governo à Assembleia da República, a regra geral é a da restrição das modalidades à fiança e ao aval cambiário, enquanto o n.º 2 do artigo em questão permite que "em casos devidamente fundamentados" – o que dá, sem dúvida, uma ideia de excepcionalidade – o Estado recorra a "outras modalidades admitidas em Direito". Contudo, esta proposta consideravelmente mais restritiva e da qual resultava enquanto regra geral a taxatividade das modalidades de garantias pessoais a que o Estado poderia recorrer (ou, vendo pelo prisma inverso, o da excepcionalidade do recurso a qualquer modalidade que não a fiança e o aval cambiário), não coincide com o texto que veio a ser aprovado pela Assembleia da República. .

A versão que ficou consagrada na lei, tal como já foi referido é:

"Artigo 7.º – modalidades de garantias pessoais

O Estado adoptará na concessão de garantias pessoais a fiança ou o aval"

Com a discussão e aprovação no Parlamento mantém-se o texto correspondente à regra geral que apontava no sentido da taxatividade. Só que enquanto na versão contida na proposta de lei do Governo esta taxatividade era suavizada por uma norma excepcional que "em casos devidamente fundamentados" permitia o recurso a outras modalidades, esta norma viria a desaparecer após a passagem do diploma pela Assembleia da República. Realce-se neste sentido ainda o uso da palavra "adoptará" e não "privilegiará", como constava do art. 6.º n.º 2 da proposta de grupo de trabalho. Pelo que acaba de ser dito, parece-me seguro afirmar que foi intenção do legislador histórico a de consagrar um sistema de taxatividade.

É certo que a relevância interpretativa de argumentos genéticos é muito discutida entre a doutrina[7] e que a sua invocação oferece especiais

[7] Larenz, embora afirme que entre os critérios de interpretação "não existe qualquer relação hierárquica fixa", vem atribuir um papel meramente "complementar" aos critérios histórico-teleológicos, sendo antes decisivos os critérios teleológico-objectivos (Cfr. Karl Larenz, *Metodologia da Ciência do Direito*, Lisboa, 1989, p. 417). Na doutrina portuguesa, no mesmo sentido, veja-se Oliveira Ascensão, o qual nega aos trabalhos preparatórios "valor decisivo", remetendo-os para "elementos auxiliares da

problemas[8], mas, para além de não encontrar aqui argumentos em sentido contrário, a asserção de que o art. 7.º pretende restringir as modalidades de garantias pessoais que o Estado pode conceder à fiança e ao aval cambiário é ainda sustentada por um argumento sistemático: a regra constante do art. 24.º do Regime Jurídico das Garantias Pessoais do Estado estatui que, supletivamente, será sempre aplicado às garantias especiais atribuídas pelo Estado, o regime da fiança previsto no Código Civil, a não ser quando a garantia seja prestada através da assinatura de títulos cambiários, casos em que o regime supletivo será o constante da LULL e da LUC, ou seja, o do aval cambiário. Embora esta norma não implique por si só a restrição das modalidades de garantias pessoais a conceder à fiança e ao aval, dada a sua supletividade – sendo portanto apenas aplicável nos espaços deixados livres pelo regime da Lei n.º 112/97 e pelo próprio acto de concessão da garantia –, o estabelecimento de um regime supletivo que corresponde necessariamente ao da fiança ou ao do aval cambiário apresenta-se como argumento a favor da taxatividade.

---

interpretação" (Cfr. Oliveira Ascensão, *O Direito – Introdução e Teoria Geral*, Coimbra, 2002, p. 398). Contudo, afirmar – como muitas vezes se faz – que a moderna Teoria do Direito dá sempre prevalência a considerações de índole teleológico-objectivas está longe da precisão: refiram-se a este propósito, em sentido contrário, autores com a relevância de Robert Alexy – que apesar de negar a possibilidade de construção de um "*Stufenkatalog*" na atribuição de relevância aos diferentes argumentos interpretativos, sustenta que a vinculação ao direito vigente implica "um maior peso *prima facie*" dos argumentos semânticos e genéticos (Cfr. Robert Alexy, *Theorie der juristischen Argumentation*, Frankfurt am Main, 1983, pp. 304-305) – ou Riccardo Guastini, que, de modo mais radical, defende que "apelar à vontade da lei, enquanto coisa distinta da (relativamente) concreta vontade do legislador histórico, e especialmente quando se trata de leis recentes, não é mais do que um modo de iludir, de deixar de lado ou de sabotar a política jurídica perseguida pelos órgãos legislativos, substituindo-a pela política jurídica do intérprete" (Cfr. Riccardo Guastini, *Estudios sobre la Interpretación Jurídica*, Mexico, 1999, p. 34).

[8] Cfr. Robert Alexy, *Theorie der juristischen Argumentation* ..., pp. 291-294, Karl Larenz, *Metodologia* ..., pp. 395 ss. e Ota Weinberger, *Rechtslogik*, Wien, 1970, pp. 219 ss. Note-se contudo que muitas das dificuldades apontadas por estes autores não se fazem sentir – ou pelo menos verificam-se com uma decrescida acuidade – na situação sob análise.

Portanto, tendo em conta o sentido retirado do art. 7.º, o seu enunciado normativo é reversível[9] a "nos casos de concessão de uma garantia pessoal pelo Estado, este *deve (é imposto)* recorrer às figuras da fiança ou do aval cambiário" ou "nos casos de concessão de uma garantia pessoal pelo Estado, este *não deve (é proibido)* recorrer a outras modalidades que não a fiança ou o aval cambiário": as modalidades a que o Estado pode recorrer restringem-se assim às "garantias pessoais clássicas"[10]. Esta é aliás a posição defendida por JANUÁRIO DA COSTA GOMES[11], MARIA LEONOR DA CUNHA TORRES[12] e JORGE COSTA SANTOS[13].

Ligada à questão das modalidades de garantias pessoais admissíveis está inevitavelmente a das formas da sua concessão, tal como definidas pelo art. 17.º n.º 2. De acordo com este artigo, três serão as formas pelas quais o Director-Geral do Tesouro – e *ex vi* art. 3.º, qualquer outro órgão competente para o efeito – poderá conceder garantias pessoais. Estas são: (a) a outorga nos contratos de que resultem as obrigações garantidas, (b) a emissão de declaração de garantia autenticada com o selo branco da Direcção-Geral do Tesouro e (c) a assinatura de títulos representativos das obrigações a garantir.

---

[9] Sobre a reversibilidade dos enunciados normativos, DAVID DUARTE, *A Norma da Legalidade* ..., pp. 64 ss.

[10] JANUÁRIO DA COSTA GOMES, *A Fiança no Quadro das Garantias Pessoais – Aspectos de Regime, in* Estudos de Direito das Garantias I, Coimbra, 2004, p. 12.

[11] JANUÁRIO DA COSTA GOMES, *Assunção Fidejussória de Dívida*, Coimbra, 2000, p. 75, onde se pode ler que "Houve claramente o propósito de [...] limitar os modos de prestação de garantia pessoal às garantias pessoais típicas (fiança e aval cambiário)". Cfr. também JANUÁRIO DA COSTA GOMES, *A Chamada «Fiança ao Primeiro Pedido», in* Estudos de Direito das Garantias I, Coimbra, 2004, p. 159 nt. (99) onde o autor salienta a não existência de um *numerus clausus* em sede de garantias pessoais, afirmando de seguida que "situação diversa será, no caso do direito português, o da prestação de garantias pessoais pelo Estado".

[12] MARIA LEONOR DA CUNHA TORRES, *Garantias Pessoais* ..., pp. 139 ss. A autora sustenta a sua posição com o argumento teleológico – pouco saturado, aliás – de que teria sido objectivo da lei impedir a concessão de figuras sem regime legal definido e restringir as modalidades das garantias concedidas àquelas face às quais existe uma maior tradição e experiência. Cfr. MARIA LEONOR DA CUNHA TORRES, *Garantias Pessoais* ..., pp. 142 ss.

[13] JORGE COSTA SANTOS, *Garantias* ..., pp. 352 ss.

Resulta antes de mais claro – como ALBERTO LUÍS aliás já salientava a propósito da lei anterior – que "destas três formas, só a terceira corresponde (...) a um aval"[14]. No mesmo sentido, RAÚL VENTURA salienta que aqui não se "trata apenas de uma questão de forma, sem repercussão no regime jurídico das garantias prestadas"[15], pelo menos no que concerne à última das formas, uma vez que "o facto de ser aposta uma assinatura num título de crédito sujeita o acto a um regime jurídico próprio do título assinado"[16]. Sendo a garantia prestada pelo Estado através da assinatura do título representativo das operações a garantir o regime supletivo é – de acordo com o art. 24.º – o dos arts. 30.º e seguintes LULL ou 25.º e seguintes LUC, obviamente consoante a modalidade de título de crédito de que se trate.

As fianças concedidas pelo Estado serão portanto celebradas através da outorga no contrato do qual resultam as obrigações garantidas ou através de declaração de garantia autenticada com o selo branco da Direcção Geral do Tesouro. A norma constante do art. 17.º n.º 2 vem assim afastar o regime da fiança do Estado do regime geral da fiança, tal como resultante dos arts. 627.º CC e seguintes, em dois pontos: o da sua estrutura negocial e o relativo ao requisito de forma contido no art. 628.º n.º 1 CC. O primeiro deles prende-se com a possibilidade de a fiança do Estado se constituir por negócio jurídico unilateral (art. 17.º n.º 2, *segunda parte*). Apesar de em nenhuma das disposições do Código Civil se encontrar alusão ao carácter unilateral ou bilateral do negócio constitutivo da fiança, tem sido opinião maioritária a de que o negócio jurídico que dá origem à fiança terá necessariamente carácter bilateral[17], ancorando-se esta posição principalmente no disposto pelo art. 457.º CC. A possibilidade de o Director-Geral do Tesouro constituir o Estado como

---

[14] ALBERTO LUÍS, *Direito Bancário* ..., p. 177.

[15] RAÚL VENTURA, *O Aval* ..., pp. 70 ss.

[16] *Idem*... Naturalmente que isto não preclude que o aval seja subscrito em folha anexa, uma vez que esta ainda se inclui "na materialidade do título de crédito". Cfr. OLIVEIRA ASCENSÃO, *direito comercial (vol III) – Títulos de Crédito*, Lisboa, 1982, p. 165.

[17] Neste sentido, JANUÁRIO DA GOSTA GOMES, *Assunção* ..., p. 388, LUÍS MENEZES LEITÃO, *Garantia das Obrigações*, Coimbra, 2006, pp. 118-119 e *Direito das Obrigações*, II, Coimbra, 2006, p. 327, ANTÓNIO MENEZES CORDEIRO, *Direito das Obrigações*, II, Lisboa, 1988, pp. 510-511 ou PEDRO ROMANO MARTINEZ/PEDRO FUZETA DA PONTE, *Garantias de Cumprimento*, Coimbra, 2006, pp. 86 ss, entre outros.

fiador através de uma declaração unilateral, prevista na lei através do art. 17.º n.º 2, constitui assim um afastamento da fiança do Estado do regime geral da fiança. No entanto, o art. 17.º n.º 2 admite ainda, na sua primeira parte, a concessão da fiança através da outorga nos contratos de que resultam as obrigações garantidas, caso em que, como é óbvio, se trata de um negócio jurídico plurilateral. O segundo aspecto em que o art. 17.º n.º 2 vem afastar a fiança do Estado do regime geral da fiança previsto no Código Civil prende-se com a condição necessária de validade relativa à forma da declaração de vontade do fiador estabelecida pelo art. 628.º n.º 1: quanto à fiança do Estado concedida através da outorga no mesmo documento de que constam as declarações negociais do credor e do devedor principal, não basta que a declaração do Estado-fiador revista a mesma forma daquela que é *legalmente exigida* para a constituição da obrigação principal, é necessário que aquela conste *do mesmo documento* de que constam as declarações negociais do credor e do devedor principal, mesmo quando estes decidam adoptar uma forma mais solene do que a legalmente prescrita[18]. Já nos termos da segunda parte do art. 17.º n.º 2 existe uma total autonomia da forma da declaração negocial do Estado face à forma das declarações negociais do contrato que dá origem à obrigação garantida.

Tudo isto pressupõe naturalmente um reparo prévio, nomeadamente o de que não é correcto afirmar que "a vinculação do Estado avalista se opera nos termos da lei com o acto de autorização do Ministro das Finanças, sendo o acto da Direcção-Geral do Tesouro um mero acto de execução ou de cumprimento de determinação superior"[19]. Só o acto de con-

---

[18] Levanta dúvidas a hipótese, concerteza meramente académica, de o contrato celebrado entre credor e devedor principal, sendo consensual, não ser sujeito pelas partes a forma voluntária. Nestes casos, parece que o Director-Geral do Tesouro não poderá conceder a garantia do modo previsto na primeira parte do art. 17.º n.º 2. Tendo a palavra "outorgar" o sentido de "*dar, conceder, conferir formalmente*" (Cfr. Dicionário da Língua Portuguesa Contemporânea da Academia das Ciências de Lisboa, II, Lisboa, 2001, p. 2701.), "*dar, conceder, por escrito*" (Cfr. Novo Aurélio Século XXI – Dicionário da Língua Portuguesa, Rio de Janeiro, 1999, p. 1465), esta norma parece dirigir-se apenas a situações em que o contrato celebrado entre credor e devedor seja sujeito a forma escrita ou mais solene.

[19] Parecer do Conselho Consultivo da Procuradoria-Geral da República de 26 de Agosto de 1983. Disponível *online* em http://www.dgsi.pt.

cessão – e não o acto de autorização – poderá vincular a pessoa colectiva pública que concede a garantia perante o sujeito de direito – privado ou público – que beneficia da garantia. Aliás, isto mesmo é expressamente defendido por Costa Freitas, na sua crítica ao já referido Parecer da PGR, no qual afirma que "o despacho de autorização não vincula formalmente o Estado, não materializa o aval. Trata-se [...] de um acto prévio à constituição do aval: é um pressuposto da constituição válida do aval". Isto decorre do que acima foi dito quanto ao acto de autorização.

Analisado o art. 7.º da Lei n.º 112/97 e tendo-se concluído pela taxatividade das modalidades de garantias pessoais que o Estado pode conceder aí referidas e tendo sido abordadas também as formas da sua concessão nos termos do art. 17.º n.º 2 da mesma Lei[20], cabe de seguida precisar o alcance dessa afirmação.

Antes de mais, esta taxatividade não exclui certamente as figuras da subfiança e da retrofiança, uma vez que estas são espécies da fiança (*tout court*) que têm a sua *differentia specifica* na natureza da obrigação garantida: a subfiança é uma fiança "prestada para garantia da obrigação do fiador [...] perante o credor"[21], enquanto a retrofiança consiste numa fiança "destinada a garantir o eventual crédito que o fiador venha a adquirir sobre o devedor em consequência da sub-rogação legal que se opera, caso venha a satisfazer essa obrigação"[22]. Elas são apenas "hipóteses especiais de fiança"[23], pelo que à sua concessão pelo Estado não obsta o art. 7.º[24]: a norma constante deste artigo vem restringir as modalidades de garantias pessoais que o Estado pode conceder – e nos casos em questão, trata-se tão só de fianças – e não delimitar as obrigações cuja garantia é admissível ao abrigo do regime traçado pela Lei n.º 112/97. Já quanto às situações em que o Estado encarregue determinado sujeito de conceder crédito a outrem em nome e por conta desse encarregado, se afastará a

[20] Parece-me contudo de salientar que a taxatividade apenas diz respeito às *garantias pessoais* e não a todas as garantias das obrigações. Designadamente, a concessão de *garantias reais* é em absoluto estranha à norma constante do art. 7.º, não podendo esta ser chamada para fundamentar uma resposta à questão da admissibilidade daquelas.

[21] Luís Menezes Leitão, *Direito das Obrigações*, II, Coimbra, 2006, p. 328.

[22] *Idem.*

[23] Como dizia Adriano Vaz Serra, *Fiança e Figuras Análogas*, Separata do Boletim do Ministério da Justiça n.º 71, Lisboa, 1957, p. 27.

[24] Expressamente em sentido contrário, Jorge Costa Santos, *Garantias ...*, p. 354.

estatuição da norma correspondente ao art. 629.º n.º 1 CC: não por o art. 7.º se opor a esta vinculação do Estado – a uma vinculação enquanto fiador, como decorre do regime geral do mandato de crédito -, mas em virtude dos arts. 17.º e 2.º, segundo os quais o Estado só se constituirá validamente garante através das formas previstas naquele artigo e seguindo o procedimento administrativo apropriado. Por fim, e ainda tratando das figuras próximas da fiança, pode-se questionar a admissibilidade da concessão pelo Estado das chamadas fianças ao primeiro pedido: a questão estará aqui em saber se nesta figura se verifica ainda o requisito da acessoriedade ou não, sendo este ponto controverso na doutrina. O art. 7.º não impede o afastamento de regras supletivas do regime da fiança desde que isto não descaracterize o tipo de garantia pessoal em questão, pelo que a questão aqui será a de saber – e esta questão transcende o âmbito do presente estudo – se a fiança ao primeiro pedido é ainda uma fiança[25], ou se nestes casos "já não se está perante uma fiança em sentido legal"[26].

Levanta-se de seguida a questão de saber se o art. 7.º consubstancia um obstáculo à emissão de cartas de conforto pelo Estado. Pela expressão "carta de conforto" entende-se uma missiva dirigida a uma instituição de crédito por uma entidade a fim de facilitar a pretensão – normalmente, uma pretensão de obtenção de crédito – de uma terceira entidade[27]. Tendo esta figura nos grupos de sociedades o seu "domínio por excelência"[28], não é naturalmente daí exclusiva, não sendo inédita a emissão de cartas de conforto pelo Estado ou por outras entidades públicas. A doutrina que se tem debruçado sobre a Lei n.º 112/97 tem-se pronunciado no sentido de que estas seriam proibidas pelo art. 7.º[29]. Não me parece que a afirmação seja de subscrever. Aliás, tendo em conta a diversidade de realidades recondutíveis a este "*Sammelbegriff*", para

---

[25] Neste sentido, Pedro Romano Martinez/Pedro Fuzeta da Ponte, *Garantias de Cumprimento...*, p. 110.

[26] Peter Bydlinksi, *Moderne Kreditsicherheiten und zwingendes Recht*, *in* Archiv für die civilistische Praxis (190), Tübingen, 1990, p. 169.

[27] António Menezes Cordeiro *Das Cartas de Conforto no Direito Bancário*, Lisboa, 1993, p. 11 ou António Pinto Monteiro, *Sobre as Cartas de Conforto na Concessão de Crédito*, *in* Ab Vno Ad Omnes – 75 Anos da Coimbra Editora, Coimbra, 1998, p. 415.

[28] António Pinto Monteiro, *Sobre as Cartas ...*, p. 415.

[29] Nomeadamente, Maria Leonor da Cunha Torres, *Garantias Pessoais ...*, pp. 144-145 e Jorge Costa Santos, *Garantias Pessoais...*, p. 354.

responder à questão da admissibilidade, face à norma constante do art. 7.º, da emissão de cartas de conforto pelo Estado, parece imprescindível entre elas distinguir: a resposta – como seria de esperar, dada essa diversidade – não será unívoca.

A primeira distinção a fazer aqui é aquela que se traduz na classificação das cartas de conforto em *fortes* e *fracas*, ou seja, na classificação das cartas de conforto em função do lado da "linha de fronteira entre [...] a juridicidade e [...o] mundo da mera cortesia, da intercedência de favor, da simples honorabilidade ética dos compromissos"[30] em que se situam. No segundo destes casos, não havendo qualquer vinculação jurídico-negocial, não há qualquer garantia pessoal – sendo estas apenas, como dizem ROMANO MARTINEZ/FUZETA DA PONTE, "*garantias aparentes*"[31] –, pelo que não é pertinente invocar como obstáculo à sua emissão a taxatividade das modalidades de *garantias pessoais* a conceder pelo Estado. Dentro dos restantes casos[32] – haverá, por sua vez, que estabelecer – para os efeitos aqui em causa – uma nova distinção: ou do enunciado da carta se retira uma proposta contratual[33] relativa à vinculação do emitente a

---

[30] CARNEIRO DA FRADA, *Teoria da Confiança e Responsabilidade Civil*, Coimbra, 2003, p. 528. A terminologia é aqui oscilante: esta delimitação entre cartas de conforto fortes e fracas é feita por autores como JANUÁRIO DA COSTA GOMES, *Assunção Fidejussória de Dívida*, Coimbra, 2000,pp. 405 ss, PEDRO ROMANO MARTINEZ/PEDRO FUZETA DA PONTE, *Garantias de Cumprimento...*, pp. 153 ss, e LARENZ/CANARIS, *Lehrbuch des Schuldrechts*, II/2, München, 1994, pp. 82 ss. Por sua vez, MENEZES CORDEIRO, adopta uma repartição tripartida, que é aliás aquela seguida por MARIA LEONOR DA CUNHA TORRES, entre cartas de conforto fracas, médias e fortes, sendo todas elas juridicamente vinculantes. Cfr. ANTÓNIO MENEZES CORDEIRO *Das Cartas de Conforto ...*, pp. 75 ss. e MARIA LEONOR DA CUNHA TORRES, *Garantias Pessoais ...*, p. 144.

[31] *Idem*.

[32] Os quais serão os mais frequentes, atendendo ao domínio em que estas surgiram, à qualidade dos sujeitos envolvidos e a qualidade das matérias (operações financeiras) com estas relacionadas; a doutrina fala, neste sentido, de uma *presuntio hominis* de juridicidade das cartas de conforto Cfr. JANUÁRIO DA COSTA GOMES, *Assunção ...*, p. 413, ANTÓNIO MENEZES CORDEIRO, *Das Cartas de Conforto ...*, p. 63 e *Manual de Direito Bancário...* , pp. 654-655, CARNEIRO DA FRADA, *Teoria da Confiança ...*, p. 529.

[33] Excluem-se aqui, por comodidade de exposição e por a diferença não relevar para os propósitos sobre os quais se centra a análise, aquelas cartas de conforto cujo texto se limita a reiterar os pontos essenciais de um acordo já alcançado entre o emitente e a instituição de crédito, através da prévia troca de declarações negociais.

prestações de *facere* ou, "em vestes de carta de conforto"[34], esse enunciado contém uma proposta contratual de fiança ou de garantia autónoma. Posto isto, parece clara a resposta à questão que impôs a distinção entre as diversas modalidades de cartas de conforto. Quanto às cartas de conforto de *facere*, há que notar que estas não levam, como é óbvio, à "assunção de garantias pessoais pelo Estado" (art. 2.º) – a sua emissão não representa uma "concessão de garantias pessoais" (art. 7.º) –, pelo que a sua emissão se situa em absoluto fora do regime traçado pela Lei n.º 112/97: são situações que não se subsumem à previsão da norma constante do art. 7.º. Diferente será a resposta concernente à última classe de cartas de conforto apresentada: reconduzindo-se estas a propostas contratuais de garantias pessoais, como nota Januário da Costa Gomes, estas "devem ser tratadas de acordo com a sua real natureza"[35]. Assim, apenas serão excluídas pelo art. 7.º aquelas cartas de conforto de onde constarem propostas contratuais de garantias pessoais cuja concessão não é admitida por aquele artigo, nomeadamente quando de uma carta de conforto conste uma proposta contratual de garantia autónoma. Tratando-se de uma proposta contratual de fiança, estas não seriam proibidas *pela norma constante do art. 7.º*, pois aí se trata de uma declaração contratual de fiança como qualquer outra, apenas se distinguindo pelo seu "invólucro". A admissibilidade destas cartas de conforto que contêm declarações negociais de fiança deve pois ser aferida face ao art. 17.º n.º2, o qual fixa as formas possíveis – as *únicas* formas possíveis – para a concessão de garantias pessoais pelo Estado. Torna-se assim claro que a norma constante deste artigo impede que o Estado se constitua garante de obrigações de outros sujeitos através da emissão de cartas de conforto dirigidas aos (potenciais) credores destes, das quais constem propostas contratuais de fiança.

Resumindo, não me parece correcta a afirmação de que o art. 7.º da Lei n.º 112/97, ao consagrar uma taxatividade das modalidades que o Estado pode conceder, vem impedir a emissão de cartas de conforto por este: se das cartas de conforto não resultar a possibilidade de constituir

---

[34] Isto independentemente de ser dogmaticamente correcta a classificação destas missivas de onde resulta uma proposta contratual de garantia pessoal como verdadeiras cartas de conforto. Cfr. Januário da Costa Gomes, *Assunção* ...,p. 414).

[35] Januário da Costa Gomes, *Assunção* ..., p. 414.

o Estado como garante de obrigações de outros sujeitos, a sua emissão – independente de outras questões que possam suscitar – não se insere no âmbito de aplicação da Lei n.º 112/97, pelo que não é obstaculizada pelas normas desta. Já as cartas de conforto de garantia não serão admissíveis face ao regime resultante desta lei: quando destas decorra a concessão de uma garantia pessoal que não a fiança – sendo que o aval não pode naturalmente ser concedido através de uma missiva – estas serão de facto vedadas pela norma constante do art. 7.º, não pelo facto de se tratarem de cartas de conforto, mas por se tratarem de modalidades de garantias pessoais não previstas naquela norma. De todo o modo, e sendo que as garantias pessoais do Estado têm de ser concedidas por uma das formas referidas o art. 17.º n.º 2, mesmo que da missiva resultem declarações de fiança, a garantia por este modo concedida violará a norma contida naquela disposição[36].

Nem todas as emissões de cartas de conforto pelo Estado são assim proibidas pela Lei n.º 112/97. A admissibilidade de cada concreta carta de conforto dependerá pois da sua qualificação face às classes atrás apresentadas, sendo que esta dependerá naturalmente da interpretação dos respectivos enunciados.

VI.3 As relações jurídicas constituídas pela concessão de garantias pessoais pelo Estado.

A concessão de uma garantia pessoal pelo Estado faz nascer uma série de direitos e obrigações para os três sujeitos envolvidos na operação. Fala-se aqui portanto de uma "relação jurídica triangular", em cujos vértices estariam o Estado, a instituição de crédito e o sujeito beneficiado[37]. Dentro desta, e correspondente a cada uma das arestas do triân-

---

[36] A invalidade será nestes casos, portanto, uma invalidade formal e não uma invalidade material.

[37] Quando se fala sobre as garantias das obrigações, é costume reservar-se o termo "beneficiário" para referir o sujeito a quem é atribuído um crédito de garantia. Utilizarei essa expressão para me referir ao devedor da obrigação garantida (no caso da fiança) ou ao sacador (no caso do aval), apenas por ser esse o sentido com que a palavra é usada na Lei n.º 112/97 de 16 de Setembro (art. 6.º).

gulo, podem-se isolar uma *relação de valuta* – entre a instituição de crédito e o tomador de crédito -, uma *relação de atribuição* – entre o Estado e a instituição de crédito – e uma *relação de cobertura* – entre o Estado e o beneficiário da operação garantida. Para analisar a posição jurídica do Estado resultante da concessão de garantias ao abrigo da Lei n.º 112/97, importa olhar a estas duas últimas e, principalmente, àquilo que nestas é especial face ao regime geral traçado pelo Código Civil e pelos artigos da LULL e da LUC que regulam a concessão de avales.

a) As relações entre o Estado e a instituição de crédito

A relação jurídica instituída pela concessão da garantia pessoal entre o Estado e a instituição de crédito terá diferentes conformações, consoante a garantia concedida seja uma fiança ou um aval[38].

A primeira questão que se coloca a propósito da obrigação do Estado enquanto garante perante a instituição de crédito – ou, simetricamente, do direito de crédito de garantia desta – é a da extensão dessa obrigação. Na doutrina portuguesa encontram-se por vezes afirmações que poderiam levar a pensar que esta abrangeria necessariamente todas as obrigações pecuniárias da empresa beneficiada emergentes do contrato de financiamento celebrado entre esta e a instituição de crédito: neste sentido veja-se Augusto de Ataíde, o qual afirma que "o aval tem lugar quando uma empresa celebra um contrato de empréstimo ou de financiamento com uma entidade ou um grupo de entidades (normalmente um banco nacional ou estrangeiro ou grupo de bancos) ficando a pessoa colectiva de direito público que o presta, obrigada a todos os pagamentos contratuais (capital, juros, cláusulas penais, etc)"[39], ou Manuel Afonso Vaz, segundo o qual "o aval do Estado consiste na obrigação assumida pelo Estado, perante um financiador, de cumprir todas as obrigações pecuniárias emergentes do contrato de financiamento caso a empresa financiada

---

[38] Em geral, para as diferenças entre a fiança e o aval, Januário da Costa Gomes, *Assunção ...*, pp. 63 ss. ou Luís Menezes Leitão, *Garantias das Obrigações*, Coimbra, 2003, p. 146-147.

[39] Augusto de Ataíde, *Elementos para um Curso de Direito Administrativo da Economia*, Lisboa, 1970, pp. 117 ss. Itálico adicionado.

(avalizada) não as venha a cumprir"[40]. Contudo, como é sabido, tanto o avalista pode responder apenas parcialmente pelo pagamento da letra ou do cheque (arts. 30.º I LULL e 25.º LUC), como o fiador pode afastar a norma supletiva do art. 634.º e responder apenas pela obrigação de capital ou pela obrigação de juros assim como pode prestar a fiança que seja apenas parcial quanto a qualquer uma dessas obrigações. Não há qualquer disposição na Lei n.º 112/97 que determine o afastamento destes regimes: tendo as remissões feitas pelo art. 24.º carácter supletivo, o órgão competente para a concessão pode limitar a garantia a um fragmento da obrigação da empresa subvencionada[41]. Realce-se todavia, a este propósito, que se a Lei n.º 112/97 não impõe que a obrigação do Estado enquanto fiador seja correspondente à totalidade da obrigação do devedor principal, também não o proíbe, o que aliás não seria inédito: basta olhar para as *Landesbürgschaftengesetzen* alemãs onde é recorrente a limitação das obrigações assumidas pelo Estado enquanto garante a 80% da obrigação do devedor principal[42].

Ainda quanto ao conteúdo da obrigação do Estado garante, questiona-se se a obrigação do Estado-garante abrange os juros moratórios devidos pelo devedor principal – questão que ocupou um lugar de destaque na doutrina que laborou sobre o antigo regime do aval do Estado[43]. Contra o entendimento expresso pelo Conselho Consultivo da Procuradoria-Geral da República n.º 220/81 de 28 de Abril de 1983, a generalidade da doutrina – Raúl Ventura[44], Eduardo Paz Ferreira[45], Anselmo

[40] Manuel Afonso Vaz, *Direito Económico*, Coimbra, 1984, pp. 149 ss. Itálico adicionado.

[41] Salientando este aspecto, José Juan Ferreiro Lapatza, *Curso de Derecho Financiero Español*, Madrid, 2005, p. 152 e Anselmo da Costa Freitas, *O Aval* ..., p. 9. Aliás, a prática tem vindo a ser a de apenas garantir uma percentagem da dívida do beneficiário.

[42] Para exemplos concretos, veja-se Miriam Leisner, *Staatsbürgschaften* ..., p. 33 (nt. 78).

[43] Sobre esta questão, tanto no âmbito da lei antiga, quanto no âmbito do regime hodiernamente vigente, veja-se, por todos, Jorge Costa Santos, *Garantias* ..., pp. 383 ss.

[44] Raúl Ventura, *Aval* ..., pp. 86 ss.

[45] Eduardo Paz Ferreira, *A Dívida Pública Portuguesa – Evolução, Problemas e Perspectivas*, *in* Revista da Banca (n.º 8), Lisboa, 1988, p. 59 (n. 15).

DA COSTA FREITAS[46] ou ALBERTO LUÍS[47] – defendia que a obrigação do Estado abrangia todos os juros de mora e não apenas aqueles vencidos após a interpelação feita pelo credor ao Estado. A solução mantém-se no actual regime[48]. A remissão constante do art. 24.º faz com que se aplique o regime geral do art. 634.º CC – segundo o qual a fiança tem o conteúdo da obrigação principal e cobre as consequências legais e contratuais da mora do devedor – e 48.º LULL – segundo o qual o portador pode reclamar do avalista juros de mora à taxa de 6%, no caso de o aceitante não ter pago na data do vencimento. O art. 19.º n.º 3 significa aqui apenas que não tendo o devedor principal cumprido o seu dever de informação resultante do art. 19.º n.º 2, o Estado pode opor ao credor o seu desconhecimento quanto ao incumprimento da obrigação principal a não ser que seja "interpelado" pelo credor.

Relevante é também a determinação do regime supletivo das fianças concedidas pelo Estado no que concerne ao benefício da excussão prévia. Do regime da fiança tal como modelado pelo Código Civil, consta o art. 638.º, n.º1 segundo o qual, não sendo esta norma afastada pela estipulação das partes, o fiador poderia recusar o cumprimento da sua obrigação acessória enquanto o credor não tiver tentado sem sucesso a execução através do património do devedor. Por sua vez, o art. 101.º do Código Comercial vem retirar ao fiador de obrigação comercial – como serão por regra as obrigações garantidas pelo Estado ao abrigo deste diploma – esse benefício. Contudo, ainda que do conflito entre estas duas normas resultasse a aplicação do regime comercial, o art. 24.º da Lei n.º 112/97 vem eleger como supletivas na concessão de fianças pelo Estado as normas constantes do Código Civil: na ausência de estipulação em contrário no acto de concessão da fiança, o Estado gozará portanto do benefício da execução prévia.

Por fim, há que realçar que a execução do património do Estado (ou de outra pessoa colectiva pública) pelo credor está limitada pelo disposto nos arts. 822.º al. b) e 823.º n.º 1 CPC: destes resulta que tanto os bens do domínio público (art. 822.º al. b)), como os bens especialmente afectados à realização de fins de utilidade pública (art. 823.º n.º 1) são impe-

[46] ANSELMO DA COSTA FREITAS, *O Aval* ..., p. 9.

[47] ALBERTO LUÍS, *Direito Bancário*, Coimbra, 1985, pp. 178-181.

[48] Neste sentido, JORGE COSTA SANTOS, *Garantias* ..., pp. 384-385.

nhoráveis; fora das proibições de penhora estabelecidas pelo Código de Processo Civil, ficam no entanto os bens do domínio privado do Estado não afectados à realização de fins de utilidade pública[49].

b) As relações entre o Estado e o beneficiário das operações garantidas

As relações entre Estado e devedor principal assumem diferentes conformações nas várias fases da relação de cobertura[50]. Aqui há que distinguir a relação entre estes sujeitos não tendo o Estado sido (ainda) chamado ao cumprimento da obrigação e a relação entre estes no caso de o Estado ser chamado ao cumprimento.

Na primeira destas fases, assumem um papel central os deveres de informação do devedor principal – estatuídos pelo art. 19.º n.º 1 e 2 e pelo art. 20.º n.º 1 – e os poderes de fiscalização atribuídos ao Estado pelo art. 20.º n.º 2, os quais se destinam a possibilitar ao Estado o acompanhamento da actividade do devedor originário da obrigação garantida de modo a facilitar a detecção de quaisquer problemas relativos ao cumprimento.

Os devedores que acedem ao crédito beneficiando de garantia concedida pelo Estado devem informar a Direcção-Geral do Tesouro[51] sempre que não se reconheçam habilitados a cumprir pontualmente as suas obrigações de capital ou de juros, devendo fazê-lo com 30 dias de antecedência em relação ao vencimento dessas mesmas obrigações (art. 19.º n.º 2). Para além disto, esses sujeitos deverão também informar o Estado sempre que procedam ao cumprimento de qualquer obrigação de que resulte o decréscimo do débito assumido por aquele enquanto garante,

---

[49] Pelo que não parece exacto afirmar, como faz Jorge Costa Santos, que "não é admissível o recurso à acção executiva contra o Estado" para a efectivação da garantia. Cfr. Jorge Costa Santos, *Garantias* ..., p. 360.

[50] Para uma análise mais completa das fases da relação fidejussória, Januário da Costa Gomes, *Assunção* ..., pp. 394 ss.

[51] No caso de a garantia ser concedida por outra pessoa colectiva pública abrangida pelo diploma, haverá naturalmente que fazer "as necessárias adaptações" (art. 3.º). Nesses casos, a informação em texto mencionada não será devida ao Estado, mas sim à pessoa colectiva pública que tenha concedido a garantia: as informações deverão nesses casos ser dirigidas ao serviço em que se insira o órgão competente para a concessão de garantias.

enviando-lhe, no prazo de cinco dias a contar dos respectivos factos, os documentos que comprovem esses pagamentos: é isto que parece resultar do art. 19.º n.º 1, apesar de o enunciado aludir às "amortizações de capital" e aos pagamento de "juros de mora". Quando, por exemplo, o Estado se constitua garante apenas quanto às obrigações de capital, parece claro que este dever não abrangerá a informação relativa ao cumprimento das obrigações de juros, uma vez que os deveres estatuídos pela norma constante do art. 19.º, n.º 1 se destinam a permitir ao garante o acompanhamento da evolução de posições jurídicas passivas imputadas na sua esfera, as quais sejam – no que toca ao montante devido – acessórias das obrigações do beneficiário face à instituição de crédito.

A estes deveres de informação, junta-se ainda o dever do devedor de prestar regularmente contas ao Estado e ao credor e de a estes enviar os seus orçamentos e demais elementos provisionais, de modo a que eventuais dificuldades do devedor na execução do programa de cumprimento assumido possam ser por estes detectadas (art. 20.º, n.º 1). Assim, impõe-se ao beneficiário a exposição ao Estado da sua situação patrimonial, possibilitando ao ente público o conhecimento de factores dos quais é função o risco por ele assumido de ser chamado ao cumprimento. Se do incumprimento deste dever resultarem danos para os correspectivos sujeitos activos, haverá lugar à responsabilidade do sujeitos a quem tiver sido concedida garantia, pelos danos imputáveis a esse incumprimento (art. 485.º, n.º 2 CC).

Para além de impor deveres de informação aos sujeitos beneficiários da garantia, a Lei n.º 112/97 vem ainda sujeitá-los ao poder de fiscalização do Estado, exercido pela Direcção-Geral do Tesouro: como resulta do art. 20.º n.º 2, o Estado tem o direito de proceder à fiscalização, tanto do ponto de vista financeiro e económico, como do ponto de vista administrativo e técnico do beneficiário da garantia. Como nota Eduardo Paz Ferreira, estamos aqui perante um "reflexo do princípio de direito financeiro que se tem vindo a afirmar como força crescente entre nós e de harmonia com o qual a utilização ou a possível utilização de dinheiros públicos por entidades privadas sujeita essas ao ónus de uma fiscalização pública"[52].

[52] Eduardo Paz Ferreira, *O aval ...*, p. 1027. Veja-se também, do mesmo autor, *O controlo das subvenções Financeiras e dos Benefícios Fiscais*, *in* Revista do Tribunal de Contas (n.º 1), Lisboa, 1989, pp. 63 ss.

É facilmente perceptível que a norma constante do art. 20.º n.º 2 restringe direitos fundamentais dos sujeitos garantidos, pelo menos – e com esta reserva pretendo assumidamente evitar a problemática da titularidade de direitos fundamentais pelas pessoas colectivas públicas[53] – quando estes sejam pessoas privadas: sendo que posições jusfundamentais como o direito à *privacy* ou a liberdade de iniciativa económica são comprimidas pela fiscalização (económica, financeira, administrativa e técnica) pelo ente público que concede a garantia, o exercício desse poder de fiscalização deve ser exercido dentro dos limites impostos pelo princípio da proporcionalidade (arts. 2.º e 18.º, n.º 2 CRP). Esta compressão de direitos fundamentais das empresas beneficiárias de auxílios estatais destina-se principalmente, como salienta Conrad, a evitar a utilização abusiva do financiamento obtido através da operação garantida[54]; desse modo, possibilita-se ao garante o conhecimento da eventual verificação de algumas das causas de caducidade da garantia previstas na Lei n.º 112/97.

A existência da norma constante do art. 20.º, n.º 2 tem ainda a consequência – não no plano dos efeitos jurídicos, mas no da configuração dogmática – de determinar a impossibilidade de uma recondução simplista das garantias pessoais concedidas pelo Estado ao campo do direito público ou do direito privado[55]. Enquanto parece inquestionável, no que concerne a grande parte das faculdades e imposições que corporizam a posição jurídica do Estado enquanto garante, que este aparece numa relação de paridade com os restantes intervenientes na relação jurídica triangular, em nada se distinguindo de qualquer outro "vulgar" fiador ou avalista – como aliás resulta das amplas remissões feitas pelo art. 24.º – já quanto a este poder de fiscalização – o qual apresenta um considerável grau de similitude com aquele previsto no art. 180.º, al. d) CPA[56] – o

[53] Sobre este tópico, veja-se Gomes Canotilho, *Direito Constitucional* ..., pp. 422-423 ou Vieira de Andrade, *Os Direitos Fundamentais na Constituição Portuguesa de 1976*, Coimbra, 2004, pp. 196 ss.

[54] Cfr. Ernst-Albrecht Conrad, *Bürgschaften* ..., pp. 33 ss.

[55] Isto considerando já apenas os efeitos constituídos pela concessão da garantia, isto é, abstraindo de todo o regime procedimental que a essa concessão precede.

[56] É, aliás, mais extenso do que aquele previsto no CPA: na ausência de disposição legal como o art. 20.º n.º 2, "a possibilidade de a Administração fiscalizar [...] a situação financeira e empresarial [do contraente ...], apenas existe na medida em que o contrato os

Estado aparece munido de *ius imperii* na sua relação com o beneficiário da garantia. Adoptando assim o critério da posição dos sujeitos como critério operativo da divisão convencional entre direito público e direito privado[57] e tendo em conta o que acaba de ser dito, conclui-se que a posição do sujeito público que concede uma garantia ao abrigo da Lei n.º 112/97 é uma posição jurídica complexa, no seio da qual coexistem elementos de direito público e de direito privado.

Posto isto, há que olhar à relação jurídica existente entre Estado-garante e beneficiário da operação garantida na eventualidade e após aquele ser chamado ao cumprimento da sua obrigação de garantia[58]. Nestes casos, o Estado fica sub-rogado nos direitos do credor contra o beneficiário da operação garantida na medida em que haja satisfeito esses direitos (arts. 644.º CC e 23.º LULL, *ex vi* art. 24.º). Não existem aqui quaisquer especialidades no regime jurídico das garantias pessoais concedidas pelo Estado e outras entidades públicas, a não ser o privilégio mobiliário geral de que o Estado gozará sobre o património do devedor originário (art. 22.º) nos termos do art. 747.º n.º 1 al. a), o qual, concedendo-lhe preferência no pagamento face aos restantes credores, reduz o risco de o Estado ver frustrada a sua pretensão de satisfação do crédito que legalmente lhe é transmitido com o cumprimento por insuficiência do património do (agora) devedor[59]. Também destinado a facilitar o ressarcimento do Estado pelos montantes despendidos no cumprimento de obrigações alheias garantidas é o estatuído pelo art. 26.º da Lei n.º

---

preveja e admite", cfr. MARIA JOÃO ESTORNINHO, *Requiem pelo Contrato Administrativo*, Coimbra, 1990, p. 125.

[57] Salientando o carácter convencional dos critérios de divisão do ordenamento jurídico, ALF ROSS, *Sobre el Derecho y la Justicia*, Buenos Aires, 1997, pp. 251 ss. Sobre o critério da posição dos sujeitos, OLIVEIRA ASCENSÃO, *O Direito* ..., pp. 325-327.

[58] Caso em que o Estado tem uma despesa de capital: cfr. o Decreto-Lei n.º 26/2002 de 14 de Fevereiro de 2002.

[59] Contudo, é importante lembrar a extinção deste privilégio com a declaração de insolvência quando o credor sub-rogado (o sujeito que concedeu a garantia e que foi chamado ao seu cumprimento) seja o Estado e o crédito se haja constituído mais de 12 meses antes da data do início do processo de insolvência (art. 97.º n.º 1 al. a) CIRE). Isto vale apenas nos casos em que o beneficiário da garantia é uma pessoa de direito privado (uma vez que as entidades públicas são possíveis sujeitos passivos da declaração de insolvência, cfr. art. 2.º n.º 1 e n.º 2 al. a) CIRE).

112/97, o qual remete a cobrança coerciva das dívidas do devedor da obrigação garantida perante o Estado resultantes do cumprimento por este da obrigação garantida, para o regime das execuções fiscais, nos termos dos arts. 148.º CPPT e seguintes.

Por fim, a concessão de garantia pessoal, implica o surgimento de uma obrigação pecuniária do beneficiário da garantia face à entidade pública garante, correspondente à taxa de garantia referida no art. 23.º.

VI.4 A extinção das garantias pessoais prestadas pelo Estado

As fianças e os avales concedidos pelo Estado estão naturalmente sujeitos ao regime de extinção comum destas figuras. Contudo, os artigos 9.º, n.º 4, 10.º, 12.º, 16.º, n.º 2 e 18.º vêm atribuir efeitos extintivos dos direitos e obrigações acima referidos a determinados factos jurídicos que sobrevêm à concessão da garantia. A Lei n.º 112/97, de 16 de Setembro prevê portanto um regime específico de caducidade das garantias pessoais concedidas pelo Estado.

Dentro destas causas de caducidade, parece ser de referir em primeiro lugar a prevista na norma constante do art. 18.º, ou seja, a não iniciação da operação garantida passados 60 dias após a comunicação referida no art. 17.º, n.º 4. Por sua vez, o art. 12.º vem tornar facto operativo da caducidade da garantia a não utilização do financiamento, obtido pelo beneficiário da garantia através da celebração do contrato com a instituição de crédito, no espaço de cinco anos, contados a partir da celebração desse contrato.

A estas causas de caducidade, as quais têm em comum terem como um dos seus pressupostos uma inércia que se prolongue por um determinado período de tempo, contrapõem-se outras três, nas quais se encontra uma íntima conexão com um de dois dos aspectos caracterizadores do regime traçado pela Lei n.º 112/97: o carácter finalístico da atribuição da garantia e o "rigor draconiano" – a expressão é de Januário da Costa Gomes – que preside à decisão dessa concessão[60].

[60] Januário da Costa Gomes, *Assunção* ..., p. 1016 nt. (333).

A concessão de garantias pessoais pelo Estado destina-se a possibilitar a concretização de um determinado projecto "de manifesto interesse para a economia nacional" (art. 1.º n.º 2 e art. 8.º) , reveste-se de "carácter excepcional" (art. 1.º n.º 2) e tem como condição a existência de um interesse do Estado "no empreendimento, projecto ou operação financeira" (art. 9.º n.º 1 al. a)). Apenas isto permite a sua concessão. Por esta razão, a norma constante do art. 9.º n.º 4 vem determinar a caducidade da obrigação de garantia do Estado quando o financiamento obtido por via da operação – a qual não teria sido celebrada não fosse a garantia (art. 9.º n.º al. d)) – venha a ser destinado ou utilizado para fim diferente daquele que, por ter sido considerado benéfico à economia nacional, é previsto no despacho de autorização ou aprovação do Ministro das Finanças. Assim, ainda que o beneficiário da garantia não esteja formalmente obrigado perante o Estado – e muito menos perante a instituição de crédito[61] – a aplicar as quantias obtidas pelo financiamento a um determinado fim, ele tem um ónus de o fazer, pois caso contrário a garantia caducará, podendo essa extinção projectar efeitos na relação de valuta, nomeadamente através do art. 780.º CC e eventualmente do instituto da alteração das circunstâncias (art. 437.º CC).

Semelhante é o que sucede nas situações subsumíveis à norma constante do art. 10.º n.º 2, a qual vem estabelecer a caducidade da garantia concedida pelo Estado como consequência jurídica da utilização de montantes obtidos através de operações financeiras garantidas para o financiamento de operações a realizar por outras entidades. Para além do que acaba de ser dito quanto aos casos do art. 9.º, n.º 4 e que aqui também é pertinente, cabe lembrar que as garantias pessoais são concedidas pelo Estado *intuitu personae*, como decorre dos arts 6.º e 9.º n.º 1. Por fim, o art. 16.º, n.º 2 prevê como facto extintivo da garantia a alteração do plano de reembolso do capital mutuado e do pagamento dos juros contido na minuta do contrato anexado ao despacho do Ministro das Finanças (art. 16.º, n.º 1). Também aqui, credor e devedor principal não perdem a sua liberdade de, no uso da sua autonomia privada, procederem à modificação do objecto do contrato entre eles celebrado: têm contudo o ónus de não o fazer, uma vez que alterado o plano de reembolso deixam de beneficiar

---

[61] A não ser, claro está, que tal resulte do próprio contrato que dá origem à relação de valuta, como sucede nos mútuos de escopo.

da garantida concedida pelo Estado. A Lei n.º 112/97 vem estabelecer, como atrás foi visto, condições da prestação de garantia que se referem directa ou indirectamente à programação do cumprimento do contrato pelo devedor principal. A alínea b) do art. 9.º, n.º 1, estabelece a exigência de um "projecto concreto de investimento ou de um estudo especificado da operação a garantir, bem como uma programação financeira rigorosa", enquanto a sua alínea c) exige que o beneficiário da garantia apresente características económicas, financeiras e organizacionais que ofereçam segurança suficiente para fazer face às responsabilidades que pretende assumir, sendo que para a aferição da suficiência destas características, ter-se-á de olhar à concreta programação do cumprimento. Estas normas vêm seleccionar criteriosamente quais as operações às quais é concedida garantia, com base nos riscos – de vir a ser chamado ao cumprimento e de, tendo sido chamado ao cumprimento, não conseguir satisfazer o seu crédito sub-rogado – que essa concessão significa para o Estado. Por esta razão vem JANUÁRIO DA COSTA GOMES, por redução teleológica, defender "a subsistência da garantia quando o novo plano de reembolso se contenha dentro dos limites temporais inicialmente fixados e daí não resulte agravamento da posição do prestador de garantia"[62]. Se é certo que as razões que justificam a extinção da obrigação de garantia devido à alteração do plano de reembolso não procedem nestas situações, é também certo que – como o Autor reconhece – estamos já para além do sentido possível das palavras, com todas as reticências que isso suscita: a resposta à questão de se estas alterações "indolores" para o Estado preenchem a previsão da norma constante do art. 16.º n.º 2 será portanto a mesma que se der à questão da admissibilidade da figura da redução teleológica[63].

---

[62] JANUÁRIO DA COSTA GOMES, *Assunção* ..., p. 1016 nt. (333).

[63] Circunscrevendo os exemplos das divergentes opiniões à doutrina portuguesa, são ilustrativos, em sentidos opostos, DAVID DUARTE, *A Norma de legalidade* ...,p .234-235 e FERNANDO JOSÉ BRONZE, *Lições de Introdução ao Direito*, Coimbra, 2002, pp. 850 ss.

VII. A invalidade do acto de concessão de garantia pelo Estado; as pretensões da instituição financeira credora das obrigações garantidas contra o Estado em caso de nulidade do acto de concessão de garantia

Por fim, e ainda que com inevitável brevidade, impõem-se algumas palavras quanto àquelas situações em que o acto de concessão de garantia não preenche todos os requisitos de validade que lhe são colocados pelo ordenamento jurídico, em especial, pela Lei n.º 112/97, de 16 de Setembro. O preceito central a este respeito é o art. 2.º, n.º 1, o qual estabelece que "a assunção de garantias pessoais pelo Estado apenas poderá ser realizada de acordo com as normas previstas no presente diploma, sob pena de nulidade". Como foi aflorado a propósito da ausência de aprovação pelo Ministro das Finanças do acto de concessão da garantia por um órgão de um instituto público, impõem-se cautelas na interpretação do enunciado em questão[64]. A nulidade é uma das modalidades de invalidade, e o conceito técnico-jurídico de invalidade tem como elemento constitutivo a contrariedade de um determinado acto a um outro acto hierarquicamente superior. Assim, de entre os possíveis *desacordos com as normas previstas no presente diploma*, nem todos terão como consequência a nulidade do acto de concessão da garantia, como se poderia concluir numa leitura menos atenta do art. 2.º, n.º 1. Para além da já referida ausência de aprovação pelo Ministro das Finanças, veja-se o art. 17.º n.º, 4: a norma resultante deste artigo vem impor a comunicação por escrito do acto de concessão à entidade beneficiária e ao credor; a omissão dessa notificação é uma violação de uma das normas constantes da Lei n.º 112/97. Não quer isto dizer – como, aliás, é intuitivo – que essa omissão resulte na nulidade do acto de concessão de garantia. Do art. 2.º, n.º 1 retira-se portanto apenas que os actos de concessão de garantia pessoal pelo Estado ou por outra entidade pública sujeita ao regime da Lei n.º 112/97 *que forem inválidos*, serão cominados com a modalidade mais pesada de invalidade, nomeadamente com a nulidade. Se a nulidade era já o desvalor que decorreria dos arts. 280.º e 294.º CC naqueles casos

[64] Cfr. Miguel Brito Bastos, *A concessão de garantias pessoais pelo Estado e por outras pessoas colectivas públicas – I Parte, in* Revista de Finanças Públicas e Direito Fiscal (1/1), 2008, pp. 183 ss.

em que a desconformidade face aos parâmetros estabelecidos pelo ordenamento jurídico se encontra no próprio acto de concessão, a norma em questão tem particular relevância nas situações em que é o acto de autorização do Ministro das Finanças que não se encontra "de acordo com as normas previstas no previsto diploma" (art. 135.º CPA).

A nulidade tem como consequência a inaptidão *ab initio* do acto inválido para a produção de efeitos jurídicos: por outras palavras, a nulidade de um acto implica a sua ineficácia[65]. O acto de concessão de garantia ferido de nulidade não produz assim os efeitos a cuja produção se destinava, nomeadamente a constituição do Estado na posição de garante. A instituição de crédito não disporá afinal de qualquer garantia especial, sendo que a representação da sua existência havia sido determinante na edificação da sua vontade de contratar com a sua contraparte na operação financeira em questão (lembre-se o art. 9.º, n.º 1 al. d)). Essa relevância será naturalmente conhecida desta mesma contraparte. Posto isto, e parecendo pacífico afirmar que nestes casos a exigência do cumprimento do contrato afectaria gravemente os princípios da boa fé, conclui-se que – pelo menos em muitas das situações de nulidade concebíveis – estará preenchida a previsão normativa do art. 252.º, n.º 2 CC, nascendo na esfera jurídica da instituição de crédito o direito potestativo a anular o contrato[66].

Apesar da possibilidade de anulação do contrato que dá origem à relação de valuta, a ausência de uma garantia pessoal eficaz pode levar a que a instituição de crédito sofra danos, como será o caso em que o seu devedor seja inadimplente e se torne insolvente, não conseguindo a instituição ver o seu crédito (inteiramente) satisfeito. Na doutrina alemã, a questão tem sido abordada com alguma extensão a propósito dos danos sofridos pelas instituições de crédito em situações em que a garantia concedida pelo Estado é contrária ao Direito Comunitário da concorrência[67].

---

[65] É, portanto, o art. 17.º n.º 3 redundante face ao art 2.º n.º 1 e ao art. 220.º CC.

[66] Sobre as situações em que a existência, validade e eficácia de um determinado contrato faz parte da base do negócio de outro, Rui Pinto Duarte, *Tipicidade e Atipicidade dos Contratos*, Coimbra, 1990, pp. 53-54 e autores aí citados.

[67] Veja-se Klaus Hopt/Ernst-Joachim Mestmäcker, *Die Rückforderung ...*, pp. 809 ss, Camillo von Palombini, *Staatsbürgschaften ...*, pp. 151 ss, Martina Deckert/Werner Schroeder, *Öffentliche Unternehmen und EG-Behilferecht*, *in* Europarecht, 1998, p. 312..

A este respeito, Klaus Hopt/Ernst-Joachim Mestmäcker defendem que, aceitando-se a nulidade da garantia assim prestada, a pessoa colectiva pública que negligentemente concedeu a garantia inválida deve assumir, em lugar da instituição de crédito, os riscos da concessão de crédito não garantida, devendo-lhe ser imputados – através do instituto da *culpa in contrahendo* (entre nós, art. 227.º CC) – os danos que aquela sofrer em virtude da insolvência do tomador de crédito[68]. Semelhantemente, Camillo von Palombini sustenta que, concluindo um contrato com a instituição de crédito e não a elucindando sobre a existência de um obstáculo objectivo à validade deste – obstáculo que conhece ou devia conhecer – a Administração dá lugar a que a sua contraparte confie na idoneidade desse contrato, o qual acaba por se revelar inapto à produção de efeitos jurídicos, pelo que a instituição de crédito terá uma pretensão ressarcitória, face à pessoa colectiva pública com que interage, relativa aos danos advenientes desse investimento de confiança[69]. Estas asserções são transponíveis para outras situações de invalidade ou ineficácia do negócio jurídico de concessão da garantia pessoal pelo Estado. A simples recepção pelos particulares de declarações negociais que tenham por conteúdo a constituição unilateral de garantias pessoais ou a proposta ou aceitação de contratos com esse conteúdo provenientes de entidades públicas, sujeitas na sua actuação ao princípio da legalidade administrativa, é *prima facie* suficiente para justificar uma situação de confiança na "bondade" da garantia prestada e para que essa confiança possa ser imputada à pessoa colectiva pública declarante. Assim, no caso de a garantia não corresponder às condições necessárias de validade estabelecidas pelo ordenamento[70] e se verifique um investimento de confiança nessa

---

[68] Klaus Hopt/Ernst-Joachin Mestmäcker, *Die Rückförderung* ..., p. 809. Os autores não propugnam, contudo, a tese da nulidade dos actos que concedam garantias contra as prescrições do direito comunitário da concorrência.

[69] Camilo von Palombini, *Staatsbürgschaften* ..., pp. 151-152.

[70] Seja por contrariedade por vícios na tramitação procedimental, *v.g.* por não ter sido ouvido o parecer do Ministro responsável pelo sector da actividade da entidade beneficiária (art. 14.º), seja por contrariedade, por exemplo, ao princípio da igualdade, às condições para a autorização do art. 9.º ou às normas que proíbem os auxílios de Estado (art. 13.º Lei n.º 18/2003 de 11 de Junho e art. 87.º CE). Quanto a esta última situação, tem interesse o ponto 54 das conclusões do Advogado-Geral Dámaso Ruiz-Jarabo Colomer relativas ao Processo C-404/97 – *Comissão das Comunidades Europeias contra*

validade, consubstanciado pela conclusão pela instituição de crédito da operação financeira em questão apenas em virtude da garantia prestada – e daí resultem danos -, estarão preenchidos os pressupostos da responsabilidade pela confiança[71], devendo o dano ser imputado à pessoa colectiva pública[72].

República Portuguesa, apresentadas a 28 de Outubro de 1999 e disponíveis *online* em http://www.eurlex.eu.

[71] Sobre os pressupostos de aplicação da responsabilidade pela confiança, por todos, CLAUS-WILHELM CANARIS, *Die Vertrauenshaftung im deutschen Privatrecht*, München, 1971, pp. 490 ss. Também ANTÓNIO MENEZES CORDEIRO, *Da boa fé em direito civil*, II, Coimbra, 1985, pp. 1234 ss, CARNEIRO DA FRADA, *Teoria da Confiança* ..., pp. 583 ss (negando a existência de um dever geral de corresponder às situações de confiança geradas e, por conseguinte, negando a recondução da responsabilidade pela confiança à *culpa in contrahendo*¸474 ss e 522 ss) e CARLOS FERREIRA DE ALMEIDA, *Contratos*, I, Coimbra, 2005, pp. 200 ss. Especificamente sobre a tutela da confiança no domínio das garantias pessoais, JANUÁRIO DA COSTA GOMES, *Assunção* ..., pp. 577-578.

[72] Quanto ao âmbito dos danos indemnizáveis em situações de responsabilidade pela confiança na fase preliminar do contrato, questão muito discutida e a qual não pode ser abordada neste texto, não existe aqui qualquer especificidade. Veja-se, na doutrina portuguesa, em sentidos não coincidentes, ANTÓNIO MENEZES CORDEIRO, *Tratado de Direito Civil*, I/I, Coimbra, 2005, pp. 517, ANA PRATA, *Notas sobre a responsabilidade pré-contratual*, Coimbra, 2005, pp. 172 ss, CARLOS FERREIRA DE ALMEIDA, *Contratos* ..., pp. 204 ss, em especial (sobre a conclusão de contratos nulos) pp. 207-208, e CARNEIRO DA FRADA, *Teoria da Confiança* ..., pp. 494 ss.

COMENTÁRIOS DE JURISPRUDÊNCIA

NOTIFICAÇÃO PELO TRIBUNAL E ABUSO DE CONFIANÇA FISCAL – ANOTAÇÃO AOS ACÓRDÃOS DO TRIBUNAL CONSTITUCIONAL N.º 409/2008 E N.º 531/2008

Isabel Marques da Silva

Tribunal Constitucional
Acórdão n.º 409/2008
Processo n.º 361/08
Data: 31-07-2008
Tribunal: 2.ª Secção
Relator: Conselheiro Mário Torres

Decisão: Não julga inconstitucional a norma constante do artigo 105.º, n.º 4, alínea b), do Regime Geral das Infracções Tributárias, aprovado pela Lei n.º 15/2001, de 5 de Junho, na redacção dada pelo artigo 95.º da Lei n.º 53-A/2006, de 29 de Dezembro, no sentido de que pode o tribunal de julgamento determinar a notificação aí prevista; e consequentemente, nega provimento ao recurso, confirmando a decisão recorrida, na parte impugnada.

Tribunal Constitucional
Acórdão n.º 531/2008
Processo n.º 115/08
Data: 11-11-2008
Tribunal: 3.ª Secção
Relator: Conselheiro Carlos Fernandes Cadilha

Decisão: Nega provimento ao recurso, confirmando a decisão recorrida.

Fonte: www.tribunalconstitucional.pt

ANOTAÇÃO

I. Os dois Acórdãos do Tribunal Constitucional que se anotam, ambos emanados no âmbito de processos de fiscalização concreta da constitucionalidade, têm na sua génese recursos de constitucionalidade desencadeados pela polémica alteração introduzida pelo artigo 95.º da Lei do Orçamento do Estado para 2007 (Lei n.º 53.º-A/2006, de 29 de Dezembro) ao crime fiscal de *abuso de confiança*, previsto no artigo 105.º do Regime Geral das Infracções Tributárias, e que é igualmente aplicável[1], mercê da remissão constante do n.º 2 do artigo 107.º do RGIT, ao crime de *abuso de confiança contra a segurança social.*

A referida alteração, incidente sobre o n.º 4 do artigo 105.º do RGIT, deu azo a que logo após a entrada em vigor da nova disposição legal, se confrontassem na doutrina e na jurisprudência entendimentos díspares quanto ao significado da alteração e à aplicabilidade do n.º 2 ou do n.º 4 do artigo 2.º do Código Penal aos processos pendentes. A questão acabou por ser objecto de Acórdão do Supremo Tribunal de Justiça que uniformizou jurisprudência no sentido de que a nova condição constante da alínea b) do n.º 4 do artigo 105.º do RGIT se consubstancia numa nova condição de punibilidade, aplicável aos processos pendentes nos termos do n.º 4 do artigo 2.º do Código Penal, havendo pois que cumprir, em relação aos processos ainda não transitados em julgado, a notificação para cumprimento a que alude aquela nova alínea, sem a qual não se poderia proferir decisão condenatória por aquele crime nos casos em que não tivesse sido omitida também a declaração tributária[2].

---

[1] Embora com a adaptação resultante de não haver aí qualquer coima a pagar, mercê da inexistência de previsão legal de contra-ordenação da segurança social por falta de entrega da prestação tributária e da inaplicabilidade de qualquer norma contra-ordenacional do RGIT, incluindo o artigo 114.º, à Segurança Social – cfr. os nossos *Regime Geral das Infracções Tributárias*, 2.ª ed., Cadernos do IDEFF, Coimbra, Almedina, 2007, pp. 187/189 e «O Regime Geral das Infracções Tributárias e as infracções contra a segurança social», *in* Homenagem José Guilherme Xavier de Basto, Coimbra, Coimbra Editora, 2006, pp.261/270.

[2] Acórdão do STJ n.º 6/2008, de 9 de Abril de 2008 (DR, I Série, n.º 94, de 15 de Maio de 2008, p. 2672): "a exigência prevista na alínea b) do n.º 4 do artigo 105.º do RGIT, na redacção introduzida pela Lei n.º 53.º-A/2006, configura uma nova condição objectiva de punibilidade que, por aplicação do artigo 2.º, n.º 4, do Código Penal, é apli-

II. Havia, pois, que cumprir o dever de notificar.

Sendo a lei omissa quanto à determinação do obrigado ao cumprimento do dever de notificação houve nesta questão e em relação aos processos pendentes decisões para todos os gostos – numas, em que se privilegiou a celeridade, a notificação foi feita pelo próprio tribunal (de instrução, de julgamento ou de recurso); noutras, a notificação foi feita pelo Ministério Público; noutras ainda, em nossa opinião de forma mais correcta[3], o Tribunal oficiou a administração tributária ou a segurança social ao cumprimento do dever de notificação.

Nos casos objecto dos dois Acórdãos em anotação a notificação para efeitos da alínea b) do n.º 4 do artigo 105.º do RGIT foi efectuada pelo próprio tribunal – o de julgamento, no Acórdão n.º 409/2008; o de recurso, no Acórdão n.º 531/2008 –, vindo os recorrentes invocar, entre outras questões de inconstitucionalidade que o Tribunal Constitucional não conheceu, que a substituição do tribunal de julgamento às atribuições da Administração fiscal e do Ministério Público era violadora dos princípios constitucionais da legalidade e da separação de poderes (artigos 202.º e 219.º da CRP), no primeiro dos casos, que o entendimento segundo o qual competia no caso ao tribunal de recurso providenciar pela realização da notificação era também violadora dos princípios do acusatório, da plenitude das garantias de defesa dos arguidos, da separação de poderes e da independência dos tribunais (artigos 32.º, n.º 5, 32.º, n.º 1, 2.º e 203.º da CRP), no segundo.

III. Em ambos os casos, o Tribunal Constitucional veio decidir não se verificar a inconstitucionalidade imputada à interpretação jurisprudencial adoptada pelo tribunal recorrido – a Relação do Porto – a saber, a de que a competência para determinar a notificação prevista na alínea b) do n.º 4 do artigo 105.º do RGIT é da entidade titular do procedimento ou do processo (Administração, Ministério Público, tribunal de instrução criminal, tribunal de julgamento ou mesmo tribunal de recurso), conso-

---

cável aos factos ocorridos antes da sua entrada em vigor. Em consequência, e tendo sido cumprida a respectiva obrigação de declaração, deve o agente ser notificado nos termos e para os efeitos do referido normativo (alínea b) do n.º 4 do artigo 105.º do RGIT)".

[3] Cfr. Isabel Marques da Silva – *Regime Geral das Infracções Tributárias, cit.*, p. 180.

ante a fase em que o processo se encontre quando surge a necessidade de proceder a essa notificação.

No primeiro Acórdão, o Tribunal Constitucional entendeu que a determinação da notificação pelo Ministério Público ou por magistrados judiciais se insere perfeitamente dentro das atribuições constitucionais dessas magistraturas, sem qualquer invasão da reserva da administração ou do princípio da separação de poderes, não havendo, pois, que imputar qualquer inconstitucionalidade à referida interpretação jurisprudencial adoptada. O mesmo se entendeu no segundo Acórdão, que acolhe a fundamentação e estende a decisão adoptada no Acórdão n.º 409/2008 ao caso em que a notificação foi efectuada pelo tribunal de recurso e à invocada violação dos princípios do acusatório, das garantias de defesa do arguido e da independência dos tribunais.

IV. As decisões adoptadas pelo Tribunal Constitucional nos Acórdãos em anotação não nos suscitam grande crítica, mas deixam algumas interrogações no ar. Delas resulta inequivocamente que ficou constitucionalmente legitimada a possibilidade de a notificação a que se refere a alínea b) do n.º 4 do artigo 105.º do RGIT ser efectuada pelo tribunal. Mas se assim é e se o tribunal notifica para pagamento sem dizer quanto tem o contribuinte de pagar (por não saber a quanto montam os juros ou qual o valor da coima aplicável), pressupondo que o contribuinte se dirija então à Administração e aí se informe do *quantum* a pagar e aí pague, parece que se terá de reconhecer que o contribuinte disporá do prazo de 30 dias para pagamento contados não do momento da notificação pelo tribunal mas do momento em que tenha disponha dos elementos que lhe permitem efectuar o pagamento do montante devido, sob pena de o prazo concedido a uns e outros ser diferente, sem fundamentação razoável para a diferença (ou seja, com violação do princípio da igualdade), consoante a notificação seja feita pela Administração, o que nos parece ser a solução mais razoável e mesmo a única admissível em relação aos processos posteriores a 1 de Janeiro de 2007, ou pelo tribunal.

V. O Orçamento do Estado para 2009, já aprovado mas cuja publicação ainda se aguarda, vem mais uma vez introduzir alterações no tipo legal de crime fiscal de *abuso de confiança*, que, mercê dos múltiplos retoques que o legislador lhe tem desferido é cada vez mais justamente apelidado de "irrequieto"[4].

A alteração incide desta vez sobre o n.º 1 do artigo 105.º do RGIT e consubstancia-se na descriminalização, em sentido próprio e a convocar a aplicação do n.º 2 do artigo 2.º do Código Penal, das condutas proibidas em que as não entregas dolosas de prestações tributárias que devam constar de cada declaração[5] não excedam 7.500 euros[6].

Mercê desta nova alteração ao tipo legal de crime, é previsível que durante o ano de 2009 o abuso de confiança tributário continue na ribalta da jurisprudência, designadamente porque é pelo menos duvidoso que o limiar mínimo de relevância penal do facto agora introduzido valha igualmente para o *abuso de confiança contra a segurança social*, cujo tipo legal não foi do mesmo modo "retocado" e cujo n.º 1 só remete para o n.º 1 do artigo 105.º quanto às penalidades aplicáveis[7].

Se assim for, cá estaremos então para dar nota dos novos rumos da jurisprudência.

---

[4] Como oportunamente o baptizaram Costa Andrade e Susana Aires de Sousa cfr. Manuel da Costa Andrade/Susana Aires De Sousa – «As metamorfoses e desventuras de um crime (abuso de confiança fiscal) irrequieto: reflexões críticas a propósito da alteração introduzida pela Lei n.º 53-A/2006, de 29 de Dezembro», RPCC, ano 17, n.º 1, Jan-Março 2007, pp. 53 ss

[5] Cfr. o n.º 7 do artigo 105.º do RGIT.

[6] Cfr. o novo n.º 1 do artigo 105.º do RGIT, na redacção proposta pelo artigo 96.º da proposta de Lei n.º 226/X (que terá sido aprovada).

[7] Cfr. o n.º 1 do artigo 107.º do RGIT.

SOBRE O CONCEITO DE «BENS DE INVESTIMENTO» PARA EFEITOS DO IVA

(Anotação ao acórdão do TJCE de 6 de Março de 2008, processo C-98/07, caso *Nordania e o.*)

Rui Laires
DGCI/Centro de Estudos Fiscais

1. Introdução

O *Højesteretsanke-og Kaeremålsudvalg* (adiante identificado por "Tribunal dinamarquês"), em recurso interposto em nome da sociedade *Erhvervsfinans A/S* (doravante referida como "A/S"), e em que era recorrido o *Skatteministeriet* (a seguir indicado como "administração fiscal dinamarquesa"), decidiu suspender a instância e colocar ao TJCE, a título prejudicial, uma questão relativa à interpretação da Directiva 77/388/ CEE, do Conselho, de 17 de Maio de 1977 ("Sexta Directiva"), no domínio do IVA, versando sobre o conceito de "bens de investimento" para efeitos do cálculo *do pro rata* de dedução.

A questão colocada ao TJCE era do seguinte teor: «*A expressão "bens de investimento utilizados pelo sujeito passivo na respectiva empresa" que consta do artigo 19.°, n.° 2, da Sexta Directiva [...] deve ser interpretada no sentido de que abrange bens que uma empresa de leasing adquire com vista, por um lado, à sua locação e, por outro, à sua revenda no termo do contrato de leasing?*»[1]

---

[1] A Sexta Directiva foi objecto de uma reformulação, cuja entrada em vigor ocorreu a 1 de Janeiro de 2007, tendo em vista, no essencial, proceder a uma diferente sis-

A indagação tem particular acuidade no caso dos designados "sujeitos passivos mistos", ou seja, dos que praticam operações que lhes possibilitam desonerar-se do IVA pago nas aquisições, a par de operações isentas que não lhes dão essa possibilidade. Por via de regra, esses sujeitos passivos vêem determinada a medida do respectivo direito à dedução do IVA suportado a montante de harmonia com as regras que vinham previstas no artigo 19.º da Sexta Directiva, correspondente, na actualidade, aos artigos 173.º a 175.º da Directiva do IVA. Tais regras impõem o cálculo da proporção entre o valor das operações que conferem o direito à dedução do imposto suportado a montante e o valor total das operações realizadas pelo sujeito passivo, sendo o resultado desse *pro rata* a percentagem de dedução do IVA suportado nas compras a que esse sujeito passivo tem direito.

No entanto, para efeitos do cálculo, determinava o n.º 2 do artigo 19.º da Sexta Directiva – e determina actualmente a alínea a) do n.º 2 do artigo 174.º da Directiva do IVA – que não deve ser tido em conta "*[o] montante do volume de negócios relativo às entregas de bens de investimento utilizados pelo sujeito passivo na sua empresa*", pelo que o Tribunal dinamarquês pretendia apurar se essa exclusão do *pro rata* abrangeria os bens que uma empresa de locação financeira dá em locação aos clientes e que, no final dos respectivos contratos, destina a venda.

2. Matéria de facto e pontos de vista dos intervenientes

Em causa estava a percentagem de dedução do IVA suportado a montante a que a A/S teria direito durante os anos de 1995 a 1998, atendendo a que as actividades por esta exercidas consistiam em dar em loca-

---

tematização das matérias e a uma nova numeração dos seus artigos. Tal desiderato foi concretizado através da Directiva 2006/112/CE, do Conselho, de 28 de Novembro de 2006, relativa ao sistema comum do imposto sobre o valor acrescentado ("Directiva do IVA"). Dado que, quer os factos tributários descritos no processo principal, quer a decisão de reenvio do Tribunal dinamarquês, se reportavam ao articulado da Sexta Directiva, a matéria foi analisada à luz das disposições desta, não se registando, no entanto, em termos de conteúdo, diferença entre o disposto no n.º 2 do artigo 19.º da Sexta Directiva e o actual n.º 2 do artigo 174.º da Directiva do IVA.

ção financeira veículos automóveis e em proceder à respectiva venda no final dos contratos de locação financeira, assim como na realização de prestações de serviços de carácter financeiro isentas do IVA.

Dado que realizava operações sujeitas a IVA e dele não isentas, como era o caso da locação e venda dos veículos, a par de operações abrangidas pelo âmbito de aplicação do IVA mas dele isentas, o sujeito passivo encontrava-se submetido, para efeitos de determinação do IVA dedutível, à regra de cálculo do *pro rata*, a que se fazia referência no n.º 5 do artigo 17.º e no artigo 19.º da Sexta Directiva.

A questão prejudicial suscitada perante o TJCE prendia-se com a inclusão ou não no numerador e no denominador da fracção, relativa ao cálculo do *pro rata*, do montante dos proveitos originados pela venda dos veículos no final dos contratos de locação financeira.

Na óptica da A/S, os proveitos em causa deveriam ser incluídos no cálculo do *pro rata*, uma vez que os veículos não são de considerar bens de investimento para efeitos do n.º 2 do artigo 19.º da Sexta Directiva. Os proveitos originados por essa venda não têm, na perspectiva daquela, um carácter extraordinário face à actividade que desenvolve. Os veículos automóveis adquiridos para serem dados em locação financeira e para, seguidamente, serem vendidos, devem ser equiparados a mercadorias, e não a bens de investimento.

Do ponto de vista da administração fiscal dinamarquesa, tais proveitos deveriam ser excluídos de ambos os parâmetros da fracção, em virtude de os veículos automóveis serem de considerar bens de investimento para efeitos da disposição em apreço. Aliás, segundo o entendimento daquela, dado que os Estados membros têm a faculdade de definir o conceito de "bens de investimento" para os fins previstos nos n.ºs 2 e 3 do artigo 20.º da Sexta Directiva, então o conceito definido internamente deveria ser aplicável a todas as disposições do sistema comum do IVA, alargando-se necessariamente à norma contida no n.º 2 do artigo 19.º. Além disso, alegava a administração fiscal dinamarquesa que a venda dos veículos tinha um carácter pontual no quadro das actividades do sujeito passivo e que a mesma apenas exigia uma utilização muito limitada dos recursos afectos a essas actividades.

Suscitada judicialmente a resolução da querela, a mesma foi objecto de duas decisões distintas nas instâncias precedentes.

Em primeira instância, o órgão jurisdicional competente entendeu que os veículos automóveis objecto de venda após o termo do período de locação não poderiam ser considerados bens de investimento, dado que "*a venda dos activos faz naturalmente parte da actividade comercial da recorrente*".

Por sua vez, o órgão jurisdicional chamado a pronunciar-se em segunda instância assim não entendeu, tendo declarado que os veículos automóveis vendidos deveriam ser considerados bens de investimento.

Em sede de recurso desta decisão, o Tribunal dinamarquês entendeu colocar previamente ao TJCE a questão prejudicial acima transcrita.

3. Análise da questão prejudicial

3.1. Nos termos do primeiro período do n.º 2 do artigo 19.º da Sexta Directiva, "*no cálculo do pro rata de dedução, não se toma em consideração o montante do volume de negócios relativo às entregas de bens de investimento utilizados pelo sujeito passivo na respectiva empresa*".

Esta disposição tem em vista evitar que os sujeitos passivos mistos, que utilizam o método do *pro rata* para determinar a medida do respectivo direito à dedução, não vejam esse *pro rata* alterado em resultado da venda de bens cuja afectação à empresa tem um carácter duradouro e cuja transacção não constitui a actividade desta. A irrelevância do montante dessas vendas, para efeitos de cálculo do *pro rata*, está também relacionada com a circunstância de as mesmas terem um carácter ocasional e de não implicarem para a sua realização, por via de regra, uma utilização digna de relevo dos recursos afectos à actividade normal do sujeito passivo.

Como norma susceptível de assumir também alguma relevância nesta matéria, contava-se o terceiro período desse mesmo n.º 2, que estabelece que "*[s]empre que os Estados-membros façam uso da faculdade prevista no n.º 5 do artigo 20.º, de não exigirem o ajustamento em relação aos bens de investimento, podem incluir o produto da cessão desses bens no cálculo do pro rata de dedução*".

Além disso, com vista ao ajustamento das deduções inicialmente feitas pelos sujeitos passivos mistos, em relação aos bens do activo imobilizado, quando tenha havido alterações da percentagem de dedução a que um sujeito passivo teve direito no ano aquisição dos bens, previa o primeiro travessão do n.º 4 do artigo 20.º da Sexta Directiva que *"[p]ara efeitos do disposto nos n.ºs 2 e 3, os Estados membros podem [...] fixar a noção de bens de investimento"*.

3.2. Relativamente ao conceito de "bens de investimento", cabe começar por referir – contrariamente ao que é aventado no processo pela administração fiscal dinamarquesa – que seria bastante duvidoso que a faculdade de os Estados membros definirem o conceito de bens de investimento, com vista a identificar os bens submetidos ao ajustamento da dedução inicial, fosse extensível ao disposto no n.º 2 do artigo 19.º da Sexta Directiva. Em primeiro lugar, porque o n.º 4 do artigo 20.º refere expressamente que essa possibilidade ocorre para efeitos do ajustamento previsto nos n.ºs 2 e 3 desse mesmo artigo 20.º. Em segundo lugar, porque as disposições contidas nos artigos 17.º e 19.º da Sexta Directiva, salvo nos casos particulares que neles se excepcionam, visam definir de modo uniforme, em todos os Estados membros, as regras relativas ao direito à dedução, pelo que tal objectivo ficaria sempre prejudicado se as legislações internas dos Estados membros pudessem definir unilateralmente os tipos de bens cuja venda seria relevante ou irrelevante para efeitos do cálculo do *pro rata*.

Todavia, as disposições comunitárias atinentes ao IVA não contêm qualquer definição de "bens de investimento", nem a jurisprudência comunitária relativa ao actual sistema comum, até à data da presente decisão, esboçara tal definição, pelo menos de uma forma directa e cabal.

Ainda assim, em matéria de jurisprudência comunitária relativa ao IVA, o alcance da expressão "bens de investimento" fora já objecto de algumas referências, que poderiam contribuir para antecipar, com um relativo grau de fiabilidade, o sentido da decisão do TJCE no caso aqui em apreço.

A propósito do regime dos bens de investimento previsto no primeiro sistema comum do IVA, constante da Directiva 67/228/CEE, do Conselho, de 11 de Abril de 1967 ("Segunda Directiva"), o TJCE enumerara as características dos bens de investimento no acórdão de 1 de Fevereiro de 1977, relativo ao processo 51/76 (caso *VNO*, Colect. p. 55, n.ºs 12 a 15). A esse propósito, o Tribunal começara por afirmar que a designação "bens de investimento", no seu sentido comum, se reporta a bens utilizados para os fins de uma actividade empresarial, que se caracterizam pela sua natureza duradoura e por terem um valor relativamente significativo, e cujo custo de aquisição não é normalmente tratado como uma despesa corrente mas submetido a uma amortização ao longo de vários anos. De seguida, o mesmo acórdão considerou que a forma como esses bens são efectivamente contabilizados e amortizados não poderia ser decisiva para efeitos das regras da Segunda Directiva, sem prejuízo da relevância dos elementos durabilidade e repartição do respectivo custo ao longo de vários exercícios, no quadro da normal gestão das empresas que laboram em cada uma das actividades em questão.

Mais recentemente, no seu acórdão de 15 de Dezembro de 2005, proferido no processo C-63/04 (caso *Centralan*, Colect. p. I-?, n.º 55), o TJCE, já no âmbito da Sexta Directiva, fizera alusão às considerações sobre a matéria tecidas no acórdão acima mencionado, afirmando que o tratamento nele dado aos bens de investimento "*explica-se e é justificado pela utilização duradoura destes bens e pela amortização concomitante dos seus custos de aquisição*".

Dos elementos recolhidos na citada jurisprudência, merecia destaque, por um lado, a ideia de que o conceito de bens de investimento, para efeitos do IVA, não estava dependente da simples classificação que o sujeito passivo possa ter dado a esses bens na respectiva contabilidade. Por outro lado, assumia importância na classificação como bem de investimento o valor desse bem e o seu carácter duradouro, pressupondo uma utilização na actividade da empresa e um balanceamento do seu custo ao longo de vários anos. Tais elementos, porém, também não seriam sempre decisivos, porquanto, como o TJCE concluíra no n.º 15 do citado acórdão relativo ao caso *VNO*, devem ponderar-se as características próprias de cada actividade económica.

3.3. As características da actividade de locação financeira de veículos automóveis foram assinaladas pelo TJCE no acórdão de 8 de Dezembro de 2005, tirado no processo C-280/04 (caso *Jyske Finans*, Colect. p. I-?).

Neste aresto, a propósito do regime especial de tributação dos bens em segunda mão, o Tribunal considerou que uma empresa de "leasing", quando procede à venda dos veículos que previamente adquire e que cede em regime locação financeira, pode ser considerada como um sujeito passivo revendedor.

Na justificação aduzida no n.º 42 do texto decisório, o Tribunal salientou que "*a revenda faz parte do exercício normal da sua actividade e que o objectivo da revenda está presente no momento da aquisição, ainda que a sua actividade de revenda apresente um carácter secundário em relação à de locação*". Nessa decisão, o TJCE considerara, portanto, que a revenda dos veículos após a cessação dos contratos de locação, mesmo não constituindo o seu cerne, é inerente à própria actividade de locação financeira, estando o objectivo de proceder a tal revenda também na cogitação da empresa quando esta adquire os veículos para os entregar aos locatários.

Nessa óptica, poderá considerar-se que a revenda dos veículos no termo dos contratos de locação financeira faz parte da actividade normal da empresa, pois é uma consequência natural da sua aquisição e não tem um carácter meramente eventual ou extraordinário.

Por outro lado, poderia acrescentar-se que, devido às particularidades do regime da locação financeira, a Norma Internacional de Contabilidade n.º 17 – formalmente adoptada no plano comunitário através do Regulamento (CE) n.º 1725/2003, da Comissão, de 21 de Setembro de 2003 – estabelece que é aos locatários que compete a contabilização desses bens no seu activo imobilizado, visando acompanhar a substância económico-financeira daqueles contratos. Como consequência disso, no que respeita à característica que se prende com a amortização anual do custo de um bem objecto de locação financeira, a mesma também não opera na esfera contabilística da empresa de "leasing", mas na esfera contabilística do locatário do bem.

Desse modo, pese embora a natureza duradoura dos bens normalmente objecto de contratos de "leasing", a sua efectiva utilização e a sua submissão às regras de amortização não operam na esfera da empresa locadora, que posteriormente procederá à venda desses bens. Sendo assim, os elementos ligados à utilização do bem com carácter duradouro na actividade do sujeito passivo e à amortização do custo do mesmo, enunciados pelo TJCE para caracterizar, em geral, os bens de investimento, não se verificam na pessoa do sujeito passivo locador.

3.4. Nas circunstâncias expostas, afigurava-se curial antecipar que a decisão penderia no sentido de que os bens que são adquiridos por um sujeito passivo com vista à sua exploração em regime de locação financeira durante um certo período de tempo, e que posteriormente são objecto de venda pelo sujeito passivo ao locatário ou a um terceiro, não seriam de considerar bens de investimento para os fins previstos no n.º 2 do artigo 19.º da Sexta Directiva, na perspectiva da empresa locadora. Como tal, quando uma empresa locadora é um sujeito passivo misto, os montantes correspondentes à venda dos veículos no final dos contratos de locação devem integrar-se no numerador e no denominador da fracção para cálculo do *pro rata* de dedução.[2]

4. A decisão do TJCE

Conforme era expectável, no acórdão em referência o TJCE concluiu que a venda dos bens dados em locação financeira, ao fazer parte integrante da actividade habitual das empresas desse ramo, não devem ser considerados bens de investimento para efeitos da exclusão do *pro rata* prevista no n.º 2 do artigo 19.º da Sexta Directiva.

Seguindo de perto a argumentação desenvolvida pelo advogado-geral Yves Bot, nas conclusões apresentadas a 13 de Dezembro de 2007, o percurso trilhado pelo TJCE enumerou os seguintes aspectos mais relevantes:

a) Decorre dos princípios da aplicação uniforme do direito da comunitário e da igualdade que uma disposição comunitária que não contenha uma remissão expressa para os conceitos vigentes na legislação interna dos Estados membros deve ser interpretada autónoma e uniformemente em toda a Comunidade, tendo em conta o seu contexto e os objectivos prosseguidos através do quadro normativo em que se insere;[3]

---

[2] Tendo em consideração os fundamentos expostos, uma tal decisão em relação à questão prejudicial suscitada no processo foi tida como muito provável pelo signatário, através da informação n.º 160/07, de 17 de Maio de 2007, do Centro de Estudos Fiscais, tendo-se pronunciado no sentido da desnecessidade de o Estado português apresentar observações no processo.

[3] Sobre estes aspectos, a decisão do TJCE remeteu para os seguintes precedentes: acórdão de 15 de Outubro de 1992, processo C-162/91, caso *Tenuta il Bosco*, Colect. p. I-5279, n.º 11; acórdão de 16 de Janeiro de 2003, processo C-315/00, caso *Maierhofer*, Colect. p. I-563, n.º 27; acórdão de 15 de Julho de 2004, processo C-321/02, caso *Harbs*,

b) A finalidade do n.º 2 do artigo 19.º da Sexta Directiva deduz-se da própria exposição de motivos que acompanhou a proposta de Sexta Directiva apresentada pela Comissão Europeia, na qual se evidenciava que as exclusões do *pro rata* respeitam a elementos que não reflectem a dimensão da actividade profissional do sujeito passivo, por serem efectuadas a título acessório e terem uma importância secundária ou meramente acidental no contexto dessa actividade;

c) No caso da alienação de bens cuja venda não constitua habitualmente a actividade corrente do sujeito passivo, que não tem inerente uma utilização dos bens e serviços de uso misto proporcional à receita que gera, uma eventual inclusão do valor desta no *pro rata* de dedução falsearia o respectivo cálculo, pondo em causa a neutralidade visada pelo sistema comum do IVA;

d) Quando a venda de bens que são objecto de contratos de locação financeira tem a natureza de actividade corrente do sujeito passivo, não se pode considerar que essa venda respeita a "*bens de investimento utilizados pelo sujeito passivo na respectiva empresa*", na acepção do n.º 2 do artigo 19.º da Sexta Directiva;

e) Uma eventual desconsideração dessa parcela do volume de negócios para efeitos do cálculo do *pro rata* poria em causa a neutralidade do imposto, já que impediria que o sujeito passivo deduzisse a parte do IVA que onera os custos gerais em que incorre no exercício habitual da sua actividade económica tributada, na qual se incluem as referidas vendas;

f) Esse ponto de vista não é contrariado pelo decidido no acórdão de 1 de Fevereiro de 1977, proferido no processo 51/76 (caso *VNO*), nem pela possibilidade dada no n.º 4 do artigo 20.º da Sexta Directiva de os Estados membros definirem o conceito de "bens de investimento" para os efeitos previstos nos n.ºs 2 e 3 desse artigo;

g) No que respeita à decisão tomada no caso *VNO*, referente ao regime previsto na Segunda Directiva, foi entendido que a expressão "bens de investimento" se reportava àqueles que, pelo seu carácter duradouro e pelo seu valor, são submetidos a uma amortização anual, mas

---

Colect. p. I-7101, n.º 28; acórdão de 8 de Dezembro de 2005, processo C-280/04, caso *Jyske Finans*, Colect. p. I-10683, n.º 34; e acórdão de 18 de Outubro de 2007, processo C-195/06, caso *Rundfunk*, Colect. p. I-?, n.º 24.

não se reportava a bens objecto de contratos de locação financeira, os quais, no final destes, são vendidos no quadro da actividade corrente das empresas locadoras;

h) Por seu turno, em relação à possibilidade dada aos Estados membros no n.º 4 do artigo 20.º da Sexta Directiva, a mesma não pode ser extensível ao n.º 2 do artigo 19.º da Sexta Directiva, já que, para efeitos desta disposição, o conceito de "bens de investimento" tem de ser interpretado de um modo autónomo e uniforme em toda a Comunidade, como decorre expressamente do décimo segundo considerando do preâmbulo daquele acto comunitário.

Assim, tendo em consideração os argumentos acima indicados, o TJCE, na parte do dispositivo do acórdão, declarou o seguinte:

> «O artigo 19.°, n.° 2, da Sexta Directiva [...] deve ser interpretado no sentido de que o conceito de "bens de investimento utilizados pelo sujeito passivo na respectiva empresa" não inclui os veículos que uma empresa de locação financeira adquire com a intenção de os alugar e posteriormente vender, no termo do contrato de locação financeira, como ocorre no processo principal, dado que a venda dos referidos veículos no termo dos contratos faz parte integrante das actividades económicas habituais dessa empresa.»

5. Conclusão

O acórdão em referência circunscreveu a possibilidade de os Estados membros definirem a noção de "bens de investimento", para efeitos do IVA, em relação aos bens adquiridos ou produzidos pelos sujeitos passivos mistos que, durante os anos subsequentes, ficam submetidos ao eventual ajustamento anual da dedução inicialmente operada. A esse ajustamento se reportavam os n.ºs 2 e 3 do artigo 20.º da Sexta Directiva, que correspondem, respectivamente, aos actuais artigos 187.º e 188.º da Directiva do IVA. O regime desse ajustamento é, aliás, bastante mais flexível do que o regime do direito à dedução do IVA suportado, já que deixa vários aspectos ao critério dos Estados membros.

Com efeito, nos termos do n.º 4 do artigo 20.º da Sexta Directiva e do actual artigo 188.º da Directiva do IVA, em relação aos referidos ajustamentos anuais, os Estados membros podem definir o que entendem por bens de investimento e os montantes relevantes para que haja lugar ao ajustamento, assim como a adoptar medidas de simplificação administrativa ou destinadas a evitar vantagens injustificadas. Além disso, nos termos do n.º 5 do artigo 20.º da Sexta Directiva, correspondente ao actual artigo 191.º da Directiva do IVA, os Estados membros, após consulta ao Comité do IVA previsto no artigo 398.º da Directiva do IVA (artigo 29.º da Sexta Directiva), podem afastar o ajustamento da dedução quando os seus efeitos práticos forem insignificantes, tendo em consideração a incidência global do IVA no Estado membro e a necessidade de simplificação administrativa, desde que tal não seja susceptível de provocar distorções de concorrência.

Semelhante margem de manobra não é, no entanto, atribuída aos Estados membros em matéria de dedução inicial do IVA suportado pelos sujeitos passivos mistos. De harmonia com o decidido no acórdão sob anotação, para efeitos da exclusão do *pro rata* de dedução baseado no volume de negócios, os Estados membros não têm a faculdade de definir autonomamente o que se entende por "bens de investimento utilizados pelo sujeito passivo na sua empresa", por este se tratar de um conceito autónomo de direito comunitário que deve ser interpretado uniformemente em toda a Comunidade.

No caso da legislação interna portuguesa, o disposto no n.º 2 do artigo 19.º da Sexta Directiva, correspondente ao actual n.º 2 do artigo 174.º da Directiva do IVA, encontra-se transposto no n.º 5 do artigo 23.º do Código do IVA (CIVA). O mesmo não contém qualquer definição de "bens de investimento" ou de "bens do activo imobilizado" para efeitos da exclusão do cálculo do *pro rata* de dedução, pelo que, desde logo, na sequência do acórdão em apreço, não se suscitaria qualquer questão de possível desconformidade entre a legislação interna e o direito comunitário.

Todavia, do decidido pelo TJCE decorre, no plano interno, a obrigatoriedade de ser interpretada a expressão "*transmissões de bens do activo imobilizado que tenham sido utilizados na actividade da empresa*", constante do n.º 5 do artigo 23.º do CIVA, no sentido de que a exclusão do cálculo do *pro rata* que nele vem prevista não abrange as transmissões de bens efectuadas no final dos contratos de locação financeira pelos sujeitos passivos que prossigam tal actividade.

“OFERTAS DE PEQUENO VALOR EM IVA E O PRINCÍPIO DA LEGALIDADE FISCAL”

Gustavo Lopes Courinha

ANOTAÇÃO

I. O presente aresto trata uma das temáticas mais sensíveis da fiscalidade contemporânea – a configuração do princípio da legalidade fiscal, à luz dos actuais padrões hermenêuticos e sob o signo do Estado Social e Fiscal.

A decisão aqui anotada tem muito de inovadora, quer em virtude da fundamentação expressa, quer no que deixa implícito e no que resulta dos seus *obiter dicta*.

Trata-se, por isso, de um importante acórdão cuja concisa fundamentação não prejudica, de modo algum, o mérito da frontalidade e coerência com que respondeu à questão essencial: dentro de que limites pode o Direito Circulatório (expressão utilizada, na falta de melhor) densificar um conceito estabelecido por Lei ou Decreto-Lei autorizado ?

II. O Código do IVA estabelece as transferências onerosas de bens como geradoras de factos tributários. Porém, em certo casos, mesmo uma operação gratuita pode ser ficcionada de transferência onerosa – e, por conseguinte, elevada à incidência objectiva do imposto – se não se puder considerar como uma “*oferta de pequeno valor*”. Ou seja, nos termos do artigo 3.º/n.º 3/alínea f) daquele Código, temos uma delimitação negativa da incidência que nos é dada por meio de um conceito indeterminado, o qual, por integrar o núcleo essencial da relação jurídica, fica sujeito à reserva de lei.

Destarte, não se verificando os casos ali previstos – as ditas ofertas – há tributação em IVA, ainda que sem obrigação de repercussão do imposto (artigo 36.º/n.º 3 do Código), mas com obrigação de evidenciar contabilisticamente estas operações (artigo 44.º/n.º/3/alínea d) do Código).

Estamos, portanto, no núcleo duro do relação tributária – a incidência objectiva. E, por isso, a correcta densificação de conceitos nestas áreas, tal qual realizada pelas Circulares e Regulamentos (v.g. Circular n.º 19/89, de 18 de Dezembro), gerará uma de duas coisas. Ou tem lugar o mero desenvolvimento do conceito mediante critérios jurídicos de valoração aceitáveis – caso em que não advirá daí qualquer consequência, porque tal densificação não será discricionária – ou a demonstração de uma desconformidade arbitrária entre o propósito legislativo (e, logo, os limites interpretativos da norma) e a sua compactação no Direito Circulatório vão gerar um atropelo ao princípio da reserva de lei que a Lei Fundamental demanda para as matérias elencadas no respectivo artigo 103.º/n.º 2.

A decisão de inconstitucionalidade material segue, assim, em conformidade com a inconstitucionalidade orgânica, o que bem se percebe: se a Administração se desvia da margem conferida pelo legislador e se arroga no direito de inovar em termos que demonstrem ultrapassagem com a própria lei, então é porque se imiscui nas tarefas do legislador – situação que a Constituição pretendeu evitar.

III. O indício que a lei aponta para a correcta densificação do "pequeno valor" é o de "usos comerciais" – o critério de decisão atenderá, portanto, aos usos do comércio, o que prevenirá uma excessiva margem de apreciação pela Administração, conquanto esse apego àquele indício resulte demonstrado .

A margem do Direito Circulatório passa, segundo este Tribunal, por estabelecer um qualquer padrão que se demonstre lógico e coerente numa perspectiva de tabelar as ofertas comerciais, amostras e brindes que não se qualificarão de transmissões de bens e, assim, não serão tributadas. Para este Supremo Tribunal, esse padrão atentará "*relativamente a cada tipo de actividade comercial,* [n]*a prática corrente em matéria de ofertas*". Por isto – prossegue o Tribunal – importaria alegar e demonstrar (pela Administração Fiscal, note-se) que a fixação de um tecto de 5‰

sobre o volume de negócios não é descabida enquanto critério adequado a revelar os usos comerciais e que, ao invés, é tão legítima como qualquer outro (o que ficou por fazer).

Aliás, o STA vai mesmo ao ponto de sustentar em abono da sua tese (aqui em termos já mais discutíveis, porque não generalizáveis), que a actividade social da impugnante – no caso, a venda de produtos para lar, por correspondência – seria já um bom indício dessa inadequação do critério da Circular face à lei: posto que continuou a ofertar acima do critério imposto pela Circular (com a consequente sujeição a IVA), a própria atitude da impugnante sugeriria a incorrecção do critério da Directiva enquanto aferidor dos usos comerciais a que a lei alude.

Ora, este raciocínio é, essencialmente, correcto.

Na panóplia de critérios de que se pode valer para densificar o que seja uma "oferta de pequeno valor", a Circular terá de utilizar um (ou vários) que não ultrapasse(m) a margem para que está habilitada; e essa habilitação é relativamente aberta: terá de se estar perante critérios direccionados ao "valor" do próprio bem ofertado e não já dependentes do volume de facturação, que pode não estar ligado àquele. E isto, evidencia-o até a experiência: a necessidade que uma pequena empresa sinta em impor-se ou expandir-se comercialmente pode passar, nomeadamente, pelo alargamento das ofertas ou amostras dos seus produtos.

Só com critérios ligeiramente menos rígidos se logrará, em termos constitucionalmente conformes, estabelecer um *quantum* que, embora adequado ao conceito a concretizar, facilite a decisão massificada (e logo pouco dada a casuísmos) que se exige no Direito Fiscal contemporâneo. E tais critérios podem ser de índole genérica para todas a actividades (mais dificilmente aceite) ou, de preferência, diferenciadamente em função dos sectores de actividade e com cláusulas de salvaguarda.

Neste momento, neutralizado o critério da permilagem do volume de negócios, restará saber se um outro critério(s) é exequível, o que, em nosso ver, poderá ter de passar por inversões de ónus da prova – certo(s) critério(s) pode(m) valer como regra, embora ficando o sujeito passivo autorizado a avançar com uma demonstração da sua inviabilidade/inadequação no caso concreto.

A principal nota é, portanto, a de que, ao optar por um critério que não se conformou com os limites intrínsecos da lei fiscal que o conceito de "ofertas de pequeno valor" pressupõe – nomeadamente por não atender aos usos comerciais – o legislador da Circular invadiu uma esfera que não era a sua, o que levou a que o Tribunal reputasse de inconstitucional a norma delimitadora das "ofertas de pequeno valor". Da inconstitucionalidade material à inconstitucionalidade orgânica foi apenas um passo.

TRIBUNAL DE CONTAS

ACÓRDÃO N.º 18/08 – 16 DEZ – 1ªS/PL
RECURSO ORDINÁRIO N.º 07/2008
(Processo de fiscalização prévia n.º 1598/2007)

Sérgio Gonçalves do Cabo*
Mestre em Direito
Advogado

«I. RELATÓRIO

I.1. Pelo Acórdão n.º 26/08 – 19.FEV.08 – 1.ª S/SS, objecto de aclaração pelo Acórdão n.º 31/08 – 10. Mar.08 – 1.ª S/SS, o Tribunal de Contas recusou o visto ao **contrato de abertura de crédito até ao montante máximo de € 360.000.000** (trezentos e sessenta milhões de euros), celebrado em 7 de Dezembro de 2007, entre o **Município de Lisboa** e a **Caixa Geral de Depósitos**, destinado ao **saneamento financeiro do município** (...).

(...)»

Transcrevem-se as conclusões finais do acórdão:

- **O Plano de Saneamento Financeiro associado ao contrato de empréstimo sujeito a fiscalização prévia é insuficiente por não se reportar a todo o período de vigência do empréstimo, como exige o n.º 2 do artigo 40.º da Lei das Finanças Locais.**

---

* Autor de um parecer, em parceria com Carlos Lobo, junto ao processo pela Câmara Municipal de Lisboa.

- **É igualmente insuficiente por não conter previsões relativas ao endividamento, nas suas várias vertentes, essenciais à aferição de que é atingido e mantido o equilíbrio financeiro municipal durante o período de vigência do empréstimo.**
- **O plano não permite, assim, concluir e garantir que o saneamento financeiro é realizado e mantido até ao termo da vigência da operação.**
- **Em consequência, não se pode dar por assegurada a finalidade do empréstimo contraído, finalidade que constitui um requisito e pressuposto vinculado do empréstimo, nos termos do n.º 1 do mesmo artigo 40.º.**
- **O desrespeito dos n.ºs 1 e 2 do artigo 40.º da Lei das Finanças Locais constitui violação directa de normas financeiras, o que, nos termos da alínea b) do n.º 3 do artigo 44.º da LOPTC, é fundamento de recusa de visto.**

(...)»

COMENTÁRIO

1. O acórdão do plenário da 1.ª secção do Tribunal de Contas proferido no recurso apresentado pela Câmara Municipal de Lisboa no processo de fiscalização prévia que teve por objecto um contrato de abertura de crédito celebrado em 7 de Dezembro de 2007 entre o Município de Lisboa e a Caixa Geral de Depósitos,[1] representa o culminar de uma jurisprudência algo instável da 1.ª secção, quanto à concretização judicial do regime de acesso ao crédito pelos municípios, resultante da quinta lei das finanças locais (Lei n.º 2/2007, de 15 de Janeiro), o que explica a decisão de se proceder à sua publicação no Diário da República, nos termos do artigo 9.º, n.º 2, alínea f), da Lei de Organização e Processo do Tribunal de Contas (LOPTC).[2]

---

[1] Disponível em versão integral em https://www.tcontas.pt/pt/actos/acordaos/2008/1spl/ac018-2008-1spl.pdf.

[2] Lei n.º 98/97, de 26 de Agosto, alterada pelas Leis n°s 87-B/98, de 31 de Dezembro, 1/2001, de 4 de Janeiro, 55-B/2004, de 30 de Dezembro, 48/2006, de 29 de Agosto e 35/2007, de 13 de Agosto.

Com efeito, no domínio da nova lei das finanças locais, a 1.ª secção teve oportunidade de se pronunciar, em subsecção, sobre o regime de endividamento dos municípios nos acórdãos n.ºs 136/07, de 4 de Dezembro, 138/2007, de 11 de Dezembro, 1/2008, de 8 de Janeiro, 23/2008, de 18 de Fevereiro, 26/2008, de 19 de Fevereiro, objecto de aclaração pelo acórdão 31/2008, de 10 de Março (o qual esteve na base do acórdão agora proferido pelo plenário da secção e objecto do presente comentário), 38/2008, de 10 de Março, 47/2008, de 28 de Março, 56/2008, de 11 de Abril, 58/2008, de 22 de Abril, 91/2008, de 26 de Junho, 111/2008 e 112/2008, ambos de 26 de Setembro.[3]

Em plenário, a matéria relativa ao endividamento dos municípios foi tratada no acórdão n.º 19/2007, de 19 de Novembro e no acórdão n.º 11/2008 de 18 de Julho e, finalmente, no acórdão n.º 18/2008, de 16 de Dezembro, objecto do presente comentário.

2. Até ao acórdão n.º 26/2008, de 19 de Fevereiro, objecto de aclaração pelo acórdão 31/2008, de 10 de Março, ambos proferidos no processo de fiscalização prévia nº 1598/2007, relativo ao contrato de abertura de crédito celebrado em 7 de Dezembro de 2007 entre o Município de Lisboa e a Caixa Geral de Depósitos, a jurisprudência do Tribunal de Contas em matéria de fiscalização prévia da legalidade do endividamento municipal limitava-se a examinar a qualificação dos contratos[4] e

[3] Toda esta jurisprudência está disponível e devidamente organizada em https://www.tcontas.pt/pt/actos/ac-temas.shtm.

[4] Neste plano, o Tribunal tem-se preocupado, com situações que se reconduzem ao endividamento, mas que são apresentadas sob a forma de cessão de créditos ou utilizando outros instrumentos técnico-jurídicos, com o objectivo de contornar o regime mais restritivo do endividamento municipal. Foi, entre outros, o caso decidido pelo acórdão n.º 29/03, de 1 de Julho, do plenário da 1.ª secção, em que se considerou que "um contrato de cessão de créditos em que outorga o devedor e no qual se estabelecem condições diversas das originais, designadamente quanto ao prazo de pagamento e à remuneração do capital, assume-se para aquele como um empréstimo". Foi também o caso debatido no plenário da 1.ª secção, no acórdão n.º 50/06, de 17 de Outubro de 2006, onde esteve em apreciação um contrato através do qual um município cedia créditos futuros de médio prazo a instituições bancárias, em que o preço associado à antecipação desses créditos era determinado, *inter alia*, em função do tempo de privação desse capital, e em que o risco do incumprimento por parte dos terceiros devedores corria por conta do Município,

o respeito pelos limites de endividamento, quer os que relevam no plano da coordenação das finanças locais com as finanças estaduais (artigos 5.°, 36.° e 37.° da Lei das Finanças Locais),[5] quer os relativos ao montante dos empréstimos municipais (artigo 39.° da Lei das Finanças Locais), nunca tendo exigido um grau de concretização do Plano de Saneamento Financeiro que passasse pela discriminação e calendarização de medidas concretas ou pela identificação de «medidas concretas – e não meramente avulsas – e cálculos quantificados, que forneçam alicerce bastante para merecer credibilidade financeira» (cfr. n.° 8.2 do acórdão n.° 26/2008).

Nos acórdãos n°s 136/2007, de 4 de Dezembro e 138/2007 de 11 de Dezembro, ambos da 1.ª secção, em subsecção, em que o Tribunal foi chamado a apreciar a legalidade financeira de contratos de abertura de crédito para saneamento financeiro, não tinha sido patenteada nenhuma exigência daquele tipo.[6] Mesmos nos acórdãos n.°s 1/2008 e 23/2008, ambos da 1.ª secção, em subsecção, o Tribunal voltaria a reiterar a jurisprudência daqueles acórdãos n°s 136/2007 e 138/2007, tendo confirmado que a consolidação e reprogramação de passivos pode ter lugar através

o qual foi qualificado pelo Tribunal como "um mútuo bancário com restituição atípica" (cfr. também o acórdão n.° 16/07, da 1.ª secção, em plenário, onde se decidiu de modo idêntico); e o caso decidido no acórdão n.° 38/07 de 1 de Março de 2007, da 1.ª secção em subsecção, onde se procedeu à requalificação de um contrato de *sale and lease back* como um empréstimo de longo prazo, destinado a saneamento financeiro do Município, em que os imóveis assumiam uma função de garantia.

[5] Cfr., entre muitos outros, o acórdão n.° 29/02, de 22 Outubro, da 1ª secção, em plenário.

[6] No caso decidido pelo acórdão n.° 136/07 estava em causa uma operação de consolidação de passivos feita a descoberto dos regimes de saneamento e reequilíbrio financeiro previstos nos artigos 40.° e 41.° da LFL 2007 e no caso decidido pelo acórdão n.° 138/07 o Tribunal, apesar de reconhecer que "a consolidação de passivos pode ser feita no âmbito de empréstimos para saneamento ou para reequilíbrio financeiro" de acordo com o disposto nos artigos 40.° e 41.° da LFL 2007 e "consoante a situação financeira da autarquia"; e de aceitar que a escolha entre o empréstimo para saneamento ou para reequilíbrio financeiro depende de uma avaliação a fazer pelos órgãos da autarquia "com base em critérios técnicos e tendo em conta princípios e limitações legais", limita essa possibilidade de escolha ou avaliação aos casos em que não se verifiquem os índices de desequilíbrio financeiro estrutural ou de ruptura financeira a que se refere o artigo 41.°, n.° 3 da LFL 2007, não tendo entrado a analisar a "substância", "fiabilidade" e "sustentabilidade" do plano de saneamento financeiro.

de um empréstimo para saneamento ou reequilíbrio financeiro do município, consoante o caso.

Neste sentido o acórdão n.º 26/2008 inaugurou uma nova linha na jurisprudência do Tribunal de Contas em matéria de endividamento municipal, a qual passou a entrar na análise da suficiência e sustentabilidade dos planos de saneamento (ou reequilíbrio) financeiro, o que conduziu a que os acórdãos posteriores passassem a recusar o visto a contratos de abertura de crédito visando o saneamento financeiro dos municípios com fundamento numa apreciação judicial do conteúdo e medidas previstas no plano de saneamento financeiro.

Assim, no caso decidido pelo acórdão n.º 47/2008 o visto é recusado porque o plano de saneamento financeiro não cumpre as exigências legais, que, naquele caso, são reportadas, já não a uma construção jurisprudencial, como havia sucedido no acórdão n.º 26/2008, mas a uma aplicação retroactiva do Decreto-Lei n.º 38/2008, de 7 de Março, o qual foi qualificado pelo Tribunal como "lei interpretativa".

Situou-se igualmente nesta linha o acórdão n.º 56/2008 em que o Tribunal, além de manter a qualificação do Decreto-Lei n.º 38/2008 como "lei interpretativa", reafirma situar-se no âmbito dos seus poderes cognitivos «a apreciação do conteúdo do estudo e do plano de saneamento financeiro apresentados pelo município, a fim de apurar da sua credibilidade e fiabilidade, bem como da sua adequação ao fim a que se destina, ou seja a sua adequação à recuperação da situação de desequilíbrio financeiro em que se encontra o município».

Embora a teoria da "lei interpretativa" não seja retomada em acórdãos posteriores – o que bem se compreende uma vez que o Decreto-Lei n.º 38/2008 veio *densificar* as regras referentes aos regimes jurídicos do saneamento financeiro e do reequilíbrio financeiro municipal e *regulamentar* o Fundo de Regularização Municipal e não interpretar e muito menos fazer interpretação autêntica da Lei das Finanças Locais, o que, em qualquer caso, só poderia ter lugar mediante lei do Parlamento, pois trata-se de matéria inscrita na reserva relativa de competência legislativa da Assembleia da República (artigo 165.º, n.º 1, *alínea q)*, da Constituição) e uma lei interpretativa da Lei das Finanças Locais não poderia ser emanada de órgão sem competência legislativa para o efeito, a não ser mediante autorização legislativa – o Tribunal manteve no acórdão n.º 58/2008, a sua jurisprudência no sentido de apreciar, no âmbito do exercício dos seus poderes jurisdicionais, o conteúdo do estudo e do plano de saneamento financeiro, sua credibilidade, fiabilidade, e adequação.

3. O interesse do acórdão n.º 18/08, objecto do presente comentário, residia, justamente, em saber se um novo juízo sobre esta problemática feito ao nível do plenário produziria alguma alteração à jurisprudência firmada no que diz respeito ao exacto âmbito e alcance dos poderes cognitivos do Tribunal em matéria de endividamento para saneamento e reequilíbrio financeiro municipal; tanto mais que no acórdão n.º 11/2008, de 18 de Julho, tirado em plenário, o Tribunal reconheceu que não podia recusar o visto a um contrato de empréstimo para saneamento financeiro com base numa caracterização judicial da situação financeira do município, reconhecendo, neste particular, que o acórdão recorrido (acórdão n.º 138/2007, da 1.ª secção em subsecção) incorreu em erro de direito.[7]

Por isso, não é de estranhar que o acórdão n.º 18/08 dedique grande parte da sua análise à questão dos limites do juízo de legalidade financeira efectuado pelo Tribunal de Contas em sede de fiscalização prévia, concluindo que não se pode pronunciar sobre matérias em que não haja vinculação jurídica do poder administrativo.

Contudo, apesar de reconhecer que os seus poderes de controlo jurisdicional não abrangem as opções deixadas em aberto pela lei à decisão dos poderes político e administrativo, o Tribunal acaba por não retirar grandes consequências dessa sua posição, na medida em que considera incluído no juízo de legalidade que lhe cumpre formular em matéria financeira, não só os aspectos atinentes à observância dos princípios da economia, eficiência e eficácia, mas também preenchimento jurisprudencial de conceitos vagos e indeterminados. Trata-se de uma posição dificilmente aceitável porque a utilização de conceitos vagos e indeterminados pelo legislador visa permitir à Administração a concretização desses conceitos vagos e indeterminados.[8] Tal não impede – bem entendido – o

[7] V. a propósito deste acórdão n.º 138/2007 o comentário concordante de Joaquim Freitas da Rocha, in Direito Regional e Local, n.º 1 (Jan.-Mar. 2008), pp. 66-67.

[8] Cfr. David Duarte, *A Norma de Legalidade Procedimental Administrativa – A Teoria da Norma e a Criação de Normas de Decisão na Discricionariedade Instrutória*, Almedina, 2006, pp. 327-402 e 531-590.

escrutínio judicial da forma como a Administração concretizou os ditos conceitos vagos e indeterminados, sobretudo em casos de erro ostensivo ou manifesto.

A nosso ver, não é compatível com o princípio da separação e interdependência de poderes, que o Tribunal de Contas *pretenda fazer prevalecer a sua interpretação desses conceitos vagos e indeterminados sobre a interpretação feita pela administração, sem demonstrar que esta errou (e porque é que errou) na forma como concretizou os ditos conceitos vagos e indeterminados*.

Neste acórdão o Tribunal de Contas considera-se competente para apreciar se a interpretação ou qualificação feita pela administração foi a melhor com base nos conceitos técnicos da ciência económico-financeira, chegando mesmo a afirmar que «em matéria de conceitos técnicos da ciência económico-financeira, o Tribunal de Contas não poderia acompanhar essa tradição dos tribunais administrativos. Este Tribunal nunca poderia invocar o facto de esses conceitos se reportarem a saberes que não domina, quer porque dispõe, ou pode dispor, dos recursos técnicos necessários, quer porque não se compreenderia que o país dispusesse de uma jurisdição financeira especializada e que a mesma se declarasse incompetente para avaliar as questões para cuja apreciação foi criada» (p. 23).

Trata-se, a nosso ver, de uma afirmação discutível, não tanto por assentar no pressuposto de que os poderes cognitivos do Tribunal, em sede de fiscalização prévia da legalidade da despesa pública, abrangem o controlo da concretização administrativa de conceitos vagos e indeterminados quando estes se reconduzam a vício de forma por falta ou insuficiente fundamentação, inobservância de princípios, desvio de poder ou erro sobre os pressupostos de facto (perspectiva seguida pelos Tribunais Administrativos), mas porque o Tribunal de Contas parece entender que cabe no âmbito dos respectivos poderes jurisdicionais a própria concretização judicial de conceitos vagos e indeterminados feita em alternativa à concretização administrativa.

Por outras palavras, *o Tribunal de Contas, por entender que possui os conhecimentos técnicos necessários para o efeito, considera-se em condições de se substituir à Administração na concretização de conceitos vagos e indeterminados em sede de fiscalização prévia da legalidade da despesa pública*.

4. A fazer carreira, esta jurisprudência irá conduzir a que o Tribunal de Contas, ao visar um contrato de empreitada ou a propósito da fiscalização prévia de uma parceria público-privado ou de qualquer outro acto sujeito a visto, trate de indagar quanto à forma como a Administração concretizou conceitos vagos ou indeterminados deixados em aberto pelo legislador, retomando assim, pela via jurisprudencial, a norma do n.º 2 do artigo 1.º do Decreto-Lei n.º 146-C/80, de 22 de Maio – revogado, nesta parte, pela Lei n.º 86/89, de 8 de Setembro, que passou a remeter esta matéria para a fiscalização sucessiva – que atribuía ao Tribunal competência para, em sede de fiscalização prévia, apreciar "*se as condições são as mais vantajosas para o Estado*".

De facto, se a principal consequência desta jurisprudência é a de que todos os pressupostos do recurso aos empréstimos para saneamento financeiro são considerados vinculações legais e todos os conceitos vagos e indeterminados constantes desses pressupostos são considerados sindicáveis pelo Tribunal de Contas, então a margem da Administração na concretização de normas deixadas em aberto pelo legislador fica posta em causa.

Mesmo reconhecendo que antes do Decreto-Lei n.º 38/2008 a Administração gozava de alguma margem para determinar o conteúdo do estudo e do plano de saneamento financeiro (p. 26), o Tribunal entende que é vinculada a finalidade desses documentos bem como o seu conteúdo. Daí parte para a conclusão de que pode sindicar, em sede de fiscalização prévia, se o plano de saneamento financeiro contém as medidas adequadas à recuperação da situação financeira da autarquia e se demonstra a respectiva eficácia (pp. 26 a 28).[9]

---

[9] Não obstante, no caso concreto, o Tribunal deu razão à Câmara Municipal de Lisboa (CML) quando esta impugnou as apreciações formuladas nas alíneas c), d), e), g) e i) do ponto III.9.3. do acórdão recorrido. Ou seja, das dez alíneas que compunham o n.º III.9.3. do acórdão recorrido, o Tribunal deu razão às alegações da CML quanto a cinco destas alíneas, assumindo que, na parte em que se pronunciou sobre a adequabilidade das medidas constantes do plano de saneamento financeiro, excedeu os limites de controlo de legalidade, intrometendo-se em matérias da esfera de livre apreciação dos órgãos autárquicos e da autonomia financeira do município. Já assim não entendeu quanto às alíneas a), b), f), h) e j) do ponto III.9.3. do acórdão recorrido, onde estava em causa o facto de as previsões e extrapolações constantes do plano de saneamento financeiro se limitarem ao período 2008-2012 e de, segundo o Tribunal, estarem insuficientemente quantificadas.

Ou seja, as supostas vinculações do estudo e plano de saneamento financeiro são consideradas pelo Tribunal como vinculações jurídicas do próprio empréstimo a contratar.

5. Se o Tribunal de Contas vai passar a apreciar a concretização administrativa de conceitos vagos e indeterminados e a economia, eficácia e eficiência da despesa pública em sede de fiscalização prévia irá, seguramente, pôr em causa o sistema de controlo prévio e sucessivo previsto na LOPTC, com consequências para o funcionamento da Administração Pública e para a necessária articulação entre diferentes competências do Tribunal.

Com efeito, é duvidoso que a fiscalização prévia da legalidade da despesa pública seja o mecanismo processual adequado ao controlo jurisdicional da observância dos princípios da economia, eficiência e eficácia. Pelo contrário, à luz do artigo 5.º, n.º 1, als. c) e f) da LOPTC, a fiscalização prévia tem por objecto "a legalidade e o cabimento orçamental dos actos e contratos de qualquer natureza que sejam geradores de despesa" e a fiscalização sucessiva a apreciação da legalidade, bem como a economia, eficácia e eficiência, segundo critérios técnicos, da gestão financeira das entidades referidas nos n.º 1 e 2 do artigo 2.º, incluindo a organização, o funcionamento e a fiabilidade dos sistemas de controlo interno".

Parece, pois, que o juízo de economia, eficácia e eficiência da despesa pública está reservado para a fiscalização sucessiva. A sua inclusão no juízo de legalidade feito em sede de fiscalização prévia aponta para uma justaposição dos dois modos de fiscalização, a qual não se afigura conforme às soluções constantes da LOPTC.

SÍNTESE DOS PRINCIPAIS ACÓRDÃOS DO TRIBUNAL DE JUSTIÇA DAS COMUNIDADES EM MATÉRIA FISCAL PROFERIDOS DESDE AGOSTO DE 2008

1. IMPOSTO SOBRE O VALOR ACRESCENTANDO

1.1. Acórdão de 6 de Novembro de 2008, Processo C-291/07

Lugar das operações tributáveis – Conexão para efeitos fiscais – Prestador de serviços estabelecido num Estado membro diferente daquele em que o destinatário está estabelecido – Qualidade de sujeito passivo – Serviços prestados a uma fundação nacional que exerce uma actividade económica e uma actividade não económica

O artigo 9.°, n.° 2, alínea e), da Sexta Directiva e o artigo 56.°, n.° 1, alínea c), da Directiva 2006/112/CE do Conselho, de 28 de Novembro de 2006, devem ser interpretados no sentido de que o destinatário de serviços de consultadoria, prestados por um sujeito passivo estabelecido noutro Estado membro, que exerce tanto actividades económicas como actividades não abrangidas pelo âmbito de aplicação dessas directivas, deve ser considerado sujeito passivo, mesmo que os referidos serviços só sejam utilizados para efeitos destas últimas actividades.

1.2. Acórdão de 16 de Setembro de 2008, Processo C-288/07

Sexta Directiva IVA – Artigo 4.°, n.° 5 – Actividades exercidas por um organismo de direito público – Exploração de parques de estacionamento pagos – Distorções da concorrência – Significado dos termos 'possa conduzir' e 'significativas'

O artigo 4.°, n.° 5, segundo parágrafo, da Sexta Directiva deve ser interpretado no sentido de que as distorções de concorrência significativas às quais pode conduzir a não sujeição ao imposto sobre o valor acrescentado dos organismos de direito público que actuam enquanto autoridades públicas devem ser avaliadas por referência à actividade em causa, enquanto tal, e não a um mercado local em particular.

A expressão «possa conduzir», na acepção do artigo 4.°, n.° 5, segundo parágrafo, da Sexta Directiva, deve ser interpretada no sentido de que tem em consideração não só a concorrência actual mas também a concorrência potencial, entendida no sentido de que a possibilidade de um operador privado entrar no mercado relevante deve ser real e não puramente hipotética.

O termo «significativas», na acepção do artigo 4.°, n.° 5, segundo parágrafo, da Sexta Directiva, deve ser entendido no sentido de que as distorções de concorrência actuais ou potenciais devem ser mais do que insignificantes.

1.3. Acórdão de 16 de Outubro de 2008, Processo C-253/07

Isenções – Prestações de serviços conexas com a prática do desporto – Prestações de serviços a favor de pessoas que praticam desporto – Prestações de serviços a favor de associações não registadas e de pessoas colectivas – Inclusão – Requisitos

O artigo 13.°, A, n.° 1, alínea m), da Sexta Directiva, deve ser interpretado no sentido de que abrange igualmente, no contexto de pessoas que praticam desporto, prestações de serviços fornecidas a pessoas colectivas e a associações não registadas, desde que – o que compete ao órgão jurisdicional de reenvio verificar – essas prestações tenham uma estreita conexão com a prática do desporto e sejam indispensáveis à sua realização, sejam efectuadas por organismos sem fins lucrativos e que os beneficiários efectivos das referidas prestações sejam pessoas que praticam desporto.

A expressão "certas prestações de serviços estreitamente conexas com a prática do desporto", utilizada no artigo 13.°, A, n.° 1, alínea m), da Sexta Directiva 77/388, não autoriza os Estados membros a restringir a isenção prevista nesta disposição por referência aos destinatários das prestações de serviços em causa.

CLOTILDE PALMA

Caso C-527/06 (R.H.H. Renneberg v. Staatssecretaris van Financiën) de 16 de Outubro de 2008 – O regime neerlandês (bem como a Convenção de Dupla Tributação Holanda-Bélgica) que reserva aos residentes na Holanda a dedutibilidade de um determinado montante de juros relativos à compra de habitação própria (rendimentos negativos) é contrário ao Direito Comunitário. A norma em causa viola a liberdade de circulação de trabalhadores, discriminando entre residentes na Holanda e não residentes neste país que aí auferem a maioria do seu rendimento (situação que é objectivamente comparável à de residente).

Caso C-157/07 (Finanzamt für Körperschaften III in Berlin v. Krankenheim Ruhesitz am Wannsee-Seniorenheimstatt GmbH) de 23 de Outubro de 2008 – A recaptura pelo regime fiscal do Estado da Residência de uma sociedade (Alemanha) dos prejuízos fiscais incorridos por um estabelecimento estável desta situado noutro Estado-Membro (Áustria) em anos anteriores e então deduzidos nos lucros daquela sociedade é compatível com o Direito Comunitário, porque, pese embora contrária à liberdade de estabelecimento, resulta justificada. Tal justificação assenta no do princípio da coerência fiscal do sistema fiscal alemão (que se julgava arredado, enquanto causa justificativa, desde a decisão Bachmann), ao estabelecer uma relação directa, adequada e proporcional entre vantagem e desvantagem.

GUSTAVO LOPES COURINHA

SÍNTESE DE ACÓRDÃOS DO TRIBUNAL CONSTITUCIONAL (2.º SEMESTRE DE 2008)

Acórdão n.º 321/2008

Decide não julgar inconstitucional a norma constante do § 7º da Portaria n.º 234/97, de 04 de Abril, *"na parte em que prevê a responsabilidade dos proprietários ou os responsáveis legais pela exploração dos postos autorizados para a venda ao público do gasóleo colorido e marcado pela diferença entre o montante do ISP e IVA liquidado e pago e a que seria devida se se tratasse de gasóleo rodoviário"*.

Acórdão n.º 327/2008

Decide não julgar inconstitucional a norma que se extrai do artigo 14.º do Regime Geral das Infracções Tributárias, em conjugação com o n.º 5 do artigo 50.º do Código Penal, interpretada no sentido de que a suspensão da execução da pena de prisão aplicada é sempre condicionada ao pagamento, em prazo a fixar até ao limite de duração da pena de prisão concretamente determinada, a contar do trânsito em julgado da decisão, da prestação tributária e acréscimos legais.

Acórdão n.º 409/2008

Decide não julgar inconstitucional a norma constante do artigo 105.º, n.º 4, alínea *b)*, do Regime Geral das Infracções Tributárias, aprovado pela Lei n.º 15/2001, de 5 de Junho, na redacção dada pelo artigo 95.º da Lei n.º 53-A/2006, de 29 de Dezembro, interpretado no sentido de que pode o tribunal de julgamento determinar a notificação aí prevista.

Acórdão n.° 499/08

Decide: (1) não conhecer, por falta de legitimidade do requerente, do pedido de declaração de ilegalidade fundado na violação do artigo 16.° da Lei das Finanças das Regiões Autónomas; (2) não declarar a inconstitucionalidade das normas constantes dos artigos 19°, n° 1, al. c), 20° e 59° da Lei n° 2/2007, na sua aplicação aos Municípios da Região Autónoma da Madeira; (3) não conhecer do pedido de declaração de ilegalidade fundado na violação do artigo 112.°, n.° 1, do EPA-RAM.

Guilherme W. D'Oliveira Martins
Miguel Bastos

SÍNTESE DE JURISPRUDÊNCIA DO SUPREMO TRIBUNAL ADMINISTRATIVO
Outubro-Dezembro 2008

IMPOSTO/FIGURAS AFINS

Acórdão do STA (2.ª) de 12-11-2008, Processo n.º 0701/08

Taxa pela utilização do subsolo municipal com gasodutos
Deve qualificar-se como taxa, dada a sua natureza sinalagmática, o tributo liquidado por um município pela utilização individualizada do subsolo municipal com tubos e condutas de gás. O facto de a Impugnante ser concessionária de um serviço público não afasta a qualificação do tributo como taxa, pois, a par da satisfação do interesse público, a sua actividade proporciona-lhe a satisfação dos seus interesses como empresa comercial privada. A isenção de que, por força do artigo 33.º, n.º1 da Lei das Finanças Locais, o Estado goza relativamente às taxas devidas aos municípios é subjectiva, não sendo transmissível às concessionárias de serviços públicos.

IMPOSTOS SOBRE O RENDIMENTO

IRS

Acórdão do STA (2.ª) de 29-10-2008, Processo n.º 0539/08

Transmissão de terrenos adquiridos antes da vigência do CIRS
Por força do disposto no artigo 5.º do Decreto-Lei n.º 442-A/88, de 30 de Novembro, não são tributados em sede de IRS os ganhos obtidos

com a transmissão de terrenos agrícolas que foram adquiridos antes da vigência do CIRS e se mantinham com essa natureza no momento da sua entrada em vigor.

IRC

Acórdão do STA (2.ª) de 12-11-2008, Processo n.º 0281/08

Subcapitalização e Evasão Fiscal
A subcapitalização corresponde a um recurso excessivo a capitais de terceiros face aos capitais próprios como forma de financiamento das sociedades. A subcapitalização tem sido crescentemente encarada como possível forma de evasão fiscal que a lei pretende limitar, dadas as suas consequências em termos de redução das receitas fiscais. O artigo 57.º-C do Código do IRC, na redacção da Lei n.º 5/96, de 29 de Janeiro – estabelecendo uma distinção arbitrária entre entidades residentes e entidades não residentes no território português, para efeitos da dedução de juros de empréstimos celebrados pela sociedade –, afronta nomeadamente os princípios da liberdade de estabelecimento e de circulação de capitais reconhecidos nos artigos 43.º e 56.º do Tratado da Comunidade Europeia. Como assim, o despacho administrativo fundamentado na redacção do dito artigo 57.º-C do Código do IRC padece de ilegalidade determinante da sua anulação.

Acórdão do STA (2.ª) de 06-11-2008, Processo n.º 040/08

Transmissibilidade de prejuízo fiscal
A transmissibilidade dos prejuízos fiscais, prevista no artigo 69.º do Código do IRC, é um benefício fiscal que carece de reconhecimento do Ministro das Finanças. A formação de acto tácito de deferimento está dependente do preenchimento dos respectivos requisitos de deferimento da pretensão. Só poderá haver formação de acto tácito de deferimento na falta de decisão no prazo de três meses, ao abrigo do n.º 7 do mesmo artigo 69.º, se o requerimento de autorização de transmissibilidade de prejuízos fiscais estiver provido de «todos os elementos necessários ou convenientes para o perfeito conhecimento da operação visada, tanto dos

seus aspectos jurídicos como económicos», nos termos do n.º 2 do artigo 69.º do Código do IRC. Não poderá dizer-se que esteja acompanhado de «todos os elementos necessários ou convenientes para o perfeito conhecimento da operação visada» o requerimento para apreciação do qual os Serviços da DGCI tenham necessidade de solicitar «cópia do parecer do ROC independente». O despacho de autorização de transmissibilidade de prejuízos da sociedade fundida, «até ao limite do acréscimo do lucro tributável da sociedade incorporante relativamente ao lucro por esta obtido no exercício anterior ao da fusão», não afronta o preceituado no n.º 4 do artigo 69.º do Código do IRC, mormente quanto ao estabelecimento administrativo dos «limites que não podem ser excedidos em cada exercício».

Acórdão do STA (2.ª) de 26-11-2008, Processo n.º 0666/08

Sede, direcção efectiva ou estabelecimento estável na Região Autónoma da Madeira

A taxa regional reduzida de 22,5% sobre o IRC é aplicável aos sujeitos passivos que tenham sede, direcção efectiva ou estabelecimento estável na Região Autónoma da Madeira, de harmonia com o disposto nos n.ºs 1 e 2 do artigo 2.º do DLR n.º 2/2001/M, de 20 de Fevereiro (redacção do DLR n.º 30/2001/M, de 31 de Dezembro). O conceito de estabelecimento estável para efeito dessa redução de taxa abrange instalações, onde seja exercida efectiva actividade económica, dos sujeitos passivos residentes ou não no território nacional, sob pena de violação do princípio da igualdade (artigo 13.º da CRP).

IMPOSTOS SOBRE A DESPESA

IVA

Acórdão do STA (2.ª) de 15-10-2008, Processo n.º 0470/08

Amostras e ofertas de pequeno valor

Não constituem transmissões sujeitas a IVA as amostras e as ofertas de pequeno valor, em conformidade com os usos comerciais (art. 3º, n. 3, al. f), *in fine*, do CIVA. Não é legal o critério da Administração Tributária segundo o qual só serão consideradas como tal as ofertas que, individualmente, não excedam determinado valor, e, globalmente, não ultrapassem certa percentagem do volume anual de negócios do ofertante.

Acórdão do STA (2.ª) de 03-12-2008, Processo n.º 0587/08

Aplicação da Taxa intermédia de IVA às prestações de serviços de alimentação e bebidas

O ponto 3.1 da Lista II anexa ao CIVA, que estabelece a aplicação da taxa intermédia de IVA às «prestações de serviços de alimentação e bebidas», não abrange o fornecimento ao público de comida e bebidas destinadas a serem consumidas fora do estabelecimento que as fornece. A jurisprudência do TJCE tem carácter vinculativo para os tribunais nacionais, nas matérias abrangidas pelo direito comunitário.

IEC

Acórdão do STA (2.ª) de 03-12-2008, Processo n.º 0836/08

Imposto sobre os Produtos Petrolíferos e não inconstitucionalidade do n.º7 da Portaria n.º 234/97, de 4 de Abril

O n.º 7 da Portaria n.º 234/97, de 4 de Abril, não é material nem organicamente inconstitucional, na parte em que prevê a responsabilidade dos proprietários ou dos responsáveis legais pela exploração dos postos autorizados para a venda ao público do gasóleo colorido e marcado pela diferença entre o montante do ISP liquidado e pago e a que seria devida se se tratasse de gasóleo rodoviário, em relação às quantidades vendidas e não devidamente registadas no sistema informático subjacente aos cartões com microcircuito atribuídos. Nos termos do n.º 7 da Portaria 234/97, de 4/4, a venda do gasóleo colorido e marcado só pode ser efectuada a titulares de cartão com microcircuito e tem que ficar documentada no movimento contabilístico do posto. Aquela titularidade constitui uma formalidade essencial, atenta a intenção do legislador de evitar a fraude fiscal. O artigo 3.º do DL 223/2002, de 30/10, permite que os fornecimentos de gasóleo colorido e marcado destinado a aquecimento efectuados até 31/12/2002 continuem a ser consumidos após aquela data até ao esgotamento das existências em depósito. O n.º 7 da Portaria 234/97 mantém-se aplicável, pelo menos, àquelas existências em depósito, pelo que sempre seria exigível que as vendas ficassem documentadas no movimento contabilístico do posto, requisito que assume também as características de formalidade essencial.

IMPOSTOS SOBRE O PATRIMÓNIO

IMI

Acórdão do STA (2.ª) de 29-10-2008, Processo n.º 0606/08

Notificação do Acto de Avaliação Patrimonial

Na vigência do CCA, os prédios eram avaliados segundo as regras do CCP (art. 8º, n. 1, do DL 442-C/88, de 30/11). A notificação da avaliação de um imóvel deve ser notificada ao proprietário ou comproprietários inscritos na respectiva matriz. Se um dos comproprietários à data da avaliação não tinha então registado o prédio em seu nome, a AF não pretere qualquer formalidade legal por não o ter notificado. A actualização do valor patrimonial do prédio deve ser notificada a todos os comproprietários, sob pena de ilegalidade do acto de liquidação do imposto. Não estando registado o prédio em nome de um dos comproprietários, por o prédio não estar registado em seu nome e este não ter apresentado declaração para efeito de actualização da matriz, como lhe é exigido pelo art. 14º, 1, i) do CCA, e dela a AF não tem conhecimento, não pode tal contribuinte invocar a falta de notificação dessa actualização. Em tal caso não é preterida pela AF qualquer formalidade legal.

PROCEDIMENTO E PROCESSO TRIBUTÁRIO

Acórdão do STA (2.ª) de 19-11-2008, Processo n.º 0763/08

Dívida exequenda e dívida liquidada

O conceito de dívida exequenda define-se por reporte à dívida tributária que se visa cobrar de forma coerciva no processo executivo em concreto instaurado. Essa dívida não se confunde com a totalidade da dívida liquidada que, em abstracto, se encontra vencida, desde logo porque processos executivos autónomos podem ser instaurados respeitantes a cada uma das prestações para pagamento legalmente previstas. Sendo assim, a garantia prestada num desses processos não releva para efeito de suspensão das restantes execuções fiscais autonomamente instauradas.

INFRACÇÕES TRIBUTÁRIAS

CONTRA-ORDENAÇÕES

Acórdão do STA (2.ª) de 26-11-2008, Processo n.º 0513/08

Art. 114.º, n.º 1, do RGIT
O art. 114.º, n.º 1, do RGIT, que pune como contra-ordenação fiscal a «falta de entrega da prestação tributária», não abrange na sua previsão situações em que o imposto que deve ser entregue não está em poder do sujeito passivo, por não ter sido recebido ou retido.

Acórdão do STA (2.ª) de 19-11-2008, Processo n.º 0833/08

Recursos jurisdicionais em processo contra-ordenacional tributário
O regime dos recursos jurisdicionais em processo contra-ordenacional tributário é o que resulta do artigo 83.º do RGIT e dos artigos 74.º e 75.º do RGCO, com aplicação subsidiária do regime do processo penal, por força do que dispõem a alínea b) do artigo 3.º do RGIT e o artigo 41.º do RGCO. Na falta de motivação, o recurso é rejeitado (artigos 411.º, n.º 3 e 414.º, n.º 2 do CPP). A decisão que em 1.ª instância admitiu o recurso não vincula o tribunal superior (artigo 414.º, n.º 3 do CPP).

RECENSÕES

Sobre a Prescrição da Obrigação Tributária – Notas Práticas

JORGE LOPES DE SOUSA

Áreas Editora, 2008, 127 páginas

O autor da magnífica anotação e comentário em dois volumes do Código de Procedimento e de Processo Tributário – cuja última edição, a quinta, se encontra presentemente esgotada -, apresentou ao leitor em Setembro último um livro que se anuncia como procurando "solucionar a generalidade de problemas práticos sobre prescrição da obrigação tributária que vêm surgindo no quotidiano dos tribunais".

O tema escolhido não podia ser mais oportuno. Faltam em Portugal estudos monográficos recentes também sobre a prescrição tributária, matéria que tem sido recentemente objecto no país vizinho de valiosas monografias. Entre nós, o único estudo exaustivo sobre o tema, da autoria do Juiz Conselheiro Benjamim Rodrigues[1], surgido logo após a entrada em vigor da Lei Geral Tributária, tem já quase dez anos e neste intervalo de tempo de quase uma década foram muitas as questões relativas ao instituto da prescrição com que todos os operadores judiciários se tiveram de defrontar, em razão da "irrequietude legislativa" do instituto e da frequência com que a questão se suscita nos nossos tribunais.

---

[1] BENJAMIM SILVA RODRIGUES – «A Prescrição no Direito Tributário», *in AAVV*, Problemas Fundamentais do Direito Tributário, Lisboa, Vislis, 1999, pp. 259/298.

São muitos os problemas práticos que a prescrição coloca, mercê fundamentalmente da sucessão no tempo dos prazos, causas de interrupção e suspensão destes e regimes a que o instituto tem sido sujeito desde o Código de Processo das Contribuições e Impostos de 1963 à actualidade, havendo ainda que ter em conta que, a par do regime geral da prescrição tributária constante hoje da Lei Geral tributária, há que contar com a existência de regimes especiais aplicáveis à segurança social e às taxas locais. Para todos os problemas relacionados com a temática da prescrição se encontra aqui resposta fundamentada e acompanhada de exemplificação esclarecedora do pensamento do autor.

Poder-se-á talvez dizer que falta à obra espírito crítico, pelo menos para aqueles, entre os quais me incluo, que esperavam encontrar em Lopes de Sousa apoio contra algumas medidas tomadas no passado recente que têm por efeito que o custo da demora dos processos judiciais recaia exclusivamente sobre os contribuintes. Nada se encontra na obra nesse sentido. Nenhum vício se imputa à revogação do n.º 2 do artigo 49.º da Lei Geral Tributária pela Lei n.º 53-A/2006, de 29 de Dezembro nem ao artigo 91.º daquela lei, que manda aplicar o novo regime aos prazos em curso à data da respectiva entrada em vigor. A obra cura apenas de determinar, detalhadamente, os efeitos das referidas alterações legais, dando-as como adquiridas. Afinal, o que o autor promete no título são "notas práticas" e não reflexões críticas. Cumpre o que promete.

Jorge Lopes de Sousa que nos habituara já à clareza da sua escrita e ao tratamento exaustivo dos problemas suscitados ou agravados por normas legais de redacção tantas vezes deficiente, também nesta obra faz jus ao reconhecimento a que a comunidade dos cultores do direito fiscal lhe devota. Por partilhar connosco a sua grande experiência e sabedoria lhe ficamos mais uma vez imensamente agradecidos.

Isabel Marques da Silva

Quanto custa pagar Impostos em Portugal
Os custos de cumprimento da tributação do rendimento

CIDÁLIA MARIA DA MOTA LOPES

Coimbra, Almedina, 2008

Quanto custa pagar impostos em Portugal? Foi a pergunta a que a Professora Doutora Cidália Maria da Mota Lopes procurou responder, de forma pioneira e com clareza e objectividade, na sua nova obra, no âmbito da tributação do rendimento no sistema fiscal português. "Este livro corresponde, com algumas adaptações, à dissertação de doutoramento em Organização e Gestão de Empresas apresentada na Faculdade de Economia da Universidade de Coimbra e defendida, a 13 de Julho de 2007, com a classificação final de Muito Bom, com distinção e louvor, por unanimidade do júri" [pp 11].

Com prefácio do Professor José Guilherme Xavier de Basto, o livro é composto por 423 páginas, encontrando-se estruturado em três partes, a primeira das quais com quatro capítulos, a segunda com dois capítulos e a última com um único capítulo, onde se apresentam as conclusões finais e as perspectivas de investigação futuras.

Na primeira parte, intitulada "Os custos de cumprimento de um sistema fiscal: desenvolvimento teórico e revisão da literatura", a autora procede a uma profunda revisão da literatura existente sobre o tema. Deste modo, no primeiro capítulo, a autora apresenta uma pormenorizada caracterização dos custos de tributação, classificando-os em custos do sector público e custos do sector privado, os últimos dos quais incluem, entre outros, os designados custos de cumprimento (*compliance costs*). Segundo a autora, os "custos de cumprimento incluem, não só o tempo despendido pelos contribuintes com os assuntos fiscais, como os gastos monetários com guias fiscais, *software* e com consultores fiscais" [pp 61], "bem como [os custos que resultam de] alguma angústia no processo de cumprimento e pagamento dos impostos" [pp 50] – os chamados custos psicológicos. No capítulo dois, a autora analisa "o comportamento e as atitudes dos contribuintes em relação ao sistema fiscal", os quais se consubstanciam, na prática, no maior ou menor nível de cumprimento das obrigações dos contribuintes perante a Administração Fiscal, tendo presente que "algumas características técnicas do [próprio] sistema fiscal influenciam significativamente o seu grau de cumprimento..." [pp 141]. Neste capítulo, são ainda apresentadas as diversas metodologias comummente utilizadas para medir a extensão do não cumprimento – leia-se, da evasão e fraude fiscal –, bem como os factores que lhes estão associados. Por último, avaliam-se as consequências da evasão e da fraude fiscal e descrevem-se algumas das várias estratégias possíveis de contrariar o não cumprimento fiscal. Depois de, no capítulo três, passar em revista as diversas metodologias passíveis de ser usadas nas estimativas dos custos de cumprimento do imposto sobre o rendimento, subdividindo-os em custos de cumprimento do imposto sobre o rendimento dos contribuintes individuais e em custos de cumprimento sobre o rendimento das sociedades, e de apresentar os correspondentes resultados obtidos nesses estudos, a autora termina com a descrição dos diversos factores associados aos custos de cumprimento do imposto sobre o rendimento. De entre os possíveis determinantes dos custos de cumprimento, a autora salienta, no âmbito do imposto sobre o rendimento das pessoas singulares, os factores pessoais, económicos, técnicos e os factores psicológicos e sociológicos, ressalvando, por outro lado, no âmbito do imposto sobre o rendimentos das pessoas colectivas, factores como a dimensão da empresa, o sector de actividade, a dimensão do mercado onde a empresa opera, e a "avaliação qualitativa da complexidade fiscal e dos custos de cumprimento".

A segunda parte do estudo, tem como objectivo avaliar quantitativamente os custos de cumprimento associados aos impostos sobre o rendimento no sistema fiscal português. Deste modo, no quinto capítulo, a autora descreve a metodologia de investigação usada no âmbito das estimativas dos custos de cumprimento dos contribuintes individuais, em particular, o modo de obtenção dos dados da amostra, a metodologia estatística utilizada, bem como os testes usados para aferir a influência de cada um dos factores já anteriormente referidos, terminando a abordagem com a apresentação dos principais resultados obtidos. Por seu lado, no capítulo seis, a autora efectua uma análise similar à que foi usada no capítulo anterior, mas agora aplicada ao imposto sobre o rendimento das sociedades.

A obra que apresentamos na presente recenção, constitui uma inovação no âmbito da avaliação do sistema de tributação do rendimento em Portugal, a qual procura não só focar e quantificar os custos de cumprimento por parte dos contribuintes, mas igualmente alguns aspectos relevantes que lhes estão relacionados, em particular, os que ajudam a promover o debate relacionado com o maior ou menor nível de cumprimento fiscal por parte dos contribuintes.

Neste domínio, afigura-se interessante salientar que a obra apresenta, entre outras conclusões, as seguintes:

1. Ao nível do IRS:

Os contribuintes portugueses que não recorrem a qualquer ajuda profissional, gastam, em média, cerca de 3 horas e 45 minutos com o seu IRS, a que corresponde um custo médio de € 74,80 (excluindo este valor, por dificuldades de mensuração, os chamados custos psicológicos), os quais se elevam a 63,80 euros e 640,41 euros, igualmente em termos médios, no caso dos contribuintes singulares recorrerem a ajuda profissional pontual ou regular, respectivamente.

2. Ao nível do IRC:

As empresas gastam, em média, 52 horas por mês (622 horas por ano), a que corresponde um custo (interno) médio de 1676,89 euros (20122,70 euros), ao qual acrescem ainda as despesas suportadas no *outsourcing* (nos contratos com os TOC, gabinetes de contabilidade, advogados e consultores fiscais), cujos montantes médios foram estimados em 21933,84 euros, havendo, no entanto, uma elevada variabilidade nestas despesas, de zero a 525000 euros. Por último, saliente-se o facto dos custos de cumprimento das empresas, em Portugal, serem regressivos, uma vez que estes incidem mais, em termos relativos, sobre as PME do que sobre as empresas de grande dimensão.

A objectividade e clareza da autora, levam-me naturalmente a recomendar a leitura do livro.

Jorge Manuel Caetano de Oliveira

Código dos Impostos Especiais de Consumo
Anotado

A. BRIGAS AFONSO

Coimbra: Coimbra Editora 2008

Na segunda edição do *Código dos Impostos Especiais de Consumo Anotado*, o Dr. A. Brigas Afonso procede, não só à actualização das inúmeras alterações legislativas que ocorreram desde a publicação da primeira edição, nos vários diplomas que integram esta publicação, como ao aprofundamento e à actualização das respectivas anotações.

O Autor tem desenvolvido a sua actividade profissional na Direcção-Geral das Alfândegas e dos Impostos Especiais sobre o Consumo, onde tem acompanhado, desde o início, as iniciativas legislativas verificadas nesta área, quer como técnico, quer nos vários cargos de chefia, de que se salienta o cargo de subdirector-geral. Tem vários trabalhos publicados na área do direito aduaneiro e integrou também a Comissão que elaborou o projecto de codificação dos impostos especiais de consumo. Durante as duas últimas Presidências Portuguesas da União Europeia, presidiu, em Bruxelas, ao Grupo do Conselho de Questões Fiscais. É, assim, natural que o trabalho efectuado revele a vasta experiência do Autor numa área, infelizmente, pouco divulgada, como é o Direito aduaneiro, e que serviu de matriz às directivas que procederam à harmonização dos impostos especiais de consumo (IEC), bem como do Código dos IEC, que procedeu à sua transposição para a ordem jurídica interna, onde tiveram a sua génese os conceitos de "entreposto fiscal", "depositário autorizado", "introdução no consumo", "franquias", "taxas de rendimento", "fazendas demoradas", "importação", "exportação", "reembolso do imposto", "cobrança *a posteriori*", "regimes suspensivos" e os códigos da Nomenclatura Combinada utilizados na Pauta Aduaneira Comum.

O Autor põe, naturalmente, em evidência a importância destes impostos, que saiu reforçada com o mercado interno, instituído pelo Acto Único Europeu, bem como as dificuldades de controlo, no quadro da supressão dos controlos aduaneiros nas fronteiras intracomunitárias, em face dos desníveis de tributação que continuam a verificar-se, *maxime* com Espanha. Para atenuar essas dificuldades de controlo, salienta as várias medidas que foram adoptadas internamente, com observância dos apertados limites impostos pelo Direito comunitário, com destaque para as marcas fiscais nacionais, que permitem comparar os produtos introduzidos no consumo por cada operador, bem como o imposto pago, tendo sido adoptada a marcação e coloração dos produtos petrolíferos e a selagem das bebidas espirituosas e dos tabacos manufacturados, nos termos excepcionalmente permitidos pelo artigo 21.º da Directiva 92/12/CEE, relativa ao regime geral, à detenção, à circulação e aos controlos dos impostos especiais de consumo. Em contraponto a esta importância acrescida dos IEC salienta o Autor uma reduzida investigação teórica destes impostos, com raras excepções, como é o caso, em Portugal, do Professor Doutor Sérgio Vasques, que tem desenvolvido um trabalho notável nesta matéria.

O Autor manifesta a opinião de que a importância, destes impostos, no futuro, tenderá a aumentar e fundamenta esta posição na crescente globalização da economia e na urgente necessidade de preservação do ambiente. Numa economia globalizada, os níveis elevados dos impostos e outros encargos sociais que recaem sobre os rendimentos do trabalho na generalidade dos países da OCDE, quando comparados com os verificados noutros países, nomeadamente asiáticos, provocam o aumento do preço do trabalho como factor de produção, diminuindo assim a competitividade e, consequentemente, aumentando o desemprego. Para combater o desemprego e manter um nível aceitável de protecção social, os IEC, como são nivelados nas fronteiras através da desoneração fiscal dos produtos exportados, poderão constituir a fonte de receitas de que os Estados carecem para minimizar os efeitos perversos que um acréscimo da tributação directa teria no âmbito da concorrência internacional.

Quanto à preservação do ambiente refere Brigas Afonso que os IEC, sendo impostos monofásicos, são impostos especialmente aptos para prosseguir objectivos ambientais, porque permitem, com grande facilidade, tributar ou isentar os produtos consoante sejam ou não nocivos para o ambiente e, deste modo, podem desempenhar um importantíssimo papel para modificar o comportamento, quer dos agentes económicos, quer dos consumidores, incentivando-os a utilizar matérias-primas ou a consumir produtos que sejam mais benéficos para o ambiente.

Para além do Código dos Impostos Especiais de Consumo, a obra contém ainda, no Anexo I, as directivas, devidamente actualizadas, que procederam à harmonização dos IEC. Embora o Autor considere que não há uma verdadeira harmonização fiscal, dado que as taxas, elemento fulcral do imposto, continuam a apresentar grandes variações entre Estados-Membros, o texto actualizado das directivas é de primordial importância para, sempre que necessário, averiguar a sua correcta transposição para a ordem jurídica interna, bem como a verificação, em cada caso concreto, das condições da sua eventual aplicabilidade directa.

O Anexo II contém, por seu turno, os regulamentos comunitários, também actualizados, relativos aos procedimentos considerados mais relevantes, para o correcto funcionamento do regime geral de circulação intracomunitária dos produtos sujeitos a IEC, com suspensão do imposto, que o legislador comunitário considerou indispensável que se encontrassem uniformizados, tendo em vista a sua aplicação directa e obrigatória em todos os Estados-Membros.

Finalmente, o Anexo III sistematiza, seguindo a estrutura do Código, as portarias que regulamentam as formalidades e os procedimentos de aplicação, respectivamente, do imposto sobre o álcool e as bebidas alcoólicas, do imposto sobre os produtos petrolíferos e energéticos e do imposto sobre o tabaco.

Ficam assim compiladas, na mesma publicação, todas as disposições legais em matéria de impostos especiais de consumo. Estamos, assim, por isso, perante um valiosíssimo auxiliar, não só para aqueles que no dia-a-dia têm de lidar com questões práticas várias nesta área do direito, mas também para aqueles que, na esfera académica, se vão abalançando na investigação destas importantes mas pouco conhecidas matérias do direito aduaneiro e fiscal.

Rogério M. Fernandes Ferreira

A Incidência e os Critérios de Territorialidade do IVA

RUI LAIRES

Almedina, 2008

Entre os vários aspectos ligados à incidência do Imposto sobre o Valor Acrescentado (IVA) encontra-se um dos temas mais complexos deste imposto que é o problema da determinação do lugar em que as operações previstas na incidência do imposto se consideram efectuadas. Para além de complexo, a doutrina portuguesa apenas desenvolveu de forma preliminar este assunto, apenas dedicando umas breves notas introdutórias em alguns manuais gerais ou temáticos. Foram necessários mais de 23 anos sobre a entrada em vigor do Código do IVA para ser trazida à estampa uma obra de fôlego inteiramente dedicada à localização das operações tributáveis em IVA.

A obra está dividida em cinco partes. A Parte I trata sobre os aspectos gerais dos critérios de territorialidade do IVA, tendo presente as mais recentes orientações do Tribunal de Justiça das Comunidades Europeias (TJCE) sobre a interpretação das regras de localização das operações. Na Parte II identificam-se, aturadamente, as várias regras de localização das operações, tendo em conta que há que distinguir não só o binómio transmissão de bens/prestação de serviços, como também não perder de vista os critérios associados à localização de aquisições intracomunitárias e à importação de bens. Já a Parte III dedica-se às normas de isenção e a sua complementaridade com as regras de localização das operações. Recorde-se aliás que este capítulo deverá ser lido conjuntamente com a obra deste mesmo autor intitulada "Apontamentos sobre a Jurisprudência Comunitária em matéria de Isenções do IVA" (Almedina, 2006). A Parte IV analisa vários aspectos complementares relativos às regras de localização das operações, sendo de assinalar os capítulos dedicados à representação de não residentes sem estabelecimento estável e ao reembolso do IVA a entidades não estabelecidas. Finalmente, na Parte V ainda é deixado um espaço de análise relevante e útil para as futuras regras de localização das operações de serviços previstas na Directiva 2008/8/CE, aplicáveis em três fases (2010, 2011 e 2015).

A obra encontra-se redigida de forma a que possa ser lida de duas formas: de forma corrida e de de forma dirigida aos temas que possam suscitar-se na liquidação, cobrança e exercício do direito de dedução pelos sujeitos passivos.

É curioso reparar como o autor faz, como toda a correcção, do Código do IVA português um mero instrumento operacional da Directiva IVA (2006/112/CE do Conselho, de 28 de Novembro de 2006), não caindo na tentação em querer livremente interpretar apenas as normas constantes do Código do IVA, como se o mesmo resultasse do exercício da soberania fiscal nacional. Na verdade, o primado do Direito Comunitário exige que as normas do Código do IVA sejam interpretadas não só de acordo com o constante da mencionada Directiva IVA, como também tendo em conta toda a jurisprudência comunitária do TJCE sobre o referido imposto. Refira-se a este propósito o dever de ser feita uma interpretação reconciliatória (associada ao princípio da interpretação compatível), aliás bem expresso no Acórdão *Kolpinghuis* (Processo C-80/86) que refere: "Ao aplicar o direito nacional e em particular as normas de um diploma que transponha a uma Directiva Comunitária, os tribunais nacionais estão obrigados a interpretar o seu direito nacional de acordo com o propósito da Directiva, de forma a atingir o previsto no terceiro parágrafo do artigo 189.º do Tratado". Este princípio vai bastante mais longe, aliás, na medida em que obriga qualquer autoridade nacional que aplique as normas constantes do Código do IVA.

Um nota final sobre o autor, que o recenseador tem o privilégio de conhecer e de poder partilhar o trabalho diário no Ministério das Finanças. A forma *científica, sintética* e *sistemática* com que a obra se apresenta é o elogio que qualquer jurista quereria ter na apreciação de um trabalho escrito, não fosse o facto de o autor possuir a licenciatura no

Curso de Estudos Superiores Especializados em Contabilidade e Administração Fiscal, do ISCAL. Assim sendo, resta inverter o elogio e afirmar categoricamente, que qualquer técnico gostaria de ter a eloquência, a dinâmica e a sistematização que o Dr. Rui Laires apresenta ao longo de toda a obra em análise.

Guilherme Waldemar d'Oliveira Martins

Economia e Política – Uma abordagem dialéctica da escolha pública

JOSÉ NEVES CRUZ

Coimbra Editora, 2008

O ensino da disciplina de Finanças Públicas no curso de Direito é, em Portugal, tradicionalmente associado ao tratamento do enquadramento, execução e fiscalização orçamental.

Esta abordagem, associada ao pressuposto do "ente público benevolente" contrapõe-se à análise da escolha pública ("public choice"), em que o Estado actua em função dos interesses de grupos centrados na ideia do"homo-economicus".

A obra de José Neves Cruz – Economia e Política – Uma abordagem dialéctica da escolha pública arranca deste ponto de partida (cfr. p. 7).

Como o autor assinala, o livro reune um conjunto de textos de apoio aos conteúdos programáticos da disciplina de Economia Política II da licenciatura em Direito da Faculdade de Direito da Universidade do Porto.

Trata-se de uma obra essencial para os estudantes de Finanças Públicas e de Economia Política.

Cremos, no entanto, que o livro interessará um público mais alargado pelo relevo e novidade que representa no campo editorial.

Além da exposição cuidada que introduz a temática da função tripartida do Estado, na óptica Musgraviana – função afectação, redistribuição e estabilização –, José Neves Cruz aplica os conhecimentos teóricos a realidades de inarredável actualidade e interesse, quando, nomeadamente, analisa a Convenção das Nações Unidas sobre Alterações Climáticas (p. 98), o Protocolo de Quioto (p. 101) ou o Pacto de Estabilidade e Crescimento da União Europeia (p. 225).

Avulta, a propósito da teoria da tributação, o exame detalhado dos problemas colocados à ciência fiscal (designadamente a tributação do consumo ou os problemas da concorrência fiscal internacional) ou, noutro domínio, o estudo da dívida pública e dos seus efeitos; em que se retoma o debate em torno de novas realidades das finanças públicas, como as parcerias público-privadas (p. 228) ou a flexisegurança (p. 230).

No capítulo V, José Neves Cruz procede ao tratamento de questões suscitadas pela escola da escolha pública, como o sistema democrático e as regras de votação.

É, a vários títulos, uma obra incontornável para os estudantes de direito e para os estudiosos de finanças públicas e de economia pública.

Naturalmente que a formação económica do autor explica o enunciado de fórmulas e equações que, para um jurista, podem não ser imediatamente percepcionáveis.

Não obstante, a análise estritamente económica acaba por valorizar a obra e aguça o espírito interdisciplinar que os tempos reclamam de um jurista.

São, por tudo isso, de saudar a Faculdade de Direito da Universidade do Porto e, em particular, o autor da obra.

Nuno Cunha Rodrigues

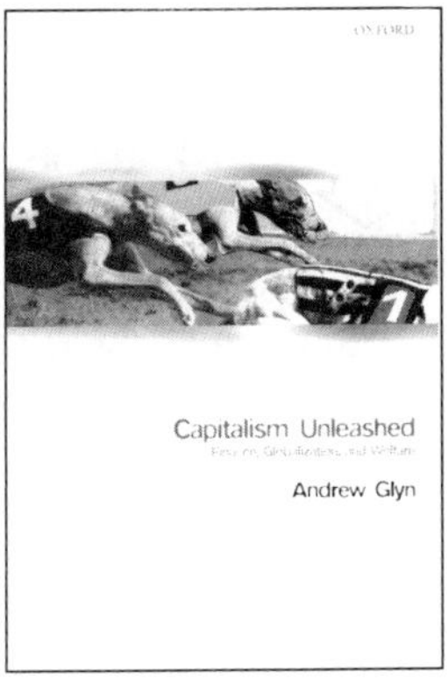

Capitalism Unleashed. Finance, Globalization, and Welfare

ANDREW CLYN

Oxford, Oxford University Press, 2006

Andrew Glyn, professor do *Corpus Christi College* da Universidade de Oxford, desde 1969, morreu no dia 22 de Dezembro do ano passado[1].

O desaparecimento prematuro deste brilhante economista e académico chama a atenção para a necessidade de divulgar a sua obra em Portugal.

Além da reputação como académico, Andrew Glyn ficou conhecido por um intenso empenhamento em movimentos cívicos e políticos, nomeadamente na greve dos mineiros de 1984-85 e na oposição aos governos chefiados por Margaret Thatcher. Na última década foi notória a preocupação de Andrew Glyn em encontrar novos rumos para a sua área ideológica, tendo editado o interessante livro *Social Democracy in Neoliberal Times. The Left and Economic Policy since 1980* (Oxford University Press, 2001).

O título escolhido por Andrew Glyn para este livro – *Capitalism Unleashed* - constitui um indicador sobre a posição do autor perante a

[1] Andrew Glyn nasceu em Tetsworth, Oxfordshire, em 30 de Junho de 1943, oriundo de uma família economicamente privilegiada estudou em Eton e em Oxford. Com 64 anos de idade morreu vítima de uma doença fatal com um desenvolvimento rápido diagnosticada apenas em Outubro de 2007.

história recente do capitalismo, numa perspectiva muito critica sobre a globalização e o desmantelamento do Estado de Bem-estar.

Efectivamente, o livro desenvolve ideias já expressas em trabalhos anteriores do autor dos quais destacamos: *British Capitalism, Workers and the Profits Squeeze,* em co- autoria com Bob Sutcliffe, (Harmondsworth: Penguin, 1972) e *Capitalism Since 1945,* em co-autoria com Phil Armstrong e John Harrison, (Oxford: Blackwells, 1991).

O livro tem 242 páginas e está dividido em sete capítulos. No final existe uma actualização de dados fornecidos em alguns capítulos, através de um *Postscript,* e uma interessante lista de bibliografia (pp. 217-234).

O autor começa por caracterizar, no capítulo I, as décadas de 50 e 60 do século XX, a que chama a Idade do Ouro, nas quais as economias dos países mais desenvolvidos (EUA, Europa Ocidental, Japão e Austrália) conseguiram manter conjunturas económicas com baixos níveis de desemprego e de inflação e um crescimento rápido dos níveis de vida dos trabalhadores.

Todavia, no final dos anos sessenta e na década de setenta o crescimento da concorrência internacional impeliu as empresas a baixarem preços e a diminuírem custos, mas a resistência dos trabalhadores e das suas organizações gerou impasses e um clima de conflitualidade crescente que irá determinar a transição para um período de instabilidade.

A mudança operada na política económica, desde o início dos anos setenta, é retratada no capítulo II, expressa na trilogia austeridade, privatização e liberalização. Durante este período verificaram-se três factos que são analisados em pormenor pelo autor.

Primeiro, a política monetária centrou-se no objectivo anti inflacionista e, em consequência, os decisores políticos aceitaram o desemprego como um custo necessário.

Depois, a política orçamental foi orientada para a redução da despesa em detrimento de contribuir para a realização do objectivo do pleno emprego. A propósito da questão dos défices orçamentais (pp. 32) importa ter presente que a posição de Andrew Glyn está desenvolvida num artigo publicado, em 2006, em co-autoria com Andrea Boltho, intitulado "*Prudence or profligacy: deficits, debt and fiscal consolidation*"[2].

[2] In Oxford Review of Economic Policy, vol. 22, n.º 3 , 2006, pp. 411- 425.

Por fim, às privatizações em larga escala, com a consequente redução do grau de intervenção pública em mercados de grande relevância económica, juntou-se a liberalização dos mercados financeiros e as reformas nos mercados de trabalho com objectivos de flexibilização.

No capítulo III o autor caracteriza as modificações operadas no sector financeiro, a partir da década de setenta, e analisa as consequências económicas e sociais dessas alterações. Salienta que a orientação dominante, a nível dos accionistas de privilegiar o valor dos títulos em detrimento de outros factores gerou intensas acções de diminuição de custos (competições de *downsizing)*, excessivos ganhos remuneratórios dos administradores, escândalos financeiros e o aumento da frequência das crises financeiras.

A discussão acerca dos efeitos da globalização nas relações económicas internacionais é o tema do capítulo IV. O autor começa por analisar a posição dos EUA e a peculiar situação da sua balança de pagamentos. Depois, ocupa-se do impacto do crescimento económico chinês como elemento determinante na evolução das relações económicas internacionais. Por fim, o autor trata da integração de mercados entre as economias de países desenvolvidos a nível do comércio, do investimento directo estrangeiro e dos fluxos migratórios.

O capítulo V é dedicado ao mercado de trabalho, tema muito do agrado do autor. Duas conclusões ressaltam desta parte do livro. Primeira, nos países da OCDE a liberalização dos mercados não tem contribuído para melhorar os níveis de emprego. Segunda, a globalização tem acentuado o declínio da importância do movimento sindical e, neste aspecto, é salientado o exemplo do Reino Unido (pp. 125).

O tema do crescimento e da estabilidade é desenvolvido no capítulo VI. A conclusão principal é a de que a aplicação das teses neo-liberais têm determinado um crescimento económico reduzido e uma estabilidade macroeconómica muito vulnerável às crises financeiras (p. 150).

No sétimo e último capítulo o autor pronuncia-se sobre a despesa com o Estado de Bem-estar e as desigualdades de rendimentos nos países da OCDE desde 1980. A questão central analisada pelo autor é a de saber até que ponto a competitividade internacional, determinada pela globalização, implica a redução das despesas inerentes ao Estado de Bem-estar abdicando-se, em parte, da redistribuição da riqueza.

A clareza da linguagem utilizada a par com a abundante fundamentação estatística torna a leitura agradável e interessante.

Andrew Glyn neste livro manifesta uma rejeição completa das teses dominantes do neo-liberalismo e deixa a pairar a ideia de que a manutenção do Estado de Bem-estar não é incompatível com o crescimento económico.

Cumpre reconhecer, no entanto, que o autor não avança com propostas alternativas consistentes para a resolução dos problemas enunciados na caracterização do capitalismo actual, mas talvez essa fosse uma tarefa demasiado ambiciosa para esta obra.

Este livro, cuja leitura se recomenda, tem o mérito incontornável de estimular o debate sobre o pensamento económico maioritário vigente e de revelar preocupações sociais genuínas, porque como explicou o seu colega Bob Sutcliffe, Andrew Glyn não via o trabalho académico como um fim em si mesmo, mas como uma forma, mesmo indirecta, de contribuir para uma sociedade mais justa[3].

Olívio Mota Amador

[3] Vd., Artigo "Andrew Glyn" de Bob Stucliffe in The Guardian, secção Obituaries, de 1 de Janeiro de 2008, pp. 28.

The Economists' Voice – Top Economists take on Today's Problems

JOSEPH E. STIGLITZ
AARON S. EDLIN
J. BRADFORD DELONG (EDS.)

Columbia University Press, 2008

Em pouco mais de três centenas de páginas um grupo de especialistas económicos de renome oferecem um olhar crítico sobre as mais variadas matérias da economia mundial, desde o aquecimento global, passando pela despesa pública, segurança social, reforma fiscal, e ainda dando contributos quanto à reforma do Estado Social e quanto às recentes eleições presidenciais. Entre os especialistas encontramos Prémios Nobel, conselheiros presidenciais e um sem número de colunistas e académicos respeitados no espaço norte-americano. Tratam-se de trinta e cinco pequenos textos que tratam de nos dar o mais recente estado da análise económica, tornando-se esta obra uma verdadeira súmula do que há de melhor na ciência económica norte-americana e mundial.

A obra está dividida em nove partes. A Parte I dedica-se ao aquecimento global, sendo de assinalar os três textos de economistas laureados pelo Prémio Nobel: Kenneth Arrow (1972), Joseph Stiglitz (2001) e Thomas C. Shelling (2005). A Parte II trata da economia internacional, sendo de assinalar o texto do ex-consultor da Administração Clinton dedicado às várias visões sobre a crise do dólar norte-americano. A Parte III suscita a problemática atinente à guerra do Iraque, sendo de assinalar o artigo de Joseph Stiglitz, com opiniões já desenvolvidas na sua obra "The Three Trillion Dolar War", já recenseada no n.º 2 desta Revista. Já as Partes IV e V analisam a actualidade da política financeira, "apontando as baterias" para o sentido do défice orçamental e para a sustentabilidade da Segurança Social, sendo de assinalar neste campo a visão acutilante e sintética de Barbara R. Bergmann ("Could Social Security Go Broke?"), que serviu o Conselho de Consultores Económicos da Administração Kennedy. Na Parte VI podemos encontrar quatro textos dedicados aos traços gerais de uma reforma fiscal urgente, sendo de questionar sobre a eficiência assinalada por Robert Frank para um futuro com impostos progressivos sobre a despesa como forma de combater o declínio da poupança pública e privada. Nesta obra não podia faltar, na Parte VII, a análise sobre a actualidade do Estado Social, tendo presente o cenário do terrorismo global, que concentra novas prioridades nas opções dirigidas da despesa pública. A pena de morte merece também o destaque na Parte VIII, e, como não podia deixar de ser, o Nobel Gary S. Becker (1992) deixa os traços gerais daquilo que conhecemos como análise económica do crime. Finalmente a crise do mercado imobiliário e as perspectivas de futuro quanto ao mesmo são objecto de estudo na Parte IX, sendo que o texto de Robert J. Shiller, Professor da Universidade de Yale, desmistifica que a recente crise do "suprime" possa vir a causar uma recessão económica prolongada.

No que concerne aos cultores das finanças públicas esta é, sem dúvida, uma obra de consulta obrigatória. É curioso reparar que todos os textos concretizam uma análise de longo prazo, ponderadas as expectativas racionais, quer na versão neoclássica, quer na versão novo-keynesiana. A título exemplificativo invoque-se que é possível, desde os anos setenta do século passado, conviver com o défice orçamental crónico, desde que esteja assegurado que o montante da dívida (em termos de PIB) não aumenta no longo prazo. Ora, esta visão descaracteriza uma das faces do quadrado mágico da política conjuntural que é o equilíbrio das contas públicas (juntamente com a estabilidade de preços, o pleno emprego e as relações com o exterior) e reflecte a necessidade crescente de preenchimento material deste conceito de equilíbrio através daquilo que chamamos de consolidação orçamental que considera não só uma forma de distribuição das receitas e das despesas pelo Sector Público, como também aponta para a fixação de objectivos de longo prazo, como sejam a baixa de impostos conjugada com a descida sustentada da despesa pública. São assuntos inquietantes, sem dúvida, mas deixemos a especulação e a crítica para este elenco de luxo num final de um ano, que tanto económica, como financeiramente foi desafiante e atribulado.

Guilherme Waldemar d'Oliveira Martins

CRÓNICA DE ACTUALIDADE

PONTO DE SITUAÇÃO DOS TRABALHOS NA UNIÃO EUROPEIA E NA OCDE – PRINCIPAIS INICIATIVAS ENTRE 16 DE AGOSTO E 28 DE NOVEMBRO DE 2008

Brigas Afonso, Clotilde Palma e Manuel Faustino

1. FISCALIDADE DIRECTA

1.1 A Comissão inicia acção contra Portugal no Tribunal de Justiça por tratamento fiscal discriminatório de prestadores de serviços não residentes

A Comissão Europeia decidiu iniciar uma acção contra Portugal no TJCE devido a normas fiscais discriminatórias nos termos das quais as entidades não residentes que prestam serviços em Portugal são sujeitas a retenção na fonte sobre o montante bruto do seu rendimento, ao passo que os prestadores de serviços residentes são tributados unicamente sobre os seus lucros líquidos. A Comissão considera que estas regras são incompatíveis com o Tratado CE, que garante a livre prestação de serviços (IP/08/1353, de 18-08-2008).

A proposta de lei do Orçamento de Estado para 2009, aparentemente reagindo contra esta iniciativa, apresenta uma autorização legislativa nos termos da qual os não residentes que prestem serviços em território português não imputáveis a um estabelecimento estável nele situado, poderão comprovar os custos relacionados com os proveitos obtidos neste território e, por essa via, obter a devolução do imposto a mais pago por retenção.

1.2 A Comissão pede a Portugal para alterar a sua tributação discriminatória dos ganhos de lotarias

A Comissão enviou a Portugal um pedido formal para alterar as suas normas discriminatórias que prevêem a tributação dos prémios de lotarias estrangeiras, estando os ganhos de lotarias organizadas em Portugal pela Santa Casa da Misericórdia de Lisboa (Euromilhões e Liga dos Milhões) isentos do imposto sobre o rendimento. A Comissão considera que estas regras são incompatíveis com o Tratado CE e o acordo EEE, dado restringirem a livre prestação de serviços. Este pedido reveste a forma de «parecer fundamentado», segunda fase do processo por infracção previsto no artigo 226.º do Tratado CE. Se Portugal não alterar a sua lei no prazo de dois meses, a Comissão pode iniciar um processo junto do TJCE (IP/08/1355, de 18-09-2008).

A proposta de lei do Orçamento de Estado para 2009, aparentemente reagindo contra esta iniciativa, altera o n.º 2 do artigo 9.º do Código do IRS, eliminando a delimitação negativa de incidência aí prevista para o jogo *Liga dos Milhões* que, aliás, até agora não esteve disponível em Portugal. Mas mantém-se a delimitação negativa no tocante ao *Euromilhões*, justificada, ao que se julga, com o argumento de que os prémios devem ser iguais em todos os Estados aderentes, sob pena de deslocalização das apostas.

1.3 A Comissão pede à Suécia para modificar as suas disposições restritivas em mateira de tributação à saída para as sociedades

A Comissão exigiu formalmente à Suécia que modifique as suas disposições fiscais que obrigam as sociedades que deixem de ser tributadas naquele País a submeter-se a um imposto de saída. As disposições em causa são incompatíveis com a liberdade de estabelecimento garantida pelo artigo 43.º do Tratado CE e pelo artigo 31.º do Acordo EEE. Este pedido reveste a forma de «parecer fundamentado», segunda fase do processo por infracção previsto no artigo 226.º do Tratado CE. Se a Suécia não alterar a sua lei no prazo de dois meses, a Comissão pode iniciar um processo junto do TJCE (IP/08/1362, de 18-09-2008)

1.4 A Comissão pede oficialmente à Grécia para modificar as disposições fiscais discriminatórias aplicáveis à aquisição da primeira habitação neste País.

A Comissão dirigiu um parecer fundamentado à Grécia no sentido de modificar as disposições regulamentares ao abrigo das quais os residentes deste país beneficiam de uma isenção do imposto sobre as mudanças de bens imóveis devidas pela aquisição da primeira habitação, enquanto a mesma isenção não é concedida aos compradores que ainda não residem na Grécia a título permanente mas têm a intenção de aí fixar a sua residência. Por outro lado, a Grécia é igualmente convidada a suprimir as disposições regulamentares discriminatórias que prevêem a dispensa de pagamento, em certas circunstâncias, do imposto sobre as mudanças de bens imóveis na aquisição de uma primeira habitação na Grécia, estabelecidas a favor de nacionais gregos residentes fora do território nacional, mas que não se aplicam a não residentes estrangeiros. Este pedido reveste a forma de «parecer fundamentado», segunda fase do processo por infracção previsto no artigo 226.º do Tratado CE. Se a Grécia não alterar a sua lei no prazo de dois meses, a Comissão pode iniciar um processo junto do TJCE (IP/08/1364, de 18-09-2008)

1.5 Imposto sobre as sociedades: a Comissão pede ao Reino Unido para executar correctamente um Acórdão do Tribunal de Justiça das Comunidades relativo à compensação transfronteiras de prejuízos

A Comissão exigiu formalmente a ao Reino Unido que execute correctamente o Acórdão do TJCE relativo ao caso Marks & Spencer, relativo à compensação transfronteiras de prejuízos. Na legislação destinada a executar o referido Acórdão, as condições impostas pelo Reino Unido para a compensação transfronteiras dos prejuízos do Grupo são tais que praticamente é impossível para os contribuintes beneficiarem da mencionada execução. A Comissão considera que estas condições são contrárias ao Tratado CE. Este pedido reveste a forma de «parecer fundamentado», segunda fase do processo por infracção previsto no artigo 226.º do Tratado CE. Se o Reino Unido não responder satisfatoriamente no prazo de dois meses, a Comissão pode iniciar um processo junto do TJCE (IP/08/1365, de 18-09-2008)

1.6 Fiscalidade da Poupança

a) *Em conformidade com o disposto no artigo 18.º da Directiva 2003/48/ CE do Conselho, relativa à tributação dos rendimentos da poupança sob a forma de juros, a Comissão divulgou, em 15 de Setembro de 2008, o primeiro RELATÓRIO AO CONSELHO de aplicação daquela Directiva no Triénio 2003/2005 (COM(2008) 552 Final)*

b) *Em 13 de Novembro (COM(2008 727 final) a Comissão adoptou uma proposta de modificação da directiva da poupança, tendo em vista preencher as lacunas reveladas nos três primeiros anos de aplicação e combater a evasão fiscal. A proposta da Comissão visa melhorar a directiva, com o objectivo de tornar efectiva a tributação de rendimentos que transitam por estruturas intermédias não tributadas; prevê alargar a«o campo de aplicação a rendimentos equivalentes a juros, provenientes de investimentos efectuados em diversos produtos financeiros inovadores, bem como em produtos de seguros do ramo vida; e, por último, pretende ainda que a simplificação do funcionamento técnico da directiva facilite a utilização do sistema e torne a sua aplicação mais eficaz (IP/08/1697,de 13-11/2008).*

1.7 A Comissão pede a Portugal e Espanha que alterem as disposições restritivas em matéria de tributação à saída

A Comissão pediu formalmente a Portugal e Espanha para alterarem as respectivas disposições fiscais que impõem uma tributação imediata à saída quando as empresas deixam de ter domicílio fiscal nestes países ou transferem os seus activos para outro Estado membro. A Comissão considera que estas disposições são incompatíveis com a liberdade de estabelecimento prevista no artigo 43.º do Tratado CE e no artigo 31.º do Acordo EEE. Estas diligências assumem a forma de pareceres fundamentados (segunda fase do processo por infracção, nos termos do artigo 226.º do Tatrado CE). Se, no prazo de dois meses, não houver uma resposta satisfatória aos pareceres fundamentados, a Comissão pode decidir remeter a questão para o TJCE (IP/08/1813, de 27-11-2008).

1.8 A Comissão toma medidas contra o Luxemburgo no que se refere à aplicação da Directiva sobre a fiscalidade da poupança

A Comissão Europeia pediu formalmente ao Luxemburgo para modificar os elementos da sua legislação que transpuseram de forma incorrecta algumas disposições da Directiva sobre a fiscalidade da poupança. Este pedido reveste a forma de «parecer fundamentado», segunda fase do processo por infracção previsto no artigo 226.º do Tratado CE. Se o Luxemburgo não responder satisfatoriamente no prazo de dois meses, a Comissão pode iniciar um processo junto do TJCE (IP/08/1815, de 27-11-2008)

1.9 A Comissão toma medidas contra o Reino Unido sobre a questão da dedutibilidade de quotizações de pensões transfronteiras

A Comissão pediu formalmente ao Reino Unido para modificar a sua legislação que, em algumas circunstâncias, não permite a dedutibilidade das contribuições pagas a fundos de pensões estabelecidos fora do país. Este pedido reveste a forma de «parecer fundamentado», segunda fase do processo por infracção previsto no artigo 226.º do Tratado CE. Se o Reino Unido não responder satisfatoriamente no prazo de dois meses, a Comissão pode iniciar um processo junto do TJCE (IP/08/1816, de 27-11-2008)

1.10 Fiscalidade directa: Comissão Europeia intenta acções contra Portugal e Espanha no Tribunal de Justiça Europeu por tributação discriminatória dos fundos de pensões estrangeiros

A Comissão decidiu intentar acções contra Espanha e Portugal no TJCE em razão da regulamentação que nestes países permite tributar os pagamentos de dividendos e/ou juros a fundos de pensões estrangeiros (pagamentos saídos) mais gravosamente do que os pagamentos de dividendos e/ou juros a fundos de pensões nacionais (pagamentos internos). A Comissão considera que estas regras são incompatíveis com o Tratado CE e o Acordo EEE, dado que restringem a livre circulação de capitais (IOP/08/1817, de 27 de Novembro de 2008).

1.11 A Comissão pede à Estónia que acabe com a discriminação contra as associações caritativas estrangeiras.

A Comissão pediu oficialmente à Estónia para pôr fim às medidas discriminatórias contra as organizações e fundações de fins não lucrativos (associações caritativas) estrangeiras. A Estónia autoriza a dedução fiscal dos donativos em favor das associações caritativas, mas com a condição de serem estabelecidas no país. Os donativos às associações deste tipo estabelecidas no estrangeiro não conferem direito à dedução. Este pedido reveste a forma de «parecer fundamentado», segunda fase do processo por infracção previsto no artigo 226.º do Tratado CE. Se A Estónia não responder satisfatoriamente no prazo de dois meses, a Comissão pode iniciar um processo junto do TJCE (IP/08/1816, de 27-11-2008).

1.12 A Colecção *Taxation Papers* foi aumentada com dois volumes: o Volume 12 – The corporate income tax rate.-revenue paradox: Evidence in the EU; o Volume 13: Study on reduced VAT applied to goods and services in the Members States of the European Union

1.13 Mais de 500 pessoas, incluindo 300 que representavam oficialmente mais de 100 países, estiveram presentes, nos dias 8 e 9 de Setembro, em Paris, na Conferência Comemorativa dos 50.º Aniversário da Convenção Modelo da OCDE. Importantes temas nela foram abordados e nela foi escolhido, como o mais importante documento nestes 50 anos elaborado pela OCDE, as Guidelines sobre preços de transferência. Assinalou-se, por outro lado, a inauguração do site onde, a partir de agora, os interessados na matéria, podem encontrar fac-similes dos documentos de trabalho dos primeiros tempos da OCDE: www.taxtreatiestory.org. Trata.-se de uma organização conjunta da OCDE, Institute for Austrian and International Tax Law Vienna (WU), IBFD, Università Cattolica del Sacro Cuore, IFA Canadian Branch e Canadian Tax Foundation e os trabalhos de recolha e digitalização de documentação prosseguem, tendo em vista tornar a base de dados sobre os trabalhos preparatórios da Convenção modelo e das suas sucessivas alterações o mais completa possível.

1.14 O Comité dos Assuntos Fiscais da OCDE tem em discussão pública, desde 19 de Setembro e até 19 de Fevereiro, um projecto de relatório sobre os aspectos dos preços de transferência das reestruturações empresariais. Os comentários devem ser enviados por correio electrónico (em formado Word) para jeffrey.owens@oecd.org.

1.15 Depois de 35 jurisdições de nula ou baixa fiscalidade adoptarem um compromisso solene para elaborarem regras sobre a troca efectiva de informações fiscais, a OCDE mantém na sua lista de paraísos fiscais não cooperantes os seguintes territórios: Andorra, Liechtenstein e Mónaco.

2. IMPOSTO SOBRE O VALOR ACRESCENTADO

2.1 Comunicação da Comissão ao Conselho, ao Parlamento Europeu e ao Comité Económico e Social sobre a fraude

A Comissão a 01.12.2008 apresentou uma Comunicação sobre a promoção de uma estratégia coordenada para a luta contra a fraude na União Europeia (COM (2008) 807).

2.2 Proposta de Directiva

A Comissão a 01.12.2008 apresentou uma proposta de Directiva (COM (2008) 805) que altera a Directiva IVA (Directiva 2006/112/CE), no que respeita à fraude ligada às importações e outras operações transfronteiriças.

2.3 Relatório sobre a facturação

A Comissão em Novembro de 2008 publicou o Relatório sobre os resultados da consulta pública "IVA – Revisão da legislação actual sobre facturação" (TAXUD/D1/GW/mve D (2008) 25115).

2.4 Comissão instaura no TJCE acção contra a aplicação da taxa reduzida a determinados bens pela Polónia

A Comissão a 27.11.2008 decidiu instaurar uma acção no TJCE relativamente à aplicação da taxa reduzida do IVA pela Polónia a determinados bens destinados a crianças, tais como roupa e sapatos (IP/08/1820).

2.5 Comissão solicita a Itália para notificar a adopção das regras de transposição de duas Directivas

A Comissão a 27.11.2008 dirigiu à Itália dois pareceres fundamentados solicitando que a notificasse relativamente à adopção das regras de transposição das Directivas 2006/69/EC, relativa à fraude no IVA, e 2006/112/ EC, que veio revogar a Sexta Directiva (IP/08/1814).

2.6 Comissão instaura no TJCE acção contra aplicação da isenção da cedência de pessoal nos Países Baixos

A Comissão a 27.11.2008, decidiu instaurar no TJCE uma acção contra os Países Baixos, pela aplicação de uma isenção à cedência de pessoal (IP/08/1811).

2.7 Comissão instaura no TJCE uma acção contra a aplicação da taxa reduzida de IVA nos cavalos nos Países Baixos e inicia segunda fase de procedimento de infracção contra a Áustria, a França, a Alemanha e o Luxemburgo

A Comissão a 27.11.2008, decidiu instaurar no TJCE uma acção contra os Países Baixos, pela aplicação de uma taxa reduzida de IVA aos cavalos de corrida, tendo em simultâneo solicitado à Áustria, à França, à Alemanha e ao Luxemburgo para alterarem a respectiva legislação que prevê regras idênticas (IP/08/1812).

2.8 Comissão dirige pareceres fundamentados à Grécia pela não comunicação da transposição de duas Directivas

A Comissão a 18.09.2008 dirigiu à Grécia dois pareceres fundamentados pela não comunicação quanto à transposição das Directivas 2006/69/ EC, relativa à fraude no IVA, e 2006/112/ EC, que veio revogar a Sexta Directiva (IP/08/1358).

3. IMPOSTOS ESPECIAIS DE CONSUMO HARMONIZADOS, IMPOSTO SOBRE VEÍCULOS E UNIÃO ADUANEIRA

3.1 Publicação do Regulamento relativo à Nomenclatura Combinada e à Pauta Aduaneira Comum para o ano de 2009

Foi publicado, no dia 31 de Outubro de 200, no Jornal Oficial n.º L 291, o Regulamento (CE) n.º 1031/2008 da Comissão, de 19 de Setembro, que altera o anexo I do Regulamento (CEE) n.º 2658/87 do Conselho relativo à nomenclatura pautal e estatística e à Pauta Aduaneira Comum. A nova Pauta Aduaneira Comum é aplicável a partir de 1 de Janeiro de 2009.

3.2 A Comissão Europeia decide apresentar no TJCE uma acção contra a Itália por discriminação fiscal do dos lubrificantes regenerados noutros Estados membros

A Comissão Europeia apresentou no TJCE, em 16/10/2008,uma acção contra a Itália, por considerar que a respectiva legislação fiscal discrimina lubrificantes regenerados noutros Estados-Membros e desencoraja os fabricantes italianos de utilizar óleos usados provenientes de outros Estados-Membros. A Comissão considera que o sistema fiscal italiano ao conceder uma redução de 50% do imposto apenas aos lubrificantes regenerados obtidos a partir de óleos usados recolhidos em Itália, concede uma protecção injustificada e discriminatório dos óleos usados recolhidos noutro Estado-Membro, o que contraria as disposições do Tratado CE (artigo 90.º) que impede os Estados-Membros de aplicar taxas mais elevadas aos produtos provenientes do exterior em comparação com os produtos nacionais concorrente (IP/08/1530).

3.3 A EU solicita novas consultas à OMC relativas à tributação vigente na Índia sobre o vinho e as bebidas espirituosas

A EU requereu em 22/9/2008, novas consultas à OMC, tendo como objecto a tributação vigente na Índia sobre o vinho e as bebidas espirituosas. Este pedido vem na sequência de um efectuado em 2007, sobre o mesmo assunto, que tinha sido suspenso no seguimento das alterações introduzidas pela Índia nas taxas aplicáveis na importação destes produtos (de 550% para 150%). Este novo pedido, para além das questões fiscais, pretende também esclarecer outras medidas vigentes em matéria de acesso ao mercado do vinho e das bebidas espirituosas, nomeadamente nos Estados em que o consumo destes produtos é mais significativo, como é o caso de Goa, Maharashtra e Tamil Nadu(IP/08/949).

3.4 A Comissão Europeia decide apresentar no TJCE uma acção contra a Suécia por discriminação fiscal do vinho

A Comissão Europeia apresentou no TJCE, em 18/9/2008,uma acção contra a Suécia, por considerar que a respectiva legislação fiscal discrimina o vinho em comparação com a cerveja. A Comissão considera que o sistema fiscal Sueco concede uma protecção injustificada à cerveja, produto geralmente produzido localmente, em comparação com o vinho, que provém de outros Estados-Membros. De acordo com a posição da Comissão, este regime fiscal discriminatório contraria as disposições do Tratado CE (artigo 90.º) que impede os Estados-Membros de aplicar taxas mais elevadas aos produtos provenientes do exterior em comparação com os produtos nacionais concorrentes. Convém referir que o TJCE já por diversas vezes considerou que o vinho e a cerveja são produtos concorrentes. (IP/08/1380).

PRÉMIOS PROFESSOR SOUSA FRANCO

A Revista de Finanças Públicas e Direito Fiscal regista com o maior prazer que, durante o último trimestre, foram entregues aos vencedores os prémios, entretanto, instituídos em homenagem ao fundador do IDEFF.

No passado dia 12 de Dezembro, na Biblioteca Eduardo Coelho da Universidade Católica Portuguesa em Lisboa, teve lugar a cerimónia pública de entrega do Prémio Professor António Sousa Franco, instituído pela Delegação Portuguesa do Grupo Socialista no Parlamento Europeu e que conta com a colaboração da Faculdade de Direito da Universidade de Lisboa, da Escola de Lisboa da Faculdade de Direito da Universidade Católica Portuguesa e da Livraria Almedina. O vencedor da edição de 2008 foi o aluno finalista da Faculdade de Direito da Universidade de Lisboa e membro do conselho de redacção da *Revista de Finanças Públicas e Direito Fiscal* MIGUEL BASTOS, que submeteu a concurso um trabalho intitulado "O papel da jurisprudência no quadro das fontes de direito comunitário".

O «Prémio Professor Sousa Franco», instituído pela Câmara dos Técnicos Oficiais de Contas, foi entregue a ANTÓNIO MOURA PORTUGAL pelo livro *A dedutibilidade dos custos na jurisprudência fiscal portuguesa* e a JOSÉ MIGUEL SANTOS OLIVEIRA autor de *A Contabilidade do Mosteiro de Arouca.* Os vencedores receberam um cheque no valor de 7 500 euros. A distinção, baptizada com o nome do primeiro presidente do Gabinete de Estudos da CTOC e do IDEFF, visa, segundo Domingues de Azevedo, "homenagear uma pessoa que se bateu pela qualidade dos estudos de Contabilidade".

Ao receber o prémio, António Moura Portugal, membro do Conselho Consultivo da Revista de Finanças Públicas e Direito Fiscal, proferiu uma curta intervenção: "permitam-me aproveitar este momento, sabendo que o faço em violação do programa e fora da ordem estabelecida, para manifestar publicamente o meu agradecimento por este prémio, por vários motivos. Em primeiro lugar, pelo facto de ter o nome do Professor

Sousa Franco, pessoa que me muito me marcou, de quem fui assistente e que presidiu às minhas provas de Mestrado. É uma honra enorme receber este Prémio que muito justamente evoca a memória de um dos maiores cultores dos estudos de direito económico, financeiro e fiscal. Em segundo lugar, para agradecer ao Gabinete de Estudos da CTOC a distinção e, em particular, ao Professor Doutor Xavier de Basto, um amigo especial, com que tive oportunidade de discutir o meu trabalho e que tantas e tão boas sugestões e ensinamentos me transmitiu. Devo-lhe um agradecimento muito especial e ainda bem que hoje tenho a oportunidade de o fazer em público. Muito obrigado. Em terceiro lugar, aproveitando a presença dos Presidentes da CTOC e do IDEFF, gostaria também de elogiar esta enorme e bem sucedida iniciativa, felicitando-os a ambos pela constante procura e aproximação dos estudos na área da fiscalidade. Agradeço em particular ao IDEFF a oportunidade que me tem concedido de poder leccionar a cadeira de IRC, onde contacto todos os anos com muitos TOC e com quem tenho tido trocas de experiências e ensinamentos muito interessantes. Tem sido nas manhãs de Sábado, em sessões pouco convidativas às nove da manhã, que tenho tido as mais vivas conversas sobre os temas que tratei neste livro com os muitos TOCs que têm frequentados as sessões de IRC do curso do IDEFF. Foi com estes vossos colegas, alguns dos quais porventura se encontrarão na plateia hoje, que verdadeiramente senti a obra escrutinada, discutida e criticada. Para mim, é este o grande estímulo para investigar e escrever. Por tudo isto, não poderia deixar de manifestar aqui, publicamente e perante esta ilustre e composta plateia, a minha sincera admiração e carinho por toda a classe. Muito obrigado!"

É para nós motivo do maior orgulho que dois dos nossos colaboradores tenham sido distinguidos com esses prémios, circunstância que confirma que o profundo labor do Professor Sousa Franco deixou frutos de grande qualidade na Faculdade de Direito de Lisboa.

RECORDANDO FRANCO ROMANI

Seis anos após a sua morte, algumas centenas de amigos e admiradores de Franco Romani juntaram-se no belo auditório de Gonfalone, em Roma, para assistir ao lançamento do livro *Il Confronto delle Idee. Rileggere Franco Romani*, em que Giuseppe Dallera, Giuseppe Lauricella e Francesco Pulitini[1], recolheram textos dispersos escritos durante trinta anos.

Foi uma cerimónia altamente emotiva e intelectualmente estimulante, sucedendo-se os depoimentos, em ambiente de partilha de recordações e experiências que teria, sem dúvida, feito o prazer do homenageado. Numa audiência maioritariamente universitária, a última intervenção acabou por pertencer a uma antiga colega de liceu, que sintetizou do melhor modo o sentimento comum. "Tutti lo abbiamo tanto amato".

O afecto e a admiração intelectual conjugam-se necessariamente na evocação de Franco Romani. A forma como, humilde e discretamente, sempre apoiou alunos e colegas, nunca lhes faltando com a sua presença e estímulo, só encontra paralelo na generosidade com que lhes transmitia ideias e temas para que desenvolvessem, sem reservar quaisquer louros para si próprio, prática infelizmente rara no meio universitário.

Franco Romani era, sem dúvida, uma figura atípica na Universidade La Sapienza, com o seu espírito livre e recto, a sua recusa em integrar grupos de interesses assentes em intercâmbio de favores, a sua resistência a seguir modas ou correntes dominantes. Guido Stasi – um dos seus amigos e colaboradores mais próximos – recordou, aquando da cerimónia fúnebre, a diferença de postura entre aquele professor, considerado extravagante pelos seus métodos pedagógicos e pelas leituras recomendadas, em confronto com o ambiente pesado e monolítico dos "anos de chumbo" em Itália: "as suas aulas eram divertidas, mas frequentemente imprevisíveis e desconcertantes. O Professor Romani fingia partilhar da confusão que por vezes aflorava ao rosto dos estudantes, que assim

---

[1] Rubbettino, 2008.

abriam não só a mente, mas também o coração a este homem que, como um bom e compreensivo pai, saltando da economia, ao direito, da filosofia à política, nos falava e fazia raciocinar sobre a liberdade e a tolerância, sobre ética pública e privada, falando-nos, em suma, da nossa vida, de como crescer rectos num mundo complicado, colocando sempre tudo em discussão, sem dar nada por adquirido"[2].

Creio que o sentido profundo do liberalismo de Franco Romani era esse, tão felizmente captado, por um jovem estudante: manter a maior liberdade de pensamento, recusando todas as formas de censura intelectual ou de pré-compreensões limitadoras, percebendo que estas podem emergir de qualquer dos quadrantes do espectro político e económico. Expoente do liberalismo económico italiano, nunca se hipotecou à moda neo-liberal, cujo final não cessou, aliás, de prever nos últimos anos de vida. Num texto de apresentação do livro de Nick Bosanguet, *A Vingança do Mercado*, datado de 1985, não hesitou em denunciar o risco de algumas vulgatas neo-liberais e de recorrer a S-C Kolm, para concluir: " o liberalismo não é uma doutrina. É sobretudo uma óptica, uma sensibilidade racionalizada e aplicada, uma paisagem de ideias e sentimentos, uma constelação de princípios e de razões, em que os diversos liberais se situam numa confederação de diversas posições. Estas têm seguramente um ar de família, mas encontram-se irmãos-inimigos e ovelhas negras"[3].

De Vicenzo Visco a Giulianno Amato não faltaram, de resto, economistas de orientação socialista a expressar a recordação calorosa que dele tinham conservado.

A ênfase posta no pensamento liberal de Franco Romani deve-se, sobretudo, ao facto de na Itália universitária, como na política e económica, ser muito difícil, até há duas ou três décadas, encontrar posicionamentos deste tipo, numa sociedade marcada por uma pesada intervenção estatal apoiada à esquerda e direita. Ao longo da história foram, contudo, diversos os economistas liberais que se distinguiram pela sua extrema qualidade: Pantaleoni, De Viti di Marco, Luigi Einaudi e Umberto Ricci. Os dois últimos foram, aliás, dos raríssimos professores universitários que se recusaram a assinar o juramento de fidelidade à ordem fascista.

---

[2] Agora in *Franco Romani, Scienziato Sociale, 1935-2002*, Rubbettino, 2004, p. 13.

[3] "Liberalismo e Mode Culturali", in *Il Confronto delle Idee*, cit., pp.177 e ss.

Franco Romani – como vimos já através das palavras de Guido Stazi – era um especial cultor da multidisciplinaridade e, particularmente, das inter-ligações entre direito, economia e ciência política. Não admira, pois, que a sua investigação, depois de um primeiro período consagrado às Finanças Públicas e à Fiscalidade – se orientasse para as áreas da Análise Económica do Direito e da disciplina da Concorrência.

Na área da análise económica do direito, para além de diversos artigos organizou, com Alpa, Rodotà e Pulitini[4], uma recolha de textos particularmente representativos, que pode ser considerada a introdução em Itália desta metodologia. Guido Calabresi, "founding father " da "law and economics" deu, aliás, conta da sua estupefacção pelo facto de um jovem professor italiano o ter procurado num momento em que a matéria não era ainda levada a sério nem por economistas nem por juristas, bem como do estímulo que tal facto representou para o seu trabalho.

No domínio da concorrência, em que Franco Romani deixou um conjunto de interessantes e argutos artigos, com relevo para "Appunti per una legislazione liberale a tutela dellla concorrenza"[5], deve-se-lhe, sobretudo, o impulso decisivo no sentido da criação de uma lei anti-trust em Itália, bem como o seu trabalho na autoridade da Concorrência que, como sublinhou Amato, obrigou a repensar e desenvolver questões que, de outro modo, poderiam ter passado em claro[6].

Tive a fortuna e a boa estrela de, ao longo da vida, me ter cruzado com pessoas de excepção, que muito contribuíram para o que sou. Franco Romani não era um pessoa rara era um ser único, como assinalou Calabresi. Tive já ocasião de explicar publicamente o muito que lhe devo. Para concluir, não saberia usar melhores palavras do que as deste grande mestre ítalo-americano: "Franco is gone too soon, and yet, for me, he is not far away. He remains near me in all the work that I do. I know that he will continue to be there as long as I am. And for that, as well as for his long past friendship, I am eternally grateful".

Eduardo Paz Ferreira

---

[4] *Interpretazione Giuridica ed Analisi Económica*, Giuffrè, Milano, 1982.

[5] *Rivista delle Società*, n.ºs 2-3, 1988.

[6] *Franco Romani*, cit. Pp. 99 e ss.

IN MEMORIAM LIA OLEMA

Quase a terminar o ano de 2008 fomos atingidos pela dolorosa, ainda que não inesperada, notícia da morte da conselheira Lia Olema Videira, na sequência de um processo profundamente doloroso, que enfrentou com invulgar coragem, aceitando generosamente colaborar com o Conselho Consultivo da Revista de Finanças Públicas e Direito Fiscal e iniciando até a preparação de um artigo, que não teve já forças para concluir.

A Revista está de luto pela morte de uma das suas fundadoras e tem consciência de quanto será difícil preencher o seu lugar, quer pelas qualidades humanas, quer pelas profissionais demonstradas ao longo da sua vida, infelizmente muito mais breve do que se desejaria.

Com uma invejável carreira no Tribunal de Contas, onde exerceu com grande competência e dedicação funções do maior relevo, com destaque para aquelas que desempenhou na instalação da Secção Regional dos Açores, foi com a maior naturalidade que ascendeu ao cargo de conselheira, aprovada em concurso público no ano de 2000.

Depois de concluir o bacharelato em Contabilidade e Administração no ISCAL, terminou com nota distinta a licenciatura em Direito, na Faculdade de Direito da Universidade de Lisboa, cujo mestrado em ciências jurídicas frequentou, deixando uma marca extremamente positiva aos seus docentes, entre os quais tive o gosto de me incluir.

Ao homenagear a sua memória, a Revista saúda não só a magistrada do Tribunal de Contas, mas também a jurista e investigadora que nunca deixou de o ser, como fica atestado pelos artigos sobre finanças regionais, finanças locais e controlo e auditoria de que foi autora e co-autora.

Eduardo Paz Ferreira

CONTA GERAL DO ESTADO 2007

No passado dia 17 de Dezembro de 2008, o Plenário Geral do Tribunal de Contas aprovou o Parecer sobre a Conta Geral do Estado relativa ao ano económico de 2007.

O Parecer do Tribunal de Contas constitui um momento essencial e obrigatório no processo de tomada das Contas do Estado, na medida em que a Assembleia da República não pode proceder à apreciação e votação das contas sem que o Tribunal tenha emitido o respectivo Parecer, não obstante o seu carácter eminentemente opinativo e não vinculativo (artigo 107.º e alínea d) do artigo 164.º da Constituição).

Nesta perspectiva, o Parecer sobre a CGE consubstancia uma apreciação da actividade financeira desenvolvida pelo Estado num determinado ano económico, incluindo a da Segurança Social, de natureza essencialmente técnica, que tem em vista a tomada das contas do Estado pela Assembleia da República mas que não exclui o apuramento de responsabilidades, quando a elas houver lugar, conforme determina o artigo 72.º da Lei de Enquadramento Orçamental.

Ano após ano o Tribunal tem vindo a desenvolver e aprofundar uma análise muito completa dos fluxos financeiros do Estado.

No âmbito da apreciação que o Tribunal fez da actividade financeira desenvolvida pela Administração central durante o ano económico de 2007, são de destacar, à semelhança do verificado nos anos anteriores, as seguintes observações:

- O fraco grau de implantação do Plano Oficial de Contabilidade Pública (POCP);
- Inobservância de alguns aspectos do regime da tesouraria do Estado, contido no Decreto-Lei n.º 191/99, especialmente no que respeita ao princípio da unidade de tesouraria;
- Insuficiências detectadas ao nível do funcionamento e da organização do Sistema de Controlo Interno;

- Assunção de encargos sem dotação orçamental e o recurso ilegal a operações específicas do Tesouro para liquidação de encargos;
- Fraca fiabilidade dos dados constantes da conta em relação à execução do PIDDAC;
- Existência de deficiências ao nível da conta consolidada do Estado, incluindo a da segurança social;
- Inexistência de informação que permita ao Tribunal avaliar a situação patrimonial do Estado;
- Fragilidade da operação de cessão de créditos para efeitos de titularização iniciada em 2003, em virtude da substituição significativa de créditos que ocorreu durante o ano de 2007 (3.734 milhões de euros).

Em face de tais observações, o Tribunal de Contas aprovou o Parecer manifestando, no entanto, reservas em relação aos valores globais da receita e da despesa evidenciados na Conta Geral do Estado e, consequentemente, ao valor do défice aí apresentado, na óptica da contabilidade pública, mantendo, assim, as reservas manifestadas em anteriores pareceres.

No que respeita especificamente à apreciação da Conta da Segurança Social, o Tribunal fez igualmente constar a sua posição de reserva em relação à mesma, por ainda não ter sido implementado o conjunto das aplicações que integram o Novo Sistema de Informação da Segurança Social.

Um aspecto especialmente positivo sublinhado pelo Tribunal é o elevado grau de acatamento das recomendações por parte do Governo e da Administração.

A colaboração entre Governo, Assembleia da República e o Tribunal são a melhor garantia da racionalidade e eficiência da gestão dos dinheiros públicos.

Mónica Velosa Ferreira

A TÉNUE FRONTEIRA ENTRE A LICITUDE E O ABUSO

Conferência CTOC/IDEFF sobre Planeamento Fiscal

Sessão de abertura da conferência com Clotilde Palma em representação do secretário de estado dos assuntos fiscais, Rui Rio, presidente da Câmara do Porto, Domingues de Azevedo, presidente da CTOC e Eduardo Paz Ferreira, presidente do IDEFF.

A III Conferência CTOC/IDEFF realizou-se no passado dia 10 de Outubro no Seminário de Vilar, no Porto. Perante uma plateia de mil e 400 Técnicos Oficiais de Contas, especialistas nacionais e estrangeiros procuraram fazer luz sobre a controversa temática do «Planeamento Fiscal».

Domingues de Azevedo, presidente da CTOC, salientou que o planeamento fiscal "é um tema novo" que "está a bater à porta e que os profissionais têm que saber tratar". O responsável máximo da Câmara acrescentou que, sendo preciso retirar a "carga negativa" associada à temática, é também urgente refrear os "abusos" que se têm verificado no uso desta prática.

Eduardo Paz Ferreira, presidente do IDEFF, instituição que aposta, fortemente, na formação contínua, salientou a importância de encontros desta natureza, afirmando a utilidade das "sinergias entre faculdades e as organizações da sociedade civil. Quem não frequentar formação permanente, morre profissionalmente".

António Carlos dos Santos, o ex-secretário de Estado dos Assuntos Fiscais, afirmou que este "não é um tema fácil", situando-o na fronteira entre a licitude e o abuso, estando contaminado por uma "confusão terminológica" e, não raro, por "zonas cinzentas", de complexa determinação.

Xavier de Basto referiu que o planeamento fiscal é "uma matéria no centro das preocupações governamentais e fiscais» e que o Direito Fiscal tem «conceitos e normas vagas", só perceptíveis na aplicação concreta. "As normas anti-abuso são fonte de grande incerteza de aplicação", particularizou um dos responsáveis pela introdução do IVA em Portugal.

O advogado Francisco Sousa da Câmara salientou que "o planeamento fiscal tem na sua génese uma tentativa de ganho fiscal" e que, por norma, são as pessoas colectivas quem mais recorre a esta via.

O fiscalista António Lobo Xavier manifestou estranheza face ao conceito: "O planeamento fiscal não é um conceito operativo. Não serve para nada. Só existe na legislação portuguesa e esta é cheia de imprecisões e dúvidas. Ou seja, significa que, em última análise, toda a gente pode criar o seu conceito de planeamento fiscal.".

PÓS-GRADUAÇÃO EM REFORMA DO SECTOR DA SAÚDE

Vai ter início, no próximo mês de Abril de 2009, no Instituto de Direito Económico, Financeiro e Fiscal (IDEFF) da Faculdade de Direito de Lisboa, o curso de *Pós-Graduação sobre a Reforma do Sector da Saúde*. É um curso inédito nesta Faculdade, versando sobre matéria da maior importância e actualidade. Por isso, ele é de interesse geral, ainda que especialmente dirigido a todos os que desenvolvam a sua actividade profissional na área da gestão da saúde (sectores público, privado e social) ou em actividades profissionais conexas e aos estudiosos de economia e direito da saúde.

O curso visa identificar os principais problemas e desafios com que o sector da saúde se defronta na actualidade, seus condicionalismos (económicos, financeiros e demográficos) e opções alternativas de reforma. Procura-se não apenas a análise das grandes opções de alteração estrutural do sistema público de saúde, mas também a apreciação de mudanças particulares ou paramétricas que vêm sendo ensaiadas aqui em Portugal, seguindo tendências internacionais. O curso apreciará concretamente modelos alternativos de gestão, que implicam a partilha de responsabilidades entre sectores público, privado e social, com evidência para as parcerias público-privadas e a consequente alteração do papel do Estado, agora enquanto Estado regulador.

A docência ficará a cargo de especialistas reputados na área do Direito e da Economia da Saúde, bem como da Gestão Hospitalar, permitindo um tratamento diversificado e abrangente dos temas propostos.

O Curso terá uma duração de 30 horas e a sua estruturação assenta em 5 Módulos, subordinados aos seguintes temas e respectivas sessões:

MÓDULO 1
Evolução e reformas no sector da saúde

- A procura de cuidados de saúde e as falhas de mercado: análise económica (o *rationale* dos seguros de saúde), pelo Prof. Doutor Fernando Araújo, da Faculdade de Direito de Lisboa
- O Serviço Nacional de Saúde e a organização do sector público em Portugal, pelo Mestre Olívio Mota Amador, da Faculdade de Direito de Lisboa
- Reformas no sector da saúde: tendências internacionais, pelo Prof. Doutor Paulo Kuteev-Moreira, da Escola Nacional de Saúde Pública

MÓDULO 2
Os novos modelos de gestão e financiamento no sector da saúde

- O financiamento do sector da saúde; em especial, as taxas moderadoras, Prof. Doutor Sérgio Vasques, da Faculdade de Direito de Lisboa
- Gestão hospitalar e despesa pública, Prof. Doutor Jorge Simões, da Universidade de Aveiro
- As Parcerias Público-Privadas no sector da Saúde, pelo Mestre Pedro Madeira de Brito, da Faculdade de Direito de Lisboa

MÓDULO 3
Aspectos particulares da reforma do Serviço Nacional de Saúde

- Inscritos em Cirurgia, pelo Dr. Pedro Gomes, médico cirurgião, responsável pelo Sistema de Gestão de Inscritos em Cirurgias
- A reforma dos cuidados de saúde primários e dos centros de saúde, pelo Dr. Vitor Ramos, Professor na Escola Nacional de Saúde Pública, médico de medicina geral e familiar
- Cuidados continuados: a necessidade de uma abordagem integrada nas áreas da saúde e da segurança social, pela Prof.[a] Doutora Nazaré da Costa Cabral, da Faculdade de Direito de Lisboa

MÓDULO 4
A política do medicamento

- O sistema de garantia de segurança e de qualidade do medicamento
- O sistema de preços do medicamento e o sistema de comparticipação do Estado no preço do medicamento, pelo Prof. Doutor Vasco Maria, da Faculdade de Medicina da Universidade de Lisboa e Presidente do INFARMED
- O regime jurídico da actividade farmacêutica, pelo Mestre João Martins Claro

MÓDULO 5
Regulação e auditoria pública no sector da saúde

- A regulação no sector da saúde. Perspectiva comparada e o caso português, pelo Prof. Doutor Álvaro Santos de Almeida, Presidente da Entidade Reguladora da Saúde
- Auditoria e avaliação das actividades em saúde, pelo Dr. José Martins Coelho, Sub-Inspector Geral das Actividades em Saúde
- O Tribunal de Contas e a auditoria ao sector da saúde em Portugal, pelo Juiz Conselheiro José Tavares, Tribunal de Contas

Nazaré da Costa Cabral